Hotel Food & Beverages Managmant

현대 호텔 식음료 경영론

HOTEL FOOD & BEVERAGES MANAGEMANT

한올출판사

Preface

시중에 출간된 '호텔식음료경영론' 저서들을 살펴보면 모두 '호텔식음료서비스' 를 취급하고 있으며 '호텔식음료서비스론' 저서라고 볼 수 있다. 이러한 접근방식은 호텔 식음료부서의 경영의 2대 요소인 경영과 실무에 대해서 동시에 접근할 수 없는 단점을 가지고 있다. 본 저자도 과거에 호텔식음료 경영관계 저서를 저술할 때 서비스중심 접근방식을 취했다.

그러나 최근 호텔경영방식에 많은 변화가 발생하고 있다. 현재의 호텔업계들은 국내외적으로 악재로 인하여 많은 어려움에 당면하고 있다. 이러한 상황에서 단순히 서비스만을 강조해서는 부서를 장기적으로 수익성 있게 경영할 수 없다. 따라서 서비스에다 경영을 합친 창조적 접근방식이 필요하다.

본서는 이러한 필요성에 의거하여 단순한 서비스 지향성을 벗어나 경영부분을 많이 첨가하였다. 본서를 통하여 독자들은 단순히 서비스를 제공하는 수동식 호텔식음료경영에서 벗어나 장기적 수익경영시스템을 확립할 수 있는 호텔식음료부서 직원 및 경영자가 갖추어야 할 호텔식음료부시 기본직 경영 지식을 가실 수 있을 것이다.

앞으로 창조적 경영시스템은 호텔기업의 경영에서 미래의 화두가 될 것으로 사료된다. 단순히 서비스만을 강조하는 호텔식음료경영은 급변하는 한국의 경영환경에 더 이상 적합할 수 없을 것이다. 본서는 앞으로의 추세를 반영하여 경영부분을 계속 첨가할 예정이다. 독자 여러분의 많은 제언과 조언을 바란다.

본서를 출판하는데 많은 분들이 도움을 주셨다. 지면을 통해 감사를 드리고 싶다. 특히 한올출판사의 임순재 사장님과 임직원 여러분께 깊은 감사를 드린다.

저자들

Contents

PART 6 재무관리와 회계 / 341

PART 01

식음료부문의 공통사항

CHAPTER 01

식음료부문의 기능

1절 … 식음료부문의 역할

인간생활의 3대 요소인 의 · 식 · 주는 소득과 의식수준의 향상과 함께, 단순한 생존을 위한 요소라는 개념에서 탈피하여 새로운 가치를 부여한 의 · 식 · 주 문화의 창조단계로 발전하고 있다. 이 중 식문화의 창조에 일익을 담당하고 있는 호텔의 식음료부문은, 객실과 더불어 호텔의 주종 상품을 이루면서 가장 탄력성이 강한 상품으로 호텔 수익증대에 큰 기여를 하고 있다. 따라서 호텔기업은 이윤의 극대화를 유지하고, 새로운 식문화 창조라는 사회적 요구에 부응하기 위해 식음료부문의 효율적인 운영에 끊임없는 노력을 기울이고 있는 실정이다.

특히, 다양한 고객의 욕구를 충족시켜 줌으로써 수익 증대의 목적을 달성할 수 있는 식음료 서비스 담당직원에 의한 인적 판매는, 정보를 제공하고 고객을 설득하여 수요를 확산시키고 구매행동으로 유도하는 중요한 역할을 수행한다.

따라서 식음료부서의 모든 구성원은 고객의 물질적 기대(Physical Expectation)와 심리적 기대(Psychological Expectation)를 동시에 충족시킬 수 있는 소비자 지향적인 차원 높은 서비스 기법을 갖추고, 고객의 욕구변화에 대처하기 위한 정확한 시장조사와 함께 목표시장을 선정하여, 서비스 품목의 개발과 판매촉진을 위한 효율적인 마케팅 활동을 수행할 수 있도록 노력하여야 할 것이다.

한국에는 역사적으로 1970년대 이전에는 대부분의 호텔경영인들이 객실부문을 중시하고 식음료부문은 수익이 상대적으로 적다는 이유로 그다지 중요하게 생각하지 않았다. 그러나 1970년대 이후 이러한 인식은 급속도로 변화되기 시작했다.

이제 식음료수입은 일반적으로 호텔 총매출액의 40%이상을 차지하고 있는 주종상품으로 발전했다. 이러한 주종상품을 생산해내는 호텔 식음료부서의 중요한 역할을 살펴보면 다음과 같다.

① 식음료 및 서비스를 제공함으로써 고객의 욕구와 욕망을 만족시킨다.
② 식음료 및 서비스를 생산 · 판매함으로써 호텔기업의 이윤을 창출한다.
③ 지역사회의 삶의 질을 향상시킨다.

최근에 많은 호텔들은 이익센터(Profit Center), 즉 이익을 창출하는 부서로서 식음료부서를 강조하고 있는데, 호텔 식음료부서는 객실부서보다 일반적으로 10%에서 15% 정도 이상으로 이익을 더 창출하고 있다.

한편, 미국에서는 서비스 수준과 가격이 낮은 호텔일수록 식음료부서에 큰 투자를 하지 않는 경향이 있으며, 올 스위트 호텔(All-suite Hotel)에서는 식음료 부서가 아주 제한되거나 없는 경우도 있다. 이외에 일부 체인호텔에서는 제3자에게 임대하여 식음료운영을 배제하는 경우도 있다. 이러한 현상은 한국도 예외가 아니며, 따라서 호텔에서는 서비스 수준이 올라갈수록 식음료 서비스가 증대된다는 사실을 시준하고 있다.

2절 … 식음료 부문의 조직

1 식음료부문 조직의 특징

조직이란 공통의 목적달성을 위하여 노동과 직능을 분화하고 이에 책임과 권한을 부여한 일정계층을 통해서 여러 사람들의 활동을 합리적으로 조정한 것이다. 따라서 식음료부문은 하나의 조직인 만큼, 첫째, 공통의 목표를 가지며, 둘째, 이 목적달성을 위해 필요한 직무를 분할하여 이를 각 구성원에게 할당하며, 셋째, 각 구성원이 가지는 직무는 상호관계를 명백히 규정하게 된다.

이는 호텔기업이 정하는 경영목적을 효율적으로 달성하기 위한 것으로, 식음료 부문이 정하는 조직은 종사원의 생산성 향상을 위한 수단이 되어야 한다.

과거에는 호텔 식음료부문은 1개의 식음료과가 모든 식당, 주장 및 연회기능을 포함하여 운영하였으나, 최근 호텔의 규모가 대형화되면서 식음료부문은 식당과, 음료과, 연회과로 각각 독립적인 3개과로 나누어져 운영되면서 과거보다 더욱더 전문성을 갖추게 되었다.

식음료부문의 조직은 호텔의 규모에 의거하여 구성되나, 본서에서는 3개과로 나누어 설명하고자 한다. 일반적으로 대형호텔에서는 식음료부문을 대개 3개과로 나누어져 각 과의 기능이 최대한으로 발휘될 수 있도록 하고 있다.

그러나 호텔에 따라서는 커피숍, 룸 서비스, 자동판매기 서비스, 호텔외부 식음료 서비스, 소매전문음식매점(Retail Specialty Food Shop) 등이 식음료부문에 추가적으로 속할 수 있다.

2 식음료부문 조직의 기능

앞에서도 언급된 바와 같이, 현대호텔에 있어서 식음료부문의 일반적인 조직은 각과의 특성을 최대한으로 살린 3개과로 구성되어 있다.

각과의 기능을 살펴보면 다음과 같다.[1]

(1) 식당과(Restaurant Section)

① 양식, 일식, 중식, 한식의 각 식당 영업 및 고객관리
② 각 식당의 집기, 비품, 시설물의 보존, 유지 및 관리

1) 정인태 · 이종순, 「현대 호텔식음료 경영론」, 형설출판사, 1991, pp.13-14.

③ 각 식당의 판매 메뉴 및 가격결정, 자료작성

④ 각 식당 종사원의 인사관리 및 교육훈련

⑤ 기타 각 식당의 영업에 필요한 제반사항을 주업무로 한다.

(2) 음료과(Beverage Section)

① 로비 · 라운지, 나이트클럽, 메인 바 등 각 주장의 영업 및 고객관리

② 각 주장의 집기, 비품, 시설물의 보존, 유지 및 관리

③ 음료판매메뉴 및 가격결정

④ 각 주장 종사원의 인사관리 및 교육훈련

⑤ 기타 주장영업에 필요한 제반사항을 주업무로 한다.

(3) 연회과(Banquet Section)

① 각 연회장의 시설 및 집기의 운용 및 관리

② 연회사항 예약 및 행사준비

③ 연회유치 판촉활동 및 판촉부와 정보교환

④ 연회행사메뉴 및 가격결정을 위한 조정업무

⑤ 연회서비스 개선 및 품질관리

⑥ 연회행사 고객의 안전관리

⑦ 출장 연회의 종합적 관리

⑧ 연회종사원의 인사관리 및 교육훈련을 주업무로 하고 있다.

※ [그림 1-1]은 호텔 식음료부문의 조직을 나타내고 있다.

[그림 1-1] **호텔식음료부문의 조직**

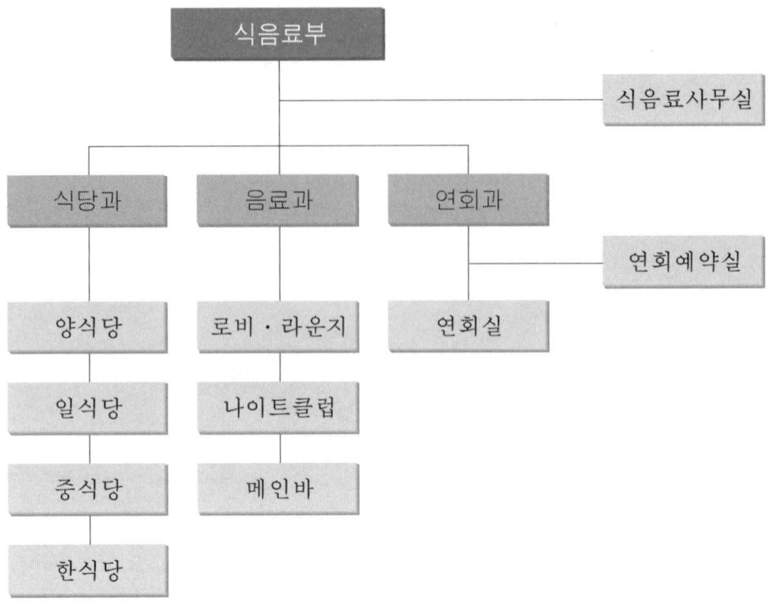

이상 3개과의 업무를 원활히 수행할 수 있도록 하기 위하여 식음과 및 연회의 판매증진 및 행정관리를 위한 3~4명의 사무실 직원을 따로 두고 있다.

3절 ... 식음료부문과 고객

고객은 무엇인가? 직접 구입하든지, 우편으로 구입하든지 간에 고객은 우리 기업에 대해서 가장 중요한 존재이다. 고객이 우리에게 의존하는 것이 아니라, 우리가 고객에게 의존한다. 고객은 우리 일을 방해하는 훼방꾼이 아니라, 고객은 우리의 목표인 것이다. 우리가 고객에게 봉사함으로써 그에게 은혜를 베푸는 것이 아니라, 고객은 우리에게 봉사할 수 있는 기회를 제공해 줌으로써 우리에게 은혜를 베푸는 것이다. 고객은 논쟁을 해야 할 상대도 아니며, 또한 얄팍하게 보아야 할 상대도 아니다. 즉, 어느 누구도 고객과의 논쟁에서 이길 수는 없다. 고객은 그가 바라는 것 즉, 욕구를 우리에게 전해 주는

[그림 1-2] 식음료 부문과 대중

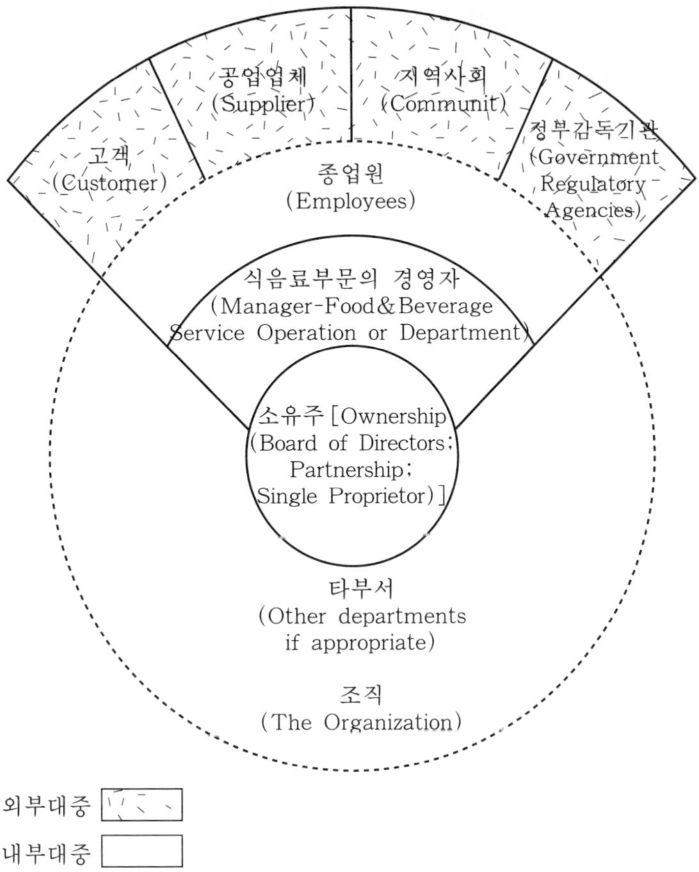

자료 : Jack D. Ninemeier, Principles of Food and Beverage Operation, Educational Institute of AH&MA, 1984, p.9.

사람으로서 그에게, 그리고 우리 자신에게 이익이 되도록 그들을 취급하는 것이 우리의 직무이다.[2)]

고객에 대한 정의는 협의적으로 해석하면 자기 기업의 상품을 구매하는 소비자이다. 앞에서 언급된 고객은 바로 그러한 소비자를 말한다. 그러나 최근 식음료 서비스를 제공하는 호텔 산업을 포함하는 서비스 부문에서는 고객을 확대해석 하여 종업원을 내부고객으로 지징하고 있다.

2) L.L. Bean 社의 포스터, 윤훈현, 「현대 마케팅」, 석정, 1996, p.26.

나인메이어(Jack D. Ninemeier)가 설명하고 있는 '식음료부문과 대중' 을 중심으로 고객을 설명하고자 한다. [그림 1-2]는 식음료 산업과 대중을 나타내고 있다.

① 고객

호텔에서 식음료부문이 존재하는 가장 큰 이유는 고객에게 식음료 서비스를 제공하는 데 있다. 보다 훌륭한 식음료와 서비스를 생산해서 제공함으로써 고객의 극대만족을 실현시켜 주고, 이를 통해서 그들의 생활의 질(Quality of Life)을 높여 줄 수 있을 때 기업이 갖는 소비자집단에 대한 책임은 보다 잘 이행되는 것이다. 판매 없는 사업은 존속할 수가 없고 고객 없는 기업은 생각할 수 없기 때문에, 현대 식음료부문 경영자는 기술혁신을 중심으로 한 염가 · 양질의 식음료 및 서비스 생산과 제공 그리고 보다 유효한 마케팅기능을 수행함으로써 고객에게 식음료 및 서비스를 충실히 제공하여야 한다.

소비자를 제1차 고객이라고 한다.

② 종업원

호텔기업이 보유하는 최대의 자산은 곧 인적자산(Human Assets)이다. 훌륭한 경영 인적자원을 확보하고 또 이들에게 적절한 리더쉽을 통해서 동기부여를 해줄 때, 이들의 기업에 대한 협동적 노력은 커지게 된다.

이들 종업원들에게 경영참가제도나 복사향상제도를 도입 활용함으로써 기업과의 일체감을 형성시키고 이를 통해서 그들의 인간적 만족을 실현시켜 줄 때 그의 생산성은 자동적으로 높아질 수 있을 것이다. 이들 종업원들에게 사회적 · 심리적 · 경제적 만족감을 형성시켜 준다는 것은 경영사회의 안정화를 위해서도 꼭 필요하다.

특히 호텔산업은 고객만족이 일선고객접촉종업원에 의하여 결정되기 때문에 일부 경영자는 종업원을 고객보다 더 중요하게 여기는 경향이 있다. Marriot Hotel의 회장인 Bill Marriott Jr.는 당 호텔을 둘러싸고 3개 집단, 즉 고객, 종업원, 주주 중에서 종업원을 제일 중요시 여기고, 그 다음 고객, 마지막으로 주주집단을 들었다. 그의 논리는 다음과 같다.

"첫째로 종업원이 만족해야 한다. 만약 종업원이 그들의 직무를 좋아하고 소속 호텔에 대해 긍지를 갖고 있다면, 그들은 고객들을 잘 서브할 것이다. 만족한 고객들은 Marriot 호텔을 재방문 할 것이다. 더욱 행복한 고객을 서브함으로써 종업원들은 더욱 더 만족하게 되고, 결과적으로 서비스는 더 좋아지고, 계속 사업은 번창하게 되며, 이 모든 것으로 높은 수준의 이윤은 산출되고, 결국 Marriot의 주주를 만족시키게 된다."[3] 이러한 종업원을 제 2의 고객이라고도 한다.

③ 공급업체

공급업체는 호텔기업이 관계하는 가장 중요한 대경집단의 하나가 아닐 수 없다. 채권자에게 채무를 불이행한다든지 계약을 준수치 않는 행위, 식음자재 공급자에게 대금지급을 실행하지 않는 불법행위를 자행할 때 기업이 갖는 법률적 · 윤리적 책임은 땅에 떨어지게 되고, 또 이어서 신용을 상실하게 되어 당해 기업이 설 수 있는 땅을 잃게 된다.

④ 지역사회

오늘날 식음료부문 경영자의 사회적 책임의 또 하나의 두드러진 현상은 지역사회에 대한 책임이다. 종업원의 고용이나 복지의 향상을 통해 지역사회 발전에 기여함은 물론이고 산업입지상 지역사회에 미치는 여러 가지의 산업공해, 예컨대 소음이나 대기오염, 농작물 피해, 하천오염, 지반침하 등과 같은 피해가 생길 경우, 이에 대한 보상과 더불어 이를 방지하기 위하여 적극적인 노력을 하지 않으면 안 된다.

오늘날 기업이 대규모화되어 감에 따라 그러한 대규모 기업이 배출하는 오염물질의 양이 자연의 정화능력을 초월해서 차츰 인간의 생활환경을 오염시키고 있으며, 이와 같은 현상은 점점 인간의 생존을 위협하기 시작함으로써 환경문제가 새로운 사회적 책임의 하나로 등장하게 된 것이다. 이러한 환경대책은 인도주의적인 입장에서도 강구되어야 함은 물론이다.

---

3) 윤훈현,「현대마케팅」, 석정, 1996, p.864.

기업의 지역사회에 대한 책임은 지역경제의 공동개발에 보다 적극적으로 참여함으로써 지역주민의 고용을 증대시키고 소득수준을 향상시키며, 기업에서 얻게 된 성과를 지역에 재투자함으로써 지역의 발전을 도모해야 한다. 뿐만 아니라 지역의 문화시설에 대한 보다 적극적인 투자를 통해서 그것이 소속하고 있는 지역사회의 문화적 수준을 향상시킬 수 있어야 한다.

⑤ 정부감독기관

현대경영은 국가의 제법규나 규제의 영역에서 벗어나지 않는 경영활동을 전개하여야 한다. 정부를 의식한다는 것은 곧 국민을 의식한다는 것이며 이것은 기업활동의 대전제이기도 하다.

거래관계와 연계된 일체의 법규, 즉 기업법을 보다 잘 준수하고 정부가 행하는 일에 보다 적극적으로 협력할 수 있을 때 기업의 국민적 도리도 다하는 셈이 된다.

❶

… 호텔이야기

세계호텔을 가다-월도프 아스토리아 외국 국가원수들 단골호텔

호텔에 관한 관심이나 지식이 없는 한국 사람들도 뉴욕 '월도프-아스토리아호텔'은 안다.

박정희 대통령을 위시한 역대 한국 국가원수가 미국방문 때 체재한 호텔, 뉴욕에서 한국과 관련한 국제회담이나 협상이 열리면 대표단이 묵는 호텔로 국내 매스컴에 항상 등장하는 데다가 뉴욕과 유엔을 방문하는 국가원수 대부분이 이 호텔에 투숙하기 때문이다.
호텔에서 열리는 공식만찬이나 중대발표가 하도 많다 보니 "지난 X일 뉴욕 월도프-아스토리아호텔에서 열린…"이라는 문구는 월드뉴스에서 하나의 상용구가 되어 버렸다.

1931년, 지금의 자리에 개관한 이래 한 세기가 가까워 오도록 아무도 넘볼 수 없는 VIP호텔로서의 위상을 굳게 지키고 있는 유서 깊은 호텔이다.

이 호텔은 원래 지금의 엠파이어스테이트빌딩 자리에 있었다.

독일 이민의 후손으로 뉴욕의 부호이며 호텔 창업주였던 윌리엄 월도프 아스토(William Waldorf Astor)는 빌딩 건설을 위해 부지를 양도한 뒤 지금의 자리에 당시로서는 초고층이었던 42층의 'The Waldorf Tower'를 건설해 호텔을 이전했다.

맨하탄의 한 가운에 우뚝 솟은 이 호텔은 세계최대의 2200여 객실 규모에다 세계 최초의 마천루호텔이었다. 정통 아르데코 양식의 라임스톤 건물은 지금도 뉴욕에서 가장 아름다운 건축물로 꼽힌다.

1931년 10월 1일, 월도프-아스토리아호텔이 새로 개관하던 날, 뉴욕과 미국은 오랜만에 축제분위기였다. 수천명의 고객이 호텔을 메웠고 초대형의 호화스런 연회장은 잘 차려 입은 귀부인들로 넘쳐났다. 후버 대통령은 워싱턴에서 축하메시지를 방송하였고 이를 듣기 위해 2만명의 군중이 호텔 주변에 운집하였다.

랭스턴 휴스(Langston Hughes)같은 이는 그 호사스러움을 "월도프-아스토리아를 위한 광고"(Advertisement for the Waldorf-Astoria)라는 시로 비웃었지만 경제공황기의 당시 미국 사회에서 월도프-아스토리아의 건설과 개관은 커다란 활력소였다.

이후 경제부흥과 세계대전, UN 창설 등 격변하는 세계사의 중심이 된 뉴욕에서 월도프-아스토리아호텔은 그 무대가 되는 것이다.

파크 애비뉴(Park Avenue)와 렉싱턴 애비뉴(Lexington Avenue), 49번가와 50번가로 구획되는 한 블럭 2200여 평 전체가 호텔이다. 명품쇼핑가와 미술관들을 모두 걸어서 다닐 수 있고 센트럴파크도 그리 멀지 않은 맨하탄 안에서도 가장 중심인 지역이다.

파크애비뉴를 걷다보면 거의 항상 체재 중인 국가원수의 국기와 성조기가 나란히 내걸린 호텔 전면이 보인다. 로비로 들어서면 고색창연하기는 하나 상상만큼 위압적이지 않다. 사방에 호텔입구가 있어 미로 같은 로비에서 두리번거려도 바삐 오가는 사람에게는 관심 밖이다. 프런트데스크 앞의 바닥에는 아르데코풍의 타일모자이크그림이 있다. 루이스 리갈(Louis Rigal)이라는 사람의 '휠 오브 라이프(Wheel of Life)'라는 작품인데 그동안 카페트로 덮여 있다가 최근에 보수된 것으로 뉴욕에서 가장 아름다운 타일작품이라고 한다.

중앙로비(Central Lobby)쪽으로 가면 유명한 시계가 있다. 높이 2.7M, 무게가 2t이나 나가는 대형 주물제 시계로 1893년 런던의 골드스미스(Goldsmith)가 시카고 만국박람회에 출품했던 것이다. 시계 아래에는 워싱턴을 비롯한 미국의 역대 대통령 7인과 빅토리아 여왕이 조각되어 있고 시간마다 웨스트민스터의 종소리를 울리는 명물이다.

피코크 앨리(Peacock Alley), 불 앤드 베어(Bull and Bear), 마르코 폴로 클럽(Marco Polo Club) 같은 전설적인 업장이 위치한 메인로비 주변은 항상 외교사절과 뉴욕커들로 붐빈다.

호텔은 명성 못지 않게 많은 일화를 가지고 있다. '더 월도프-아스토리아(The Waldorf-Astoria)'의 초대 총지배인이었던 죠지 C 볼트에 관련된 일화는 호텔사에서는 신화적인 이야기이다.

어느 날 새벽 1시경 미국 필라델피아의 작은 호텔에 노부부가 찾아와 하룻밤 투숙할 것을 요구한다. 호텔의 접수 담당자는 "지금 이 곳 타운에서는 세 건의 컨벤션이 열려 호텔마다 초만원입니다. 저희 호텔도 만원이지만 지금 시간이 새벽 한시인데다 비까지 내리고 있으니 두분을 밖으로 나가게 할 수도 없군요. 괜찮으시다면 제 방으로 들어가 쉬시지요"하며 선뜻 자기가 기거하는 방을 내주는 것이었다.

다음날 아침 노부부는 지난 밤의 그 친절한 종업원을 찾아 인적사항을 적고 "당신 같은 젊은이는 미국에서 제일가는 호텔의 매니저로 일해야 마땅할 사람입니다. 언젠가 내가 당신을 위해 그런 호텔을 하나 지어 드리지요"라고 말하고 헤어졌다.

그 젊은이는 싱긋 웃으며 대수롭지 않게 받아넘겼고 그 사실을 까마득히 잊은 채 다시 2년의 세월이 흘렀다. 어느 날 청년은 2년전의 그 노부부로부터 초청장과 함께 뉴욕왕복차표가 들어있는 한 통의 편지를 받는다.

뉴욕에 도착한 젊은이를 시가지의 한 곳으로 데리고 간 노인은 거기 새로 지은 한 고층 건물을 가리키며 말한다. "이 건물이 바로 내가 2년 전 당신에게 약속했던 호텔이요. 오늘부터 당신은 이 호텔의 총지배인입니다"라고 말하는 것이었다. 뜻밖의 일에 어리둥절한 젊은이는 2년전의 일을 다시 더듬어 보았다. 이렇게 해서 '죠지 C 볼트'라는 젊은이는 윌리엄 월도프 아스토에 의해 당시 세계 제일의 월도프-아스토리아 호텔의 초대 총지배인이 되는 것이다.

'더 월도프-아스토리아'라는 이름은 당초 엠파이어스테이트빌딩 터에 있던 아스토가(家)의 월도프 호텔과 사촌이었던 캐롤린 슈어메르혼(Caroline Schermerhorn)이 만든 아리스토리아호텔이 현재의 위치로 이전되면서 합쳐져 건설된 것에 기인한다.

CHAPTER 02

식음료부문과 고객만족

고객만족은 현대기업경영에 있어서 성공의 결정적인 요소이다. 따라서 호텔기업도 고객만족을 최우선 요소로 고려하는 것은 당연하며, 호텔에 소속되어 있는 식음료 부서도 예외가 아니다. 따라서 현대의 식음료부문 경영자는 최우선 고려점으로써 고객만족을 생각하여야 한다.

사실 호텔기업을 성공하게 하는데 고객 만족외에도 여러 가지 요인들이 작용하는데, 그것들은 최상의 전략, 헌신적인 구성원, 양호한 정보시스템, 탁월한 실행 등이다. 그러나 성공한 호텔기업을 살펴보면 한 가지 공통적인 사항이 존재하는데 그것은 이러한 기업들이 고객지향적이며 마케팅에 치중하고 있다는 것이다.

일반적으로 고객 지향적이며 마케팅에 치중하고 있는 호텔기업은 잘 정의된 표적시장(목표시장)내의 고객들의 욕구를 부합시키는데 정책의 최우선을 두고 있으며, 따라서 조직 내의 모든 종사원들로 하여금 고객이 최고의 가치를 창출하도록 동기부여하고 있으며, 결과적으로 고객만족 수준이 높게 된다. 이러한 사실에도 불구하고 많은 호텔기업들이 말로는 주장하지만 실제 활동은 마케팅개념을 따르고 있지 않다. 즉, 많은 호텔기업들이 조직구조면 등에서 마케팅 형태를 갖추고 있지만, 진정한 마케팅 지향 호텔기업은 변화하는 고객의 욕구와 경쟁자의 전략이 적절하게 대응하는 관계로 일부의 호텔기업들만이 진정한 마케팅 지향성을 가지고 있다고 할 수 있다.

1절 ... 가치, 만족 및 품질

소비자들은 폭넓은 제품과 서비스에 접해 있으면서 그것들 중 일부를 선택함으로써 그들의 욕구를 충족시킨다. 그들은 여러 가지 제품과 서비스가 전달하는 가치를 그들이 지각한 것에 근거하여 구매선택을 한다.

고객가치(Customer Value)란 고객이 그 제품을 소유하고 사용하여 획득한 가치와 그 제품을 획득하는데 소요되는 비용간의 차이이다.

고객들은 객관적으로 제품이나 서비스의 가치와 비용을 판단하지 않고 지각적 가치에 의해 행동하는 경향이 있기 때문에 이러한 정의가 가능하다.[1]

고객만족(Customer Satisfaction)은 고객의 기대에 비하여 가치를 전달하는데 있어 제품에 대해 지각하는 성능에 좌우된다. 만약에 제품의 성능이 고객의 기대에 미치지 못한다면 그 구매자는 불만족하게 된다. 성능이 기대에 일치한다면 구매자는 만족한다. 그리고 성능이 기대를 초과한다면 그 구매자는 기뻐한다. 두드러진 마케팅 기업들은 그들의 고객을 계속해서 만족시키기 위해서 그들의 방법을 향상하고 있다. 만족한 고객들은 반복구매를 하고, 그 제품에 대한 좋은 경험을 다른 사람에게 이야기한다. 즉, 중요한 것은, 고객의 기대와 기업의 성과를 일치시키는 것이다. 뛰어난 기업들은 그들이 전달할 수 있는 것만을 약속하고, 그 후 그들이 약속한 것 이상을 전달함으로써 고객을 기쁘게 하는 것을 목표로 하고 있다.

이 고객만족과 밀접하게 연결되는 것이 품질이다. 즉, 품질이 높으면 고객 만족이 많이 발생하고 품질이 저하되면 고객만족이 적게 발생한다. 따라서 최근 상당수의 호텔기업들이 전사적 품질 경영(Total Quality Management) 프로그램을 도입하였다. 결국 전사적 품질 경영의 기본적 목표는 전사적 고객 만족이 되는 것이다.

1) 윤훈현,「현대마케팅」, 석정, 1996.

2절 … 서비스품질 모델

Parasuraman, Zeithaml 그리고 Berry는 서비스 품질 모형을 제시하였는데, 그 모형은 기대하고 있는 서비스 질을 제공하는 서비스 제공자에게 필요한 요구조건을 밝히고 있다.[2] [그림 2-1]에 제시된 그 모형은 바람직하지 않은 서비스를 제공케 하는 다섯 가지 격차를 확인한 것인데, 다음과 같다.

[그림 2-1] **서비스 질 모델**

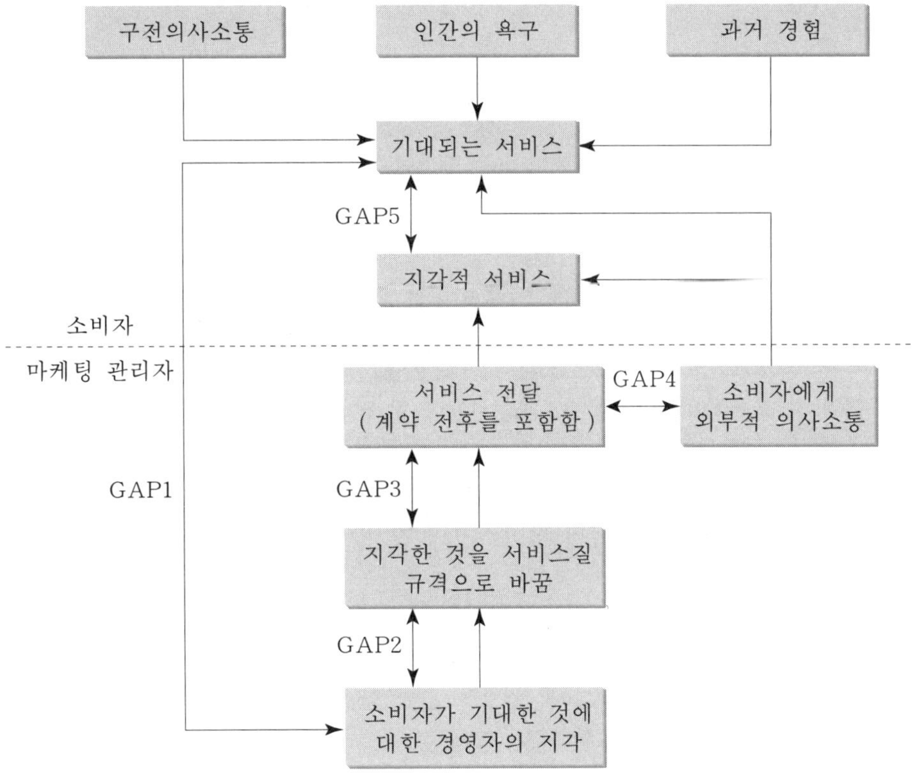

2) A. Parasuraman, Valarie A. Zeithaml, and Leonard L. Berry, "A Conceptual Model of Service Quality and Its Implications for Future Research," Journal of Marketing, Fall 1985.

1 소비자의 기대와 경영자의 지각간의 격차

경영자는 항시 고객들이 원하는 것을 정확하게 지각하지 않는다. 예컨대, 호텔경영자들은 고객들이 좋은 음식을 최고로 고려한다고 생각하지만, 실상 고객들은 객실상태에 더욱 많은 관심을 가지고 있다.

2 경영자의 지각과 서비스 질의 특성간의 격차

경영자들은 고객의 욕구를 정확하게 인식하고 있다고 하지만, 분명한 성과표준을 설정하지 않고 있다. 예컨대, 호텔경영자들은 종사원들에게 신속한 서비스를 제공하라고 지시하지만, 계량적으로 그 기준을 명백히 규정하지 않고 있다.

3 서비스 질의 특성과 서비스 제공간의 격차

서비스 요원들이 훈련을 제대로 받지 않았거나, 업무가 너무 과다할 수도 있으며, 또한 서비스 표준을 이행할 의사가 없을 수도 있다. 또는 그들은 고객의 말을 경청하고 또한 신속하게 고객들을 서브하는데 시간을 써야 하는 것과 같은 모순되는 표준에 얽매일 수도 있다.

4 서비스 제공과 외적 커뮤니케이션간의 격차

소비자의 기대는 기업의 판매원과 광고를 통해 정한 약속에 의해 영향을 받는다. 만약 어떤 호텔의 소책자에 호화스러운 객실이 소개되었는데, 실상 고객이 도착하여 그 객실이 싸구려 같고 볼품없이 보일 수도 있는데, 그런 잘못된 외적 커뮤니케이션은 고객의 기대를 왜곡시키게 된다.

5 지각된 서비스와 기대했던 서비스간의 격차

이러한 격차는 상이한 방법으로 그 기업의 성과를 측정하고 또한 그 결과, 서비스의 질을 잘못 인식하는 경우에 생겨난다. 호텔종사원은 고객을 돌보기 위해 과잉 서비스를 제공할 수 있지만, 그 고객은 이러한 행동을 어떤 것이 실제로 잘못된 것이라는 표식으로 해석할 수도 있다.

다음은 각각의 서비스 갭에 대한 시정조치를 약술하고 있다.[3)]

---

3) 최철호,"관광호텔 내부서비스 품질이 내부고객 만족과 조직성과에 미치는 영향", 강원대학교 박사학위 청구논문, 2006. pp. 15-19.

(1) Gap 1 : 고객의 기대와 경영자의 인식의 차이

Gap 1은 경영자가 소비자의 품질기대를 부정확하게 인식한데서 비롯된다. 즉 서비스 기업의 경영자들은 서비스의 어떤 특성들이 소비자들에게 높은 품질로 인식되는지, 서비스가 고객의 욕구를 만족시키기 위해서는 어떤 특성을 지녀야 하는지, 그러한 서비스의 특성들을 어느 수준까지 수행해야 고객들이 서비스의 품질이 좋다고 느끼는지 잘 알지 못한다.

서비스를 객관적으로 평가하기 위한 유형적인 단서가 별로 없기 때문에 고객이 서비스에 대해 기대하는 것과 경영자가 소비자들이 기대할 것이라고 여기는 것과의 차이는 유형적 제품의 경우 보다 클 것이다. 이러한 Gap 1의 크기와 방향은 마케팅 조사, 상향적 커뮤니케이션, 관리계층에 따라 달라진다.

① 마케팅 조사(Marketing Research Orientation)

일반적으로 서비스 기업은 생산기능이 중요하다고 생각되므로, 제품을 생산하는 기업보다 마케팅조사나 고객지향적인 측면에서 뒤져 있다. 이러한 생산지향성 때문에 고객에 대한 관심이 부족하게 되고 고객이 원하는 바를 이해하려는 노력이 부족하다. 고객 욕구에 대한 조사를 위해 적극적 노력을 하는 예로 고객을 모니터링이나 기업의 경영자로 초청하는 것을 들 수 있다.

② 상향적 커뮤니케이션(Upward Communication)

최고경영자보다는 고객과 접촉하는 직원이 소비자들이 어떤 서비스품질을 원하는 가를 더 잘 파악할 수 있다. 따라서 경영자가 소비자를 더 잘 이해하기 위해서는 고객과 접촉하는 직원과의 커뮤니케이션이 필요하다.

커뮤니케이션에는 하위직원으로부터 최고경영자에게 전달되는 상향적 커뮤니케이션(Upward Communication)과 최고경영자로부터 하위직원에게 내려가는 하향적 커뮤니케이션(Downward Communication)이 있는데 Gap 1을 줄이기 위해서는 상향적 커뮤니케이션이 활성화되어야 한다. 즉 고객과 직접 접촉을 하여 소비자들이 원하는 바를 잘 알고 있는 직원이 최고경영자에게 조직의 활동과 성과에 의한 서비스 품질을 보고할 때 Gap 1의 크기는 줄어든다.

또한 커뮤니케이션의 질과 유효성이 중요하다. 예를 들어 서면을 통한 커뮤니케이션

(Written Communication)보다는 대면 커뮤니케이션(Face-to-Face Communication)이 더 효과적이다. 특히 메시지가 어렵거나 모호할 때, 또는 커뮤니케이션을 하는 당사자들의 배경이나 의견이 다를 때, 대면 커뮤니케이션이 더 효율적이다.

③ 관리의 계층(Levels of Management)

최고경영자와 고객과 접촉하는 직원과의 사이에 수많은 관리계층(Level of Management)이 존재할 때 Gap 1은 더욱 커질 것이다. 이것은 한 사람의 말을 여러 사람이 전달하여 제일 마지막에 있는 사람에게 올바르게 전달되는가를 보는 '이야기 전달게임' 을 해본 사람이면 누구나 쉽게 이해할 것이다. 이와 같이 관리의 계층은 의사소통에 장벽이 되기 때문에 메시지의 전달과 이해를 방해하고 Gap1의 크기를 증대시킨다. 따라서 관리계층을 줄이는 것은 Gap 1을 줄이기 위한 중요한 전략이 될 것이다.

(2) Gap 2 : 경영자의 인식과 서비스 품질명세서의 차이

Gap 2는 서비스 품질명세서가 경영자의 품질 기대 인식과 일치하지 않을 때 발생한다. 서비스기업의 경영자들이 고객의 기대를 충족시키는 것은 결코 쉬운 일이 아니다. 왜냐하면 소비자들의 기대를 잘 알고 있다 해도 이러한 기대를 충족시키는 수단을 발견하기가 어렵기 때문이다.

단기이익 지향성, 시장상황, 경영자의 무관심과 같은 수많은 요인 때문에 소비자 기대에 대한 경영자의 인식과 실제 서비스 품질명세서 사이에 차이가 발생한다. 이러한 차이의 정도에 따라 서비스 품질에 대한 소비자들의 평가가 달라진다. 이러한 Gap 2는 서비스 품질에 대한 경영자의 헌신, 목표설정 유무, 업무의 표준화, 가능성의 인식에 딸라 달라진다.

① 서비스 품질에 대한 경영자의 헌신(Management Commitment to Service Quality)

흔히 높은 서비스 품질을 달성하려는 경영자의 헌신이 없기 때문에 Gap 2가 발생한다. 비용절감이나 단기이익 같은 것은 쉽게 측정될 수 있고 추적 가능한 결과이므로 서비스 품질보다 강조되기가 쉽다. 따라서 고객에 대한 서비스는 경영자들이 소홀히 다루기 쉽기 때문에 이러한 Gap을 줄이기 위해서는 품질에 대한 헌신을 경영자의 최우선 순위로 놓도록 해야 할 것이다.

② 목표설정(Goal-Setting)

명확한 목표가 설정되지 않은 경우에도 Gap 2가 발생한다. 목표설정(Goal Setting)을 함으로써 개인이나 조직은 더 좋은 성과를 달성할 수 있다. 또한 목표설정을 잘 할 때 조직을 잘 통제할 수 있다. 서비스의 목표는 보통 인적 성과 또는 기계적 성과로 설정되고 측정된다.

목표설정이 효과가 있기 위해서는 명확하고, 받아들일 수 있고, 중요한 직무를 나타내며, 적절한 피드백이 가능하고, 측정가능하고, 도전적이면서 현실적이고 개인의 특성과 맞아야 한다. 이와 같이 서비스 품질에 대한 목표설정이 잘 이루어질 때 Gap 2는 줄어들게 된다.

③ 업무표준화(Task Standardization)

경영자의 인시이 서비스 품질명세서로 잘 변환되기 위해서는 업무의 표준화(Task Standardization)가 필요하다. 조직의 기술이 종업원 행동을 표준화/규칙화 할 수 있다. 업무표준화가 잘 되어 있을 때 규칙과 표준이 만들어 질 수 있고 효과적으로 실행될 수 있다. 만약 서비스가 소비자 개개인에 따라 달라진다면 업무의 표준화를 이루기가 어렵다. 그러나 이와 같이 게게인에 따라 다른 서비스를 제공하는 경우에도 서비스 영역의 일부 측면은 표준화할 수 있다. 따라서 업무의 표준화가 증대될 때 Gap 2는 감소할 것이다.

④ 가능성의 인식(Perception of Feasibility)

경영자가 고객이 기대충족이 가능하다고 인식할수록 Gap 2의 크기는 줄어든다.

(3) Gap 3 : 서비스 품질명세서와 실제 제공 서비스의 차이

실제로 서비스 업체가 제공하는 서비스와 서비스 품질명세서의 차이는 '서비스 성과의 차이(Service Performance Gap)' 로 불리 운다. 이는 경영자가 기대하는 서비스수준을 서비스 산출자, 즉 직원들이 실행하지 못하는 정도를 나타내며 서비스 품질의 평가에 큰 영향을 미치지만 관리하기가 어렵고 표준화하기도 어렵다. Gap 3의 크기를 설명하는 중요한 개념들은 팀웍, 종업원-직무 적합성, 기술-직무 적합성, 지각된 통제, 감독통제시스템, 역할갈등, 역할모호성이다.

① 팀웍(Teamwork)

조직목표를 달성하기 위해서는 협력(Teamwork)이 중요하다. 성과가 높은 집단을 보면, 구성원들이 집단의식을 가지고, 의사결정에 참여하며, 성과를 공유하고 이들을 통하여 목표를 달성한다. 따라서 고객에게 높은 품질의 서비스를 제공하려는 기업은 조직구성원간의 협력이 필요하다. 조직구성원간의 협력이 강할 때 Gap 3은 줄어들게 된다.

② 종업원-직무 적합성(Employee-Job Fit)

서비스품질의 문제는 고객과 접촉하는 종업원과 그들의 지위가 맞지 않기 때문에 발생하기도 한다. 고객과 접촉하는 업무는 서비스기업 조직에서 낮은 수준에 위치하고 있다(예를 들면, 전화교환수, 자동차 수리 기술자 등). 그러므로 이를 담당하는 종업원들의 교육수준이나 봉급수준이 그 기업 내에서 가장 낮은 경향이 있다. 결과적으로 이들은 언어능력, 고객을 대하는 기술, 서비스 기술이 부족하기 쉽다. 많은 서비스 기업에서는 종업원의 이직이 발생했을 때 즉각적으로 새로운 종업원을 뽑는데, 이와 같이 급하게 결원을 보충할 경우 배경이나 기술이 부족한 사람이 뽑히기 쉽다. 경영자들 역시 종업원 선발과정에 자원을 충분히 투입하지도 않고, 세심한 주의를 기울이지도 않는다.

③ 기술-직무 적합성(Technology-Job Fit)

높은 서비스품질을 제공하기 위해서는 종업원이 직무수행을 위해 사용하는 도구나 기술이 직무에 적합해야 한다. 좋은 직무나 기술을 사용할 때 종업원은 서비스 성과를 높일 수 있으며 높은 서비스 품질을 제공할 수 있게 된다. 그러나 장비와 기술이 부족하게 될 때 종업원은 높은 수준의 서비스를 제공할 수 없게 된다.

④ 지각된 통제(Perceived Control)

사람들은 주위에서 여러 가지의 스트레스를 받아가며 살아가고 있다. 여기서 통제의 정도라 함은 이와 같이 스트레스를 주는 상황을 사람들이 얼마나 통제할 수 있는가를 가리키는 말이다. 서비스 기업의 종업원들이 직무에서 겪는 문제들에 유연하게 대처할 수 있다고 생각할 때 통제력은 증가한다. 이와 같이 통제력이 증가하면 성과도 증대되고 높은 수준의 서비스를 제공할 수 있게 된다.

⑤ 감독통제시스템(Supervisory Control Systems)

고객과 접촉하는 종업원의 성과는 그들의 성과/산출(output)에 의해 측정될 수 있다. 이런 경우 개인의 성과는 결과/산출에 기초한 통제시스템(Output Control System)에 의해 기록되고 통제된다. 이것은 종업원의 결과/산출을 기록하는 문서기록에 기초를 둔다.

그러나 대부분의 서비스 기업에서는 결과/산출에 기초한 통제시스템이 서비스 품질에 대한 종업원의 성과측정에는 부적절하고 충분치 못하다. 이러한 상황, 즉 서비스 품질에 대한 종업원의 성과를 측정하기 위해서는 행위에 기초한 통제시스템(Behavioral Control System)이 보다 유용하다. 산출의 측정, 즉 결과의 측정보다는 주로 종업원의 행동을 관찰/기록하는 것으로, 이러한 형태의 행동측정은 종업원으로 하여금 고객이 바라는 서비스 품질을 제공하도록 한다.

⑥ 역할갈등(Role Conflict)

고객과 접촉하는 종업원은 기업과 고객을 연결하며 양자의 요구를 만족시켜야 한다. 따라서 고객과 접촉하는 종업원이 그들이 담당하는 직무에서 역할갈등을 느낄 때 서비스 조직은 이러한 역할갈등을 제고시켜야만 Gap 3을 감소시킬 수 있다.

⑦ 역할모호성(Role Ambiguity)

역할모호성은 개인이 역할과 관련된 충분한 정보를 가지고 있지 못할 때 발생한다. 즉 성과에 대한 기대를 분명히 모르거나, 기대를 충족시킬 방안을 모르거나, 직무행위의 결과를 모를 때 발생한다. 역할모호성은 역할에 대한 정의와 과업에 대한 명세가 명료하지 못한 관리직에 보편적인 현상이나 하위직에서도 상급자가 정확한 직무지침을 하달해 주지 못할 때는 발생할 수 있다. 역할모호성도 역할갈등과 마찬가지로 개인이 이를 경험할 때 스트레스를 유발할 뿐만 아니라 나아가 이직률 상승, 직무만족 감소, 인적자원의 불충분한 사용 등과 같은 부작용을 낳는다.

종업원들은 그들의 업무를 정확히 수행하는데 필요한 정보를 가지고 있지 않을 때 역할모호성을 경험한다. 이는 종업원의 성과가 어떻게 평가/보상되는지 모르고, 경영자의 기대가 분명하지 않기 때문에 발생한다. 따라서 하향적 의사소통, 교육훈련 등을 통하여 역할명료성을 확립하면 Gap 3은 감소할 것이다.

(4) Gap 4 : 실제 서비스 제공과 외부 커뮤니케이션의 차이

광고를 비롯한 외부 커뮤니케이션은 소비자의 기대에 영향을 준다. 즉 서비스 기업의 소비자에 대한 커뮤니케이션이 소비자가 서비스 품질을 인식하는 데 중요한 역할을 한다. 따라서 서비스 기업은 소비자들에게 실제로 제공하는 것보다 더 많은 것을 약속해서는 안 된다. 이는 소비자들의 사전 기대수준을 상승시켜서, 약속이 이행되지 않을 경우 서비스 품질에 대한 소비자들의 인식을 낮추기 때문이다.

이와 같은 실제 제공되는 서비스와 외부 커뮤니케이션의 불일치는 과대약속뿐 아니라 서비스기업의 제공 서비스에 대하여 소비자가 정보를 갖지 못할 때도 발생하며, 이것은 소비자가 서비스 품질을 인식하는 데 영향을 미친다. 조직 내에서 Gap 4의 크기에 영향을 미치는 것으로는 수평적 커뮤니케이션과 과대약속 등을 들 수 있다.

① 수평적 커뮤니케이션(Horizontal Communication)

수평적 커뮤니케이션은 조직에서 위계수준이 같은 구성원이나 부서간의 의소소통을 의미하는 것으로 상호작용적 커뮤니케이션(Interactive Communication)이라고도 한다. 여기에는 2가지 형태가 있는데, 그 하나는 조직의 하위단위내에서(Within Subunit)의 수평적 커뮤니케이션으로서 구성원 간, 특히 같은 계층의 동료들과의 상호작용을 의미하며, 또 하나의 수평적 커뮤니케이션은 조직의 하부단위간(Between Subunit)의 커뮤니케이션이다.

수평적 커뮤니케이션의 한 예로 광고부서와 고객접촉 종업원간의 정보교환을 들 수 있다. 이것이 제대로 이루어질 때, 소비자들은 광고를 통하여 고객접촉 종업원들이 제공할 수 있는 것을 기대할 수 있게 된다. 광고를 하지 않는 경우라도 서비스 제공자와 판매원 사이의 커뮤니케이션이 필요하다. 일반적으로 양자 간에 상충이 생기면 소비자의 기대는 충족될 수 없으므로 결과적으로 Gap 4의 크기는 증대될 것이다.

② 과대약속하는 경향(Propensity to Overpromise)

서비스 부문에서는 경쟁의 심화로 인하여 경쟁에서 이기고, 또 새로운 고객을 확보하기 위하여 과대약속을 하는 경향이 있다. 이러한 경향은 Gap 4의 크기에 직접적인 관련을 갖는다. Gap 4를 줄이기 위해서는 과대약속을 하지 않도록 해야 한다.

(5) Gap 5 : 서비스 기대와 서비스 인식의 차이

소비자가 인식한 서비스 품질은 기대된 서비스와 인식된 서비스의 차이, 즉 Gap 5의 크기와 방향에 의존하며, 이것은 다시 기업경영자의 측면에서 서비스 제공과 관련된 위의 4가지 갭의 크기와 방향에 의해 결정된다. 즉 Gap 5의 방향과 크기는 Gap 1~Gap 4의 함수로 표현할 수 있다.

$$Gap\ 5 = f(Gap\ 1, Gap\ 2, Gap\ 3, Gap\ 4)$$

이러한 과정을 통하여 인식된 서비스품질(Perceived Service Quality)은 이상적 품질(Ideal Quality)로부터 수용할 수 없는 품질(Unacceptable Quality)까지 다양하다.

❷ … 호텔이야기

세계호텔을 가다-방콕 오리엔탈

서비스 정신으로 꽉 찬 종업원들이 1등 비결 동양의 호텔 중 'The Oriental, Bangkok' 만큼 화려한 명성을 이룩한 호텔은 없다. 방콕 오리엔탈은 호텔을 평가하는 각종 매체에서 서구의 명문들을 제치고 항상 세계 정상의 위치에 올라 있으며, 새로운 서비스와 상품으로 업계의 끊임없는 관심을 받고 있다.

명문호텔을 지향하는 세계 각지 호텔의 임직원들이 오리엔탈을 벤치마킹하기 위해 연중 끊임없이 찾아온다.

더 놀라운 것은 이 호텔이 과연 어떤 점에세 세계최고 평가를 받는지 알기 어려울 정도로 외견상으로는 그저 평범하다는 점이다.

강가에 자리를 잡았다고 해도 입이 벌어질 정도의 경관도 아니다. 시설도 그 저 이국적인 이미지에 호화로움과는 거리가 멀다. 다양한 레스토랑을 갖추고 있지만 그 정도는 세계의 다른 명문호텔과 비교할 때 그리 대수롭지 않다.

그럼에도 불구하고 방콕 오리엔탈이 지속적으로 세계적 명성을 누리자 호텔 업계와 서비스 전문가들은 그 비결을 여러모로 살폈다. 그 결과 서비스 정신으로 충만한 호텔 종업원들이 바로 성공의 비결이라는 것을 알게 됐다.

1967년, 약관 30살에 오리엔탈호텔의 총지배인으로 부임한 'Kurt Wachtveitl' 는 자존심이 강하나 외국인에게 매우 수줍어하는 태국인이 사실은 어느 국민보다 따뜻하고 친절한 심성을 가지고 있음을 알게된다. 이는 호텔 비지니스의 가장 중요한 성공요인이다.

Wachtveitl는 지속적으로 자부심과 자신감을 끌어올리는 한편, 운영 측면에서는 동양인 특유의 팀플레이를 개발했다. 정직상(賞), 건강상 등을 만들어 포상제도를 확대했고, 연금과 복지제도를 강화해 호텔과 종업원 간에 상호 신뢰를 쌓아나갔다.

당시로는 생각이 어려웠던 버틀러서비스(전속 서비스맨)를 전 객실에 도입했고, 고객 최우선의 사고방식을 확고히 주입시켰다. 고객의 모든 요구에 대한 대답은 절대적으로 'Yes' 라는 것이 이 호텔의 모토다. 누구나 이 호텔에 들어서는 순간 '왕' 이 된다.

약 20여년 전 홍콩에 출장 중이던 총지배인 Wachtveitl은 본사로부터 한 통의 텔렉스를 받는다. 전세계 호텔랭킹을 정하는 가장 권위있는 'Institutional Investor Magazine' 의 평가에서 오리엔탈호텔이 세계최고의 호텔로 뽑혔다는 감격적인 내용이었다. 그가 이 호텔의 경영을 맡은 지 10여 년이 지났을 때의 일이다. 이 호텔의 역사는 1876년으로 거슬러 올라간다. Chao Phrya 강변의 조그만 선원 숙소였던 호텔은 1887년 정식호텔로 개축돼 오리엔탈호텔로 탄생한다. 아시아에서 유일하게 식민통치를 받지 않았던 태국의 자존심을 대변하며 유구한 역사를 자랑하던 호텔은 1974년, 홍콩만다린호텔을 개관하고 야심적인 세계 확대 전략을 추진하던 홍콩의 호텔그룹 '만다린 인터내셔널' 에 인수된다. '만다린' 과 '오리엔탈' 의 두 명문 브랜드를 거느리게 된 만다린그룹은 1985년, 회사 이름을 '만다린-오리엔탈 호텔그룹' 으로 바꾸고 국제적 체인 호텔 사업을 전개한다.

'만다린 오리엔탈 호텔' 은 전세계에 20여 개가 넘는 세계적 고급브랜드로 확장되고 있다. 그러나 "The Oriental Bangkok"은 결코 그 브랜드의 레벨에 속하는 호텔이 아니다. 393 객실에 1천명이 넘는 정예종사원들이 펼치는 서비스는 결코 다른 호텔이 흉내 낼 수 없는 경지에 올라있다. 130년에 가까운 호텔의 역사와 유명인사들의 추억은 다른 어떤 명문에 견주어도 결코 뒤지지 않는다. 20여 개가 넘는 Suite Room들은 각기 서머세트 모음, 그라함 그린, 죠셉 콘라드 등의 이름을 따서 명명되었을 뿐 아니라 그 명사들의 취향에 맞춘 인테리어를 한것으로 유명하다.

작가들이 작품을 구상하던 로비 라운지의 이름은 "Author's Loung"이며 인접한 'Trophy Room' 은 고객들의 기념패와 컵, 서명록, 초상과 조각이 가득한 박물관과 다를 바 없다.

호텔에서 페리보트로 타고 가는 강 건너의 방콕오리엔탈 스파는 세계적으로 유명한 타이 마사지의 정수로 업계의 고전적인 명품이다. 호텔이 운영하는 오리엔탈 쿠킹스쿨은 세계적으로 꼽히는 명문 조리교육 과정이며, 특히 타이 음식의 조리교육으로 정평이 있다.

호텔은 최근 수천만 달러를 투입해 4년 여 동안 노후 객실들에 대한 리노베이션까지 단행하여 시설 경쟁력도 획기적으로 보완했다. 아마도 한동안은 다른 호텔이 방콕오리엔탈의 명성을 따라잡기란 어려울 듯 하다.

윤병권 호텔 프랜코리아(www.hotelplan.co.kr)(주) 대표
자료: 파이낸셜 뉴스

PART 02

식음료부문별 특성

CHAPTER 03

식당부문

1절 ... 식당(Restaurant)의 유래

식당은 인간이 여러 가지 목적으로 집을 떠나 이동하면서 먹고 쉬는 장소가 필요하게 됨에 따라 발생되었다. 기록에 의하면 B.C 512년경 고대 이집트(Egypt)에 식당의 기원이라 할 수 있는 음식점이 있었다고 한다. 이곳에서는 곡물(Cereal), 들새고기(Wild Fowl), 양파(Onion) 요리 등 매우 단조로운 요리만 제공되었으며, 소년들은 부모를 동반해야 출입할 수 있었고, 소녀들은 결혼할 때까지 출입이 금지되어 있었다고 한다.

A.D 79년경 로마(Rome) 시대에는 나폴리의 「Vesuvius」 산 줄기의 휴양지에 "식사하는 곳"(Eaters Out)이 매우 많이 있었으며, 유명한 카라 카라(Kala Kala) 대중 목욕탕의 유적에서도 식당의 흔적을 찾아볼 수가 있다. 이 목욕탕은 카라 카라 제왕 때 사용되었던 것으로, 한 변이 330m나 되며, 수용 인원이 무려 1,600명이었다고 한다. 이 대건물 내에는 증기탕, 온수탕, 냉수탕 등 여러 가지 욕실과 체육장, 경기장, 도서실, 강연실, 학습실, 미트라교의 예배당까지 갖추어져 사교장 겸 스포츠장소로 사용되면서 음식물을 제공하는 식당이 있었다고 한다. 그리고 수도원과 사원에서도 수행자를 위하여 식사와 숙소를 제공했다고 한다.

12세기경 영국에서는 선술집(Public House)이 번창했으며, 1650년에는 영국·최초의 커피하우스(Coffee House)가 옥스퍼드에서 개업되었고 일정한 가격으로 점심이나 저녁 식사를 제공하는 '오디너리(Ordinary)' 란 간이식당도 있었다.

프랑스에서는 1765년 몽 블랑거(Mon. Boulanger)라는 사람이 "블랑거는 신비의 스테미너 요리를 판매중(Boulanger Sells Magical Restoratives)"이라는 선전간판을 내걸고, 양의 다리와 흰 소스(White Sauce)를 끓여 만든 "Restaurer"이란 이름의 수프를 판매했었다. 이 수프는 루이 15세를 비롯하여 대중들에게 인기가 대단하였는데, 이 수프의 이름이 전래되어 오늘날의 식당 즉 "Restaurant"란 말이 되었다는 설도 있다.

중국에서도 6세기경 「식경」이라는 전문서적이 발간되어 식당 발전의 효시가 되었고, 7세기에서 13세기에 걸친 당송시대에는 중국요리가 매우 발달되어 당시선 등의 문중에서 이백, 두보, 백낙천 등의 시인이 술과 먹는 것에 대하여 읊은 시구를 발견할 수 있다. 이들의 시중에서 기솔, 주가, 주적 등의 음식물을 제공하는 장소가 소개되는 말을 읽을 수가 있다.

청조시대에는 「회관」이란 근대적 식당이 출현하여 장원, 진사라는 간판을 내걸고 영업을 하였다. 우리나라의 경우「삼국사기」에 의하면 490년에 신라의 수도 경주에 처음으로 시장이 설치되었고, 500년에는 동시, 695년에는 서시, 남시 등의 상설시장이 개설되었는데, 시장 안에는 객지에서 온 상인 또는 장꾼을 위해 음식을 판매하는 장소가 생겼었다. 고려시대 983년에는 개성에 성례, 약빈, 연령, 희빈 등의 이름을 가진 식당을 개설케 했다는 기록을 「고려사」에서 찾아볼 수 있다. 또한 1103년에는 지방의 각 고을에도 술과 음식을 팔고 숙박도 겸하게 하는 상설식당을 개설하게 했으니 이것이 후일의 물상객주, 보행객주 등의 시초가 되었으며, 전주에서 생겨난 주막과 목로 집은 오늘날의 식당에 숙박을 겸하는 형태인 것이다. 조선왕조 1398년(태조 7년) 이태조는 숭교방(지금의 명륜동)에 국립대학인 성균관을 두었는데, 이 안에는 공자를 모신 사당 문묘와 유생들이 강의를 듣던 명륜당이 있었고, 명륜당 앞 좌우에는 재가 있었다. 이 동서의 두 재에는 모두 28개의 방이 있어 2백명 가까운 유생들이 거처했고 이곳에 선비들이 식사를 하는 식당이 있었다. 이때부터 처음으로 「식당」이라는 말이 기록되었으며, 음식을 날라다 주는 사람을 일컫는 「식당지기」라는 말도 생겨나게 되었다.

그 후 1900년에는 독일인 손탁(Sontag)이 건립한 손탁 호텔(Sontag Hotel)에 불란서식 레스토랑이 처음으로 생겨 우리나라 최초의 서양식 식당이 되었으며 1925년에는 철도호텔의 등장과 함께 서울역의 구내에는 서양식 식당(Grill)이 탄생하였다.

2절 … 식당의 정의

식당이란 "영리 또는 비영리를 목적으로 일정한 장소와 시설을 갖추어 인적 서비스와 물적 서비스를 동반하여 음식물을 제공하고 휴식을 취하게 하는 곳"이다. 프랑스의 대백과사전 「Larouse Duxxe Siécle」에 의하면 "Restaurant"의 어원은 "De Restaurer"란 말로 시작되었다 한다. 이 "Restaurer"란 단어의 본래 의미는 '수복한다, 재흥한다, 기력을 회복시킨다'라는 뜻이다.

이 사전에 의하면 Restaurant란 "Établissement public oú l'on peut manger; Restaurant à prix fixe; Restaurant à la carte."라고 설명되어 있다. 즉, 사람들에게 음식물을 제공하는 공중의 시설, 정가판매점, 일품요리점이라고 표현하고 있듯이 식당이란 음식물과 휴식 장소를 제공하고 원기를 회복시키는 장소라는 것이다.

또한 미국의 웹스터(Webster)사전에도 "An establishment where refreshments or meals may be procured by the public ; a public eating house"라고 표현되어 "대중들이 가벼운 음식물이나 식사를 할 수 있는 시설"로 설명되어 있다.

영국의 "The Oxford English Dictionary" 사전에서도 "An establishment where refreshments or meals may be obtained"라고 기록되어 있다.

우리나라 국어사전에서는 "식사를 편리하게 할 수 있도록 설비된 방", "음식물을 만들어 파는 가게"라고 표현하고 있다.

그러므로 식당은 영리 또는 비영리를 목적으로 하는 업종으로서 일정한 장소와 시간을 갖추어 인적 서비스와 물적 서비스를 통하여 음식물을 제공하는 서비스업이라고 할 수 있겠다. 최근 선진국에서는 식당을 EATS상품을 판매하는 곳이라고 하고 있다.

· Entertainment 인적스비스 – 접대
· Atmosphere 물적서비스 – 분위기
· Taste 요리 – 맛
· Sanitation 청결 – 위생

즉, 식당은 먹는다는 단순한 의미의 장소가 아니라 서비스와 분위기, 음식의 맛 등이 하나로 조화된 총체적인 가치, 즉 토탈 상품을 판매하는 장소라는 것이다.

3절 ... 식당의 종류 및 서비스

식당을 분류해 보면 크게 명칭에 의한 분류, 식당 및 식사 서비스 형식에 의한 분류, 제공품목에 의한 분류의 3가지 형태로 분류될 수 있다.

1 명칭에 의한 분류

(1) 레스토랑(Restaurant)

일반적으로 식당의 의미로 쓰이고 있는 명칭이다. 레스토랑은 고급식당으로써 식탁과 의자를 마련하여 놓고, 고객의 주문에 의하여 웨이터나 웨이트리스가 음식을 날라다 주는 테이블 서비스가 제공되며, 고급음식과 정중한 서비스, 훌륭한 시설이 갖추어진 최상급의 식당이다.

(2) 커피숍(Coffee Shop)

고객이 많이 왕래하는 장소에서 커피와 음료수 또는 간단한 식사를 판매하는 식당이다.

(3) 카페테리아(Cafeteria)

음식물이 진열되어 있는 카운터 테이블(Counter Table)에서 음식을 고른 다음, 요금을 지불하고 손님 자신이 직접 날라다 먹는 셀프서비스(Self-Service)식의 식당이다.

(4) 다이닝 룸(Dining Room)

주로 정식(Table d' hôte)을 제공하는 호텔의 주식당으로, 이용하는 시간을 정하여 조식을 제외한 점심과 저녁식사를 제공한다. 그러나 최근에는 이 명칭은 사용되지 않고 고유의 명칭을 붙인 전문요리 레스토랑과 그릴(Grill)로 형태가 바뀌었으며, 정식뿐만 아니라 일품요리(á la carte)도 제공하고 있다.

(5) 그릴(Grill)

일품요리(일품요리: á la carte)를 주로 제공하며, 수익을 증진시키고 고객의 기호와 편의를 도모하기 위해 그날의 특별요리(Daily Special Memu)를 제공하기도 한다.

(6) 뷔페식당(Buffet Restaurant)

준비해 놓은 요리를 균일한 요금을 지불하고, 자기 양껏 뜻대로 선택해 먹을 수 있는 셀프서비스 식당이다.

(7) 런치 카운터(Lunch Counter)

식탁대신 조리과정을 직접 볼 수 있는 카운터 테이블에 앉아, 조리사에게 직접 주문하여 식사를 제공받는 식당이다. 고객은 직접 조리과정을 지켜볼 수 있기 때문에 기다리는 시간의 지루함을 덜 수 있고, 식욕을 촉진시킬 수 있다.

(8) 리후레쉬먼트 스탠드(Refreshment Stand)

간편한 간이음식을 만들어 진열장에 미리 진열하여 놓고, 바쁜 고객들로 하여금 즉석에서 구매해 먹을 수 있도록한 식당이다.

(9) 드라이브 인(Drive-In)

도로변에 위치하여 자동차를 이용하는 여행객을 상대로 음식을 판매하는 식당이다.
이 식당은 넓은 주차장을 갖춰야만 한다.

(10) 다이닝 카(Dining Car)

기차를 이용하는 여행객들을 위하여 식당차를 여객차와 연결하여 그곳에서 음식을 판매하는 식당이다.

(11) 스낵 바(Snack Bar)

가벼운 식사를 제공하는 간이식당이다.

(12) 백화점 식당(Department Store Restaurant)

백화점을 이용하는 고객들이 쇼핑도중 간이식사를 할 수 있도록 백화점 구내에 위치한 식당이다. 이곳에서는 대개 셀프서비스 형식을 취하며, 회전이 빠른 식사(Fast-food)가 제공된다.

(13) 인더스트리얼 식당(Industrial Restaurant)

회사나 공장 등의 구내식당으로, 비영리 목적의 식당이다. 학교, 병원, 군대의 급식식당 등이 이에 속한다.

② 식당 및 식사 서비스 형식에 의한 분류

1) 식당 서비스 형식에 의한 분류

(1) 테이블 서비스 식당(Table Service Restaurant)

일반적인 형태의 식당으로서 일정한 장소에 식탁과 의자를 준비하여 놓고 손님의 주문에 의하여 웨이터나 웨이트리스가 음식을 제공하는 식당이다. 이 식당에서 제공하는 테이블 서비스는 가장 전형적인 서비스 형태로, 쾌적한 분위기 속에서 웨이터나 웨이트리스가 보다 전문적이고 효율적인 방법으로 질 좋은 요리로 신속하게 제공하여 고객의 욕구를 충족시켜 주는 서비스이다.

(2) 카운터 서비스 식당(Counter Service Restaurant)

이 식당은 손님이 조리과정을 직접 볼 수 있도록 주방을 개방시켜 그 앞의 카운터를 식탁으로 하여 음식을 제공하는 식당이다. 이 형태의 식당은 손님이 직접 조리과정을 지켜보기 때문에 고객의 불평이 적고, 위생적이고 신속하게 음식이 제공되며, 많은 서비스 인원이 필요치 않는 것이 특징이다. 때로는 웨이터가 음식을 테이블까지 날라주기도 한다.

이러한 카운터 서비스의 특징은 다음과 같다.

① 빠르게 식사를 제공할 수 있다.

② 고객의 불평이 적다.

(3) 셀프 서비스 식당(Self-Service Restaurant)

이것은 고객 자신이 기호에 맞는 음식을 직접 운반하여 식사하는 형식의 식당으로 이 식당에서는 고객 스스로 음식을 운반하여 먹는 방식을 취하는데 카페테리아(Cafeteria)나 뷔페(Buffet) 서비스가 바로 그것이다. 경우에 따라 카빙(Carving)이 필요한 요리는 조리사에 의해 서비스되며, 수프와 음료를 웨이터가 제공해 주기도 한다.

이 식당의 특징으로는 다음과 같다.

① 기호에 맞는 음식을 선택하여 자기 양껏 먹을 수 있다.

② 위생적인 식사가 제공된다.

③ 신속한 식사를 할 수 있다.

④ 가격이 비교적 저렴하다.

⑤ 봉사료(Tip)의 지불이 필요 없다.

⑥ 고객의 불평이 적다.

⑦ 소수의 종사원으로 인건비가 적게 든다.

⑧ 회전이 빨라 매출액이 증진된다.

(4) 급식(Feeding) 식당

급식사업으로써 비영리적이며 셀프서비스 형식의 식당이다. 회사 종사원을 위한 급식(Industrial Feeding), 학교급식(School Feeding), 병원급식(Hospital Feeding), 군대, 형무소에서의 급식이 있으며, 일시에 많은 인원을 수용하여 식사를 제공할 수 있으나, 일정한 메뉴에 의한 식사이기 때문에 자기의 기호에 맞는 음식을 선택할 수 없는 단점이 있다.

(5) 자동판매기(Vending Machine Service) 식당

자동판매기(Vending Machine)에 의해 판매되는 식당이다. 인건비의 급증으로 인하여 자동판매기의 인기가 높아가고 있다.

(6) 자동차 식당(Auto Restaurant)

버스형 자동차나 트레일러(Trailer)에 간단한 음식을 싣고 다니면서 판매하는 이동식 식당이다.

2) 식사 서비스 형식에 의한 분류

(1) 불란서식 서비스(French Service)

프렌치 서비스는 시간의 여유가 많은 유럽의 귀족들이 훌륭한 음식을 즐기던 전형적인 서비스로, 우아하고 정중하여 고급 식당에서 제공되고 있는 서비스이다.

이 서비스는 고객의 테이블 앞에서 간단한 조리 기구와 재료가 준비된 조리용 카트(Cart; Wagon)를 이용하여 직접요리를 만들어 제공하거나, 게리동(Gueridon)을 이용하여 실버 플래터(Silver Platter)에 담겨 나온 음식을 레쇼(Rechaud)나 알코올 또는 가스램프를 사용하여 식지 않게 하여 음식을 덜어 주기도 하며, 먹기 편하도록 생선의 뼈를 제거해 주고 요리를 잘라 주기도 한다.

보통 두 명 내지 세 명의 상당히 숙련된 웨이터가 서비스 할 수 있으며, 이들은 요리와 칵테일 기술이 겸비되어야 하며 쇼맨십(Showmanship)도 약간 있어야 한다.

그러나 날로 높아만 가는 인건비를 줄이고자, 현재 불란서 식당에서는 이러한 전통적인 서비스 방법이 플레이트 서비스로 변화되고 있는 추세이다.

이러한 블란서식 서비스의 특징은 다음과 같다.

① 일품요리를 제공하는 전문식당에 적합한 서비스이다.
② 식탁과 식탁 사이에 게리동이 움직일 수 있는 충분한 공간이 필요하다.
③ 숙련된 종사원으로 서비스 편성이 이루어져야 하므로 인건비의 지출이 높다.
④ 고객은 자기 양껏 먹을 수 있으며, 남은 음식은 따뜻하게 보관되어 추가로 서비스 할 수 있다.

⑤ 다른 서비스에 비해 시간이 많이 걸리는 단점이 있다.

(2) 러시안 서비스(Russian Service)

러시안 서비스는 생선이나 가금류를 통채로 요리하여 아름답게 장식을 한 후 고객에게 서브되기 전에 고객들이 잘 볼 수 있게 보조테이블(Side-table)에 전시함으로써 식욕을 돋구게 하는 효과를 거둘 수 있도록 하는 데서 유래되었다.

이 서비스는 1800년도 중반에 유행한 것으로, 큰 은쟁반(Silver Platter)에 멋있게 장식된 음식을 고객에게 보여주면 고객이 직접 먹고 싶은 만큼 덜어 먹거나 고객의 왼쪽에서 적당량을 덜어 주는 방법으로써 매우 고급스럽고 우아한 서비스이다.

이러한 러시안 서비스의 특징은 다음과 같다.

① 전형적인 연회 서비스이다.

② 혼자서 우아하고 멋있는 서비스를 할 수 있고, 프렌치 서비스에 비해 특별한 준비 기물이 필요 없다.

③ 요리는 고객의 왼쪽에서 오른손으로 서브한다.

④ 프렌치 서비스에 비해 시간이 절약된다.

⑤ 음식이 비교적 따듯하게 서브된다.

⑥ 마지막 고객은 나머지만으로 서브받기 때문에 식욕을 잃게 되기 쉬우며, 선택권이 없다.

(3) 미국식 서비스(American Service)

아메리칸 서비스는 주방에서 접시에 보기 좋게 담겨진 음식을 직접 손으로 들고 나와 손님에게 서브하는 플레이트 서비스(Plate Service)와 손님의 수가 많을 때 접시를 트레이(Tray)를 사용하여 보조테이블(Side-table)까지 운반한 후 손님에게 서브하는 트레이 서비스(Tray Service)로 나눌 수 있다. 이 서비스는 식당에서 일반적으로 이루어지는 서비스 형식으로써, 가장 신속하고 능률적이므로 고객 회전이 빠른 식당에 적합한 방식이다.

이러한 미국식 서비스의 특징은 다음과 같다.

① 주방에서 음식이 접시에 담겨서 제공된다.

② 신속한 서비스를 할 수 있다.
③ 적은 인원으로 많은 손님을 서브할 수 있다.
④ 음식이 비교적 빨리 식는다.
⑤ 고객의 미각을 돋구지 못한다.
⑥ 고급 식당보다는 고객 회전이 빠른 식당에 적합하다.

(4) 잉글리쉬 서비스(English Service)

영국식 서비스는 가족간에 발생하는 패턴과 유사한 형태를 띄고 있는데, 주빈(Host)이 주방으로부터 음식을 큰 접시에 담아와서 식탁중앙에 놓으면 그 요리를 돌려가면서 고객이 직접 담는 방식의 서비스이다. 이 방식은 학교와 산업체에서 아직까지 사용되고 있으나 호텔에서는 사라져 가고 이다.

(5) 트레이 서비스(Tray Service)

트레이 서비스란 요리를 전부 트레이(Tray)에 담아서 제공하는 방식으로, 호텔에서는 룸 · 서비스로, 항공기에서는 기내 식사로 제공된다.

③ 제공 품목에 의한 분류

1) 양식당(Western Restaurant)

(1) 불란서 식당(French Restaurant)

프랑스 요리는 서양요리 중에서는 물론, 세계적으로 유명하다.

(2) 이태리 식당(Italian Restaurant)

이태리 요리는 14세기초 탐험가 마르코 · 폴로(Marco Polo)가 중국의 원나라에 가서 배워온 면류가 고유한 스파게티(Spaghetti)와 마카로니(Macaroni)로 정착되었으며 프랑스 요리의 원조가 되었다.

(3) 스페인 식당(Spanish Restaurant)

스페인은 주위가 바다로 둘러싸여 해산물이 풍부하므로 생선요리가 유명하다. 또한 스페인 요리는 올리브(Olive)유, 포도주, 마늘, 파프리카(Paprica), 사프란(Sapran) 등의 향신료를 많이 쓰는 것이 특색이다. 특히 왕새우 요리는 세계적 으로 유명하다.

(4) 미국 식당(American Restaurant)

미국인들은비프스테이크(BeefSteak), 바베큐(Barbecue), 햄버거(Hamburger)등을 즐겨 먹는데, 이러한 것들을 미국의 대표적인 요리라 할 수 있다. 이들은 대개 재료를 빵과 곡물, 고기와 계란, 낙농제품, 과일 및 야채 등으로 이용하는데, 간소한 메뉴와 경제적인 재료 및 영양 본위의 실질적인 식생활을 하는 것이 특징이다.

2) 한식당(Korean Restaurant)

한국요리는 우리의 유구한 역사와 함께 이루어진 문화유산 중의 하나로서 지리적 여건과 기후변화 등의 영향을 받으며 각 지방과 해변지역에 따라 생산되는 다양한 농수산물 및 사냥과 가축의 사육을 주축으로 향토성이 짙은 음식들이 창출되었고, 시대에 따라 전파된 종교의 영향, 외세의 침입에 따른 새로운 문물도입에 영향을 받으면서 향토음식, 궁중음식, 민간신앙음식, 관혼상제음식, 사찰음식, 계절음식, 떡, 과자 등 분야별로 변화의 과정을 거치면서 독특한 조리기술 개발과 상차림 및 독창적인 식기문화의 변천과 더불어 우리의 식문화가 발전되었다고 할 수 있다. 따라서 오랜 세월동안 이루어진 독특한 형태의 다양한 음식들이 사회구조와 외래문화의 영향으로 오늘날에 와서는 전통성을 잃어버린 것도 있고, 또한 잊혀진 것들이 너무 많은 반면에 끈질긴 민족 보수성으로 현재까지 쌀을 주식으로 김치, 된장찌개, 불고기 등이 함께 유지되어 온 것이 한국요리의 특성이라 할 수 있다.

3) 중식당(Chinese Restaurant)

중국요리는 중국 대륙에서 발달한 요리의 총칭으로 일명 청요리(淸料理)라고도 한다.

중국은 오랜 세월을 두고 넓은 영토와 영해에서 다양한 생산물과 풍부한 해산물을 얻을 수 있었으며, 이들 산해 식품을 이용한 요리는 불로장수를 목표로 오랜 기간의 경험을 토대로 꾸준히 다듬고 연구 개발되어 현재는 세계적인 요리로까지 발전하게 되었다. 다시 말하면 폭 넓은 재료의 이용, 맛의 다양성, 풍부한 영양, 손쉽고 합리적인 조리법, 풍성한 외양 등이 중국요리로 하여금 세계 어느 곳, 어느 사람에게나 적응이 되게 또는 환영을 받게 하였다.

한 나라의 요리가 그 나라의 역사와 전통, 기후, 풍토의 소산인 동시에 국민 슬기의 총화라 한다면 중국요리가 오늘날 세계적인 요리로 발전하게 된 것도 우연일 수 없는 것이다. 일찍이 동양문화를 이룩해 낸 중국인의 슬기가 광대한 영토에서 산출되는 다종 다양한 산물을 바탕으로 하여 수천년 역사 속에서 문화의 한 분야로 꾸준히 다듬고 가꾸어 온 결과라 할 수 있다. 또한 넓은 영토를 지녀온 중국은 지역적으로도 풍토, 기후, 산물, 습관이 다른 만큼 지방색이 두드러진 요리를 각각 특징있고 독특한 맛을 낼 수 있는 요리로 발전시켰다.

이처럼 독특한 개성을 지니고 발전해 온 각 지방의 요리는 옛부터 빈번하게 있어온 민족간의 이동과 더불어 상호 교류와 보완을 통해서 오늘의 중국요리로 발전된 것이다.

4) 일식당(Japanese Restaurant)

일본요리는 일본 풍토에서 독특하게 발달한 일본인이 일상 먹는 요리의 총칭이다. 일본 열도는 북동에서 남서로 길게 뻗어 있고 바다로 둘러 싸여 있어서 지형과 기후의 변화가 많다. 따라서 사계절에 생산되는 재료가 다양하고 계절에 따라 맛도 달라지며 해산물이 매우 풍부하다. 이러한 조건 속에서 일본 요리는 쌀이 주식으로, 농산물과 해산물이 부식으로 형성되었는데, 일반적으로 맛이 담백하고 색채와 모양이 아름다우며 풍미(향기, 혀끝 감촉, 씹는 맛)가 뛰어난 것이 특징이다. 그러나 이러한 특징을 너무 존중한 나머지 때로는 식품의 영양적 효과를 고려하지 않는 경우도 있었는데, 제 2차 세계대전 후부터는 구미 식생활의 영향을 받아 서양과 중국풍의 요리가 등장하면서 영양면을 한층 더 고려하게 되었다.

④ 서비스 편성에 의한 분류

호텔식당에서는 고객에게 고급 서비스를 제공하지 않으면 오히려 그 호텔의 투숙객일지라도 일반 식당에 빼앗기는 경우가 생기므로 더욱더 최고급 서비스를 제공할 수 있도록 다각적인 노력을 하지 않으면 안된다.

서비스의 기구나 시설의 고급화 또는 종사원들의 소양교육 등 여러 가지 신경을 쓰고 있으나 가장 중요한 것은 서비스하는 종사원들을 어떻게 손님 식탁(Table)에 적절히 배치하는가 하는 접객편성(Service Brigade)이 중요하다. 이 접객편성은 각 식당의 특성이나 조직에 따라서 다르겠으나 근래에 와서는 세계적으로 동일시 되어 있으며 이것을 구분하면 세 가지가 있다.

(1) 쉡디랭 시스템(Chef De Rang System)

이 서비스 편성은 잉글리쉬 혹은 프렌치 서비스 부리게이드(English or French Service Brigade)라고도 하며 가장 정중하고 최고급 서비스를 제공할 수 있는 고급손님들을 대상으로 하는 고급식당에서 적합한 서비스 편성이다. 식당에는 총책임자인 지배인이 있고 그 밑에 접객책임자인 헤드웨이터(Head Waiter)가 있으며 그 밑에 접객 웨이터나 웨이트레스가 각기 근무조로 편성되어서 각 근무조는 2~3명으로 구성되어 지정된 구역을 맡아 서브하는 제도이다. 이 제도는 각조마다 유기적인 팀 · 웍(Team Work)로 호흡이 잘 맞아야 되므로 그 구성원의 책임과 임무가 다르게 주어진다.

(2) 헤드웨이터 시스템(Head Waiter System)

전술한 바와 같이 쉡디랭 시스템은 인건비의 과대지출과 영리상의 문제점으로 보아 고급식당에서 만이 적당한 편성이라고 할 수 있다. 고로 보다 작은 인원으로 구성되어 같은 효과를 얻고자 하는 편성이 헤드웨이터 시스템(Head Waiter System)으로 헤드웨이터 밑에 식음료 담당 웨이터와 보조 웨이터로 편성되어 헤드웨이터 관장 하에 웨이터와 웨이트레스는 지정된 테이블이 없이 전 식당을 서비스하게 하는 편성을 말하며 2급 정도의 식당에서 흔히 이와 같은 편성으로 근무에 임하고 있다.

(3) 원 웨이터 시스템(One Waiter System)

스테이션 웨이터 시스템(Station Waiter System)이라고도 하며 이 편성을 대개 계절적으로 영업을 하는 계절식당(Seasonal Establishment)에서 가장 많이 사용되는 편성으로 한 식당에 헤드웨이터를 두고 그 밑에 한명씩 정해진 웨이터가 스테이션에 근무하면서 직접 손님에게 식사와 음료를 주문받아 서비스를 하는 것으로 비교적 능숙한 접객원으로서 모든 업무에 숙달하여야 한다.

그리고 다음과 같은 장단점을 가지고 있다.

장점 :

① 고객은 한 사람의 접객원으로 부터 서비스를 받으므로 팁(Tip)에 부담이 적다.

② 접객원은 정해진 시간에 일할 수 있는 충분한 신체적, 심리적 준비가 되어 있어야 한다.

③ 서비스 종사원은 충분한 급료를 보장받을 수 있다.

단점 :

① 접객원은 혼자 모든 서비스를 해야 하므로 주방 출입이 잦고 음료주문으로 주장에 다녀야 하므로 자기 스테이션을 자수 떠나게 된다.

② 영업상태가 조금 바쁘게 되면 고객을 소홀히 대하기 쉬우므로 고객으로부터 불평을 받는 경우가 많다.

4절 ··· 식당조직의 편성과 직무

호텔식당은 일반식당과는 달리 호텔의 이미지 문제 때문에 질좋은 서비스를 제공하여야 한다.

식당부문의 조직은 호텔 경영조직의 기본이념에 입각하여 이루어진다. 이러한 호텔 경영조직의 기본이념 하에 식당부문의 조직은, 조직구성원들이 안정을 원하며 목표달성을 위해 동료들과 함께 일할 수 있는 합리적인 기본체계를 원하기 때문에, 각 종사원의 합리적인 업무할당, 권한과 책임의 한계를 명확하게 한 직무의 규정이 필요하다.

따라서, 식당부문의 조직은 각 영업장의 특성과 형태에 따라서 첫째, 계획된 목표를 달성하는데 필요한 구체적 활동을 확정하는 분업기능, 둘째, 관련된 활동끼리 묶는 부문화 기능, 셋째, 부분간의 연결로서 누가 누구에게 보고하고 누구를 도와야 하는가를 세분화하기 위한 조정기능과 계층화기능이 조화되어야 한다.

이러한 기능들의 조화를 통해 식당경영자는 각 식당종사원의 직무의 상호관계를 정하여 업무를 능률화시키고, 경영활동을 촉진시키고, 각 구성원의 밀접한 협조활동에 의하여 조직의 결합을 이루도록 하여야 한다.

식당부문을 조직화하는데 다음과 같은 원리들이 적용되어야 한다.[1)]

① 기능(Function)을 중심으로 조직화 해야한다.

② 단순화시켜야 한다.

③ 각각의 직무에 대해 책임, 권한 및 의무를 정의하여야 한다.

④ 가능한 한 어떤 종류의 책임과 권한을 위양시켜야 한다.

⑤ 조직 형태를 유지해야 한다.

⑥ 경영절차(Management Procedure)를 표준화시켜야 한다.

⑦ 중앙 집권적이든 분권화이든 조직의 효율성 측면에서 고려하여야 한다. 경우에 따라서는 중앙집권화(Centralization)와 분권화(Decentralization)가 동시에 한 조직에 존재할 수 있다.

[그림 3-1]은 호텔 식당의 기본적인 조직편성을 나타내고 있다. [그림 3-1]에서 나타난 조직구성원의 직무를 자세히 살펴보면 다음과 같다.

1 식음료 부장(Food & Beverage Director)

식음료 부서의 최고 책임자로서 영업에 관한 정책 수립 및 계획, 영업장 관리, 전 종사원의 인사관리 등 식음료 부서의 전반적인 운영상태에 대한 책임을 진다.

2 식당 과장(Restaurant Manager)

각 식당의 운영상태 및 문제점을 파악하고, 운영에 관한 책임을 지며, 종사원의 인사

1) John W, stokes, How to Manage a Restanrant or Institutional Food Service, Wcb, 1982, pp.32-33.

[그림 3-1] 호텔 식당부문 조직의 편성

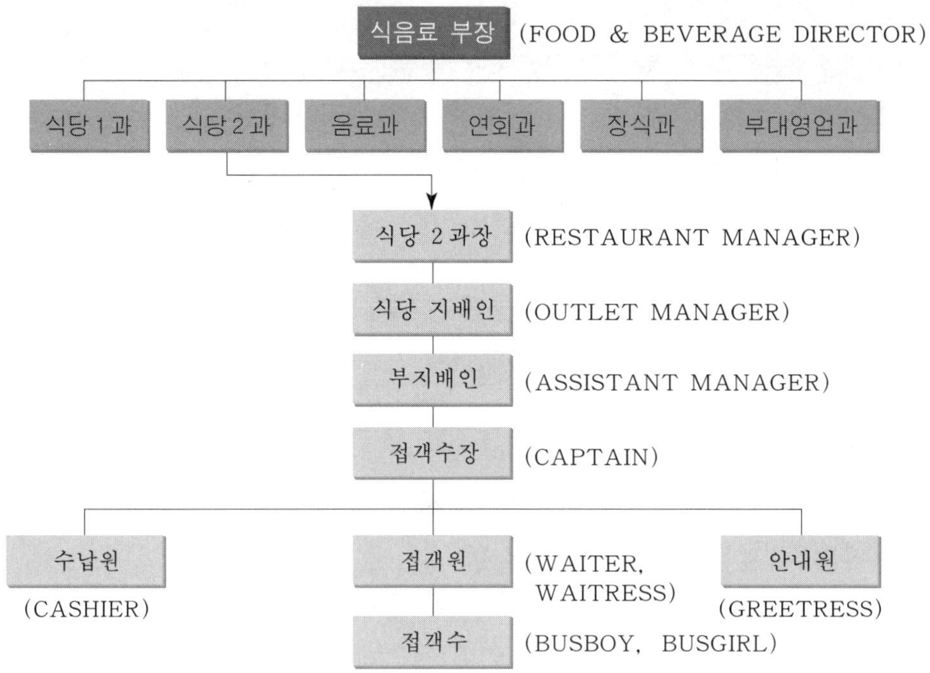

관리, 서비스 강화 교육을 담당한다. [표 2-1]에서 나타난 조직구성원의 직무를 자세히 살펴보면 다음과 같다.

3 식당 지배인(Outlet Manager)

식당의 책임자로서 영업장의 운영 및 고객관리, 인사관리, 교육훈련과 부서장 간의 직 · 간접적인 중계 역할을 한다.

· 업장관리 : 매출관리, 재고관리, 업장 환경정돈, 원가관리, 특별행사 기획

· 고객관리 : 고객대장관리, 고객불평 처리 및 예방, 예약관리

· 인력관리 : 근태관리, OJT, 인사고과, 교육훈련

· 재산관리 : 집기, 비품관리

· 문서관리 : 문서의 기록 · 보관

4 부지배인(Outlet Assistant Manager)

지배인을 보좌하며, 지배인 부재시 업무를 대행한다.

5 접객수장(Captain)

· 접객 책임자로서 영업 준비상태와 종사원의 복장 및 용모를 점검한다.
· 고객을 영접하고 식음료의 주문과 서비스를 담당한다.
· 호텔내의 전반적인 사항을 숙지하여, 고객에게 정보를 제공한다.
· 주문전표와 계산서를 관리한다.

6 접객원(Waiter, Waitress)

· 캡틴을 보좌하며, 주문된 식음료를 직접 고객에게 제공한다.
· 책임 구역의 영업준비와 청소를 담당한다.

7 접객보조원(Busboy, Busgirl)

· 캡틴과 웨이터 및 웨이트리스를 보좌하며 서비스를 보조한다.
· 테이블 세팅과 청소를 담당한다.
· 식당에서 필요한 은기물류, 글라스류, 린넨류 등을 보급한다.
· 음식을 운반하며, 사용이 끝난 접시를 세척장으로 옮긴다.

8 안내원(Greetress)

· 지배인, 부지배인의 업무를 보좌하며, 고객을 영접하고 안내한다.
· 예약업무를 담당한다.
· 고객관리를 한다.

9 수납원(Cashier)

· 고객의 식음료 가격을 계산하여 요금수납
· 매일의 영업실적을 지배인에게 보고

5절 ... 식당부문의 설비

일반적으로 잘 계획된 식당부문 설비는 다음과 같은 특징을 갖는다.

① 건물, 가구 및 설비에서 경제적으로 최대의 효율성을 가지는 최소한의 투자

② 고객과 직원에게 미적인 관점에서의 매력성(유쾌한 식사 지역과 작업장)

③ 최대한의 이익과 기대수익

④ 식음료에 대한 단순한 생산(조리)과정

⑤ 물자와 설비의 효율적인 이동흐름

⑥ 최소한의 직원 이동

⑦ 안전한 작업장

⑧ 최소한의 시간, 노동 및 물자의 낭비

⑨ 양호한 위생 상태

⑩ 최소한의 직원 유지

⑪ 낮은 유지 비용

⑫ 감독과 경영의 용이성

다른 프로젝트와 마찬가지로 식당설비도 잘 정의된 목표로 의하여 훌륭하게 완성될 수 있다. 이러한 목표는 소유주 혹은 소유주와 전문가와의 합작으로 결정된다.

식당설비의 일반적 목표는 최고 품질의 식음료와 서비스를 제공하기 위해서 자본, 물자, 인력 및 설비를 가장 적절하게 사용하는데 있다. 이러한 주요 목표 밑에 깔려있는 기본 개념은 고객이나 사용자에게 만족감을 확신시켜야 한다는 것이다. 즉, 식당설비는 식음료가 신선하게 준비되어 매력적이고 맛이 있을 수 있도록 설계되어야 한다는 것이다.

다음은 식당설비의 계획에 있어서 구체적인 목표를 서술하고 있다.

① 생산(조리)의 용이화

② 물품 취급의 경제성

③ 공간이용의 극대화

④ 유지 및 청소의 최소화

⑤ 원가 통제의 극대화

⑥ 투자 비용 회수의 극대화

⑦ 노동이용의 극대화

⑧ 감독의 최소화

⑨ 유연성의 극대화

⑩ 고객에게 최대한의 매력 창조

⑪ 노무비의 극소화

⑫ 에너지 비용의 극소화

⑬ 경영 개념의 극대화

[그림 3-2]는 실제 식당의 설계도를 나타내고 있다.

[그림 3-2] 실제 식당의 설계도

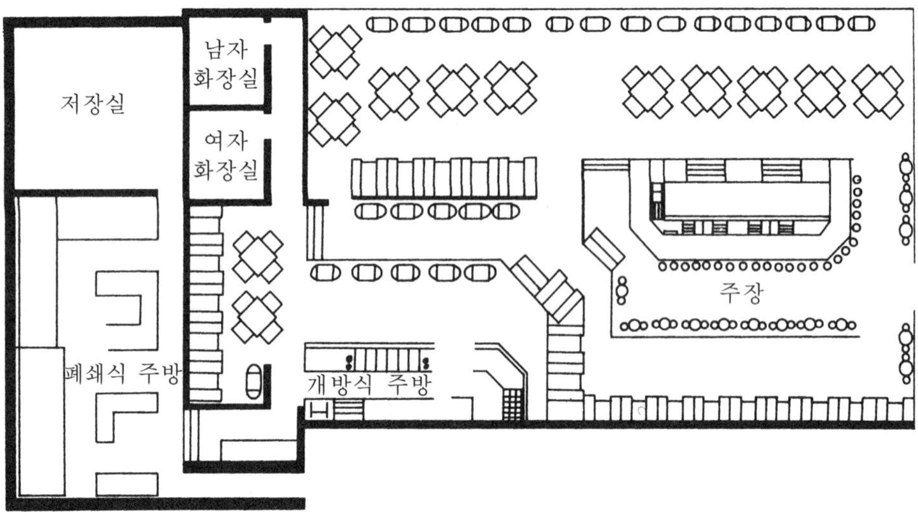

이 식당은 두 개의 중점장소가 있는데 그것들은 주장과 개방식 주방이다. 이 식당의 뒷부분에 폐쇄식 주방이 있는 것에 주의할 필요가 있다.

3

… 호텔이야기

두바이 칠성급 호텔이 반한 손맛 … 그의 레시피는 바로 열정

하루 16시간 일하며 6개 레스토랑 660명 지휘

신학대 학비 마련하려 왕십리 식당 보조로 시작
18년만에 별중의 별 … "최고 요리학교 만들 것"

1990년 초 서울 왕십리의 한 경양식집 주방에선 고교를 갓 졸업한 앳된 젊은이가 땀을 뻘뻘 흘리며 일을 거들고 있었다. 말이 주방보조이지 청소를 하거나 양파 껍질을 까고, 파를 다듬고, 무 · 배추를 씻어 나르는 허드렛일이었다. 하지만 눈썰미가 보통을 넘는데다 손끝이 매웠다. 그를 지켜보던 주방장 왈 "솜씨가 제법이여, 소질이 있구먼."

그로부터 18년이 흐른 지난달 말 서울 성동구 약수동 한 사진 스튜디오에선 30대 후반의 멋쟁이 사내가 화보 촬영을 하고 있다. 미남 배우를 빰치는 얼굴과 1m80cm의 잘 다듬어진 몸매–. 바로 그이다. 촌티가 흐르던 '왕십리 시절' 보다 세련되기는 했지만 틀림없는 권영민(37), 그이다.

간단한 퀴즈 하나. 축구엔 박지성 바이올린 하면 사라 장, 그러면 요리엔? 정답은 바로 에드워드 권(권영민의 영어식 이름)이다. 왜냐고 되물으면 곤란하다. 그는 현재 세계 최고하는 의미에서 7성급(星級) 호텔로 불리는 아랍에미리트 두바이에 있는 '버즈 알 아랍(Burj Al Arab)' 의 수석총괄주방장이니까. 세계의 웬만한 셰프(chef · 요리사) 치고 그를 모르면 '간첩' 이다. 혹여 모르면 그는 분명 피스톨로 무를 썬다는 사람일 게다.
버즈 알 아랍은 일반 룸의 하루 숙박비가 750만원, 로열 스위트룸의 경우 무려 3500만원이나 할 정도여서 일반인은 감히 엄두도 내지 못하는 고급 중의 고급, 그러다 보니 세계적인 스타나 갑부, 국가원수급들이 주로 이용하는데, 에드워드 권이 이들의 입맛을 책임지고 있으니 세계 요식업계에서 그의 위상은 두말할 필요조차 없다.(※ 그래서인지 한달 말미로 휴가차 온 그와 인터뷰 약속을 잡는 것도 하늘의 별 따기였고, 그나마 약속시간을 두 시간이나 넘겨 시작할 수 있었을 정도로 엄청 애를 먹였다). 그는 세 명의 부(副) 총주방장을 비롯해 각국에서 온 260여 명의 내로라하는 전문 셰프를 포함해 400여 명을 지휘해 '알 마하라' 등 6개 레스토랑에서 내는 각종 요리를 빚어낸다. 종류만 해도 양식의 대표격인 프랑스 · 이탈리아 요리와 컨템 퍼러리아 유럽식 요리, 시 푸드(sea food)에 다 아시아 요리(한 · 중 · 일식을 비롯해 인도네시아 · 태국 요리 등)로 나눠 무려 1000여 가지나 된다. 그것도 분기별로 바뀐다. 창의력이 없으면 불가능한 작업니다. 통속적인 표현을 빌리자면 그는 그야말로 '맛의 마술사' 다.

"하지만 요즘 웬만해선 직접 손을 써가면 요리를 하지 않습니다. 어떤 재료에다 어떤 재료를 쓰면 어떤 맛이 나고, 무슨 맛을 끌어다 어떻게 붙이면 무슨 맛이 나는지 하는 경지는 이미 넘었으니까요. 색깔과 분위기 연출도 마찬가지고요. 주로 입으로 요리를 한다고나 할까요. 게다가 세프들이 워낙 도사들이라 척하면 삼척이고 툭하면 호박 떨어지는 줄 알거든요."

그에게 레시피(recipe · 요리법)가 따로 필요 없다는 얘기다. 그래서 그의 요리는 하나의 '작품' 이다. 그가 직접 만든 요리는 한 끼(메인+3, 4가지 보조 요리)에 최소 500만원 한다.

가격이 그 정도는 돼야 소매를 걷어붙이고, 또 그가 손을 대면 최소한 그 정도 가격은 보장된다. 그렇다고 가격만 맞는다고 무조건 하지는 않는다. 유명 국가의 원수급이 아니면 'NO' 다. 할리우드 스타나 유명 운동선수도 마찬가지다.

이처럼 한국인으로서 세계 요리계의 우뚝하고도 당당한 별이 된 그이지만 그에 이르기까지의 과정이 순탄한 것만은 아니었다. 강원도 영월에서 태어난 그는 동해 북평고를 다닐 때만 해도 신부(神父)가 되는 게 꿈이었다. 독실한 가톨릭신자인 부모의 영향 때문이었다. 하지만 90년 대학입시를 앞두고 그의 꿈은 높디높은 벽에 부디치고 말았다. 그가 독자이자 장손인 까닭에 손(孫)이 끊기는 걸 걱정한 할머니가 완강하게 반대하고 나섰기 때문이다. 하지만 당장 포기할 수는 없었다. 고민 끝에 부모한테 입시전형료로 받은 12만원을 가지고 가출해 상경했다. 일주일 만에 돈이 떨어지자 찾아간 곳이 바로 왕십리 식당. 스스로 돈을 벌어 기어코 신부가 되겠다는 작정에서였다. 하지만 7개월쯤 지나자 머리는 마음에 둔 신학대를 갈 수 없을 정도로 '빈 깡통' 이 돼 버렸고, 군 입대 신체검사를 해야 해 귀가할 수밖에 없었다. "참 막막했습니다. 이젠 할머니가 아니라 제 스스로가 문제였으니까요. 그런데 어쩔수 없이 신부가 되리란 희망을 접을 수밖에 없는 처지가 되자 문득 왕십지 주방장 아저씨의 말씀이 떠오르더라구요. 요리에 소질이 있는 것 같다는 말씀 말이에요. 그게 제 평생을 결정짓는 주문(呪文)이 될 줄 누가 알았겠어요? 여하튼 그래서 한 해 꿇어 2년제인 영동대 호텔조리학과에 들어갔고, 그로부터 지금의 제가 시작된 겁니다."

이때부터 출발한 그의 '요리의 길' 은 차라리 오기에 가까운 지독한 열정과 성실의 연속이었다. 91년 입학만 해놓고 즉시 공군에 자원해 행정병으로 복무한 뒤 94년 1월 제대했는데, 바로 그날 용평스키장으로 달려가 두 달 반 동안 밤을 세워가며 현장실습으로 기초를 익힌 다음 복학하는 식이었다. 그가 95년 9월 첫 직장인 서울 리츠칼튼호텔에 취직할 수 있었던 것도 마찬가지. 2학년 2학기 때인 그해 6월 칼튼호텔로 현장실습을 갔다가 서울국제요리대회에서 출전하는 주방과장을 돕기 위해 2주 동안 회사 라커에서 자면서 심부름하는 등 노력한 덕분이었다. 동기 가운데 호텔에 취직한 것은 그 혼자였다. 어렵사리 얻은 직장이기도 했지만 "일단 잡았다 하면 끝장을 보고야 마는 성정"이라 죽을 둥 살 둥 열심히 했다. 그러면서도 새벽시간을 이용해 학원을 다니며 영어를 익혔다. '더 높고 높은 세상' 으로 가기 위해서였다. 그러자 마침내 문이 열렸다. 당시 총주방장이던 프랑스인 장 폴 라켕이 추천으로 그는 2001년 3월 미국 샌프란시스코의 리츠 칼튼으로 옮기는 데 성공했다. 당시 직급은 세컨드 쿡(second cook). 하지만 3개월 만에 다시 퍼스트 쿡(first cook)으로, 이어 이듬해 하프문 베이 칼튼에서 수 셰프(sous chef)로 네 계단 상승하는 등 남들은 10년 걸릴 일을 단 2년여 만에 해냈다. 2003년엔 미국요리사협회가 선정하는 '젊은 요리사 톱10' 에 뽑히는 영광을 안기도 했다.

"비결이란 게 뭐 있겠어요? 남들보다 두 시간 먼저 출근하고 여섯 시간 늦게 퇴근했죠. 전 한 가지라도 빨리 배우기 위한 것이었는데 도움을 받는 쪽에서 기특하게 여긴 거죠. 그때 얻은 별명이 '독종' 이에요."

하프 문 베이 당시 그에게 스타 단골이 많았다. 영화 007의 주인공이던 피어스 브로스넌, 아널드 슈워제네거, 가수 바브라 스트라이샌드, 마돈나 등. 특히 스트라이샌드는 자신의 개인요리사가 돼줄 것을 제안하는 가 하면, 마돈나는 그가 만든 음식을 가리키며 "섹스보다 낫다(This food is better than sex)"고 찬사를 쏟아놓기도 했다. 고 로널드 레이건 전 대통령과 현 대통령인 조지 부시도 이따금 그를 찾는 멤버들이었다.

그가 다시 한국을 찾은 것은 2005년 쉐라톤 워커힐 옆에 새로 오픈하는 W호텔(당시 6성급 호텔이라며 요란했다!)의 부 총주방장으로서였다. 호텔일을 시작한 지 10년 만이지만 금의환향하는 기분보다는 정체돼 있는 국내 호텔요리에 뭔가 자극과 새 바람을 불러일으키고자 하는 일종의 사명감에서였다. 1년간 노력 끝에 자리가 잡히자 다시 중국 텐진의 쉐라톤호텔 총주방장으로, 다시 두바이의 6성급 페어먼트호텔 수석주방장으로 자리를 옮겨 경험을 쌓았다.

"이때쯤엔 어느 정도 세계적 수준에 올랐다는 생각이 들었어요. 하지만 정말 자타가 공인하는 봉우리가 남아 있었어요. 바로 버즈 알 아랍 말이에요."

그래서 앞뒤도 안 보고 도전했다. 지원자는 그를 포함해 모두 6명. 이탈리아 · 프랑스 · 미국 등 요리 대국 출신들로 이미 톱 클래스였다. 사흘간의 테스트에 경쟁자들은 30가지 요리를 선뵐 때 그는 무려 50가지를 만들어 들이댔다. 여기엔 한국식 꼬리찜도 포함됐다. 결과는 물론 말하나마나 그가 낙점됐다. 그는 그날 "개인의 영광도 그렇지만 한국인으로서의 자긍심을 살렸다는 기쁨"에 아내를 부둥켜안고 얼마를 울다 웃다 했는지 모른다. 6개월 전 아시아 레스토랑을 오픈하면서 한식을 집어넣은 것도 그렇고, 국내외에서 한국인 후배요리사 21명을 스카우트한 것도 바로 그 때문이다.

그는 요즘도 오전 7시부터 밤 11시까지 하루 16시간씩 일한다. 미처 스트레스가 쌓일 짬도 없을 정도로 바삐 돌아친다. 그러면서도 한시도 공부하는 걸 잊지 않는다. 늘 새로운 컨셉트의 요리를 창조해내야 하기 때문이다. 그래서 각국의 요리 관련 원서만 850여권 있고, 유행하는 패션을 익히기 위해 수만은 잡지도 탐독한다. 또 툭하면 직접 먹어보기 위해 비행기 나들이도 마다하지 않는다. 그러다 보니 수입의 절반은 재투자된다. 물론 세계 200여 명의 일류 요리사들과 매일 e-메일을 주고받는 건 기본이다.

"요리는 모든 감각이 총동원되는 종합예술이에요. 하지만 요리엔 명장이나 대가가 있을 수 없어요. 늘 공부하지 않으면 금세 뒤처지는게 이 세계예요."

서구에서 셰프의 정년은 보통 55세다. 하지만 그는 앞으로 3~4년쯤만 더 할 생각이다. 달리 할 일이 많기 때문이다. 제이미 올리버(Jamie Oliver · 영구 요리연구가로 BBC의 'Naked Chef' 진행) 이상의 엔터테이너가 돼 한국 음식을 세계에 널리 알리고, 쉰살쯤에 프랑스의 '코르동 블뢰(Le Cofdon Bleu)' 나 미국의 CIA(The Culinary Institute of America)를 능가하는 세계 최고의 호텔요리 학교를 만들 계획이다. 과연 그의 진화는 어디까지일까?

이만훈 기자

자료: 중앙일보 2008. 4. 7

CHAPTER 04

식당부문의 비품과 취급법

1절 ··· 식당부문의 소요비품

식당부문의 소요비품은 식당의 종류에 따라서 다양하나 일반적인 양식당의 소요비품을 살펴보면 다음과 같이 분류될 수 있다.

1) 기물류(Ware)

요리를 제공 및 판매하는 데 필요한 은기물류, 도기류, 유리컵류, 기타 서비스용 기물을 포함한다.

2) 가구류(Furniture)

식당영업에 필요한 식탁, 의자, 가구류 등을 포함한다.

3) 린넨류(Linen)

영업장에 필요한 냅킨, 테이블 클로스 종류를 포함한다.

4) 장비류(Wagon)

식당영업에 필요한 장비를 포함하는데 주로 이동식 바퀴가 달려 있다.

5) 사인류(Sign)

식당영업을 홍보하는 데 필요한 안내판을 포함한다.

(1) 기물류

Ⅰ 은기물류(Silverware)

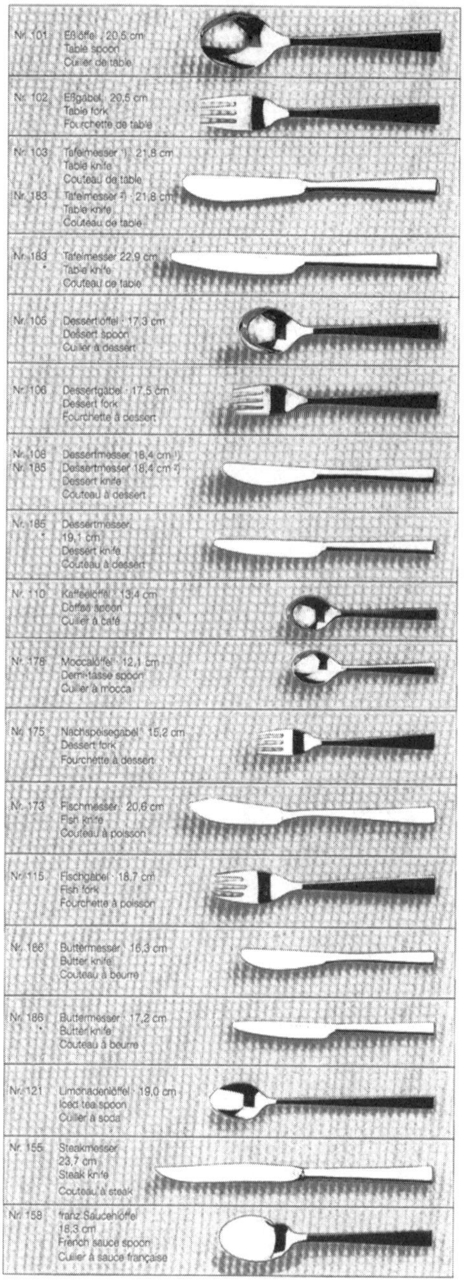

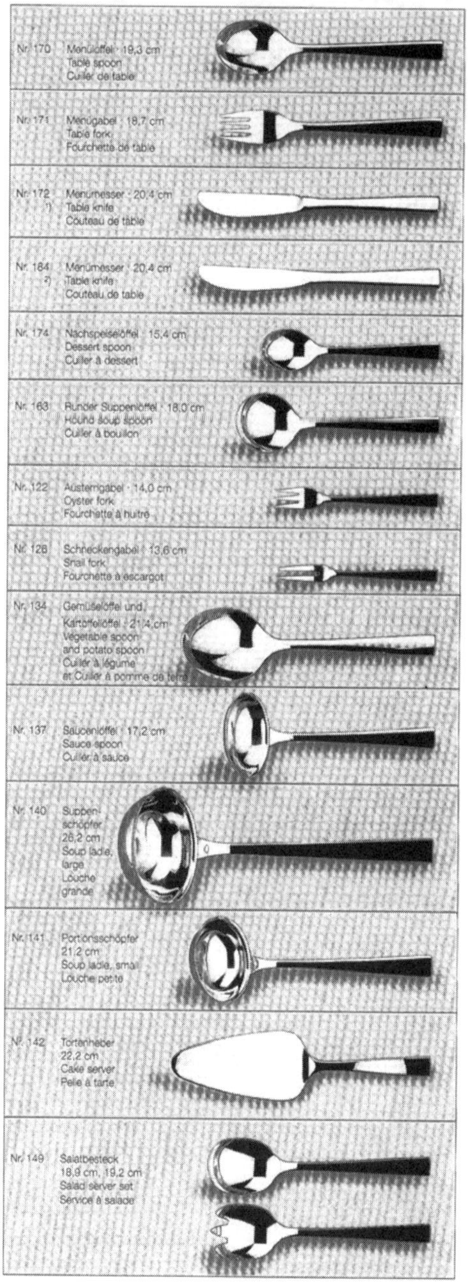

2 기타 은기물류

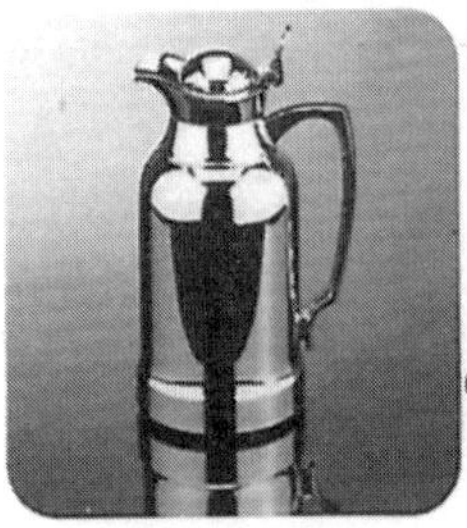

① **Thermoskanne** mit Glaseinsatz
Thermos pot with glass insert
Pot thermos avec bac en verre

Nr. 60 6475 = verchromt
chrome plated, chromé
0,65 ltr., 1,00 ltr., 1,50 ltr., 2,00 ltr.

Nr. 60 8475 = HOTELSILBER
0,65 ltr. 1,00 ltr.

①a **Thermoskanne** mit Einsatz 18/10
Thermos pot with insert 18/10
Pot thermos avec bac 18/10
Nr. 60 6476 = verchromt,
chrome plated, chromé

Nr. 60 8476 = HOTELSILBER
0,40 ltr., 0,80 ltr., 1,50 ltr.

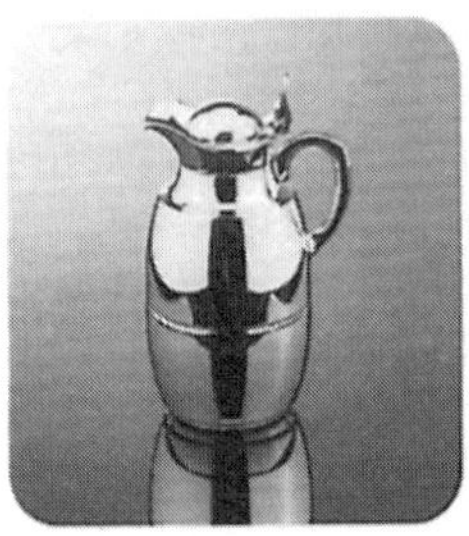

② **Thermoskanne** mit Glaseinsatz
Thermos pot with glass insert
Pot thermos avec bac en verre

Nr. 60 6477 = verchromt,
chrome plated, chromé
0,30 ltr., 0,50 ltr., 0,75 ltr.,
1,00 ltr.,1,25 ltr., 1,50 ltr.

Nr. 60 8477 = HOTELSILBER
0,30 ltr., 0,50 ltr., 0,75 ltr.,
1,00 ltr., 1,50 ltr.

②a **Thermoskanne** mit Einsatz 18/10
Thermos pot with insert 18/10
Pot thermos avec bac 18/10

Nr. 60 6478 = verchromt,
chrome plated, chromé

Nr. 60 8478 = HOTELSILBER
0,40 ltr., 0,80 ltr., 1,50 ltr.

③ **Thermoskanne**
Thermos pot
Pot thermos

Nr. 60 8899 = 18/10
0,30 ltr., 0,60 ltr., 1,10 ltr., 1,50 ltr.

④ **Eiswasserkanne**
Water pitcher
Carafe à eau glacée

Nr. 12 2108 = 18/10
Nr. 13 3108 = HOTELSILBER
2,00 ltr.

⑤ **Kaffeekanne**
Coffee pot
Cafetière

Nr. 60 5450 = 18/10
Nr. 60 7450 = HOTELSILBER
0,30 ltr.,0,60 ltr.,1,00 ltr.,1,50 ltr.

⑥ **Teekanne**
Tea pot
Théière

Nr. 60 5451 = 18/10
Nr. 60 7451 = HOTELSILBER
0,35 ltr., 0,60 ltr.

⑦ **Milchkanne**
Milk jug
Pot à lait

Nr. 60 5452 = 18/10
Nr. 60 7452 = HOTELSILBER
0,15 ltr., 0,30 ltr., 0,60 ltr., 1,00 ltr.

⑧ **Zuckerdose**
Sugar bowl
Sucrier

Nr. 60 5453 = 18/10
Nr. 60 7453 = HOTELSILBER
0,25 ltr.

⑨ Nr. 60 5462 = 18/10
Nr. 60 7462 = HOTELSILBER
0,25 ltr.

⑩ **Eiswasserkanne**
Water pitcher
Carafe à eau glacée

Nr. 60 5461 = 18/10
Nr. 60 7461 = HOTELSILBER
1,50 ltr.

① **Brotkorb,** rund, durchbrochen
Bread basket, round, perforated
Corbeille à pain, ronde, perforée
Nr. 12 2719 = 18/10
Nr. 13 3719 = HOTELSILBER
18 cm Ø, 23 cm Ø

② **Brotkorb,** rund
Bread basket, round
Corbeille à pain, ronde
Nr. 12 2137 = 18/10
Nr. 13 3137 = HOTELSILBER
18 cm Ø, 23 cm Ø

③ **Brotkorb,** oval
Bread basket, oval
Corbeille à pain, ovale
Nr. 60 7419 = HOTELSILBER
28 x 19 cm
Nr. 60 9188 = HOTELSILBER
20 x 13,5 cm, 25 x 16,0 cm

④ **Rotweinkorb**
Wine basket
Panier à vin
Nr. 60 9186 = HOTELSILBER
0,37 ltr., 0,75 ltr.

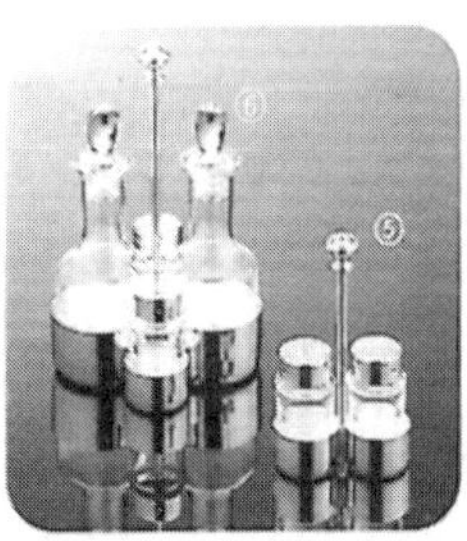

⑤ **Menage,** 2-tlg.
Cruet stand, 2 parts
Menagère, 2 parties
Nr. 12 4130 = 18/10
Nr. 14 4130 = 18/10-MESSING
Nr. 15 5130 = HOTELSILBER

⑥ **Menage,** 4-tlg.
Cruet stand, 4 parts
Menagère, 4 parties
Nr. 12 2227 = 18/10
Nr. 14 2227 = 18/10-MESSING
Nr. 15 2227 = HOTELSILBER

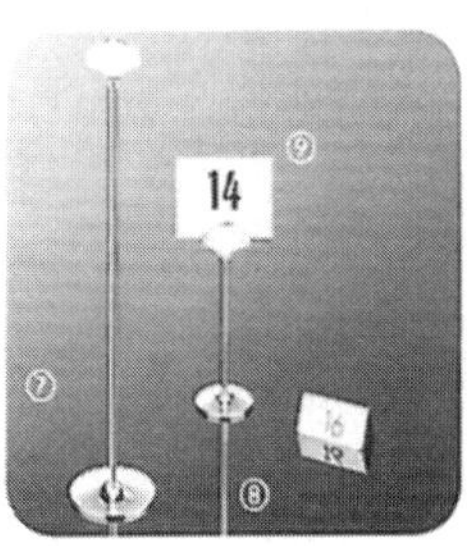

⑦ **Tischnummernständer**
Table number stand
Support pour numéro de table
Nr. 12 2263 = 18/10
Nr. 14 2263 = MESSING
Nr. 15 2263 = HOTELSILBER
22 cm, 50 cm hoch, high, haut

⑧ Nr. 12 2253 = 18/10
Nr. 13 2253 = HOTELSILBER
8,5 x 4,2 cm

⑨ **Tischnummer**
Table number
Numéro de table
Nr. 41 8050 = Kunststoff, plastic, matière plastique

⑩ **Brotkorb,** oval, durchbrochen
Bread basket, oval, perforated
Corbeille à pain, ovale, perforée
Nr. 12 2720 = 18/10
Nr. 13 3720 = HOTELSILBER
23 x 17 cm

⑪ **Brotkorb,** oval
Bread basket, oval
Corbeille à pain, ovale
Nr. 12 2136 = 18/10
Nr. 13 3136 = HOTELSILBER
23 x 17 cm, 27 x 18 cm

⑫ **Obstschale auf Fuß**
Fruit bowl with foot
Coupe à fruits sur pied
Nr. 12 2254 = 18/10
Nr. 14 2254 = 18/10-MESSING
Nr. 15 2254 = HOTELSILBER
23 cm Ø

⑬ **Käsedose**
Cheese dish
Fromagère
Nr. 12 2280 = 18/10
Nr. 14 2280 = 18/10-MESSING
Nr. 15 2280 = HOTELSILBER

⑭ **Senfgefäß**
Mustard pot
Moutardier
Nr. 12 2282 = 18/10
Nr. 14 2282 = 18/10-MESSING
Nr. 15 2282 = HOTELSILBER

⑮ **Butterdose,** 4-tlg.
Four piece butter dish
Beurrier en 4 pièces
Nr. 12 2232 = 18/10
Nr. 14 2232 = 18/10-MESSING
Nr. 15 2232 = HOTELSILBER

⑯ **Butterdose,** 2-tlg.
Two piece butter dish
Beurrier en 2 pièces
Nr. 12 2117 = 18/10
Nr. 13 3117 = HOTELSILBER

⑰ **Unterteller**
Underliner
Sous-plat
Nr. 12 2024 = 18/10
Nr. 13 3024 = HOTELSILBER
16 cm Ø

⑱ **Kugelglocke**
Dome cover
Cloche ronde
Nr. 12 3100 = 18/10
Nr. 14 3100 = 18/10-MESSING
Nr. 15 3100 = HOTELSILBER
13,5 cm Ø

- **Ausstellplatte mit Griffen**
  Banquet tray with handles
  Plateau d'exposition
  avec anses

  Nr. 12 5558 = 18/10
  Nr. 13 5558 = HOTELSILBER

  53 x 32,5 cm; 65 x 53 cm
  75 x 53 cm

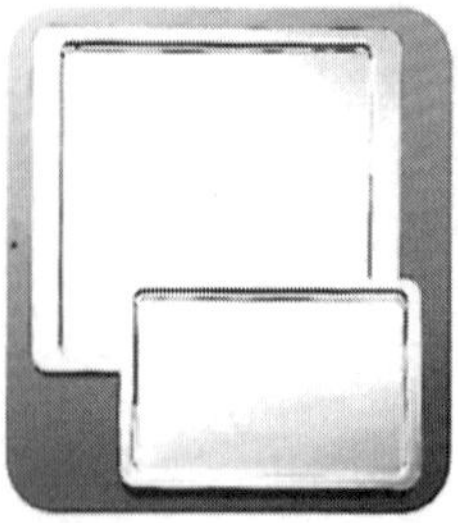

- **Gastronormplatte**
  Banquet tray gastronorm
  Plateau d'exposition gastronorm

  Nr. 12 2056 = 18/10
  Nr. 13 3056 = HOTELSILBER

  53 x 32,5 cm 1/1
  65 x 53 cm 2/1

  Ausstellplatte, ohne Griffe,
  (ohne Abb.)
  Banquet tray, without handles
  Plateau d'exposition, sans anses

  Nr. 12 2058 = 18/10
  Nr. 13 3058 = HOTELSILBER
  75 x 53 cm

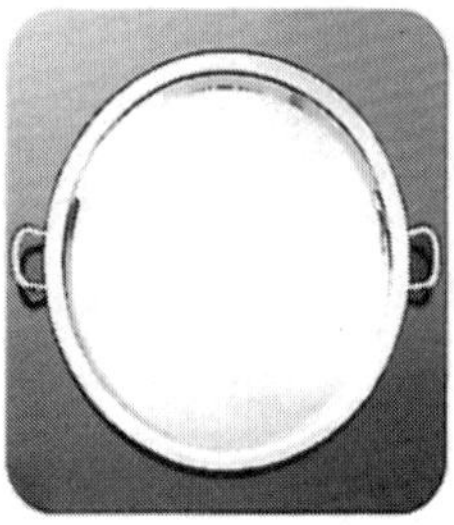

- **Ausstellplatte mit Griffen**
  Banquet tray with handles
  Plateau d'exposition
  avec anses

  Nr. 12 5560 = 18/10
  Nr. 13 5560 = HOTELSILBER
  42 cm∅, 60 cm∅.

- **Ausstellplatte,** rund, ohne Griffe
  Banquet tray, round,
  without handles
  Plateau d'exposition,rond,
  sans anses

  Nr. 12 2060 = 18/10
  Nr. 13 3060 = HOTELSILBER
  42 cm∅, 60 cm∅

3 도기류(Chinaware)

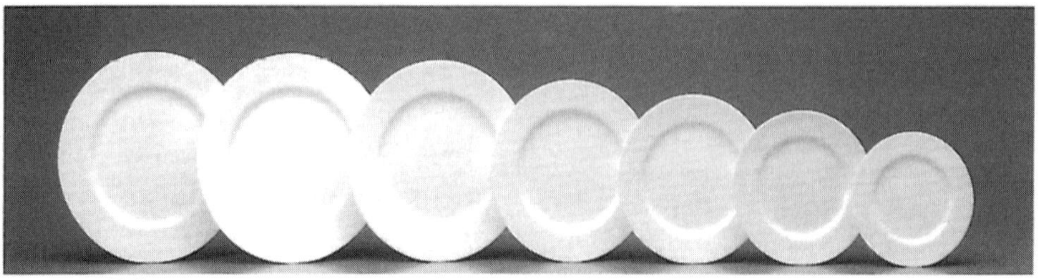

1212	1557	1039	1269	1086	1558	1214
27cm RIM PLATE	27cm DINNER PLATE	25cm DINNER PLATE	23cm MEAT PLATE	21cm DESSERT PLATE	19cm DESSERT PLATE	16cm B/B PLATE
D269mm/H18mm	D269mm/H24mm	D255mm/H22mm	D228mm/H20mm	D212mm/H17mm	D191mm/H17mm	D167mm/H14mm

1646	1226	1107	1227	1857	1597
23cm RIM SOUP PLATE	19cm COUPE SOUP BOWL	16cm CEREAL BOWL	14cm FRUIT BOWL	13cm FRUIT BOWL	10cm BUTTER DISH
D227mm/H36mm/C250cc	D196mm/H34mm/C410cc	D168mm/H43mm	D143mm/H31mm	D130mm/H44mm	D101mm/H18mm

2438	2423	2556	2427	2543	2428
TEA CUP	COFFEE CUP	COFFEE CUP(S)	A.D. COFFEE CUP	CYLINDER SHAPE CUP	BOUILLON CUP
L125mm/S100mm/H62mm/C160cc	L109mm/S87mm/H74mm/C170cc	L101mm/S88mm/H67mm/C140cc	L88mm/S68mm/H59mm/C80cc	L98mm/S75mm/H50mm/C130cc	L151mm/S120mm/H53mm/C240cc
1217	1217	1217	1222	1130	1218
TEA SAUCER	COFFEE SAUCER	COFFEE SAUCER(S)	A.D. COFFEE SAUCER	SAUCER	BOUILLON SAUCER
D158mm/H19mm	D158mm/H19mm	D158mm/H19mm	D124mm/H18mm	D140mm/H12mm	D177mm/H22mm

4359 COFFEE POT L 251mm/S 141mm H 215mm/C 930cc
4416 TEA POT L 250mm/S 152mm H 145mm/C 660cc
4464 TEA POT(I-P) L 200mm/S 124mm H 127mm/C 390cc
4358 SUGAR BOWL(L) L 133cm/S 111mm H 109mm/C 210cc
4415 SUGAR BOWL(S) L 124mm/S 105mm H 93mm/C 170cc
4357 CREAMER(M) L 122mm/S 87mm H 99mm/C 160cc
4414 CREAMER(S) L 114mm/S 81mm H 86mm/C 140cc

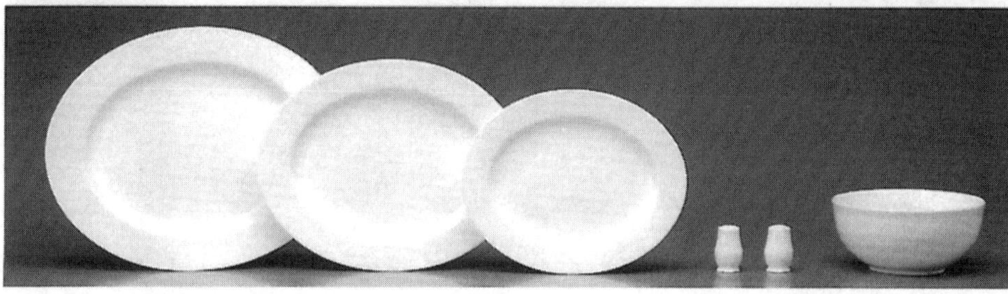

1219 43cm OVAL RIM PLATTER L 434mm/S 315mm H 30mm
1220 38cm OVAL RIM PLATTER L 383mm/S 271mm H 26mm
1221 31cm OVAL RIM PLATTER L 328mm/S 234mm H 26mm
9539 SALT D42mm/H59mm (1 HOLE)
9540 PEPPER D42mm/H59mm (3 HOLES)
3279 22cm R.D. VEGETABLE BOWL D220mm/H89mm

4 유리컵(Glassware)

Ⓐ Crystal Glass(크리스탈 글라스)

GOBLET 9 oz GO 3022 MI 6
WINE 6 oz WI 3022 MI 6
SHERRY 3 oz SH 3022 MI 6
LIQUEUR 1 oz LI 3022 MI 6
CHAMPAGNE 9 oz CH 3960 MI 6
CHAMPAGNE 7 oz CH 3022 MI 6
HOCK WINE 6 oz HW 3022 MI 6
CONTINENTAL CHAMPAGNE 4 oz CC 2022 MI 6

Ⓑ Normal Glass(노말 글라스)

(2) 가구류(Furniture)

가구류는 식탁류(Table), 의자류(Chair) 및 가구류(Furniture)로 나눌수 있다.

1 식탁류(Table)

식탁류는 Round Table, Rectangular Table(Oblong Table) 및 조립형 Table 등이 있으며 다음은 각각 그것들을 설명하고 있다.

Ⓐ Round Table

<table>
<tr><th>종류</th><th>Inch</th><th>Stacking chair</th><th>Arm Chair</th><th>사용구분</th></tr>
<tr><td>1</td><td>45</td><td>2</td><td>2</td><td rowspan="4">Table Deco 장식, Cocktail Table 좁은공간 일반 연회사용 및 Cocktail Table 일반 연회, Deluxe용 VIP할용</td></tr>
<tr><td>2</td><td>54</td><td>6</td><td>4</td></tr>
<tr><td>3</td><td>60</td><td>8-10</td><td>6</td></tr>
<tr><td>4</td><td>72</td><td>10-12</td><td>8</td></tr>
</table>

Ⓑ Rectangular Table(Oblong Table)

종류	Table	Inch	Stacking Chair	Arm Chair	사용구분
1	Rectangular Oblong	30×72	3	2	Food Table로 다목적 사용
2	Rectangular Oblong	30×60	2	2	Food Table로 다목적 사용
3	Meeting Class Type	18×72	3	2	세미나와 미팅 및 연결
4	Meeting Class Type	18×60	2	2	세미나와 미팅 및 연결
5	Square	30×30	1	1	Cake Table 및 다른 Table과 연결

Ⓒ 조립형 Table

종류	Table	Inch	Stacking Chair	Arm Chair	사용구분
1	Quarter Round	30	1	1	Table 연결 때 사용
2	Crescent Table	30-30	3	3	Corner 및 Table 연결
3	Half Round	60	2	1	뷔페 및 Table 연결

이러한 식탁류의 사용과 관리방법은 다음과 같다.

Ⓐ 사용

· 무리한 충격을 주지 않는다.

· 목재에 기름이나 물이 묻지 않도록 한다.

· 무거운 것을 올려놓거나 올라서면 안된다.

· 출장 연회시 주변 기기로 인하여 파손이 되지 않도록 주의한다.

· 파손이 되었을때는 즉시 수리함으로서 불량품이 되지 않게 유의한다.

Ⓑ 관리

· 장시간 보관시는 옆으로 보관한다.

· 카펫 바닥위에 세워두어 미끄럼을 방지하도록 한다.

· 옆으로 보관할때는 간격을 잘 맞춘다.

· 타 부서 대여시는 차용증에 테이블의 고유번호를 기입한 후 대여해 준다.

· 자 부서 소속직원은 누구라도 타 부서에 테이블이 있으면 점검하여 회수토록한다.

[2] 의자류(Chair)

의자류에는 Arm Chair, Easy Chair, Baby Chair, Booth, Stool Chair 등이 있다.

[3] 가구류(Furniture)

가구류에는 Side Board(Service Station), Counter Desk, Reception Desk, Sofa 및 방명록 Stand 등이 있다.

(3) 린넨류(Linen)

[1] 테이블 클로스(Table Cloth)

식탁의 청결함을 나타내기 위하여 보편적으로 면직류 또는 마직류로 만든 흰색 클로스(Cloth)가 주종을 이루고 있으나, 근래에는 식당 분위기에 맞도록 유색 클로스에 무늬를 넣어서 사용하는 경우가 많아졌으며 또는 클로스를 이중(Top Cloth)으로 깔아서 식탁을 화려하게 장식하는 식당이 많다.

[2] 언더 클로스(Under Cloth)

테이블 클로스의 수명연장과, 식탁에 식기나 기물을 놓을 때 소리가 나지 않도록 테이블 클로스 밑에 깔아서 촉감을 부드럽게 하는 사일런스 클로스(Silencer Cloth)라고도 하며, 털로 다져서 만든 천(Felt) 또는 면종류의 천(Flannelet)으로 만들어 테이블 클로스보다 크지 않게 테이블 규격과 같이 부착하거나 움직이지 않게 고정시켜 사용한다.

③ 미팅 클로스(Meeting Cloth)

회의 및 리셉션(Reception) 등에 널리 사용되며, 무늬가 없는 색상으로 촉감이 부드러운 털로 다져서 만든 천(Felt)이 주종을 이루고 있다.

④ 냅킨(Napkin)

냅킨은 식탁의 마지막 장식품으로써, 고객이 식사중에 입이나 손을 닦거나 음식을 흘려 옷이 더러워지는 것을 방지하기 위해 무릎 위에 놓아 사용하며 테이블 클로스와 같은 면직으로 만들어 쓰이고 있다. 또한 색상은 흰색 및 밝은 색을 많이 애용하나 테이블 클로스에 잘 어울리는 여러 가지 색상으로 만들어 많이 사용된다. 규격은 52cm×52cm 크기가 적당하지만 식당에 따라 다소의 차이가 있다.

⑤ 워시 클로스(Wash Cloth)

기물이나 집기류 등을 닦을 때 사용하며, 색상이나 모양을 달리하여 사용하기 편리하고 구분하기 쉽게 만든 면직류이다.

(4) 장비류(Wagon)

① 서비스 웨곤(Service Wagon)

고객의 요리를 운반 또는 서브(Serve)할 때 사용하는 이동운반차이며, 영업 전에 암타월(Arm Towel), 서빙 기어[Serving Gear(Spoon & Fork)], 트레이(Tray)를 충분히 비치해 둔다.

② 플램비 카트(Flambee Cart)

고객 앞에서 종사원이 직접 조리하여 요리를 서브하는 알코올(고체) 또는 가스 버너(Gas Burner)를 갖춘 카트이다. 영업 전에 알코올 또는 가스와 서빙 기어(Serving Gear)의 충분한 양 및 조리시 필요한 프라이 팬(Fry-pan), 포도주(Wine), 양념류, 각종 테이블 소스(Table Sauce) 등을 고정 비치해 두어야 하며 화재예방을 위해 반드시 소형 소화기와 석면포도 비치해 둔다.

3 프라임 립 카(Prime Rib Car)

프라임 립(Prime Rib)을 고객의 테이블 앞에서 직접 카빙(Carving)하여 서브할 때 사용되는 이동식 수레이다. 판매가 끝날 때까지 준비된 요리(Prime Rib)와 소스(Sauce)가 식지 않도록 전기 또는 알코올을 이용하여 적당한 온도유지에 신경을 기울여야 하며 도마, 카빙 나이프(Carving Knife), 포크(Fork) 및 소스 래들(Sauce Ladle)을 갖추어야 한다.

4 디저트 트롤리(Dessert Trolley)

보관이 용이하도록 냉장 설비가 되어 있으며 여러 가지 후식을 진열하여 고객이 잘 볼 수 있도록 꾸민 전시용 수레이다. 영업 전에 디저트 플레이트(Dessert Plate), 디저트 스푼 및 포크(Dessert Spoon & Fork) 등 필요한 기물을 갖추어서 즉석에서 서브할 수 있도록 한다.

5 애프터 디너 드링크 카트(After Dinner Drink Cart)

여러 종류의 브랜디(Brandy) 및 리큐르(Liqueur)를 진열하여 고객이 선택해서 드실 수 있도록 만들어진 보편적으로 고급식당에서 사용하는 이동식 수레이다. 항상 브랜디 글라스(Brandy Glass)와 리큐르 글라스(Liqueur Glass)도 같이 비치하여 즉석에서 서브할 수 있도록 하며, 반드시 시가(Cigar)도 준비하여 고객에게 제공하도록 해야 한다.

6 바 트롤리(Bar Trolley)

각종 주류 진열과 조주에 필요한 얼음, 글라스, 부재료, 주장(Bar)기물 등을 비치하여, 고객 앞에서 주문 받아 즉석에서 조주하여 서브할 수 있도록 꾸며진 이동식 수레이다.

7 트레이(Tray)

트레이는 접객 서비스 시에 요리나 식기 등을 안전하게 운반하기 위하여 사용되는 도구이며, 용도에 따라 크고 작은 형태로 나누어진다. 일반적으로 은제류(Silver), 스테인리스 스틸(Stainless Steel), 플라스틱(Plastic) 제품이 많으며, 등근형(Round), 타원형(Oval), 사각형(Square), 직사각형(Rectangular)의 종류가 있다.

8 디쉬 워머(Dish Warmer)

접시를 뜨겁게 데우기 위해 만들어진 전열기구이며 이동하기 쉽도록 바퀴가 부착되어 있고 온도조절도 되며 주로 불란서 식당의 비품으로 사용된다.

(5) 사인류(Sign)

사인류에는 사인 보드(Sign Board), 메뉴 스탠드 보드(Menu Stand Board), 서비스 아워 보드(Service Hour Board), 포스터 보드(Poster Board), 뉴스페이퍼 보드(Newspaper Board) 등이 있다.

이외에 식당의 유형 및 종류, 서비스 방법에 따라 영입징용 인쇄물인 메뉴 및 고객용 소모품 등이 포함된다.

2절 … 식당부문의 비품취급법

1 기물류 취급법

1) 은기물류 취급법

은기물류는 순은제와 은도금의 두 종류로 구성되며, 대부분의 호텔에서는 은도금 기물이 사용되고 있다. 그러나 은도금 기물도 원가가 대단히 비싼 관계로 고급 식당에서만 사용되고 일반식당에서는 품질이 좋은 스테인리스 스틸(Stainless Steel)기물이 많이 사용된다.

은기물류의 취급요령은 다음과 같다.

①	사용된 기물은 지정된 개수통에 모으며, 부딪쳐서 찌그러지거나 흠이 생길 우려가 많으므로 절대 던져 넣거나 한꺼번에 쏟아 넣어서는 안된다.
②	은기물 종류와 스테인리스(Stainless) 종류는 반드시 따로 구분하여 모아 기물의 손상을 방지한다.
③	모인 기물은 세척기(Dish Washer)에서 뜨거운 물로 세척액을 사용하여 충분히 씻어낸다.
④	세척 후 기물을 종류별로 가지런히 모은다.
⑤	뜨거운 물을 용기에 따로 준비한다.
⑥	종류별로 분류된 기물을 왼손에 적당량 쥐고 용기에 든 뜨거운 물에 담구었다가 핸드 타월(Hand Towel)로 기물의 손잡이를 감싸쥐고, 오른손으로 음식이 닿는 부분부터 손잡이 쪽의 순서로 물기가 완전히 제거되도록 신속한 동작으로 깨끗이 닦는다. 특히 나이프를 닦을 때는 칼날이 바깥쪽으로 향하도록 닦아야 하며 핸드타월이 칼날에 스쳐 찢어지지 않도록 주의해야 한다.
⑦	여러 종류의 기물을 한꺼번에 닦을 때는 반드시 포크부터 닦는 것이 용이하며, 변색된 기물은 광택제로 깨끗하게 윤을 내어 사용한다.
⑧	잘 닦인 기물은 종류별로 가지런히 모아서 기물함 또는 규정된 보관장소에 깨끗하게 비치한다.
⑨	깨끗하게 준비된 기물로 테이블 세팅(Table Setting)을 할 때는 음식이 닿는 윗부분을 손으로 잡거나 만져서는 절대 안되고, 반드시 손잡이 부분을 모로 잡아 가능한 손자국이 나지 않도록 취급하며, 운반할 때는 소음이 나지 않도록 트레이(Tray)를 사용한다.

① 나이프(Knife) 닦는 모습

② 포크(fork) 닦는 모습

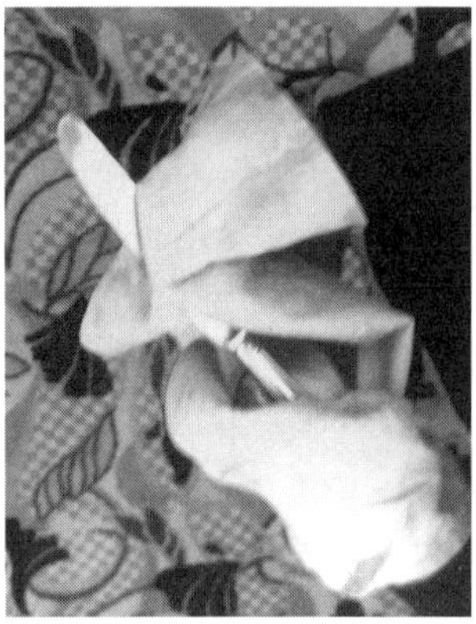

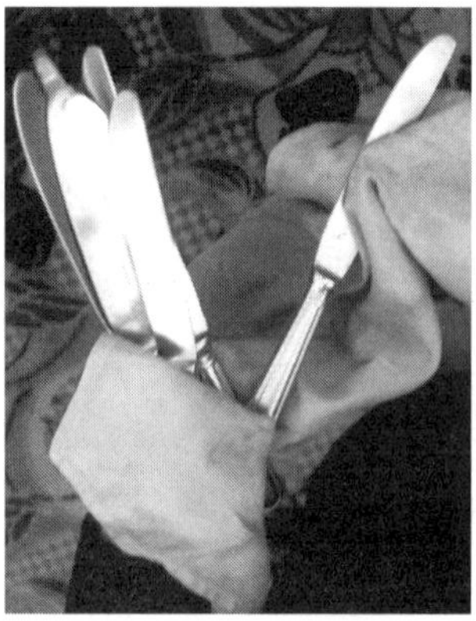

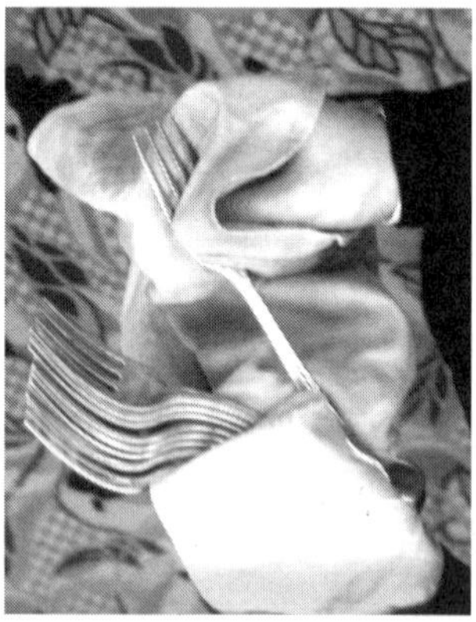

2) 도기류 취급법

도기류(Chinaware)는 취급과 운반시에 깨지지 않도록 상당한 주의를 요하며, 금이 가거나 깨졌거나 오점이 없는가를 확인한 후 이러한 것들을 폐품처리해야 한다. 또한 식기와 식기끼리 부딪치지 않도록 항상 조심해서 다루어야 하며, 운반시 한꺼번에 많은 양을 취급하지 않도록 해야 한다.

도기류의 취급요령은 다음과 같다.

①	접시를 운반하는 방법에는 2개, 3개, 4개 드는 법과 여러 개를 한꺼번에 운반하는 방법이 있는데, 취급시에는 접시의 테두리(Rim) 안쪽으로 손가락이 절대 들어가지 않도록 잡아야 한다.
②	요리가 담긴 접시를 줄 때는 맨 먼저 잡은 접시를 왼손 엄지손가락과 둘 손가락을 사용하여 접시 위 테두리와 밑바닥 테두리를 가볍게 쥐고, 둘째 접시는 첫째 접시 밑으로 접시를 겹쳐 나머지 손가락으로 받쳐든다. 접시를 잡은 후에는 손목을 약간 안쪽으로 구부리고 둘째 접시 테두리 위와 왼손 팔목 부분에 셋째 접시를 올려 놓으면 3개를 들 수 있다. 또한 요리가 담긴 여러 개의 접시를 겹쳐 들 때는 접시가 요리에 닿지 않도록 조심해야 한다.
③	접시를 들고 운반할 때는 몸 바깥으로 벌어지지 않도록 몸 안쪽으로 접시를 밀착하여 들어야 하고, 접시 든 팔을 흔들면서 걷거나 전후좌우 경계를 소홀히 해서는 안된다.
④	사용한 접시를 치울 때는 맨 먼저 잡은 접시에 왼손엄지와 새끼손가락을 접시 위로 걸치고 나머지 손가락으로 접시 밑을 받쳐 손가락 사이에 가볍게 끼운다.
⑤	포크는 왼손 엄지손가락과 접시 사이에 끼워 잡고, 나이프는 포크 밑으로 가지런히 끼워 바닥에 기물이 떨어지는 것을 방지한다.
⑥	다음 접시는 왼손 팔목부분 위에 올려 놓고, 나이프는 손에 든 접시의 포크 밑으로 가지런히 끼우고, 음식물은 나머지 포크로 밑접시에 쓸어 담는다.
⑦	그 다음 접시도 같은 요령으로 처리하여 포개며, 절대 소음이 나지 않도록 해야 한다.

다음은 접시 드는 법과 치우는 요령을 나타내고 있다.

(1) 접시 두장 드는 법

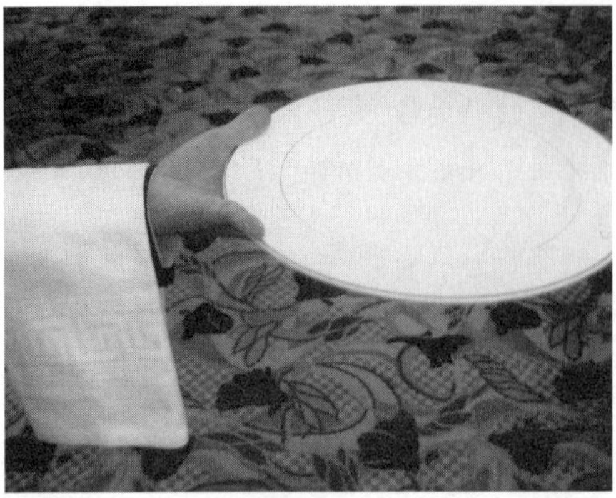

① 왼손 엄지와 새끼손가락 사이에 접시를 끼우고 나머지 손가락은 밑부분을 자연스럽게 받친다(※ 손가락이 접시 테두리안으로 들어가지 않도록 주의)

② 엄지와 새끼손가락, 손목 위에 균형있게 두번째 접시를 자연스럽게 얹는다.
(※ 손목, 엄지, 새끼손가락의 삼각구도)

(2) 접시 세장 드는 법

① 왼손 엄지와 검지로 첫번째 접시를 가볍게 쥔다.

② 두번째 접시를 첫번째 접시의 밑 테두리에 끼우면서 나머지 손가락으로 균형있게 받친다.

③ 접시가 평행을 이루도록 손목을 살짝 꺾으면서 두번째 접시와 손목위를 중심으로 세번째 접시를 가볍게 얹는다.

(3) 접시 치우는 요령

[1] 첫번째 방법

① 왼손 엄지와 검지로 첫 번째 접시를 쥐고 포크를 엄지로 고정시키면서 나이프를 그 밑으로 X자형이 되도록 끼운다.

② 포크, 나이프는 첫 번째 접시로 모으고, 세 번째 접시의 음식 찌꺼기는 두 번째 접시로 포크로 쓸어 내리며 네 번째 접시도 같은 요령으로 처리한다.

2 두번째 방법

① 엄지와 새끼손가락 사이에 첫 번째 접시를 끼우고 엄지로 포크를 고정시키면서 그 밑에 나이프를 끼운다. 엄지와 새끼손가락, 손목을 중심으로 두번째 접시로 쓰러 내린 후 포크를 나이프 위에 X형으로 놓는다.

(4) 접시 든 모습

세련된 서비스와 접시의 무게를 고려하여 운반할 때와 치울 때는 알맞게 나누어서 처리하는 것이 바람직하다.

3) 유리컵류 취급법

유리컵류(Glassware)는 원통모양(Cylindrical Glass)과 굽 달린 모양(Stemmed Glass)의 두 종류로 크게 나눌 수 있으며, 각종의 글라스는 디자인과 용도, 용량에 따라 각기 만들어지고 있지만 제조자에 의해서 같은 용도의 것이 달리 만들어지기도 한다. 또한 취급시에는 파손될 우려가 많으므로 각별히 조심하여 손실이 없도록 해야 한다.

유리컵류의 취급요령은 다음과 같다.

①	글라스를 쥘 때는 반드시 밑부분을 잡아야 하고 손잡이(Stem) 달린 글라스는 손잡이 부분을 쥐어야 하며, 윗부분이나 글라스 안에 손가락을 넣어 잡아서는 안된다.
②	글라스를 운반할 때는 손으로 운반하는 방법과 트레이로 운반하는 방법이 있으며, 원통 모양의 글라스류는 반드시 트레이를 사용하여 운반한다.
③	트레이로 운반할 때는 글라스가 미끄러지지 않도록 트레이에 매트(Mat) 또는 냅킨을 깔고 무게가 한쪽으로 쏠리지 않도록 중심 자리부터 글라스를 붙여서 놓으며, 내용물이 담긴 글라스를 운반할 때는 조심해서 다루고 전후좌우 경계를 소홀히 해서는 안된다.
④	손잡이 달린 글라스(Stemmed Glass)를 손으로 운반할 때는 손잡이 부분을 손가락 사이에 끼워서 윗부분이 아래쪽으로 향하도록 거꾸로 들고, 글라스와 글라스끼리 부딪치지 않도록 조심해서 운반하며 놓을 때는 맨 마지막에 끼운 글라스부터 역순으로 내려 놓는다.
⑤	한꺼번에 많은 양의 글라스를 운반할 때는 글라스 랙(Glass Rack)을 사용토록 하며, 용도(동형, 동종)에 맞는 랙을 필히 사용해야 한다.
⑥	글라스 랙을 사용하여 세척기(Dish Washer)에 글라스를 세척한다.
⑦	용기에 뜨거운 물을 따로 준비하여 세척된 글라스를 한 개씩 수증기에 쏘여 깨끗이 닦는다.
⑧	닦기 전에는 금이 갔거나 깨어진 것인지 확인한 후 닦도록 한다.
⑨	닦을 때는 냅킨을 펼쳐 잡은 후 한쪽 엄지손가락과 냅킨을 글라스 안쪽에 넣고 나머지 손가락은 글라스 바깥 부분을 쥐며, 다른 한쪽 손은 글라스 밑바닥을 냅킨으로 감싸쥐고 무리한 힘을 가하지 않도록 글라스를 가볍게 돌려 가면서 닦는다.
⑩	닦는 순서는 윗부분부터 안팎을 닦은 후, 손잡이 부분과 밑바닥을 차례대로 물기가 없도록 깨끗하게 닦는다.
⑪	수증기를 쏘여도 얼룩이나 물자국 등이 닦이지 않을 때는 뜨거운 물에 담궜다가 닦는다.
⑫	닦은 후에는 먼지 또는 얼룩이나 물자국 등이 깨끗하게 닦였는지 철저히 점검해야 한다.

▼ 쥐는 모습

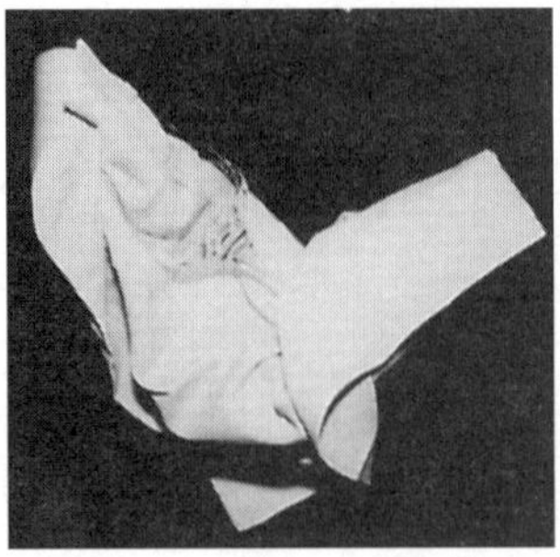

▲ 닦는 모습

▲ 쥐는 모습

▼ Goblet 여러개 드는 모습

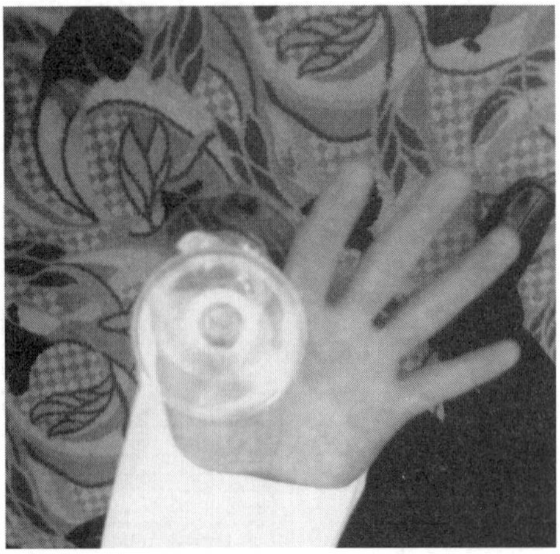

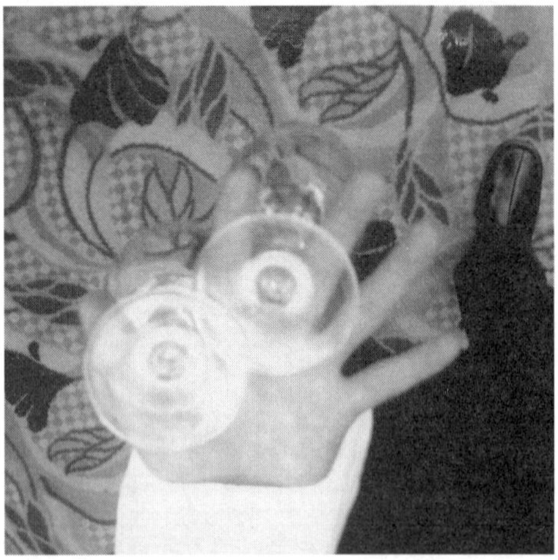

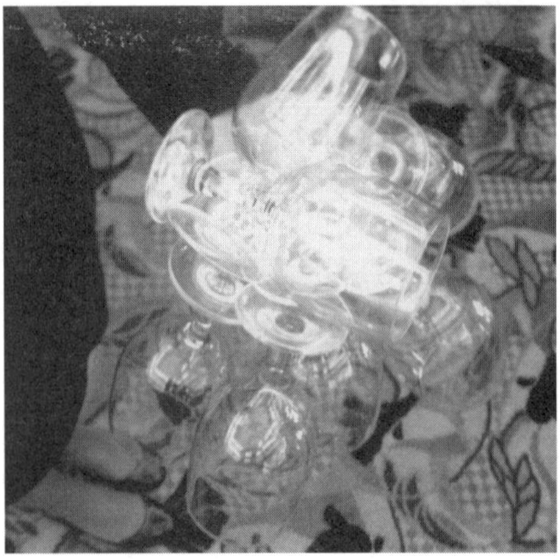

② 린넨류 취급법

1) 린넨의 취급법

① 린넨류도 식기를 취급할 때와 마찬가지로 사용과 보관을 청결하게 해야 한다.

② 린넨은 사용목적 이외에 절대 남용해서는 안되며, 규격 및 용도에 맞게 사용해야 한다.

③ 세탁된 린넨을 보관할 때는 규정된 장소에 종류별로 구분해서 사용이 편리하도록 잘 정돈하여 비치하고 구겨지거나 먼지가 묻지 않도록 깨끗하게 보관해야 한다.

④ 린넨에 기름이나 음식물 등으로 인해 얼룩이 생기지 않도록 다루어야 하며, 사용된 린넨 위에 핀(Pin), 이쑤시개, 음식물 등이 있을 때는 깨끗하게 쓸어낸 후 세탁이 용이하도록 일정하게 접는다.

⑤ 찢어졌거나 흠집 또는 얼룩이 있는 린넨은 사용해서는 안된다.

⑥ 사용한 린넨은 필히 린넨 카트(Linen Cart)에 모으며, 땅바닥이나 정해진 장소가 아닌 곳에 방치하지 않도록 한다.

2) 테이블 클로스 취급법

테이블 클로스(Table Cloth)는 반드시 식탁규격에 맞는 것으로 사용해야 하며 통일된 방법에 의해서 정확하게 깔도록 해야한다.

(1) 테이블 클로스 까는 요령

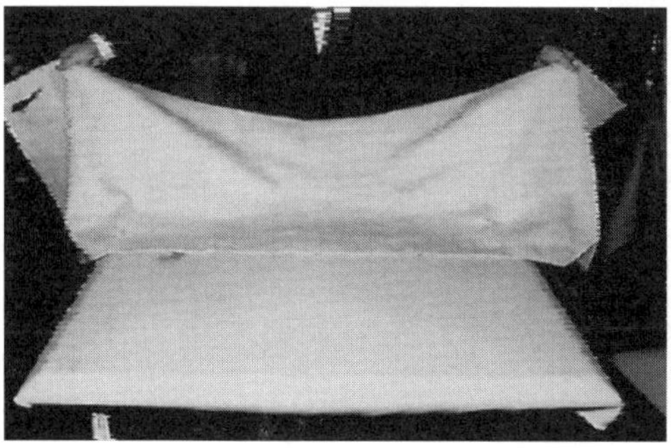

① 테이블 클로스의 가운데 주름진 부분을 식탁 중앙에 대고 길게 펼치면서 봉제선자락이 몸쪽으로 향하도록 엎어서 편다.

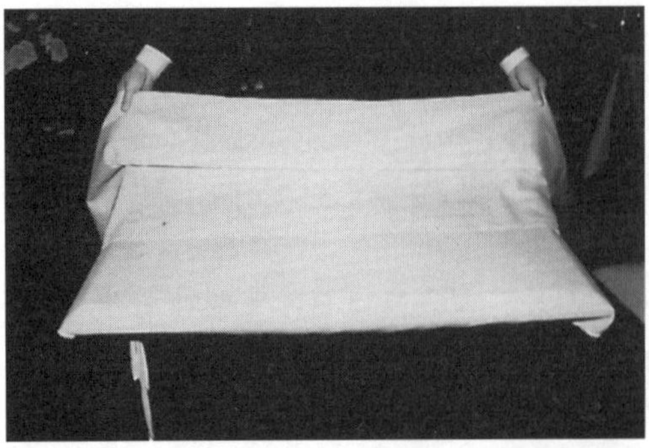

② 팔을 몸 앞쪽으로 어깨 넓이 정도 벌리고 테이블 클로스의 중간에 접힌 부분과 아래의 봉제선 부분을 엄지와 집게, 중지손가락으로 가볍게 잡는다.

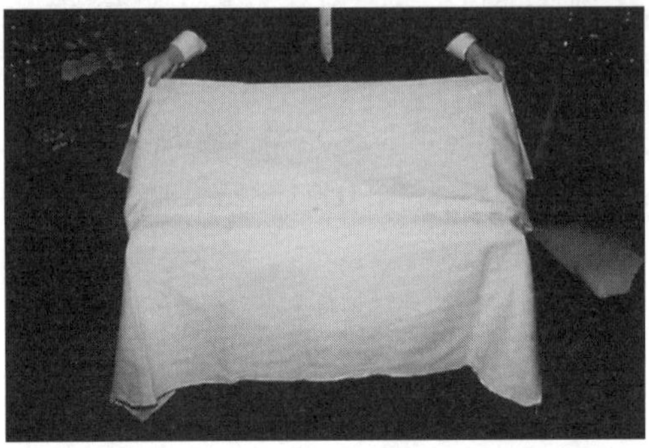

③ 테이블 클로스를 가볍게 들어올려 손에 닿지 않은 봉제선 자락을 반쪽 테이블 밑으로 내리도록 한다.

④ 엄지와 집게손가락으로 잡았던 접힌가장자리 부분을 가볍게 놓으면서 집게 중지손가락으로 잡은 봉제선자락을 구겨지지 않게 몸쪽으로 가볍게 흔들어 당기면서 편다.

⑤ 몸쪽으로 향한 테이블 클로스의 봉제선 자락을 잡고 주름진 가장자리선을 기준으로 깔린 상태를 조절하면서 테이블 밑으로 떨이지는 자락의 길이를 사방 30m 정도로 일치되도록 하며 모서리 자락의 길이도 일치되게 한다.

⑥ 완전히 깐 후에는 접혔던 주름이나 구김살을 다림질하여 깨끗하게 펴지도록 한 다음 의자를 배열한다. 탑 클로스(Top Cloth)까는 요령도 이와 동일하다.

(2) 영업중 테이블 클로스 교체 요령

영업중에 테이블 클로스를 깔 때는 사용한 테이블 클로스가 그대로 깔린 상태에서 세탁된 테이블 클로스를 맞대고 다음과 같은 요령으로 동시에 교체한다.

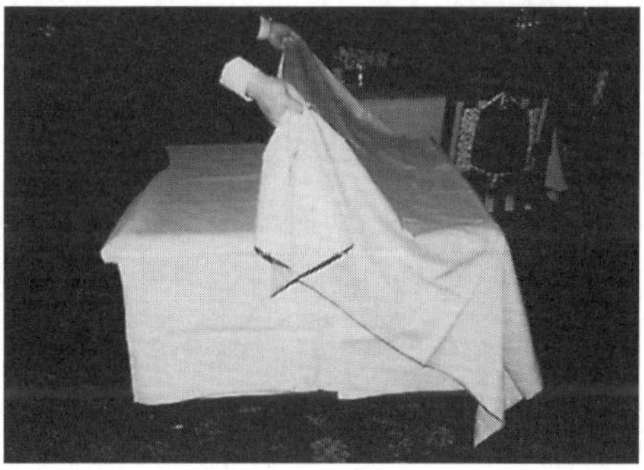

순서	설 명
①	먼저 사용된 테이블 클로스위에 빵가루 또는 음식물 등을 제거한 다음 좌우 양쪽 모서리 부분의 테이블 클로스를 테이블 중간 정도까지 끌어 당겨 반대쪽 테이블 클로스가 위로 향하도록 겹친다.
②	사용된 테이블 클로스의 겹쳐진 중간에 깨끗한 테이블 클로스의 가운데 접힌 부분을 포개어 길게 펼친 다음 반대쪽 테이블 밑으로 한꺼풀 펼쳐서 내린다.
③	양팔을 넓게 벌리고 엄지와 집게손가락으로 깨끗한 테이블 클로스의 위쪽 재봉선 자락을 잡은 다음 중지와 넷째손가락 사이에 밑에 겹쳐진 사용된 테이블 클로스의 접혀진 부분을 끼워서 잡고 가볍게 흔들어 당기면서 펴는 동작과 벗기는 동작을 같이 한다.
④	깨끗한 테이블 클로스를 몸 앞까지 당겨서 펼친 다음 엄지와 집게손가락으로 잡았던 재봉선 자락을 놓으면서 사용된 테이블 클로스의 나머지 재봉선 자락을 넷째 손가락과 새끼손가락 사이에 끼워서 잡는다.

⑤	사용된 테이블 클로스를 가볍게 흔들어 당겨서 뺀다.
⑥	완전히 뺀 다음 4등분으로 접어서 사이드 테이블(Side Table)에 옮겨둔다.
⑦	몸쪽의 재봉선 자락을 잡고 잡혀진 나머지 부분을 당겨 내린다.
⑧	테이블 규격에 맞게 깔린 상태가 양호한지 확인하면서 구김살과 주름이 없도록 마무리 손질을 한다.

3 장비류 취급법

(1) 카트류의 취급법

모든 카트(Cart)류는 항상 청결하게 관리하고, 서비스에 필요한 준비물을 완벽하게 갖추어야 한다. 또한 고객 앞에서 사용되는 목적 이외에는 다른 용도로 사용해서는 안되며, 사용시에 종사원들은 다음과 같은 안전관리 사항을 준수해야 한다.

① 난폭 운전 금지
② 체중을 싣지 말 것
③ 무리하게 많은 짐을 싣지 말 것
④ 벽 또는 테이블 등에 부딪치지 않도록 할 것
⑤ 절대 끌고 다녀서는 안되며 두 손으로 안전하게 밀고 다닐 것
⑥ 요리는 반드시 상단에 싣고 그밖에 다른 준비물은 밑으로 싣도록 할 것
⑦ 사용 후에는 반드시 정해진 장소에 원위치 할 것
⑧ 알코올 램프(Alcohol Lamp)나 레쇼(Rechaud)가 갖추어진 카트를 다룰 때는 용기가 넘어지거나 쏟아지지 않도록 각별히 조심하며, 연료를 채울 때는 용기에 7~8부 정도 담고, 불을 붙였을 때 연료가 끓어 넘치지 않도록 할 것

(2) 트레이 취급법

트레이는 접객 서비스 시에 가장 필요로 하는 비품 중의 하나이며, 또한 식당 종사원들은 다음과 같이 취급요령을 숙지하여 능률적인 업무수행과 통일된 자세를 갖추도록 해야 한다.

① 트레이를 들 때는 반드시 왼손으로 들어야 하며, 옆구리에 끼거나 한 손으로 잡아

흔들고 다녀서는 안된다.

② 트레이를 들 때는 중심부분에 왼손 팔목부분의 손바닥 부위와 각 손가락을 넓게 벌리고 손끝을 약간 세워 트레이의 전후좌우가 흔들리지 않도록 조정하여 든다. 이때 손바닥 전체가 트레이에 닿는 것은 불안정하므로 손바닥 중심부분이 트레이에 닿지 않도록 공간을 이루어 자연스럽게 든다.

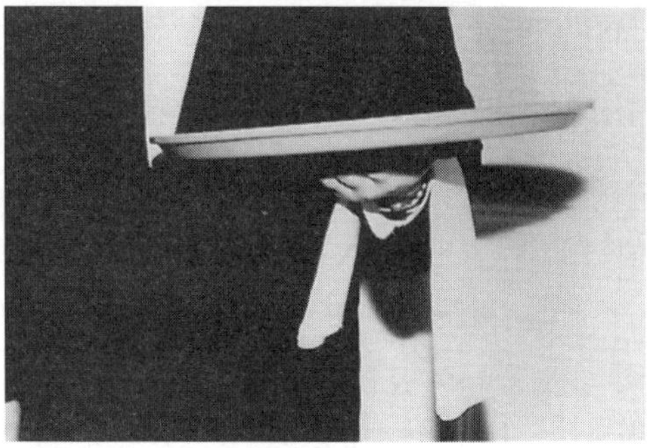

▲ 트레이 드는 요령

③ 트레이는 팔을 겨드랑이에 자연스럽게 붙이고 몸 앞쪽으로 직각이 되게 팔꿈치를 구부려 반듯하게 든다.

④ 운반시에는 트레이에 냅킨 또는 페이퍼 맷(Paper Mat)을 깔아 트레이에 놓인 물건이 미끄러지지 않도록 한다.

⑤ 트레이에 물건을 놓을 때는 중심부분 부터 놓는 것이 안전하며 내려 놓을 때는 중심 외부의 것부터 먼저 내려 놓는다.

⑥ 트레이에 담아 운반할 때는 반드시 전후좌우를 경계하며 걸어야 하고, 또한 부딪치는 일이 발생하지 않도록 항상 조심하여 운반한다.

⑦ 사용된 기물을 트레이에 담을 때는 깨끗한 기물을 취급할 때와 마찬가지로 청결히 다루어야 하며, 또한 소음이 나지 않도록 조용히 담아야 한다.

3절 … 테이블 세팅(Table Setting)

테이블 세팅이란 식사제공에 필요한 일절의 준비 기구인 식탁, 의자, 테이블 클로스, 냅킨, 은기물류, 식기, 글라스류 및 각종 테이블용 기물류를 바르게 갖추어 놓아, 식탁위에 요리를 내놓고 판매하기 위한 준비작업이다.

이러한 테이블 세팅은 영업장의 테이블 배치와 조화를 이루어야 한다. 즉, 테이블 배치와 테이블 세팅과의 조화는 고객에게 완벽한 식탁서비스를 제공해 주는데, 고객이 즐길 수 있는 식사분위기를 조성해야 하며, 식탁배열은 어느 정도 여유를 가지면서 서비스하는 종사원의 필요공간이 확보되어야 하며 고객들간의 대화상의 보안도 고려되어야 한다.

테이블 세팅은 식당의 종류 및 식사의 형태에 따라서 다양하나 일반적으로 다음과 같이 다섯 종류로 분류된다.

① 기본 차림(Basic Place Setting)

② 일품요리 기본 차림(Basic à la Carte Setting)

③ 정식 차림(Table d' hôte Setting)

④ 아침식사 기본 차림(Basic Breakfast Setting)

⑤ 특별식 차림(Special Setting)

1 테이블 세팅의 종류

테이블 세팅의 기본도형은 [그림 4-1]에 나타나 있으며 테이블 세팅의 기본원칙은 [표 4-1]에 나타나 있다.

[그림 4-1] 테이블 세팅의 기본도형

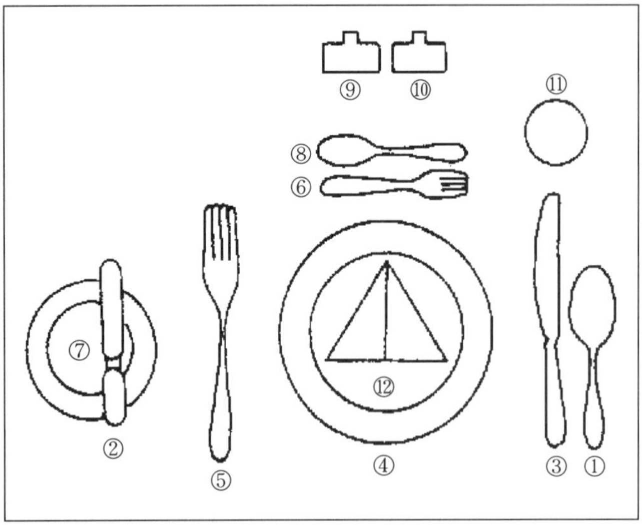

① Bouillon spoon
② Butter knife
③ Dinner knife
④ Service plate
⑤ Dinner fork
⑥ Dessert fork
⑦ B.B plate
⑧ Dessert spoon
⑨ Salt shaker
⑩ Pepper shaker
⑪ Water goblet
⑫ Napkin

[표 4-1] 테이블 세팅의 기본 원칙

	테이블 세팅의 기본원칙
①	쇼 플레이트와 은기물류는 식탁 가장자리로부터 2cm정도의 간격을 두고 놓는다.
②	기물류의 배열은 전체적인 균형을 이룰 수 있도록 적당한 간격으로 보기 좋게 놓는다.
③	빵 접시(Bread Plate)의 중앙선과 쇼 플레이트의 중앙선이 일치하도록 배열한다.
④	디너 나이프(Dinner Knife)는 칼날이 안쪽으로 향하게 한다.
⑤	버터 나이프(Butter Knife)는 빵 접시 위에 오른쪽으로 1/4정도 되는 부분에 포크의 배열선과 맞춰 놓는다.
⑥	물잔(Water Goblet)은 디너 나이프의 끝쪽 연장선과 디저트 스푼과 포크의 중앙 배열선이 교차되는 곳에 놓는다(도면 참조).
⑦	와인잔(Wine Glass)은 물잔의 오른쪽 아래쪽으로 45° 대각선상에 놓는다.
⑧	센터 피스(Center Pieces)의 배열은 테이블의 종류와 세팅 인원에 따라 달라질 수 있겠으나, 일반적으로 좌측부터 재떨이, 후추, 소금, 꽃병의 순으로 배열한다.
⑨	성냥은 알맹이 하나의 끝을 성냥갑 밖으로 나오게 하여 재떨이 앞쪽에, 로고(Logo)를 손님이 볼 수 있도록 놓는다.
⑩	쇼 플레이트를 사용하지 않을 때는 냅킨을 놓아서 기준을 삼는다.

이러한 원칙은 영업장의 특성과 식탁의 종류, 식탁이 배치된 장소, 기물의 종류에 따라 다소 변할 수는 있으나, 테이블 세팅의 근본 목적인 고객이 사용하기에 편리하고, 짜임새 있으며 모양 좋은 테이블이 되게 하여야 한다.

한편, 테이블 세팅의 종류는 다음과 같다.

(1) 기본차림(Basic Place Setting)

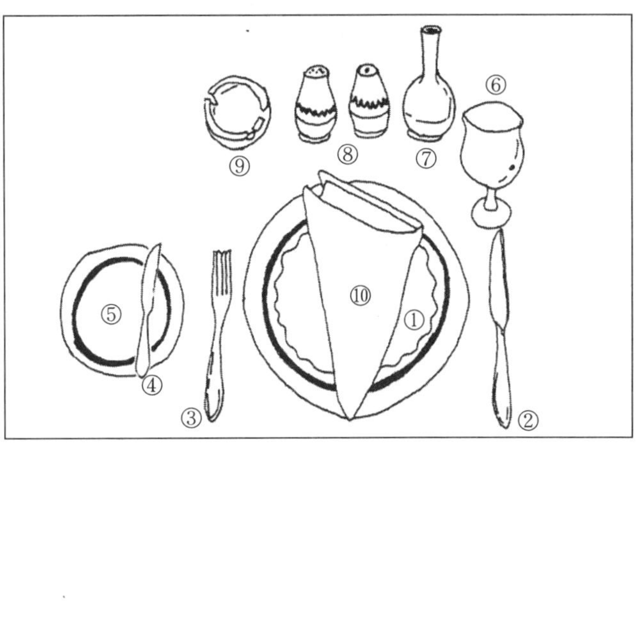

① SHOWPLATE
② DINNER KNIFE
③ DINNER FORK
④ BUTTER KNIFE
⑤ B & B PLATE
⑥ WATER GOBLET
⑦ FLOWER BASE
⑧ CASTOR SET
⑨ ASHTRAY
⑩ NAPKIN

(2) 일품요리기본차림(Basic à la Carte Setting)

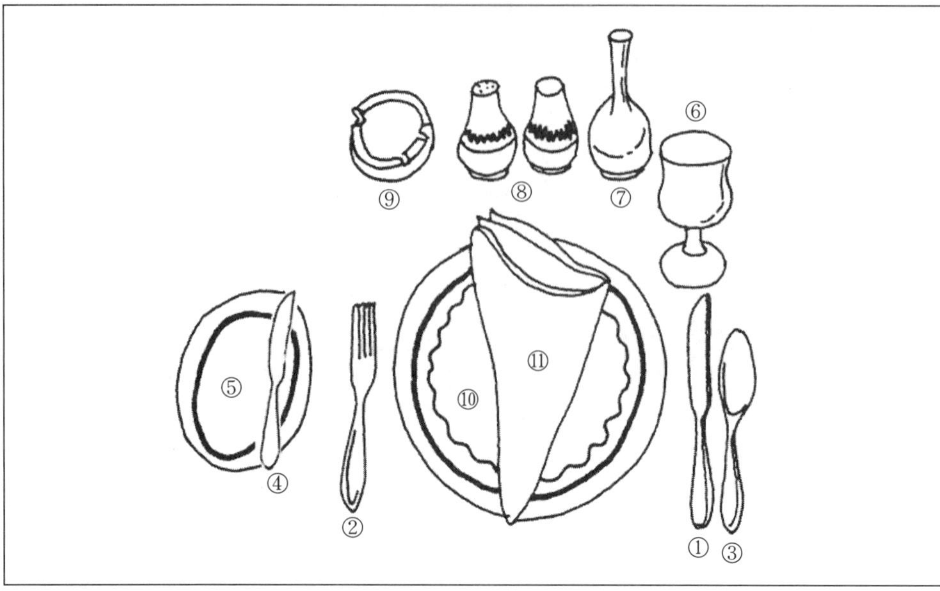

① DINNER KNIFE	⑦ FLOWER VASE
② DINNER FORK	⑧ CASTOR SET
③ SOUP SPOON	⑨ ASHTRAY
④ BUTTER KNIFE	⑩ SHOWPLATE
⑤ B & B PLATE	⑪ NAPKIN
⑥ WATER GOBLET	

(3) 정식차림(Table d' hôte Setting)

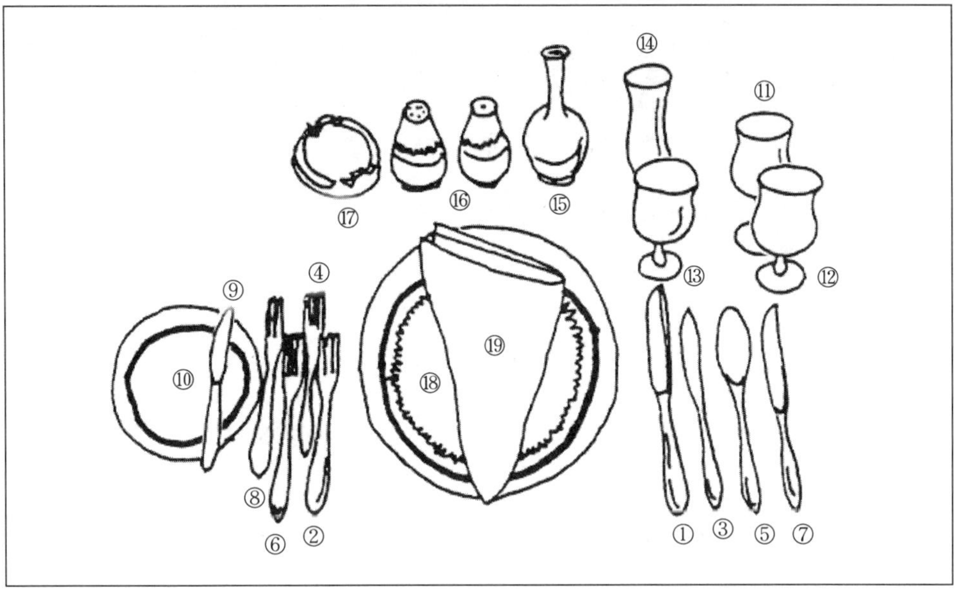

① MEAT KNIFE	⑪ RED WINE GLASS
② MEAT FORK	⑫ WHITE WINE GLASS
③ FISH KNIFE	⑬ WATER GOBLET
④ FISH FORK	⑭ CHAMPAGNE GLASS
⑤ SOUP SPOON	⑮ FLOWER VASE
⑥ SALAD FORK	⑯ CASTOR SET
⑦ APPETIZER KNIFE	⑰ ASHTRAY
⑧ APPETIZER FORK	⑱ SHOWPLATE
⑨ BUTTER KNIFE	⑲ NAPKIN
⑩ B & B PLATE	

만일 애피타이즈 나이프(Appetizer Knife)를 사용할 필요가 없는 전채요리(Appetizer)인 경우에는 애피타이즈 나이프 대신 애피타이즈 포크(Appetizer Fork)를 오른쪽 수프스푼(Soup Spoon)옆에 세팅한다.

(4) 아침식사기본차림(Basic Breakfast Setting)

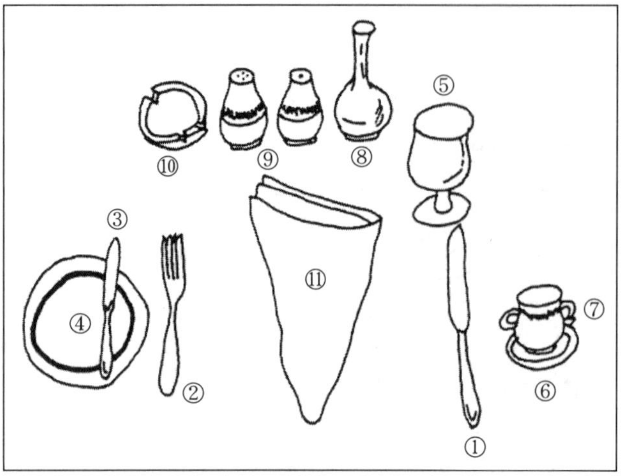

① DINNER KNIFE
② DINNER FORK
③ BUTTER KNIFE
④ B & B PLATE
⑤ WATER GOBLET
⑥ COFFEE CUP & SAUCER
⑦ COFFEE SPOON
⑧ FLOWER VASET
⑨ CASTOR SET
⑩ ASHTRAY
⑪ NAPKIN

(5) 특별식차림(Special Setting)

특별식차림에는 여러 가지 종류가 있는데 해산물 칵테일(Seafood Cocktail)의 특별 식차림의 예를 들면 [그림 4-2]와 같다.

[그림 4-2] 특별식차림

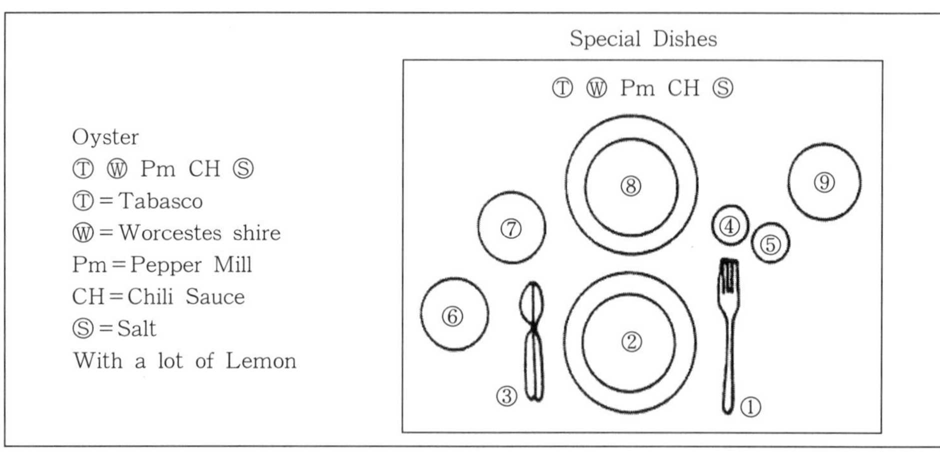

① Oyster Fork	② Service Plate	③ Tongs
④ Water glass	⑤ Wine glass	⑥ Bread plate
⑦ Finger Bowl	⑧ Oyster	⑨ Shell plate

② 테이블 세팅의 준비단계와 순서

테이블 세팅을 하기전에 준비단계가 필요하며 다음과 같다.

(1) 청소 및 환경정리

즐거운 식사를 하기 위해서는 청결하게 정돈된 주변환경이 무엇보다도 중요한 역할을 한다. 그러므로 식탁을 꾸미기 전에는 식탁과 의자를 비롯하여 영업장 내의 구석구석까지 철저한 청소가 이루어져야 한다.

(2) 식탁 위치의 고정

식탁은 고객이 불편을 느끼지 않도록 배치되어야 하며, 흔들리지 않게 바르게 놓여야 한다. 식닥의 높이는 70cm~75cm, 의자의 높이는 40cm~45cm가 표준이며, 한 사람이 점유하는 좌석의 폭은 70cm를 기준으로 한다.

(3) 테이블 클로스(Table Cloth)

테이블 클로스는 흰색을 사용하는 것이 원칙이지만, 근래에는 색과 무늬가 들어 있는 다양한 종류의 클로스가 사용되고 있다. 테이블 클로스는 깨끗하게 다림질이 되어야 하며, 클로스를 깔 때는 접었던 선이 식탁의 가로 세로와 평행이 되도록 하여야 한다. 이때 테이블에서 늘어지는 클로스의 길이는 40cm정도가 되게 한다.

테이블 클로스 밑에는 언더 클로스(Under Cloth) 또는 사일런스 클로스(Silence Cloth)라고 하는 펠트(Felt: 털로 다져 만든 천)나 프란넬(Frannel) 또는 얇은 스폰지(Sponge)로 된 클로스를 깔아 식탁 위에서 나는 소음을 방지시킨다. 그리고 테이블 클로스 위에 깔아 테이블 클로스가 쉽게 더러워지는 것을 방지하고, 테이블의 품위를 높여주는 톱 클로스(Top Cloth)가 사용되기도 한다. 테이블 클로스는 얼룩이나 구멍 등 흠이 있는 것은 절대 사용해서는 안된다.

(4) 냅킨(Napkin)

냅킨의 크기는 50cm×50cm를 표준으로 다소의 차이가 날 수도 있다. 색상과 모양은 식당의 분위기와 조화를 이루는 격조 높은 것이라야 하며, 때때로 색상과 모양을 바꾸어 변화 있는 분위기를 만들기도 한다.

(5) 센터 피스(Center Pieces)

센터 피스란 식탁의 중앙에 놓는 집기를 말한다. 즉 식탁을 돋보이게 하기 위해 놓는 꽃병과 소금, 후추병, 재떨이, 촛대 등이 있으며, 뷔페 테이블의 중앙에 장식물로 놓이는 생선요리, 케이크, 과일용 은제 바스켓, 얼음조각 등도 이에 속한다. 꽃은 병에 꽂거나 수반을 이용할 수 있으나 꽃의 높이가 너무 높아 상대방의 얼굴을 마주보는데 방해가 되어서는 안된다. 촛대 역시 손님의 대화에 지장을 주는 높이는 피해야 한다. 소금과 후추병은 보통 2~3명에 한세트씩 세팅하며, 내용물이 차 있어야 하고, 응고되거나 구멍이 막히지 않았는지를 확인한다.

(6) 기물류

세팅에 사용할 은기물류(Silverware), 도기류(Chinaware), 유리컵류(Glassware)를 깨끗하게 세척하여 얼룩진 곳이 없도록 닦아 놓는다. 특히, 은기물류를 취급할 때는 반드시 손잡이를 잡는다.

한편, 테이블 세팅의 순서는 다음과 같다.

영업장의 특성과 테이블의 종류에 따라 세팅 순서가 달라질 수 있겠으나 일반적인 테이블 세팅 순서는 다음과 같다.

①	식탁과 의자를 점검한다.
②	테이블 클로스를 편다.
③	센터 피스[(Center Pieces ; 꽃병(Flower Vase), 소금과 후추(Salt & Pepper Shaker), 재떨이(Ashtray)]를 놓는다.
④	쇼 플레이트(Show Plate)를 놓는다.
⑤	빵 접시(Bread Plate)를 놓는다.
⑥	디너 나이프와 포크(Dinner Knife & Fork)를 놓는다.
⑦	피시 나이프와 포크(Fish Knife & Fork)를 놓는다.
⑧	수프 스푼과 샐러드 포크(Soup Spoon & Salad Fork)를 놓는다.
⑨	애피타이저 나이프와 포크(Appetizer Knife & Fork)를 놓는다.
⑩	버터 나이프(Butter Knife)를 놓는다.

⑪	디저트 스푼과 포크(Dessert Spoon & Fork)를 쇼 플레이트 위쪽에 놓는다.
⑫	물잔과 포도주잔(Water Goblet, White & Red Wine Glass)을 놓는다.
⑬	냅킨을 편다.
⑭	전체적인 조화와 균형을 점검한다.

좌석을 정한 손님으로부터 요리의 주문을 받은 후 요리에 맞추어서 테이블 세팅을 하는 경우에는 첫째, 전혀 세팅이 되어 있지 않았을 때는 주문에 맞추어서 세팅한다. 둘째, 일부가 세팅되어 있으면 주문에 따라서 필요한 기물을 보충한다. 셋째, 세팅이 완료된 테이블에서는 주문에 따라 불필요한 기물은 치운다.

이상과 같은 경우의 테이블 세팅에서 특히 주의해야 할 점은 다음과 같다.

① 기물을 테이블로 옮길 때나 치울 때에는 트레이를 사용하고 손으로 들고 다니지 않는다.

② 기물이 부딪쳐 소음을 내지 않도록 조심한다.

③ 나이프, 포크를 놓을 때나 치울 때에는 나이프나 포크의 끝이 손님의 몸에 닿지 않게 또는 나이프나 포크를 떨어뜨리지 않게 주의한다.

④ 테이블 배치상 부득이 손님 앞을 가로막든가, 팔을 뻗어서 세팅할 때는 손님에게 반드시 "실례합니다"라고 양해를 구하고 나서 동작으로 옮긴다.

⑤ 테이블 배치에 따라 매우 하기 힘든 경우나 바쁠 경우에라도 세팅을 조잡하게 대충 하여서는 안된다.

⑥ 손님에게 불쾌감과 불편함을 주지 않도록 신속하고 정중하게 모든 동작을 취한다.

4절 ... 냅킨(Napkin) 접는 법

냅킨은 접는 모양에 따라 시각적으로 식당의 전체적인 분위기를 달리 할 수 있으며, 항상 고객에게 새로운 인상을 주기 위하여 여러 가지 모양으로 냅킨을 접어 변화있게 식탁에 셋업(Set-up)하도록 한다. 또한 냅킨은 가장 위생적으로 취급해야 하며, 접을 때는 구김과 손이 많이 가지 않도록 다음과 같이 간단하고 실용적인 방법을 택하여 다양하게 접도록 한다.

① 접기 순서

(1) 주교 모자형(The Bishop's Mitre)

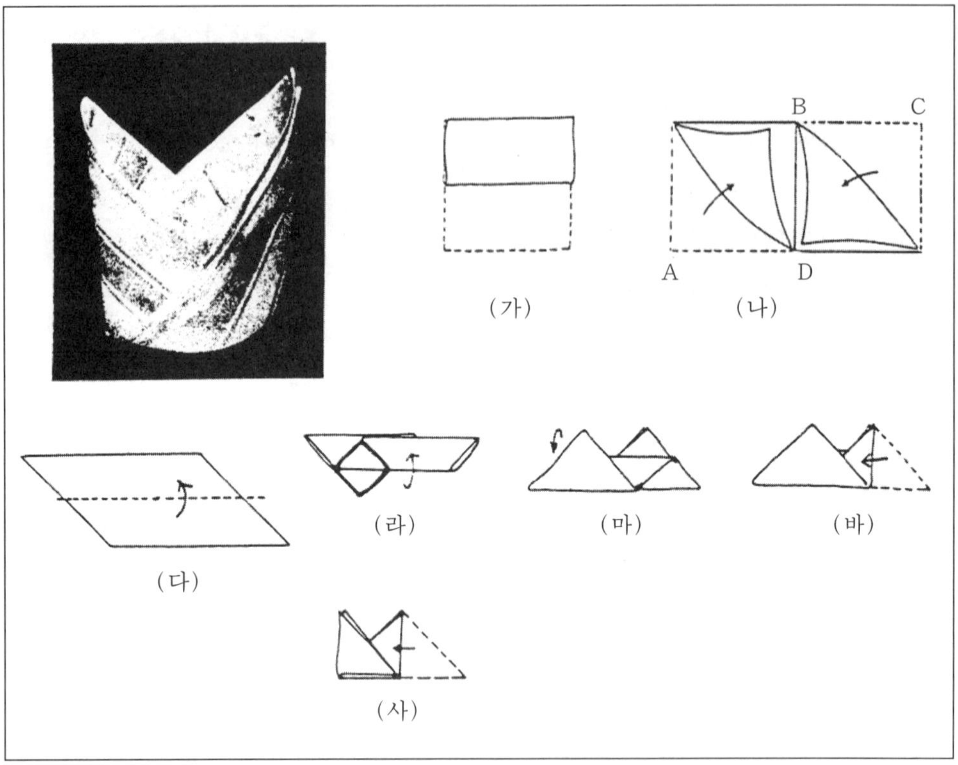

(가) 반을 접는다.

(나) A에서 B로, C에서 D로 가운데를 향하여 반씩 접는다.

(다) 뒤집는다.

(라) 아랫부분을 윗부분과 만나도록 접어 올린다(이때 보이는 삼각부분은 같이 접어 올리지 않는다).

(마) 윗부분을 잡고 뒤집는다. 오른쪽 삼각부분이 나타난다(그림참조).

(바) 오른쪽 부분을 반으로 접어서 안쪽으로 넣는다.

(사) 뒤집어서 나머지 부분도 (바)와 같이 반복한 다음 둥글게 손질하여 곧게 세운다.

(2) 촛불형(The Candle)

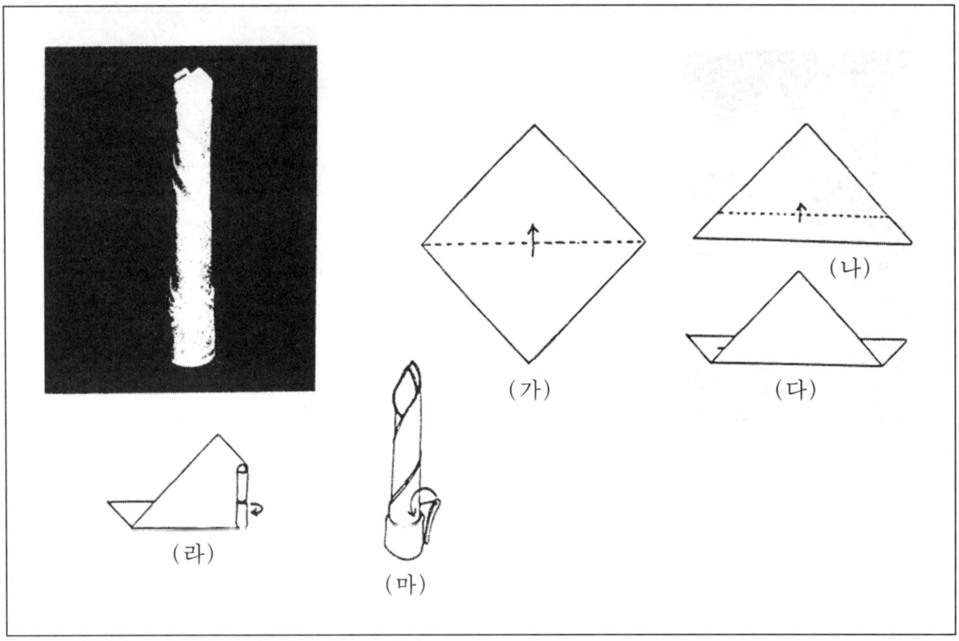

(가) 냅킨을 디이아몬드형으로 펼친 나음 반 섭는다.

(나) 밑부분을 3㎝ 정도 접어 올린다.

(다) 뒤집는다.

(라) 한쪽 끝부분을 둥글게 말아 들어간다.

(마) 끝부분을 끼운 다음 곧게 세운다.

(3) 정장 모자형(Cocked Hat)

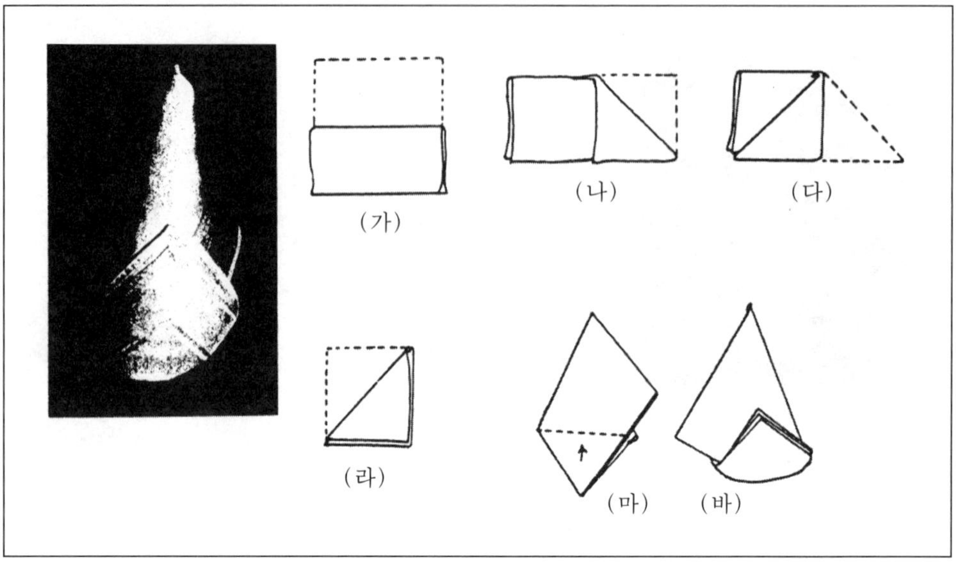

(가) 반을 접어 내린다.

(나) 가운데를 기준으로 오른쪽 부분을 반 접는다.

(다) 가운데 왼쪽으로 접으면서 주름지지 않도록 한다.

(라) 왼쪽 나머지를 접어 내린다.

(마) 아래쪽 귀퉁이를 몸쪽으로 향하도록 약간 돌려서 점선부분 만큼 꺾어서 접어 올린다.

(바) 둥글게 손질하여 곧게 세운다.

(4) 플루트형(Flute)

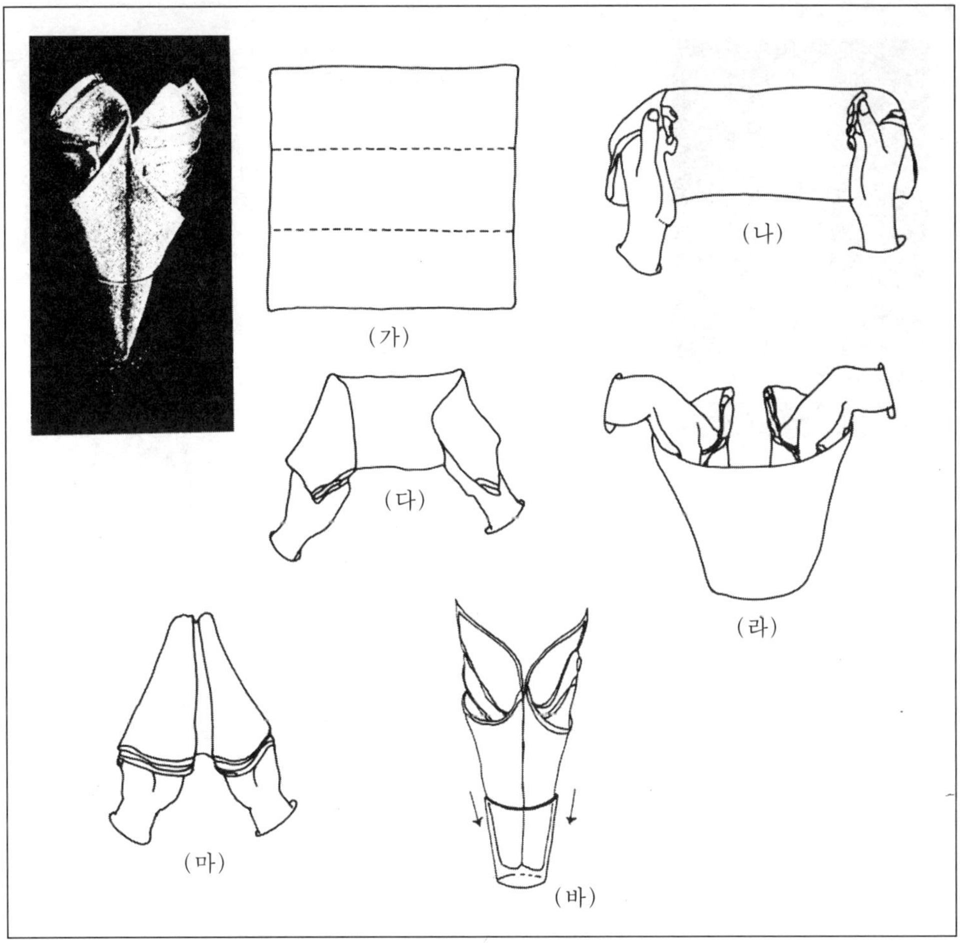

(가) 삼등분이 되도록 접는다.

(나) 양손의 엄지와 검지로 양쪽 위 모퉁이 부분을 감아 쥔다.

(다) 양손의 손바닥이 밑으로 향하도록 돌린다.

(라) 양손을 몸쪽으로 굽히면서 냅킨을 둥글게 휘감는다.

(마) 양손을 몸 바깥쪽으로 펴면서 원뿔모양이 되도록 한다.

(바) 글라스에 끼워 넣은 다음 손을 뺀다.

(5) 소용돌이형(Swirl)

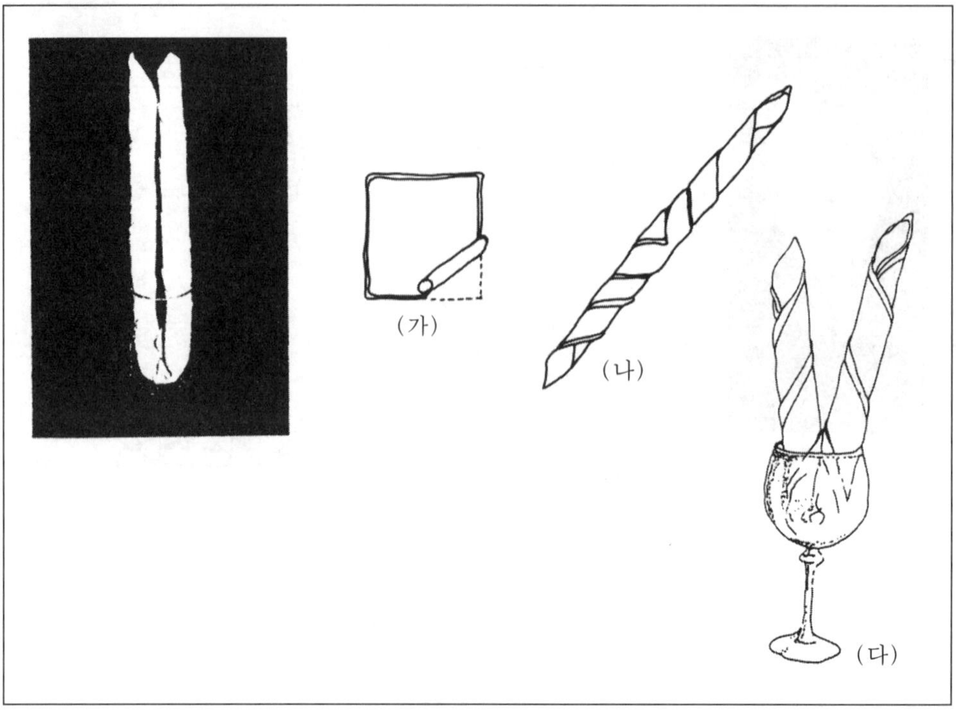

(가) 냅킨을 완전히 펼쳐서 한쪽에서부터 말아 들어간다.

(나) 중간에 오는 귀퉁이 부분은 위로 향하도록 한다.

(다) 가운데를 꺾어서 글라스에 살짝 끼워서 세운다.

(6) 바이킹 모자형(Viking Hat)

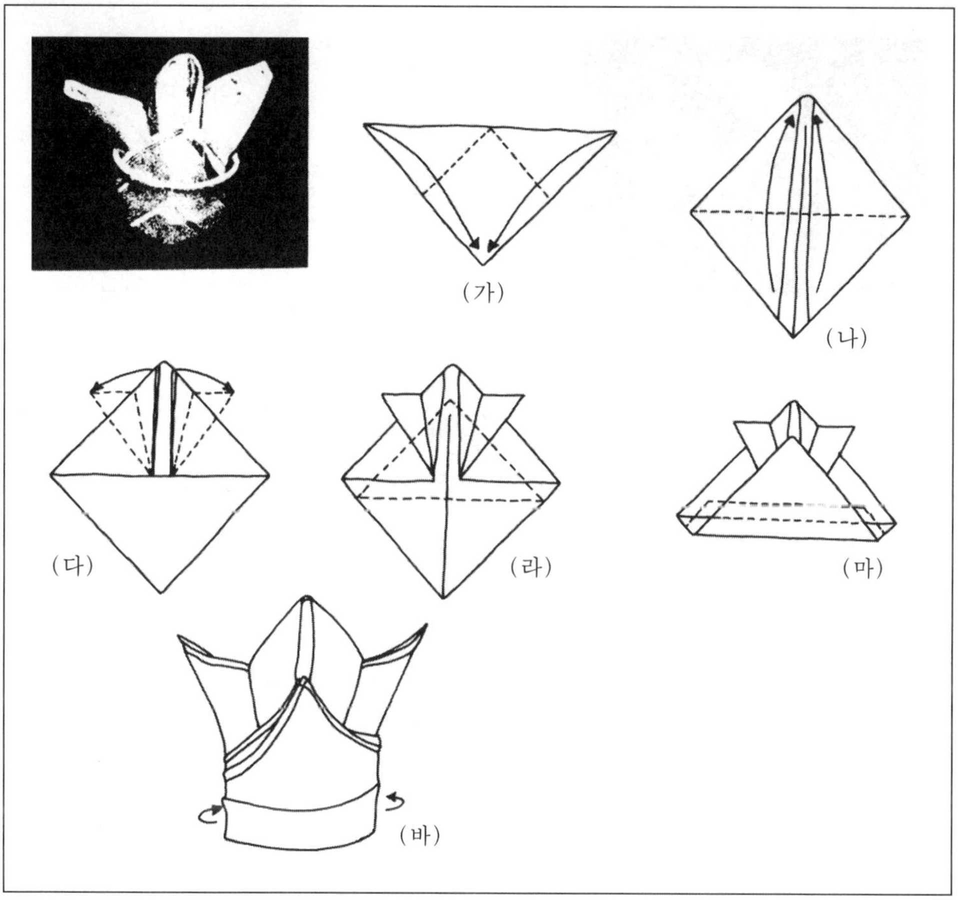

(가) 냅킨을 다이아몬드형으로 펼쳐서 반 접어 내린 다음 양쪽 A부분을 아래쪽의 B부분으로 접어 내린다.

(나) 아래의 갈라진 양쪽 A부분을 잡고 중간 점선 부분까지 접어 올린다.

(다) 양쪽 B부분을 잡고 점선부분만큼 밖으로 접는다.

(라) 아래의 A부분을 점선부분까지 접어 올린다.

(마) 양쪽 C부분을 기준으로 아래 A부분을 B점선부분까지 접어 올린다.

(바) 아래 양쪽 모서리를 뒤로 돌려서 한쪽을 안으로 끼워 넣어 둥글게 손질한 다음 곧게 세운다.

(7) 왕관형(The Crown)

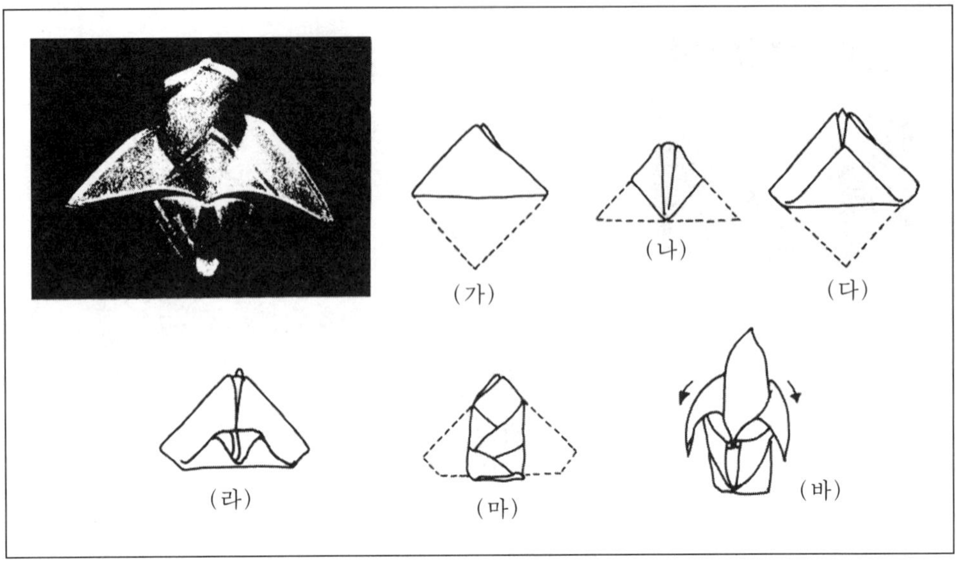

(가) 냅킨을 다이아몬드형으로 펼친 다음 반 접는다.

(나) 좌우 끝부분을 윗모서리와 만나도록 각각 접어 올려 다이아몬드형이 되게 된다.

(다) 위에서 3cm정도 아래까지 아랫부분을 접어 올린다.

(라) (다)에서 접어 올렸던 부분을 아래 끝부분까지 접어 내린다.

(마) 뒤집어 양쪽 모서리 부분을 잡은 다음 한쪽을 안으로 끼운다.

(바) 돌려서 둥글게 손질하여 곧게 세운 다음 양쪽 모서리 부분을 날개 모양으로 펼친다.

(8) 별형(Star)

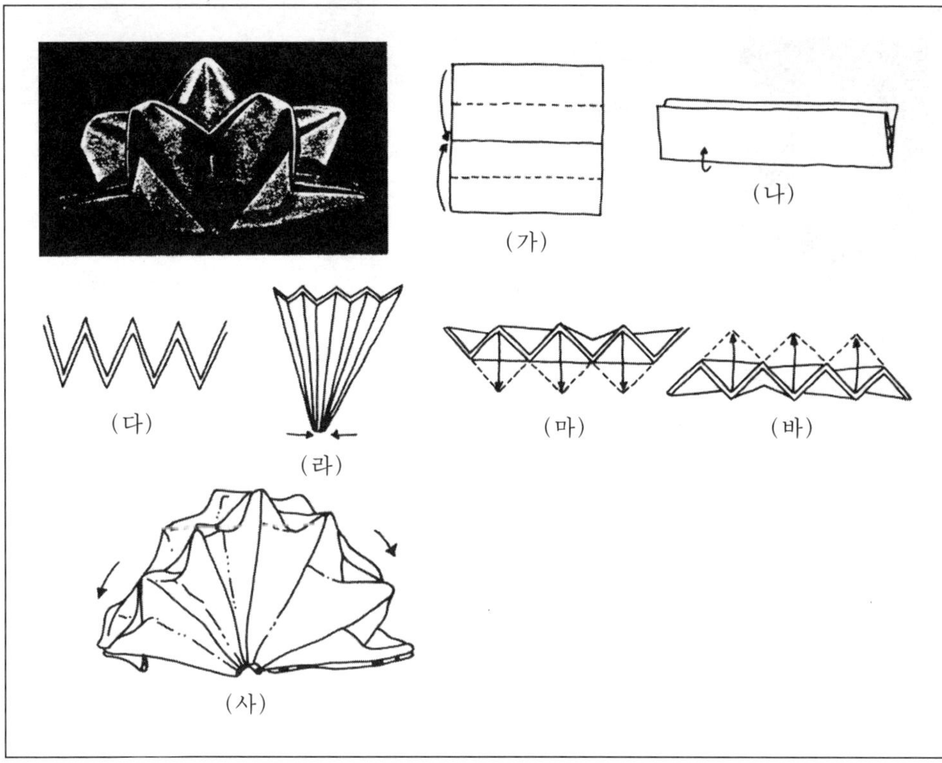

(가) B를 중심으로 아래위 A부분을 가운데로 접는다.

(나) 다시 반 접는다.

(다) 주름지게 접는다.

(라) 한손으로 밑부분을 움켜잡아 고정시킨다.

(마) 접힌 주름을 한꺼풀씩 꺾어서 접어 내린다.

(바) 냅킨을 돌려서 (마)처럼 똑같이 반복한다.

(사) 부채모양이 되도록 펼쳐서 세운다.

(9) 주머니형(Pocket)

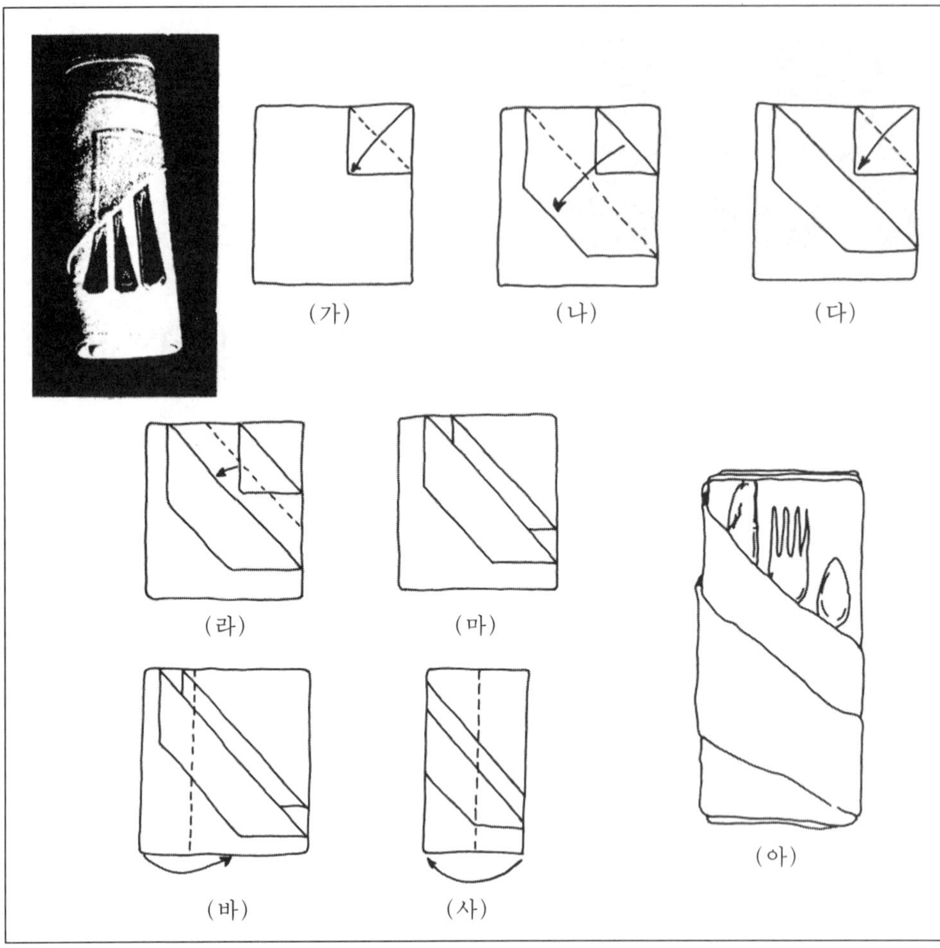

(가) 냅킨을 4등분으로 접은 상태에서 위의 귀퉁이 부분을 화살만큼 접는다.

(나) 다시 한 번 점선 부분만큼 접는다.

(다) 냅킨의 다음 한꺼풀을 (가)와 똑같이 접는다.

(라) 점선만큼 다시 접는다.

(마) 두 번째 접은 부분을 첫 번째 접은 부분 속으로 조금만 끼워 넣는다.

(바) 냅킨을 삼등분하여 점선 부분만큼 뒤로 접는다.

(사) 오른쪽 부분을 (바)와 똑같이 뒤로 접는다.

(아) 뒤의 모서리 부분을 안으로 끼워서 풀리지 않도록 한 다음 기물을 집어 넣는다.

(10) 장미형(Rose)

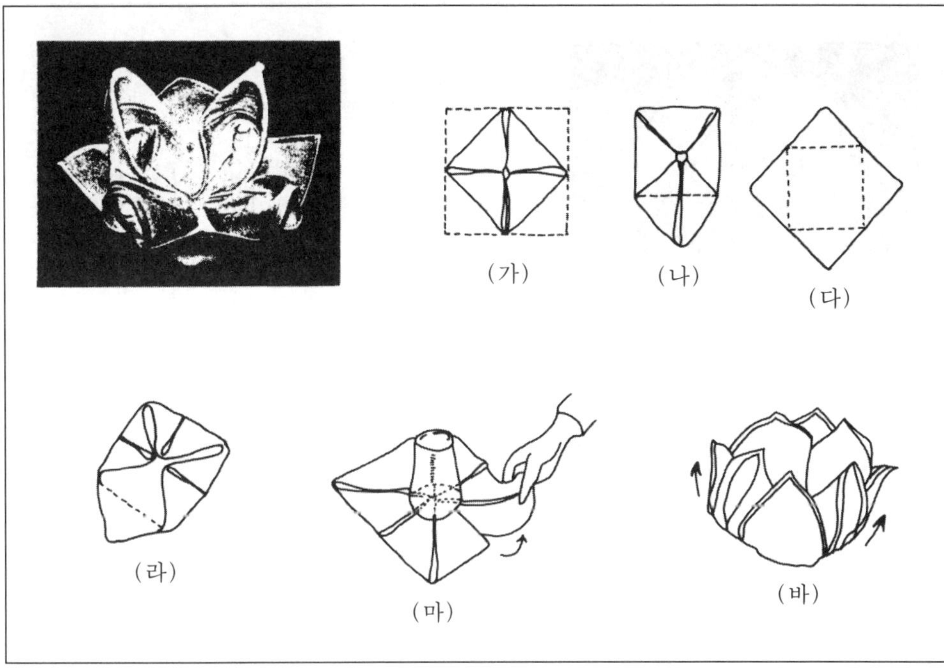

(가) 네 귀퉁이 부분을, 가운데를 향하여 접는다.

(나) (가)처럼 똑같이 반복한다.

(다) 뒤집는다.

(라) 네 귀퉁이 부분을 가운데를 향하여 또다시 접는다.

(마) 접힌 부분을 한손으로 고정시키고 밑으로부터 각각의 귀퉁이를 당겨서 올려 세운다.

(바) 꽃잎 모양이 되도록 가운데로 모인 모서리 부분도 당겨서 올려 세운다.

(11) 서있는 부채형(Standing Fan)

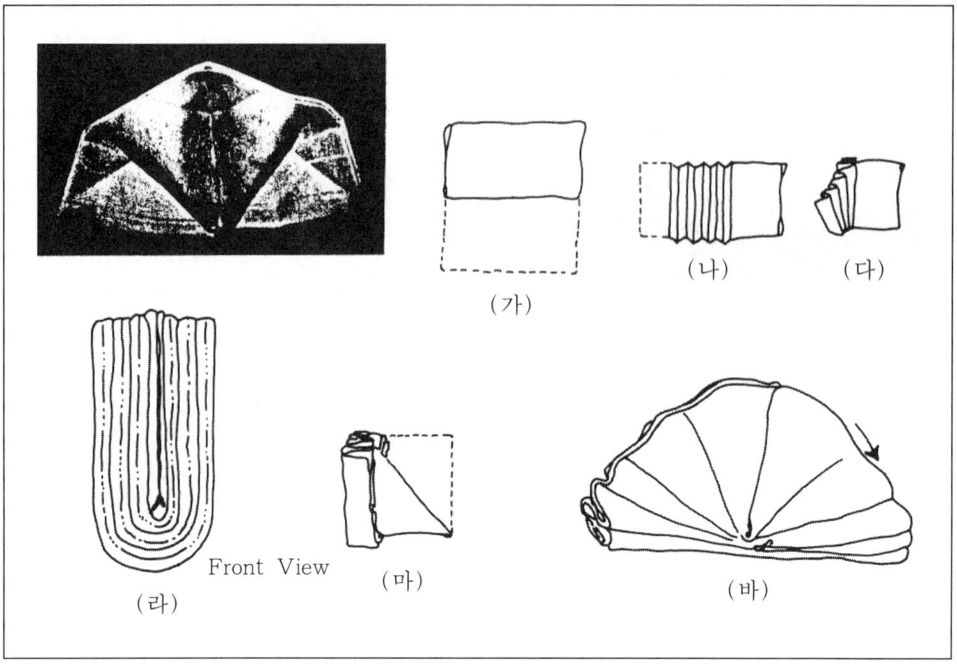

(가) 반 접어 올린다.

(나) 왼쪽 부분을 주름지게 접으면서 우측 부분을 10cm정도 남긴다.

(다) 주름지지 않은 부분이 주름 안쪽으로 들어가도록 반 접는다.

(라) 정면에서 본 모습임

(마) 주름을 잡지 않은 부분을 반 접어 내린다.

(바) 꼬리부분이 바깥쪽으로 향하고 주름 연결 부분을 밀착시켜 부채 모양이 되도록 펼쳐서 세운다.

(12) 방패형(The Shield)

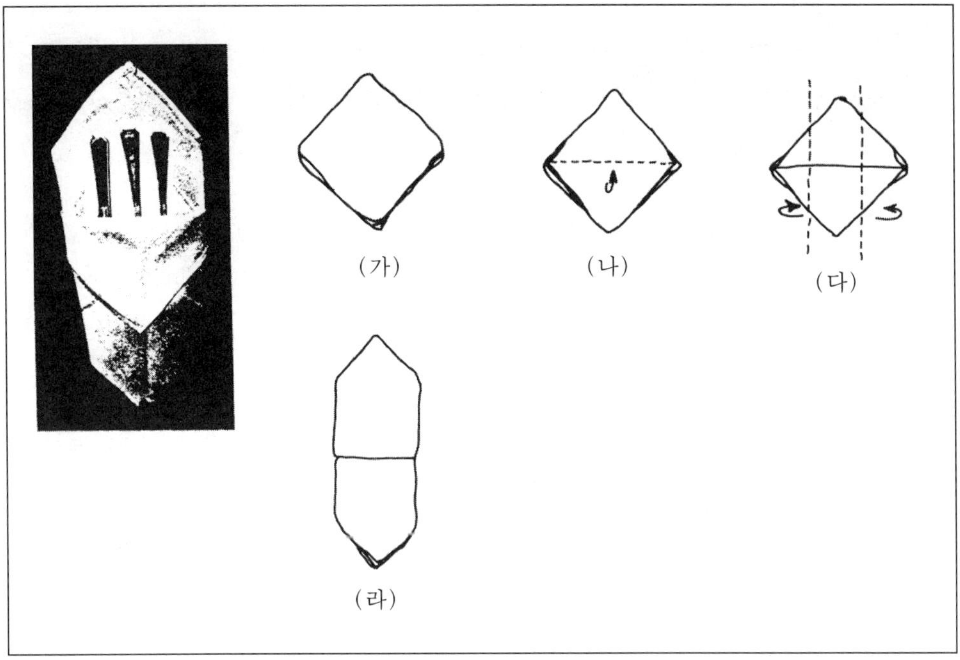

(가) 4등분이 되도록 접은 다음 다이아몬드형으로 놓는다.

(나) 가운데를 기준으로 맨 위에 한 꺼풀만 점선만큼 접어 올린다.

(다) 가운데를 중심으로 삼등분 하여 좌우 귀퉁이 부분을 뒤로 접는다.

(라) 완전히 접은 다음 중간에 기물을 끼워서 사용한다.

② 얼룩 제거 방법

(1) 음식이나 입술 연지 같은 것이 냅킨에 묻는 경우에는 물론 씻기만 하면 되지만 그래도 얼룩이 남는 경우에는 액체 세제에 담궈 제거한다. 기름기가 얼룩진 경우에는 냅킨을 빳빳하게 잡아당긴 채로 아주 뜨거운 물로 휘젓는다.

(2) 커피나 홍차의 얼룩이 묻은 경우에는 가급적이면 신속하게 찬물에 적신 다음 말리면 되지만, 촛물이 냅킨이나 식탁보에 떨어진 경우에는 왁스를 바른 다음 충분히 문질러 벗기고 나서 종이타월 2장 사이에 넣고 얼룩진 부분을 다림질하여 종이 타월에 왁스가 다 스며들면 냅킨을 물에 씻는다.

(3) 붉은 색깔의 술이 냅킨에 묻는 경우가 가장 제거하기 어려우며, 이런 것은 물로 씻기 전에 냅킨을 우유에 담궈야 하지만, 그 얼룩 위에 흰 색깔의 술을 부어두면 더욱 효과적이다. 만일 흰색 술이 없다면 식초에 헹구거나 농축세제에 적셔서 얼룩진 곳을 부드럽게 문지른 다음 그 천이 견딜 수 있는 가장 뜨거운 물로 씻어낸다.

1

… 식음료 이야기

혁신하는 기업이 사랑 '듬뿍'
변하고 바꾸고 개선하면 경쟁력도 '쑥쑥'

1980년대 후반, 패스트푸드의 세계적 대명사 켄터키프라이드치킨(KFC)과 '음식왕국' 중국의 전통 튀김 닭이 중국에서 '동서양의 대결'을 벌였다.
KFC는 1987년 중국에 1호점을 낸 이후 급성장하며 중국시장을 거침없이 확장해 나갔다. 중국에서 패스트푸드점이 폭발적으로 성장하자 중국 신야그룹도 1991년 상하이에서 '룽화지' 패스트푸드점을 내고 KFC와 맞불 경쟁을 펼쳤다. 이렇게 시작된 '닭고기 싸움'은 결국 경영수완이 월등한 서양측의 일방적인 승리로 돌아갔다.
룽화지는 가격우세와 중국인의 입맛이라는 유리한 조건에서 출발, 한때 체인점이 10

개까지 늘어났으나 2000년 베이징 매장이 문을 닫으면서 KFC에 완패하고 말았다.
당시 룽화지는 북쪽으로는 헤이룽장성, 남쪽으로 장시성에 이르기까지 붉은 바탕에 흰 글씨로 쓰인 특유의 간판이 내걸리지 않은 곳이 없을 정도로 중국의 대표 패스트 푸드점으로 빠른 성장 가도를 달렸다. "KFC가 가는 곳이면 룽화지도 간다"며 KFC를 압박했다.
중국인의 입에 맞는 맛과 KFC보다 싼 가격을 내세워 폭발적인 인기를 끌었고, 2년간 누적 매출액이 1500위안에 달했다.
하지만 룽화지는 시장 개척을 전담하는 부서가 없었고 광고도 하지 않았다. 위생 상태도 엉망이었고 고객이 기다리는 시간도 훨씬 길었다. 또 사장의 친인척들이 대거 종업원으로 취직, 평균연령이 35세가 넘었다. 나이 많은 종업원들은 젊은 고객들의 요구를 제대로 소화해내지 못했다. 심지어 손님이 있는 매장에서 직원들이 파리채로 파리를 잡는가 하면 음식물 뚜껑을 덮지도 않고 진열대에 진열하는 등 서비스 마인드도 찾아볼 수 없었다. 또 음식을 계량화하기보다는 조리사의 감에 따라 만들었다. 닭의 통일된 기준도 없었다.
실제 KFC는 육질이 가장 좋은 부화한 지 7주가 된 닭을 사용했지만 룽화지는 이런 점을 전혀 고려하지 않았다. 당연 맛이 일정하지 않을 수 밖에 없었다.
반면 KFC는 전 세계 어느 매장을 가도 원료 입고부터 조리, 판매, 돌발 상황 대처 등 모든 것을 표준화 규격화했다. 기획부를 설치하고 매년 새로운 아이디어로 고객을 늘려나갔으며 광고도 집중적으로 했다. 각 체인점 사장들이 모두 종업원 출신일 만큼 '일 잘하면 승진한다' 는 원칙을 철저하게 지켰다.
사소한 일부터 혁신 활동을 통해 경영의 효율성을 높인 것이다.
혁신 활동을 하지 않는 기업들은 결국 룽화지처럼 시장에서 도태되고 만다. 기술경영 마케팅 등 모든 분야에서 혁신 활동이 이뤄져야 한다. 룽화지는 소위 '뜬다' 하는 업종에 뛰어들어 초기엔 성장할 수 있었지만 기술 경영 마케팅 등 모든 분야에서 혁신 활동을 게을리함으로써 '실패' 의 웅덩이에 빠지고 만 것이다.
신야그룹은 자신들의 실패를 다음과 같이 분석했다. "경쟁에서 제품은 전제 조건일 뿐이다. 실제는 혁신 마인드와 관리기술에서 승패가 결정된다. KFC의 경쟁력은 제품을 둘러싼 엄격하고 혁신적인 관리제도에 있다. 전략이 매우 상세하고 구체적이며 세계 어느 매장에서나 동일하게 적용되고 있다. 원료입고, 제품생산, 서비스에 이르는 모든 과정에 엄격한 품질기준을 적용한다. 하지만 우리는 이를 실천하지 못했다. 위생 상태와 서비스 질도 떨어졌다. 볶음밥과 프라이드치킨도 두껑을 덮지 않은 채 진열대에 놓고 팔았다. 우리는 혁신마인드와 관리에서 그들에게 진 것이다."

요리의 지존 중국에서 토종기업 룽화지가 KFC에 밀린 이유가 혁신의 부재에 있는 것처럼 혁신의 중요성은 아무리 강조해도 지나침이 없다. 전문가들은 혁신 기업이 되기 위한 조건으로 △기술 집착증에서 벗어나라 △부분이 아닌 전체를 혁신하라 △외부 네트워크를 활용하라 △제품이 아닌 문화를 팔아라 △구성원들의 창의력을 자극하라 등을 권한다. 룽화지의 실패를 통해 경영자들은 혁신이 무엇인지 다시 한 번 생각해 봐야 한다.
거창한 비전만으로는 꿈을 이룰 수 없다. 그 꿈을 이루기 위해서는 수없이 세세한 일을 생각하고 혁신할 줄 알아야 한다. 그것이 비전보다 오히려 더 중요할 수 있다.

양승현 기자 yangsk@hankyung.com
자료: 한국경제

CHAPTER 05

주장(Bar)부문의 특성

1절 … 주장의 정의

오늘날 음료(Beverage) 서비스를 제공하는 주장은 이것이 존재하는 사회상을 반영하면서 빠르게 성장하면서 변화와 경쟁을 겪고 있는 수익이 많이 나는 사업이다. 즉, 급속한 서구문명의 전래와 함께 국민생활 수준의 향상은 음료, 특히 알코올 음료(Alcoholic Beverage)가 우리의 생활에 중요하게 됨에 따라 호텔 식음료 경영에 있어서 주장은 필수적인 부문으로 되었으며 고객에게 휴식과 즐거움을 제공하는 장소가 되었다.

주장(Bar)의 Bar 단어는 프랑스 단어인 「Bariere」에 기원을 두고 있으며 「고객과 조주원 사이에 가로놓여진 칸막이」라는 개념이 현재는 술을 판매하는 주장을 의미하게 되었다.

현대에 있어서 주장은 여러 가지 형태를 취하고 있는데 그것들은 다음과 같다.

(1) 단순 주장(Beverage-only Bar)

(2) 유흥제공 주장(Bar/Entertainment Combinations)

(3) 식음료제공 주장(Food and Beverage Combinations)

(4) 호텔 주장(Hotel Beverage Operations)

(5) 기내 주장(Airline Beverage Service)

(6) 기타 주장

이러한 주장들은 유사한 점들을 가지고 있는데, 첫째, 유사한 상품을 판매하고, 유사한 조직구조를 가지고 있으며, 유사한 구매 및 재고 패턴을 가지고 있고, 유사한 상품통제 방식을 가지고 있으며, 예산상의 항목도 비슷하고 회계처리 방법도 비슷하다.

본서에서는 호텔 주장을 중심으로 전개가 되는데, 오늘날 현대 호텔에서는 단순히 술만 판매하는 것이 아니라 시설 · 분위기에 있어서 각 호텔의 성격에 알맞는 구조와 디자인으로서 주장을 갖추고 특징 있는 조명, 시설과 음악으로써 고객을 유지하고 있는 것이다.

호텔의 주장을 정의하면 "호텔 내외에 고객이 이용하기 편리한 장소에 일정한 주장시설을 갖추어 놓고 각종 음료 및 서비스를 제공 · 판매하는 곳"이라고 할 수 있다.

호텔의 주장은 단순 주장이나 식음료제공 주장과는 다른 측면을 가지고 있다. 즉, 한 호텔내에 다른 목적과 분위기를 가지고 있는 여러개의 주장을 가질 수 있는데, 예를 들어, 로비 바(Lobby Bar), 칵테일 라운지(Cocktail Lounge), 식당 바(Restanrant Bar) 및 디스코 클럽(Disco Club) 등이 있다. 이외에 혼합주(Mixed Drinks), 포도주 및 샴페인을 제공하는 룸 서비스가 있으며 고객의 욕구에 맞추어 이동식 바(Portable Bar)로 서비스가 제공되는 회의 및 집회가 포함되는 연회가 있다.

이밖에 많은 다른 점이 호텔 주장에서 발견되는데, 따라서 현대 호텔에서의 주장의 효율적인 운영을 위해서는 각 주장의 특성을 최대한으로 살려 종래의 술만을 즐기는 요소에서 벗어나 음악이나 노래를 즐기는 요소를 가미하여 호텔내의 투숙객 외에 외래객을 유치할 수 있는 소지를 충분히 갖추어 놓고 주장을 하나의 독립된 상품으로서의 판매를 촉진시켜야 한다.

2절 … 주장부문의 조직과 직무분석

기업이나 부서를 효율적으로 운영하기 위해서는 적절한 조직의 편성이 필수적이다. 따라서 호텔의 주장도 예외가 아니다. 특히 호텔 주장은 근무시간이 야간에 이루어 진다는 점에서 각별한 주의를 요한다.

호텔의 다른 부서와 마찬가지로 호텔의 주장도 이 부서에 근무하는 종사원의 적극적인 판매자세가 매출을 증진하는데 아주 중요하다.

주장부문의 조직 편성은 다음과 같다.

[그림 5-1] **주장부문 조직의 편성**

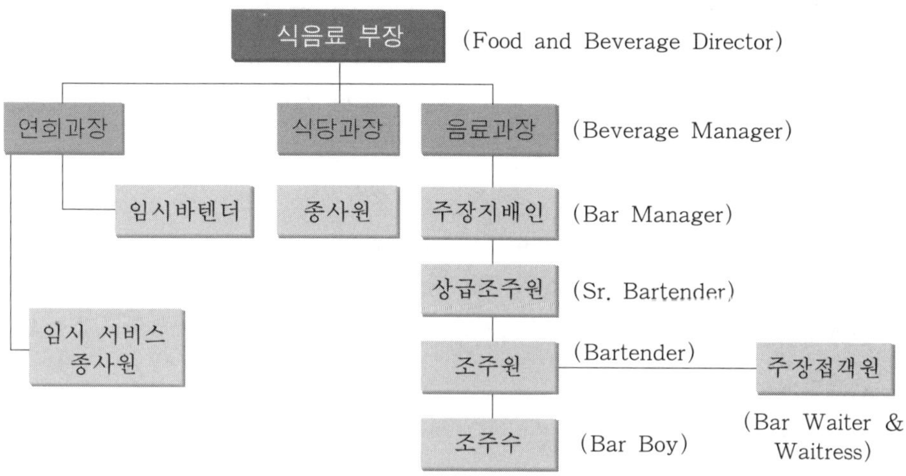

우선 주장을 잘 경영하기 위해서는 종사원의 음료에 대한 전문적인 지식이 필요하다. 주장부문 종사원의 직무는 다음과 같이 분류될 수 있다.

■ 주장부문 조직의 직무분석

1 음료과장(Beverage Manager)

· 주장부문의 최고 책임자

· 주장경영의 책임을 짐

☞ 주장부문 종사원의 선발, 교육훈련, 감독

☞ 음료 및 주장기물 구매

☞ 재고 및 통제시스템 설정 및 유지

☞ 주장운영에 관련된 표준설정 및 정책 결정

2 주장지배인(Bar Manager)

· 주장의 책임자

· 주장운영의 실질적이 책임을짐

☞ 주장운영

☞ 고객관리

☞ 주장 종사원의 인사관리

☞ 서비스 교육

3 상급조주원(Sr. Bartender)

고객 서비스를 직접 담당하며, 음료에 관한 전문적인 지식을 갖추어, 이 지식을 고객의 기호와 연결하여 고객에게 서비스를 제공하며, 또한 주장 종사원의 교육을 담당하며 각종 음료 재고의 적정여부를 파악한다.

4 조주원(Bartender)

상급조주원을 도와서 다음과 같은 업무를 담당한다.

· 고객서비스

· 음료판매시 적정량 제공

· 각종 음료의 적정재고 확보

· 주장내의 영업 준비 책임

5 조주수(Bar Boy)

조주원을 도와 다음과 같은 업무를 담당한다.

· 주장 내의 영업 전 준비

· 주장 내의 기물의 정리, 정돈, 보관, 청소를 책임짐.

6 주장접객원(Bar Waiter & Waitress)

· 고객의 주문을 받음

· 조주원에게 주문을 냄

· 고객서비스 담당

· 주장내의 서비스용 기물의 관리 및 보관 정돈 상태를 책임짐

3절 ... 주장부문의 설비

주장의 분위기는 고객들이 그 주장을 이용할 것인지, 이용한다면 어떤 종류의 고객들이 올 것인지, 고객들이 얼마나 머물고 얼마나 소비할 것인지 그리고 그들이 다시 온다면 친구를 데려 올 것인지를 결정한다.

시설 장식은 분위기를 시각적으로 나타내는 것이다. 장식은 가구 및 이것의 배치, 벽, 바닥, 천장, 조명 및 창문, 설비 및 부속물, 특별 전시사항 그리고 주장 자체의 전방 및 후방부문을 포함한다. 이러한 각 요소는 토탈 컨셉(Total Concept)에 의거하여 계획되어야 한다.

실내장식을 하기전에 고려하여야 할 사항으로 설비배치(Layout)가 있다. 설비배치시 고려하여야 할 기본적 요소로는 가용한 공간, 그 공간에 적용되는 활동, 서비스와 기타 활동, 매출액 혹은 고객의 수 및 호텔, 호텔 혹은 클럽 같은 규모가 큰 시설에서의 주장 장소와의 관계 등이 있다.

이러한 실내장식과 설비배치상의 고려점을 인식하고 각 주장을 설비하는 데 있어서 다음과 같은 요건을 충분히 고려하여야 할 것이다.

첫째, 고객이 접근하기에 편리한 위치와 출입구를 갖추고 있어야 한다.

둘째, 각 주장의 특색과 특성에 적합한 구조, 디자인, 조명 및 음악을 갖추고 있어야 한다.

이와 같은 상태에서 서비스를 제공하는 바 · 카운터 데스크와 다양한 종류의 음료를 전시하는 가구가 준비되어야 한다. 또한 회원제를 채택하고 있는 주장이라면 회원들의 음료를 보관 할 수 있게 보틀 키 박스(Bottle Key Box) 시설이 제공되어야 한다.

일반적으로 바 카운터 데스크(Bar Counter Desk)는 "L형", "U형", "I형"등이 있는데 "L형"은 공간의 경제적 이용, "U형"은 적은 공간에 많은 고객을 앉히고, "I형"은 환담을 즐길수 있게 한다.

[그림 5-2], [그림 5-3], [그림 5-4] 및 [그림 5-5]는 주장 설계시 고려하여야 할 공간 배치상의 고려점을 나타내고 있다.

[그림 5-2] 주장(Bar) 공간 설계 I

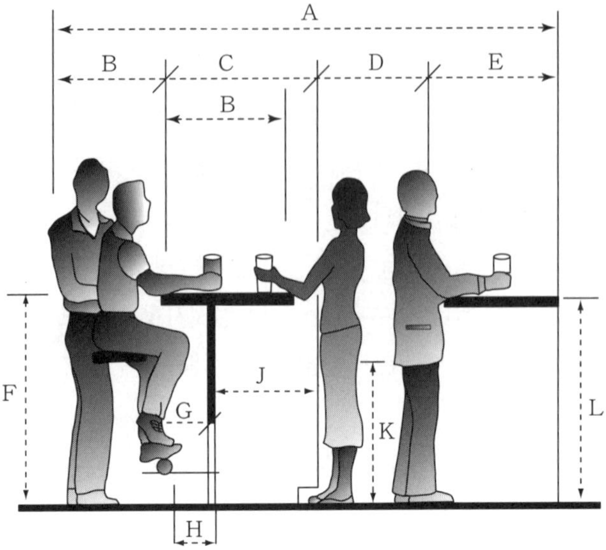

고객들이 편안하게 음료를 들 수 있도록 하고 바텐더가 업무를 수행하는데 필요한 공간의 차원은 다음과 같다.

A. 100″ · 128″
고객, 바(bar) 및 백 바 카운터(back bar counter)를 위해 필요한 넓이

B. 18″ · 24″
서있는 혹은 앉아있는 고객을 위해 필요한 공간 넓이

C. 28″ · 38″
바 상단부 더하기 설비(bar top plus equipment)의 넓이

D. 30″ · 36″
프론트바 설비(front bar equipment)와 백바(back bar)사이의 복도 넓이

E. 24″ · 30″
백 바(back bar)

F. 42″ · 45″
바(bar) 상단부까지의 높이

G. 11″ · 12″
바(bar)의 앞부분(fronf of bar)에서 의자 끝까지의 거리

H. 6″ · 9″
바 프론트(bar front)에서 푸트레일(foot rail)까지의 거리

I. 7″ · 9″
푸트레일(foot rail) 중심까지의 높이

J. 18″ · 26″
바 설비(bar equipment)의 넓이

K. 30″
바 설비(bar equipment)의 높이

L. 36″ · 42″
백 바 카운터(back bar counter)의 높이

입식 카운터(Standup Counter)는 소비자가 음료와 경우에 따라서는 음식은 서서 들수 있도록 만들어져야 한다. 공항에서 이동중인 사람을 위해 그러한 시설을 제공한다. 이 그림은 전형적인 입식 카운터의 자세한 설계를 나타내고 있다.
자료 : Lendal H.Kotschevar and Mary L.Tanke, Managing Bar and Beverage Operations, AHMA, 1991, p. 62.

[그림 5-3] 주장(Bar) 공간 설계 II

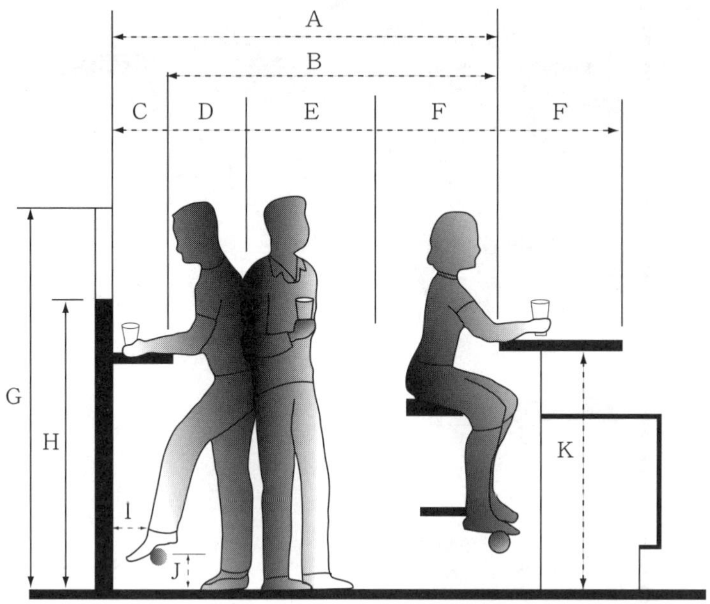

고객들의 편안함과 드링크 레일(drink rail)을 위한 공간의 차원은 다음과 같다.

A. 76″ · 84″
드링크 레일(drink rail), 복도 및 바(bar)에 필요한 공간

B. 66″ · 72″
드링크 레일(drink rail)의 끝과 바(bar) 끝 사이의 최소한의 거리

C. 10″ · 12″
드링크 레일(drink rail)의 넓이

D. 18″
서있는 사람을 위한 공간

E. 30″
복도를 위한 거리

F. 18″ · 24″
의자를 위한 거리

G. 76″
바(bar)를 보기 위한 높이

H. 54″ · 56″
음료가 보이지 않기 위한 드링크 레일(drink rail)의 높이

I. 6″ · 9″
벽에서 발을 올려놓는 대(footrest)까지의 거리

J. 7″ · 9″
플로우(floor)에서 발을 올려놓는대(footrest) 중심까지의 높이

K. 42″ · 45″
바(bar) 상단부의 높이

고객들이 편안하게 음료를 들 수 있도록 하고 바텐더가 업무를 수행하는데 필요한 공간이 제시되고 있다.

자료 : Lendal H.Kotschevar and Mary L.Tanke, Managing Bar and Beverage Operations, AHMA, 1991, p. 63.

[그림 5-4] 식사, 서비스 및 보행 공간 설계 III

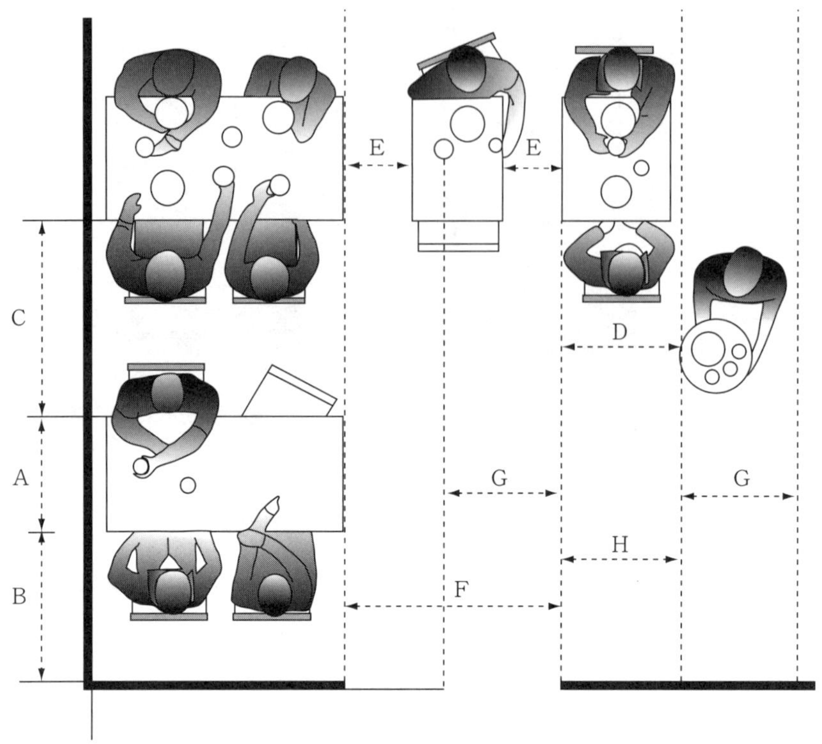

고객들의 편안함과 식사/서비스/보행 상황에서의 서비스의 원활한 제공을 휘한 공간 차원은 다음과 같다.

A. 24″ · 36″	E. 12″ · 24″
테이블의 넓이	테이블사이의 거리
B. 24″ · 36″	F. 34″ · 48″
테이블의 끝에서 벽까지의 거리	서비스 제공을 위한 복도의 주요 입구
C. 45″ · 54″	G. 36″
테이블의 끝에서 테이블 끝까지의 거리	서비스 제공을 위한 복도
D. 20″ · 24″	H. 30″
식사를 위한 최소한의 테이블 탑(table top)	보행복도

음료 테이블 서비스 상황에서의 고객의 편안함과 서비스 제공의 원활성을 위한 공간설계는 식사 상황과 비슷하다.

자료 : Lendal H.Kotschevar and Mary L.Tanke, Managing Bar and Beverage Operations, AHMA, 1991, p. 64.

[그림 5-5] 부쓰착석(Booth Seating) Ⅳ

부쓰(booth)에서 식사하는 고객의 편안함을 위한 공간 차원은 다음과 같다.

A. 65″ · 80″
부쓰(booth)에서 벽과 벽사이의 거리

B. 2″ · 4″
의자등의 폭

C. 15″ · 16″
의자 폭

D. 30″ · 40″
테이블 넓이

E. 29″ · 30″
테이블 높이

F. 16″ · 18″
이자 높이

G. 17.5″ · 20″
등 높이

H. 30″ · 42″
테이블 위의 높이

부쓰에 착석한 개인을 위한 공간이 제시되고 있다.

자료 : Lendal H.Kotschevar and Mary L.Tanke, Managing Bar and Beverage Operations, AHMA, 1991, p. 65.

4절 ... 주장부문의 소요기물

호텔 주장부문도 호텔 식당부문과 마찬가지로 기본적인 기물이 갖추어져 있어야 한다. 주장에서 사용되는 기구류는 주장 영업에 없어서는 안 될 소중한 필수품이므로 모든 기구의 사용 방법을 올바르게 숙지하여 조심성 있게 다루어야 한다. 이러한 조제도구의 준비에서 옛날부터 전통적으로 사용되어온 도구 외에 최근에 개발된 새로운 도구도 적극적으로 갖출 필요가 있다.

주장 부문의 소요기물은 일반적으로 다음과 같이 크게 4가지로 분류할 수 있다.

① 유리컵

② 칵테일용 기물류

③ 비품류

④ 기타 소모품류

1 유리컵류

1) 글라스의 종류

바에서 통상 사용되는 글라스는 크게 두 가지로 분류되는데 그 하나는 원통형의 텀블러(Tumbler)와 다리가 짧고 발이 달린 푸트 글라스(Footed Glass), 손으로 잡기 편하게 긴 다리가 있는 스템 글라스(Stemmed Glass)가 있다. 여기에서 또한 각종 글라스의 종류가 다양한 방식으로 나누어지며, 그 유형이나 모양은 일정치 않고 약간씩 변형되어 여러 가지 형태로 만들어진다.

칵테일을 마실 때 분위기(Mood) 조성에 일익을 담당하는 것이 여러 가지 모양의 글라스이다. 후각(Flavor), 미각(Taste), 청각(음악, 세이커 흔드는 소리 등), 촉각(손, 입술)을 이용하여 음미하면 좀 더 품위가 있는데 글라스는 이러한 오감중 시각을 느끼게 하는 역할을 하고 있으며 양질의 크리스탈(Crystal)제로 훌륭한 조각이 새겨진 글라스는 그 자체가 이미 뛰어난 예술품으로서 하나의 분위기를 자아낸다.

글라스의 형태에 따라 칵테일의 시각적인 맛이 좌우되므로 지정된 글라스를 올바르게 선택하여 사용해야 한다.

(1) 위스키 글라스(Whisky Glass; Short Glass; Straight Glass)

주로 위스키를 스트레이트로 마시는데 사용된다. 싱글(Single)과 더블(Double)이 있으며 싱글은 30ml, 더블은 60ml용량이다. 그러나 120ml 정도의 크기인 글라스에 30ml를 따르고 글라스를 조금 흔들어 마실 수 있게 하는 것이 위스키의 향을 잘 발산시키므로 바람직하다.

(2) 하이볼 글라스(Highball Glass)

하이볼(Highball), 피즈(Fizz)등 롱 드링크(Long Drinks)와 청량음료 등을 제공하는 글라스로서, 180ml(6oz)~300ml(10oz) 용량의 글라스 들이 있다.

(3) 올드 패션 글라스(Old Fashioned Glass; On the Rocks Glass)

올드 패션 칵테일(Old Fashioned Cocktail)을 비롯한 각종 온 드 락스 유형(On the Rocks Style)의 칵테일과 위스키 등 각종 양주를 온 드 락스(On the Rocks)로 마실 때 사용된다. 짧은 스템(Short Stem)이 달린 것도 사용되며 용량은 180ml~300ml이다.

(4) 콜린스 글라스(Collins Glass; Tom Collins Glass; Zombie Glass; Tall Glass; Chimney Glass)

톰 콜린스(Tom Collins)를 비롯한 각종 롱 드링크(Long Drinks)를 마시는데 사용되며 용량은 360ml(12oz)가 표준이며 청량음료(Soft Drinks)를 마실 때도 사용한다.

(5) 비어 글라스(Beer Glass)

맥주 서브용 글라스로써 여러 가지 형태가 있다. 가장 널리 사용되는 형태는 필젠 글라스(Pilsner Glass), 텀블러(Tumbler), 고블릿(Goblet) 등과 생맥주용으로 비어 머그(Beer Mug)가 있다.

(6) 리큐르 글라스(Liqueur Glass; Cordial Glass)

주로 색깔이 있는 리큐르를 스트레이트로 서브할 때 사용되며 플레임용(Flame : 불을 붙임)과 플로트용(Float : 술을 쌓음)이 있다. 용량은 주로 30ml(1oz)이다. 푸스카페(Pousse Cafe), 엔젤스 키쓰(Angel' s Kiss), 엔젤스 팁(Angel' s Tip) 등의 칵테일을 제공하는 푸스카페 글라스(Pousse Cafe Glass)보다는 보울(Bowl)이 짧고 손잡이가 조금 긴 것으로 대별된다.

(7) 세리 글라스(Sherry Glass)

스페인산으로 세계적인 백포도주인 세리포도주(Sherry Wine) 등을 서브할 때 사용되는 것으로 용량은 60ml~90ml이다.

(8) 칵테일 글라스(Cocktail Glass)

숏 드링크(Short Drinks)로 역삼각형으로 되어 있는 것이 표준이나 여러 가지 형태로 변형된 것이 많이 있다. 용량은 60ml~120ml(2~4oz)이다. 대표 칵테일로 맨하탄(Manhattan), 마티니(Martini) 등을 마실 때 사용한다.

(9) 사우어 글라스(Sour Glass)

위스키 사우어(Whisky Sour), 럼 사우어(Rum Sour) 등의 칵테일을 제공할 때 사용되며 용량은 120ml~150ml이다.

(10) 와인 글라스(Wine Glass)

와인 서브시 사용되는 글라스이며 용량은 120~240ml(4~8oz)이다. 적포도주 글라스(Red Wine Glass)가 백포도주 글라스(White Wine Glass)에 비해 용량이 크며 손잡이(Stem)도 길고 보울(Bowl)은 짧으나 너비가 넓으며 보울(Bowl)의 끝이 안쪽으로 더 오므라져 있다. 이는 적포도주(Red Wine)의 방순한 향기를 글라스 안에 좀 더 머물러 있게 하기 위해서이다. 와인을 따를 때는 글라스의 2/3쯤 따르는 것이 상례이다. 최근에는 대형의 튜울립 형 글라스(Tulip Shaped Glass)가 많이 사용한다.

(11) 샴페인 글라스(Champagne Glass)

주로 축하주인 샴페인을 제공할 때 사용되며 또한 밀리언 달러(Million Dollar), 핑크 레이디(Pink Lady), 알렉산더(Alexander) 등, 주로 거품이 이는 칵테일에 사용된다.

(12) 고블릿(Goblet)

손잡이(Stem)가 달린 텀블러(Tumbler)라고 생각하면 된다. 용량은 다양하며 240ml~360ml(8~12oz)이다. 물, 맥주, 소프트 드링크(Soft Drinks)나 얼음 분쇄기로 으깬 얼음조각(Crushed lce)을 듬뿍 사용하는 칵테일 등에 사용된다. 최근에는 튜울립(Tulip)형 등 대형의 것도 출현하고 있다.

(13) 브랜디 글라스(Brandy Glass; Brandy Snifter Glass ; Cognac Glass)

브랜디의 우아한 향기를 즐기기 위한 튜울립 형(Tulip Shaped)의 짧은 손잡이(Short Stem)가 있는 글라스로 표준 용량은 240ml(8oz)이나 대형의 것도 있다. 글라스의 가장자리(Rim)가 안으로 오므라든 특수한 형을 하고 있는 것은 브랜디의 향기가 도망가지 못하게 하기 위함이고 얇게 만들어져 있는 것은 손바닥의 온기가 자연히 글라스 안의 브랜디로 전해져 비등점이 낮은 술의 섬세한 향기를 즐기기 위해서이다.

식후의 한때 스니프터(Snifter)에 약 1oz정도를 따라서 두 손으로 감싸듯이 하여 손의 온기로 데우면서 전아한 향기와 호사스런 맛을 즐기는 것이다. 불을 붙여서 데우는 사람도 있으나 강한 열을 받으면 향기가 한순간에 날아가 버리고 방향성분이 없어지므로 불을 붙이는 일은 하지 않는 편이 바람직하다.

이상에서 칵테일에 사용되는 글라스가 여러 종류 있으나 기본적인 것만 설명하였다.

2) 유리컵류 취급법

글라스를 손으로 취급할 때는 어떠한 일이 있어도 손가락이 글라스의 안쪽으로 들어가서는 안된다. 손잡이가 없는 글라스는 항상 밑부분을 잡고 손잡이가 있는 글라스는 반드시 손잡이를 잡도록 한다. 소량의 손잡이가 있는 글라스(Stemmed Glass)를 운반시는 글라스를 거꾸로 하여 각 손가락 사이에 손잡이를 끼워서 운반하는 것이 안정감이 있다. 많은 양의 글라스를 운반시는 글라스 랙(Glass Rack)을 사용하는 것이 좋다. 글라스를 닦을 때는 글라스에 뜨거운 수증기를 쏘여서 깨끗하고 마른 글라스 타월(Glass Towel)을 감싸서 닦고 글라스에 손의 지문이나 오물이 묻지 않게 청결하게 닦는다.

② 칵테일용 기물류

(1) 세이커(Shaker)

칵테일을 만드는데 쓰이는 대표적인 기구로 (**캡**(Cap; Top), **스트레이너**(Strainer), **바디**(Body)) 세부분으로 나뉘어져 있다. 만들고자 하는 칵테일에 소용되는 각종 알코올류와 기타 부재료를 바디(Body)에 얼음과 함께 넣고 스트레이너(Strainer)를 끼우고 캡(Cap)을 덮고 흔들어 안의 재료가 고루 섞이게 하는 기구이다. 주로 스테인리스 제품이 많이 쓰인다.

세이커(Shaker)를 흔드는 방법은 여러 가지 형태가 있으나 오른손잡이의 사람을 기준으로 기술해 보면, 오른손 엄지로 캡(Cap)을 누르고 소지와 약지 사이에 바디(Body)를 끼우며 중지와 인지로 바디(Body)를 받친다. 왼손은 엄지로 스트레이너(Strainer) 어깨 부분을 누르고 중지와 약지의 제1관절에서 손가락 끝을 바디(Body) 밑으로 돌리고 인지와 소지로 바디(Body)를 끼는 듯이 하여 잡는다. 이렇게 잡은 세이커(Shaker)를 오른쪽 어깨 높이와 눈높이 사이로 정면에서 우측으로 약 45° 각도로 비껴서 힘차고 리드미컬하게 흔든다. 재료가 잘 섞이는 것은 가볍게 단시간에 흔들어 주고 계란이나 우유 등 잘 섞이지 않는 재료일 경우는 빠르고 힘차게 좀 더 흔들어 주어야 한다. 주의할 점은 스파클링(Sparkling)이 있는 음료를 넣어서 흔들면 캡(Cap)이 튕겨져 나올 염려가 있기 때문에 조심해서 다루어야 한다.

(2) 믹싱 글라스(Mixing Glass; Bar Glass)

칵테일 조제방법 중 스터어링(Stirring)할 때 쓰이는 기구로써 약 75ml용량의 유리제 글라스이며 비커와 같이 술을 따르는 주둥이가 나와 있다. **주로 비중이 가벼운 술과 술을 혼합할 때 사용되며 바 스푼으로 재빠르게 휘저어 혼합해 내는 것이다.** 사용방법은 먼저 믹싱 글라스에 얼음과 재료를 넣고 왼손으로 글라스 윗부분을 잡고 우측으로 약간 기울인 상태로 바 스푼으로 재료와 얼음을 동시에 회전시키나 이런 경우 스푼 잡는 법이 틀리면 부드럽게 회전시킬 수가 없다.

스푼 잡는 법은 오른손의 중지와 약지 사이에 바 스푼의 중앙 나선상 부분을 가볍게 끼우고 엄지와 인지로 끝의 포크부분을 잡는다. 엄지와 인지의 힘을 빼고 중지 바닥과 약지의 등으로 스푼을 시계방향으로 휘젓는다. 이때 성급하게 저어서 소리를 내지 않게 조심해야 하며 너무 오래 혼합하면 칵테일이 묽어져서 좋지 않다. 다 혼합되었으면 스트레이너(Strainer)를 씌워서 지정된 글라스에 따른다.

(3) 바 스푼(Bar Spoon; Mixing Spoon; Long Spoon)

칵테일 조제시 재료를 휘젓기 위해서 사용되는 스테인리스제의 손잡이가 유난히 긴(약 18cm이상)스푼으로, 한쪽 끝은 스푼으로 다른 한쪽은 포크 모양과 같이 생겼으며 중간에는 나선형 모양으로 되어 있다.

스푼 부분은 티 스푼(Tea Spoon)크기로 만들어져 있으므로 레시피(Recipe)에 "tsp"이라고 지정했을 때 이 바 스푼으로 계량하면 되고 포크 부분은 병속의 체리(Cherry)를 꺼낸다거나 레몬 조각(Lemon Slice) 등을 찍어 올릴 때 사용하거나 기타 여러 가지 용도에 사용된다. 또한 중앙의 나선형 부분은 스푼을 부드럽게 회전시키는데 편리하게 되어 있다.

(4) 스퀴저(Squeezer)

레몬이나 오렌지의 과즙을 짜낼 때 쓰이는 기구로 유리제품 혹은 플라스틱제, 도기제 등이 있으나 유리제품이 많이 사용된다. 중앙에는 나선형의 돌기가 있어 레몬이나 오렌지를 반절로 잘라 절단면을 여기에 대고 눌러 돌리면서 과즙을 짜낸다.

(5) 메저 컵(Measure Cup; Jigger Cup)

칵테일 조주시 술이나 주스의 용량을 재는 기구로 스테인리스제가 많이 쓰인다. 삼각형 30ml와 45ml의 컵이 등을 맞대고 있는 것이 일반적으로 바에서 가장 많이 쓰인다. 이 밖에 15ml와 30ml를 조합한 것, 30ml와 60ml를 조합한 것 등이 있다.

메저 컵을 잡는 법도 여러 가지가 있으나 왼손의 엄지와 인지 사이에 끼워 나머지 세

손가락으로 밑의 컵을 가볍게 감싸 쥐는 방법이 가장 널리 사용된다. 메저 컵에 술을 따를 때는 최대한 컵 가까이에서 따르고 흘리지 않도록 주의한다.

(6) 스트레이너(Strainer)

믹싱 글라스(Mixing Glass)에서 제조된 칵테일을 서빙 글라스(Serving Glass)에 따를 때 얼음이 흘러나오지 않도록 막아주는 역할을 하는 기구로써 주걱형을 한 평평한 스테인리스판에 나선형의 용수철을 장치한 것이다. 세이커(Shaker)의 스트레이너(Strainer)와 같은 역할을 하나 단순한 스트레이너일 때는 이것을 가리킨다. 믹싱 글라스(Mixing Glass)에 끼워 사용할 때는 오른손 인지로 스트레이너 중앙부분의 돌기를 누르고 다른 손가락은 믹싱 글라스(Mixing Glass)를 감싸서 잡고 글라스에 따른다.

(7) 블렌더(Blender)

프로전 유형(Frozen Style)의 칵테일을 만드는데 필요 불가결한 도구로써 전동식 믹서(Electric Blender)이다.

바에서 사용하는 블렌더(Blender)는 컵(Cup)부분이 분리된 것이 재료를 넣기 쉽고 편리하다. 강, 중, 약의 속도장치가 되어 있으므로 칵테일의 성격에 따라서 조절하여 사용한다.

사용방법은 컵에 얼음분쇄기로 으깬 얼음조각(Crushed Ice)과 함께 술 및 부재료를 넣고 블렌더에 끼워 속도를 조절하며 단시간내에 섞는다(Blending). 너무 오래 섞으면(Blending) 얼음분쇄기로 으깬 얼음조각(Crushed Ice)을 사용하기 때문에 묽어질 염려가 있고 글라스에 따를 때 거품이 많이 일어서 좋지 않다.

(8) 아이스 이큅먼트(Ice Equipment)

① 아이스 페일(Ice Pail; Ice Bucket) : 얼음을 넣어주는 통으로 테이블에 서브할 때도 사용한다.

② 아이스 스쿠퍼(Ice Scoop; Ice Shovel)

얼음을 떠내는 부삽같은 기구로써 얼음분쇄기로 으깬 얼음 조각 혹은 각빙(Cracked Ice or Cubed Ice)을 떠내기 위한 대형의 것과 얼음분쇄기로 으깬 얼음

조각(Crushed Ice)을 떠내기 위한 소형의 것이 있다.

③ 아이스 통(Ice Tongs) : 얼음 집게로 사용한다.

④ 아이스 픽(Ice Pick) : 얼음을 깰 때 사용하는 송곳이다.

⑤ 아이스 크러셔(Ice Crusher) : 얼음조각(Crushed Ice)을 만들기 위한 수동형 또는 전동형의 얼음 분쇄기이다.

(9) 기타

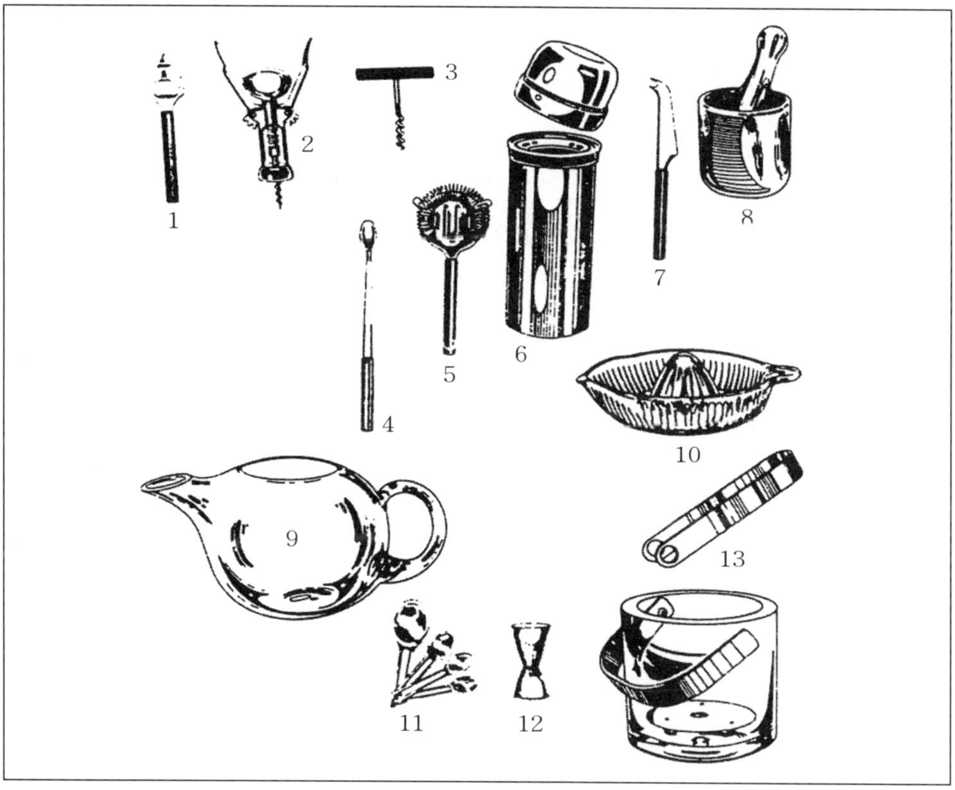

① 캔과 병따개
② 손쉬운 코르크 스크류
③ 전통적인 코르크 스크류
④ 롱스푼 바스푼
⑤ 코일이 감긴 바스트레이너
⑥ 믹싱 그라스와 세이커 겸용
⑦ 필링(Peeling)을 위한 과도
⑧ 약초나 과일을 매싱(mashing) 하기 위한 목제 머들러 (muddler)
⑨ 대형 물 주전자(pitcher)
⑩ (Juice sqweezer)
⑪ 계량 스푼 세트
⑫ 지거
⑬ 어름 버킷과 어름집게

③ 비품류

바에서 사용되는 집기외에 여러 가지의 비품이 바 운영에 필요한 만큼 구비하지 않으면 안된다.

(1) 비터즈 보틀(Bitters Bottle)

칵테일 조주시 각종 비터(Bitter)를 소량으로 드롭핑(Dropping), 대싱(Dashing)할 때 사용하는 것으로 유리제의 용기이나 주둥이는 스테인리스제로 가운데 작은 구멍이 있다.

(2) 푸어러(Pourer; Pouring Lip)

술병의 주둥이에 끼워 술을 따르는데 있어서 컷팅(Cutting)을 용이하게 하고 술의 손실(Loss)을 없게 하기 위하여 사용한다. 가당이 된 리큐르 등에 사용할 때는 설탕의 결정이 응집되어 더러워지기 쉬우므로 더운물에 자주 씻어 사용하는 것이 좋다. 플라스틱제, 스테인리스제 등 모양도 다양하다.

(3) 머들러(Muddler)

롱 드링크(Long Drinks) 종류를 휘젓는 막대로 설탕이나 과일의 과육을 으깨는 데 사용하기도 한다. 재질도 나무, 플라스틱, 유리, 스테인리스제 등 다양하며 모양도 가지각색이다. 차가운 음료에는 아무것이나 사용해도 좋으나 핫 드링크(Hot Drinks)서에는 나무제나 플라스틱제는 적합하지 않다.

(4) 글라스 홀더(Glass Holder)

하이볼 글라스(Highball Glass) 등에 핫 드링크(Hot Drinks)를 마실 때 글라스 표면이 뜨거워서 잡을 수가 없으므로 이것을 글라스 밑에 끼워서 사용한다. 보통 금속제로써 손잡이가 달려 있다.

(5) 와인 쿨러 및 스탠드(Wine Cooler & Stand)

백포도주나 샴페인 등을 서브할 때 차갑게 칠링(Chilling) 시키는 기구로 스테인리스

제나 은제가 있다. 테이블 서브시 테이블 옆에 와인 스탠드(Wine Stand)를 놓고 그 위에 와인 쿨러(Wine Cooler)를 올려 놓아서 사용한다.

(6) 스트로우(Straw)

정식으로는 드링킹 스트로우(Dringking Straw)라 하는데 청량음료(Soft Drinks)나 얼음분쇄기로 으깬 혹은 간 얼음 조각(Crushed Ice or Shaved Ice)이 들어간 칵테일을 마실 때 사용한다. 모양이나 재질, 색깔 등이 너무 다양한 관계로 글라스 종류나 크기, 칵테일의 색과 분위기에 따라서 스트로우의 두께, 길이, 색깔, 모양 등을 선택하여 잘 조화시켜 사용하면 훨씬 보기 좋다.

(7) 코스터(Coaster; Glass Mat; Tumbler Mat)

글라스 밑에 깔아서 사용하는 것으로 둥글거나 네모진 두꺼운 종이 제품이 많고 금속제, 섬유제, 가죽제품까지 있으나 되도록 수분을 잘 흡수하는 것이라야 한다. 코스터에 상호나 호텔명이 표시되어 있을 때는 손님이 읽을 수 있도록 바르게 놓아야 한다.

④ 기타 소모품류

소모품은 적정 재고를 유지시켜야 하는데 다음과 같은 것들이 있다.

Cocktail Pick(Pin), Cocktail Napkin (Papper제, Cloths제), Decanter, Glass Towel, Portable Bar (Wagon Bar), Spoon Rest, Funnel, Wine Basket, Wine Cradle, Champagne Stopper, Cocktail Umbrella와 Flower(장식용) 등이 있다.

한편, [그림 5-6]은 실제 주장의 설계도를 나타내고 있다.

[그림 5-6]의 주장은 호텔 안에 주장이 존재하는 경우이다. 이 주장은 고객을 유지하는데, 좋은 위치를 가지고 있다. 주장 영역이 올라와 있는데, 이것을 분리시킨다.

[그림 5-6] 실제 주장의 설계도

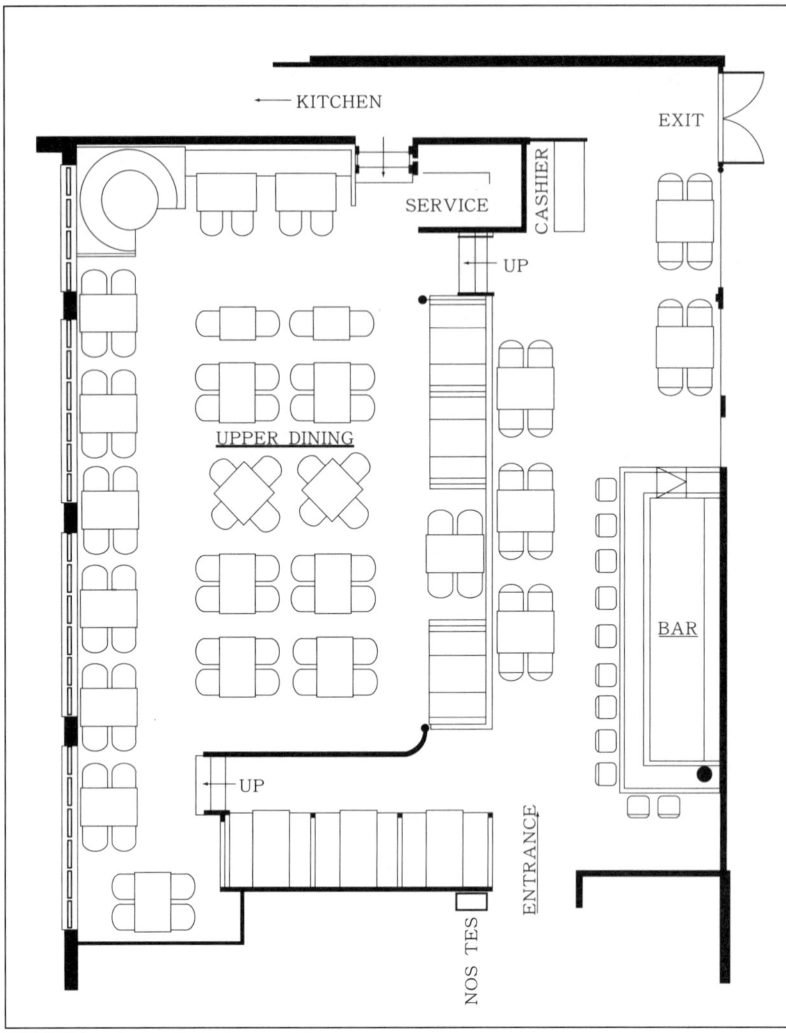

자료 : Lendal H. Kotschevor and Mary L. Tanke, Managing Bar and Beverage Operations, AH&MA, East Lansing, 1991, p. 67.

2

… 식음료 이야기

패스트푸드점 웃고 패밀리레스토랑 울고

"불황 속에서도 웃는 외식(外食) 업체는 따로 있다." 경기 침체가 계속되는 와중에 외식업체들의 희비(喜悲)가 엇갈리고 있습니다.

소비자들이 상대적으로 값싼 메뉴를 찾다 보니 패스트푸드점 매출은 늘고 있는 반면, 이보다 메뉴가 비싼 페밀리레스토랑은 점포를 닫는 곳이 속출하고 있는 것입니다. 또 커피전문점은 손님이 줄고 있지만, 커피의 대체재로 이용할 수 있는 비타민 C 음료 등은 호황을 누리고 있습니다.

국내 대표적인 패스트푸드업체인 롯데리아는 경기 불황속에도 지난해 보다 매출이 15%정도 성장하는 고속 성장을 이어가고 있습니다. 버거킹 역시 올 9월과 10월 매출이 작년 같은 기간보다 10% 이상 늘었습니다. 업계 관계자들은 "최근 들어 패스트푸드점에서 점심을 해결하는 직장인들이 부쩍 늘었다"고 말했습니다.

반면 패밀리레스토랑 상황은 좋지 않습니다. 지난 14일 저녁, 서울 시내한 패밀리레스토랑은 금요일 저녁임에도 손님이 많지 않아 대기시간 없이 곧바로 식사를 할 수 있었습니다. 불과 몇 달 전만 해도 이 식당에서 저녁 식사를 하기 위해서는 보통 20~30분 이상을 기다려야 했습니다. CJ푸드빌이 운영하는 '빕스'는 지난 9월 일산 백석역점이 문을 닫았으며, 8월에는 대구 복현점을 폐쇄했습니다. TGI프라이데이는 지난달 5개 점포를 폐점한 것을 포함해 올 들어 13개 매장을 정리했습니다.

커피전문점도 어렵기는 마찬가지입니다. 하나카드에 따르면 스타벅스와 커피빈 등 6개 유명 커피전문점에서 사용된 금액이 작년 10월 3억 4000만원에서 올 9월에는 1억 9000원만원으로 절반 가까이 떨어졌습니다. 최근 온라인 채용업체 잡코리아의 조사에 따르면 직장인들이 피로 회복을 위해 '커피'보다 '비타민C 음료'를 마신다는 답이 더 많았습니다.

신은진 기자 momof@chosun.com

자료: 조선일보

CHAPTER 06

연회부문

1절 ··· 호텔연회의 특성과 정의

연회는 호텔의 입장에서 상당한 매출액을 올릴 수 있는 사업부문이다. 그러나 모든 호텔들이 그러한 혜택을 얻는 것은 아니다. 어떤 호텔에서는 연회부문의 매출액이 계속 감소하고 있고, 다른 호텔에서는 객실부문과 식당의 매출액이 상당히 증가하는데 비하여 연회부문의 매출액은 조금씩 증가하는 경우도 있다.

그러나, 오늘날 호텔의 이용이 과거와 같이 특수한 계층만 사용하는 것이 아니라 점점 더 대중화 됨에 따라서 일반 대중이 호텔을 많이 이용함에 따라 호텔에서 연회행사를 많이 가지고 있다. 또한 국제 행사의 증가로 말미암아 호텔의 연회장 사용이 증가함에 따라 대형 호텔에서는 과거와는 달리 연회과를 식음료부에 따로 편성하여 그 과로 하여금 연회의 예약, 접수, 진행 및 관리 등을 일괄적으로 맡아서 하게 하고 있다.

이러한 상황에서 호텔 연회 행사를 성공적으로 수행하기 위해서는 각 연회의 특성에 맞게 충분한 사전 교육을 시키고 인원을 적절하게 배치하여야 한다.

연회란 호텔 또는 식음료를 판매하기 위한 제반시설이 완비된 구별된 장소에서 2인 이상의 단체 고객에게 식음료와 기타 부수적인 사항을 첨가하여 행사 본연의 목적을 달성할 수 있도록 해주고 그에 따른 응분의 대가를 수수하는 행위를 말한다.

2인 이상의 단체 고객이란 동일한 목적을 위하여 참석한 일행을 지칭하며, 구별된 장소란 별도로 준비된 장소를 말하고, 부수적인 사항이란 고객이 식사 이외의 목적을 달성하기 위한 행위 및 시설 등의 요구사항을 말한다. 오늘날의 연회는 사회가 복잡해지고 경제가 발전함에 따라 대형화되고 다양하게 이루어진다. 따라서 호텔 연회행사도 점차 방대하게 다발적으로 이루어지기 때문에 그에 따른 대형 연회장을 완벽히 갖추고 연회를 전담하는 부서를 조직화하여 연회 유치에 심혈을 기울이고 있다.

현대의 연회 시장은 아직도 연회 발생 잠재력이 무궁하므로 개발 여하에 따라서 보다 많은 연회 행사를 유치시킬 수 있는 매력적인 상품이며, 또한 연회 매출도 상당히 중요한 부분을 차지하므로 행사 유치에 필요한 홍보 및 활동이 적극적으로 이루어져야 한다.

2절 ... 연회부문 조직과 직무 분석

연회서비스는 일반적인 식음료 서비스보다 좀 더 체계적인 조직편성을 보이고 있다.

[그림 6-1] 연회부문 조직의 편성

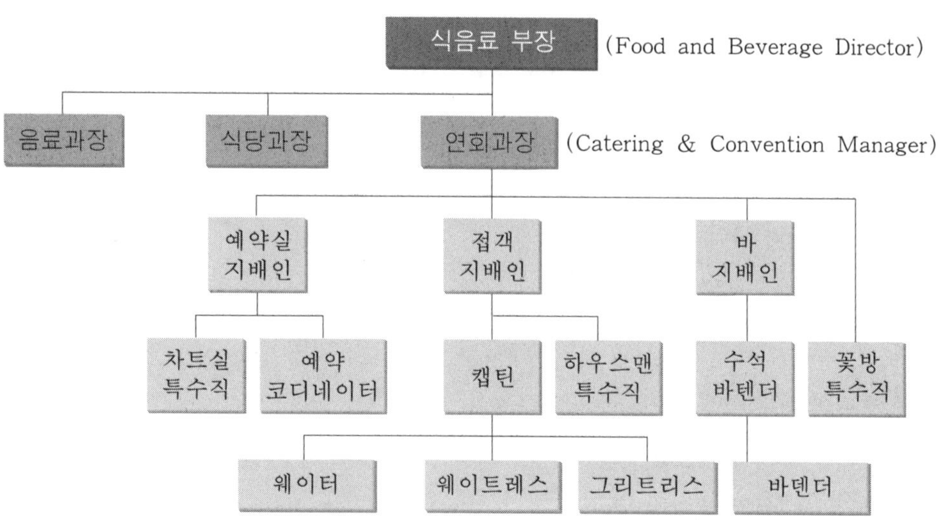

[그림 6-1]은 연회부문 조직의 편성을 나타내고 있다.

[그림 6-1]에서 나타난 바와 같이 연회과는 4가지 하부부서로 나눌수 있는데 각 하부 부서의 업무내용은 다음과 같다.

(1) 연회예약실

① 연회예약과 고객관리

② 연회관련 타 부서와 협조체제 수립

한편, 연회예약실에 소속되어 있는 차트실은 다음과 같은 업무내용을 가진다.

① 표시(sign) 준비와 운영

② 필경과 연회 인쇄물 관리

(2) 연회 서비스

① 고객 서비스

② 연회장 상태유지와 관리

③ 행사용 기물과 장비관리

④ 인원 계획(Staffing Schedule)

한편, 연회 서비스에 소속되어 있는 하우스맨은 다음과 같은 업무내용을 가진다.

① 기물(Ware)류, 린넨 및 소모품 관리

② 창고운영과 행사지원 및 청소상태 점검

(3) 주장

음료 서비스와 관리

(4) 꽃방(Flower Shop)

① 호텔의 내부 플랜트(Plant)와 화분관리

② 연회용 꽃과 장식담당

③ 식당과 객실의 꽃과 장식담당

한편, 연회부문 각 종사원의 직무를 살펴보면 다음과 같다.

1 과장

· 연회인원, 집기 비품, 시설, 고객 및 행정과 서비스의 전반적 관리
· 연회관련 부서 업무조정

2 예약실 지배인

· 연회예약 상담과 접수
· 과장 업무 보좌 · 기타 연회관련 업무

3 예약 코디네이터

· 연회예약 상담과 접수
· 행사관련 서류작성, 관리와 행사자료 입출력

4 접객 지배인(Operation Manager)

연회예약실에서 작성된 연회행사통보서(Event Order)에 의거 다음과 같이 직무를 수행해야 한다.

ⓐ 연회장의 관리 감독을 한다.
ⓑ 각 직원의 업무와 영업준비를 지시한다.
ⓒ 연회행사 통보서를 세밀한 부분까지 숙지하여 준비사항을 점검한다.
ⓓ 행사전 관련부서의 준비사항(주방, 방송실, 꽃방, 전기) 등을 점검한다.
ⓔ 행사시 주최자와 면담하여 요구사항과 불편사항을 점검한다.
ⓕ 행사후 만족한 행사였는지를 확인하여 고객의 만족도를 파악한다.
ⓖ 기타직무
- · 직원의 근무시간표 작성
- · 직원의 교육훈련 담당
- · 직원의 일상 직무할당, 지시와 확인
- · 연회장 시설과 장비류의 상태유지와 점검
- · VIP 영접과 환송
- · 매일 직원과의 회의 주관

· 업무일지 작성

5 접객조장(Captain)

연회와 관련된 기물, 음료, 린넨류 등을 점검하여 영업준비를 하는 실무 책임자이다.

ⓐ 담당 연회장과 후장(Backside)의 청소등 모든 사항을 점검한다.

ⓑ 연회행사의 지시사항을 실천한다.

ⓒ 특별 주문사항을 점검하여 행사진행에 차질이 없게한다.

ⓓ 행사전 테이블 셋업(Table Set up)과 음식, 음료 준비사항을 점검한다.

ⓔ 행사시 배치된 인원을 통솔한다.

ⓕ 담당 연회행사의 설명과 메뉴교육을 한다.

ⓖ 담당 연회행사의 정해진 메뉴에 의해 서비스 순서를 교육한다.

ⓗ 기타 행사에 필요한 제반 교육(서비스 동선 등)을 한다.

ⓘ 고객을 영접하고 환송한다.

ⓙ 행사완료 후 행사결과 리포트를 작성 보고한다.

ⓚ 직원과 지배인의 교량역할을 한다.

ⓛ 방화와 안전사고를 예방조치하며 고객의 안전을 도모한다.

6 웨이터(Waiter)

ⓐ 캡틴의 지시에 따른다.

ⓑ 행사에 관련된 제반 준비사항을 실천한다.

ⓒ 각종 기물, 비품, 린넨류를 점검하고 정리정돈 한다.

ⓓ 행사에 따른 문제점과 개선점을 보고한다.

7 그리트리스(Greetress)

ⓐ 고객에게 편리함과 유쾌함을 드린다.

ⓑ 연회행사통보서(Event Order Sheet)를 점검하여 고객의 이용시설을 미리 점검한다.

ⓒ 연회장 고객의 영접안내 및 환송을 한다.

ⓓ 연회 서비스 사무실의 제반 서류 작성 및 관리를 한다.

8 하우스맨(Houseman)

ⓐ 개장을 위한 정리정돈, 점검
ⓑ 기물류, 린넨류, 소모품류, 기물류 수급관리 및 행사지원
ⓒ 청소상태 점검
ⓓ 기물류, 소모품, 린넨등 별도 사용량과 부족량을 점검하여 행사 완벽지원
ⓔ 폐장전에 린넨, 소모품, 기물류 수급관리와 정리정돈

3절 … 연회의 분류

연회행사는 그 행사의 성격에 따라서 크게 다음의 4가지로 분류된다.

1 기능에 의한 분류

기능에 의한 분류는 식음료를 판매하는 것과 연회장만 빌려주는 것의 두 가지로 구성된다.

(1) 식음료 판매를 하는 행사

1 정찬 파티(Lunch & Dinner Party)

정찬 파티는 가장 정식인 연회로써 경비의 규모가 클 뿐 아니라 사교상의 중요한 목적을 띠고 있다. 초대장을 보낼 때는 연회의 취지와 주빈의 성명을 기재하여 복장에 대한 명시를 제시할 수도 있다. 정찬 파티에는 통상 예복을 입고 참석해야 한다. 고객이 참석하기 전에 좌석 배치도(Seating Arrangement)가 결정되면 플레이스 카드(Place Card)를 식탁에 배치하여 지정된 좌석에 앉게 하여야 한다. 많은 고객을 초대하였을 경우 주최자는 연회장 입구에 좌석 배치도를 설치하여 참석자의 혼잡을 피하도록 한다.

연회가 진행되어 후식을 제공하고 나면 주최자는 일어서서 인사말(Speech)을 하게 된

다. 인사말이 끝나면 커피, 생과자를 서브하고 애프터 드링크(After Drink)를 서브한다.

정찬 파티의 테이블 세팅에 있어서 주의해야 할 점은 연회장의 넓이와 참석자의 수, 그리고 연회의 목적에 따라 테이블 배치를 해야 하는 것이다. 그것은 좌석 배열도 사회적 지위 연령의 상하가 구분되기 때문에 주최자와 충분한 사전 협의가 이루어져야 하고, 특히 외국인일 경우는 부인을 위주로 하며 그 방의 상석은 입구에서 가장 먼 내측이 되는 것이다.

2 칵테일 파티(Cocktail Party)

칵테일 파티란 각종 종류와 여러 가지 음료를 주제로 하고 전채요리(Hors d' oeuvre)를 곁들이면서 입식형식으로 행하여지는 연회를 말한다. 칵테일 리셉션은 정찬 파티에 비하여 비용이 적게 들뿐 아니라 지위고하(地位高下)의 구분없이 자유로히 이동하면서 자연스럽게 담소할 수 있고, 또한 참석자들의 복장이나 시간도 별로 제한받지 않기 때문에 현대인에게 더욱 편리하고 특히 사교모임에 적당한 파티이다.

고객들은 연회장 입구에서 주최자와 인사를 나눈 다음 입장을 하고 연회장 내에 차려져 있는 바에서 좋아하는 칵테일이나 음료를 주문하여 받은 다음 격의 없이 손님들과 어울리게 된다. 서비스맨들이 특히 준비해야 할 점은 준비되어 있는 음식과 음료가 많이 소비되어야 하므로 셀프 서비스 형식이라도 고객 사이를 자주 다니면서 재주문 받도록 하여야 한다. 특히, 여자 손님들은 음식 테이블(Food Table)에 자주 가지 않는 경향이 있으므로 전채요리 트레이(Hors d' oeuvre Tray)를 자주 갖고 다니면서 서비스를 해야 한다.

3 뷔페 파티(Buffet Party)

뷔페 파티는 일반적으로 칵테일 뷔페 파티와 뷔페식당 파티로 구성되는데, 칵테일 뷔페 파티는 고객이 요청하여 일정금액의 뷔페음식제공하여 입식으로 행하여 지고, 뷔페식당 파티는 뷔페식당에서 먹는 방식으로 준비되는 것을 말한다. 후자는 오픈 뷔페(Open Buffet), 전자는 클로즈드 뷔페(Closed Buffet)라고 부른다.

4 티 파티(Tea Party)

티 파티란 브레이크 타임(Break Time:일반적으로 오후 3시부터 5시까지를 말함)에 개최되는 간단한 파티를 일컫는데, 주스나 커피 또는 차 종류가 과일, 샌드위치, 디저트류와 함께 동시에 제공된다.

티 파티는 칵테일 파티식으로 다과를 놓고 하는 경우와 테이블을 셋업하여 하는 두가지 경우가 있다. 양다과 만으로 하는 경우, 한다과만으로 하는 경우, 한 · 양다과를 섞어서 하는 경우의 세가지가 있다. 또는 대형 케이크를 짤라서 한쪽씩 음료수나 차와 함께 드는 경우가 있다. 티 파티의 경우 커피, 홍차, 인삼차와 같은 더운 음료나, 주스, 콜라, 사이다 등과 같은 찬 음료가 서브될 수 있다.

5 출장 연회(Outside Cartering)

한정된 연회장을 탈피하여 고객이 원하는 장소, 시간에 따라 행하여지는 행사이므로 이 행사 역시 시장세가 무척 높은 행사이다. 출장 연회는 보통 요리, 음료, 식기, 테이블, 비품, 글라스, 린넨 등 필요한 집기 비품들을 준비하여 고객이 지정한 장소에 운반하여 고객이 만족할 만한 연회 행사를 실시하는 것을 말한다.

출장 행사 전 현장 책임자는 반드시 장소를 사전 답사하고 규모, 주방시설, 엘리베이터 이용가능 여부, 전기, 차량 대기장소, 약도 등을 사전에 파악하여야 하며, 야외에서 행사할 때는 우천시 대비책도 강구하여야 한다.

특히, 출장 연회에서는 국빈을 위한 행사가 많으므로 상기 사항을 준수한다.

■ 출장 연회의 종류

사옥 이전, 준공식, 개관 파티, 가든파티(Garden Party), 가족 모임, 결혼 피로연 등이 있다.

· 출장 가능한 요리와 불가능한 요리가 있으나 특별한 경우 외에는 모두 출장 가능하며 출장 장소의 주방시설과 수도시설 유무에 따라 요리를 조절하여야 한다.

· 호텔 내의 파티와는 달리 소수의 인원을 위하여 출장파티를 할 수는 없으나, 요리 가격이 변수로 크게 작용하므로 일정한 인원을 약속 받아서 확실한 출장이 되도록 한다.

· 출장비는 식대 이외의 것에 청구한다. 운반비, 인건비, 기물비 등을 감안하여 행사의 규모, 준비내용, 출장장소의 거리에 따라 출장비를 정한다. 특히, 장거리 출장 연회일 경우 숙박비, 식대까지 계산하여 출장비를 정한다.

② 연회장 판매를 목적으로 한 분류

회합(Meeting), 세미나(Seminar), 각종회의(Conference), 심포지엄(Symposium), 전시회(Exhibition), 패션쇼(Fashion Show), 기자회견(Press Meeting), 콘서트(Concert) 등이 있다.

이중 국제회의는 해당국가의 경제 사정이 높아지고 국제적 공신력이 높아감에 따라 빈번해진다. 국제회의 종류에는 여러 가지가 있지만, 한 건의 국제회의라도 소홀히 하면 해당 호텔 망신은 물론이거니와 국가간의 분쟁도 발생할 수 있다는 사실을 연회 담당자는 명심하여야 한다.

보통 국제회의에서 발표자는 마이크를 사용해서 발표한 내용을 말하고 이것을 통역자가 수신하여 각국어로 번역해서 다시 보내면 참석자는 수신기의 채널에 의하여 자국어로 선택해서 듣게 된다.

국제회의를 준비할 때에는 마이크의 수량은 발표자의 인원과 같게 하고 부스(Booth)와 통역자의 인원도 사용 국어수에 따라 결정된다.

이와 같이 회의 종류와 규모에 따라 기기(器機)의 수량이 달라지므로 주최자와의 충분한 협의가 반드시 있어야 한다. 또 국제회의에서는 대회의장 외에 소회의장, 사무국, 프레스 센터(Press Center)등이 필요한 경우가 많으므로 예약 담당자는 회의 내용을 충분히 검토하여 충분한 준비작업을 하여야 한다. 또한 회의에 따라 정찬, 칵테일 리셉션(Cocktail Reception), 커피 브레이크(Coffee Break)시간이 별도로 있을 수 있기 때문에 담당자는 주최자와 사전에 충분한 협의를 해야 한다.

보통 회의라고 하면 통상적으로 미팅(Meetion)이란 인식이 있는 것 같은 경향이 있으나 성격은 다르다. 다음은 각종 국제회의를 종류별로 구분해 놓았다.

▣ 국제회의의 종류

(1) 세미나(Seminar)

일반적으로 교육을 목적으로 개최되는 회의이다. 주로 강사와 참가자와의 토론이나 강의로 진행되며 인원수는 대개 40명 전후이다.

(2) 워크숍(Workshop)

새로운 지식이나 기술을 습득시키기 위한 모임으로써 인원수가 30명 내외로 제한되는 회의이다.

(3) 클리닉(Clinic)

하나의 특정한 주제를 선정해 놓고 그 문제를 해결해 내는 훈련을 쌓는 소규모의 회의 형식이다.

(4) 컨퍼런스(Conference)

일반적으로 구성된 조직 등과 같이 보편적 주제를 풀기 위한 회의 형식이다.

(5) 포럼(Forum)

토론 내용이 자유롭고 문제에 관하여 진지한 평가나 의견 교환을 하는 공개 토론 형식이다.

(6) 심포지엄(Symposium)

특정 주제를 놓고 연구 토론하기 위한 전문가들의 모임이다.

(7) 패널(Panel)

미리 정해진 2명 이상의 연설자가 자기의 요점을 발표한 다음 해당 사항을 전문가들이 다시 토론하는 회의 형식이다.

(8) 렉처(Lecture)

전문가들의 강의 형식으로 때로는 질문하고 응답하는 형식이 포함된다.

(9) 인스티튜트(Institute)

학교 형식의 가르치는 방식으로 강좌하는 강습회 형식이다.

(10) 콜로키움(Colloqium)

어떤 주제를 놓고 여러 사람이 공동 토의하는 형식이다.

(11) 컨벤션(Convention)

한 개의 전문 직종에 한하여 정보를 전달하는 대규모 형식이다.

(12) 콩그레스(Congress)

보통 국제적으로 열리는 회의의 지칭이며 실무 회의로써 대규모적이다.

한편, 통역 종류별로 국제회의를 분류하면 다음과 같다.

(1) 동시 통역

스피커(Speaker)의 내용을 받아 즉시 통역에 옮겨 발송하는 통역 방식이다.

(2) 순차 통역

스피커의 내용을 듣고 순간 순간 통역에 옮기는 방식이다.

(3) 동 순차 통역

정상회담 등에서 볼 수 있는 방식으로 통역 설비 없이 옆에서 즉시 통역해주는 방식으로 고도의 훈련과 어학 실력이 요구되는 방식이다.

③ 목적에 의한 분류

(1) 가족모임

약혼식, 회갑연, 칠순(고희) 피로연, 결혼 피로연, 생일잔치, 돌잔치 등인데 최근 들어 생활이 윤택해지면서 가족 모임을 호텔에서 열기 시작하였다. 가족모임 행사는 신장률이 높고 잠재력 있는 행사로써 특정 호텔에서 행사 유치에 전력을 기울이고 있는 행사이다.

가족모임을 목표시장으로 하는 호텔은 도심에 위치하여 교통이 편리하고 주위에 많은 상권이 형성되어 있어 여러모로 편리하며, 기계식 주차장 설비로 인하여 많은 주차 공간이 확보되어 있다는 이점을 널리 선전하여 가족모임 유치에 적극 힘써야 한다.

1 가족모임의 종류

약혼식, 결혼 피로연, 생일잔치, 돌잔치, 결혼 기념연, 회갑, 칠순 등이다.

2 가족 모임 행사시 필수 준비사항

식사, 음료, 케이크, 꽃 장식(Flower Deco), 얼음조각(Ice Carving), 사진, 방명록, 상차림, 현수막, 밴드

(2) 회시행시

창립기념, 개관기념, 이취임식, 사옥이전 등이 있다.

(3) 학교관계

입학, 졸업, 사은회, 동창회, 동문회 등이 있다.

(4) 정부행사

국민행사, 정부수립, 기념연 등이 있다.

(5) 협회

국제회의, 정기총회 등이 있다.

(6) 기타

신년하례식, 망년회, 송년회, 간담회, 각종 이벤트(Event) 등을 포함한다. 이외에 많은 다른 종류의 파티가 호텔에서 행하여지고 있는데 연회의 성격이 갈수록 다양해지고 세분화되어가는 실정이다.

이 밖에도장소에의한분류로호텔내연회장(In House),출장 연회(Catering Service), 테이크 아웃(Take Out), 딜리버리 서비스(Delivery Service)로 나누기도 한다.

4절 ··· 연회예약접수 및 진행 과정

1 연회예약접수

연회 예약이 성립되기 위해서는 예약 담당자와 판촉사원간의 밀접한 협력체제를 갖추고 능률과 기능을 최대한 발휘하여 최대의 효율성을 올려야 한다. 현재는 고객으로부터 예약을 기다리는 시대는 지났으며 적극적인 판촉 활동을 통하여 고객확보에 최선의 노력을 기울여야 한다. 또한 경쟁 업체보다 우위를 유지하려면 최고의 시설, 특징 있는 요리, 품위 있는 장식, 최고의 서비스를 지속적으로 개발하여 예약시에 또 하나의 상품으로 판매될 수 있도록 유도한다. 아울러 친절한 예절과 정중한 언어구사, 상품지식 등을 습득하여 고객에게 좋은 이미지를 심어주는 것도 이러한 발전을 뒷받침하여 주는 큰 요인이다.

판촉 활동을 할 때는 일반적으로 판촉 사원에게 의뢰하고 예약 담당자는 정보제공, 서류정리, 테이블 플랜(Table Plan), 자료작성 등을 주관하면서 판촉 사원과 일치감을 갖고 상호 협력하면서 판매이윤 증진 및 신규 연회 예약의 활성화를 위해 노력을 경주하여야 한다.

연회예약 접수경로로는 다음과 같다.

① 전화

② 팩스(Fax), PC통신 등

③ 내방객

④ 판촉사원

⑤ 직원소개

상기 외에 여러 가지 경로가 있으며 그 중에 전화에 의한 예약은 소홀히 취급되어서는 안된다. 전화 예약은 직접적인 대화가 아닌 고객의 언어만으로 모든 것을 판단해야 하기 때문에 통화를 할 때는 정중한 말씨로 고객이 호감을 갖도록 하며 판매 정신을 최대한 발휘해야 한다.

② 연회예약장부(Control Chart) 확인

예약이 접수가 되면 연회예약장부 확인을 통하여 사용 가능한 연회장이 있는지 확인해야 한다. 연회예약장부(Control Chart)는 1월 1일을 기점으로 1년간의 예약을 받을 수 있도록 3개월 동안 사용할 수 있는 1권으로 된 예약 사무실 비치용 대장이다. 매일매일 예약을 받을 수 있도록 되어 있으며, 하루의 예약 현황이 파악될 수 있도록 예약에 필요한 요소와 연회장이 기록 정리된 예약 원장이다.

연회예약장부(Control Chart) 취급시 유의사항은 다음과 같다.

①	취소, 변경, 정정사항이 수시로 발생하므로 기재 정정이 가능하도록 연필로 기재한다.
②	기입 순서는 예약 접수 일자, 시간, 주최명, 인원수, 전화번호, 예약담당자 이름 등을 기록한다.
③	행사가 확정되면 "C"혹은 "D"라고 표시하고(C=Confirm, D=Definition), 미확정이면"T"로 표시한다(T=Tentative).
④	가능하면 행사 시작과 종료 시간을 명시한다.
⑤	조식(B/F)은 맨 위칸에, 점심(L/N)은 중간에, 석식(D/N)은 맨 아래칸에 표시한다.
⑥	연회행사 통보서(E/O)가 기록되어 관계 부서로 배부된 행사는 연회예약장부(Control Chart)의 [Tent of Def]칸에 붉은 펜으로 "V"자를 해두는 것이 편리하다.
⑦	날짜 변경이나 취소의 경우에는 지우고, 좌측 이면에 행사명, 취소일자, 장소, 취소 통보자를 기재하여 추후에 참고한다.
⑧	연회예약장부에 기록할 때는 막연히「All Day」로 표시하지 말고 시작, 종료의 시간을 기록한다.
⑨	연회예약장부는 원칙적으로 예약 업무 담당자 이외에는 절대 취급해서는 안된다. 따라서 예약 담당자와 판촉 직원 이외에 예약을 하고자 할 때에는 예약 전표를 이용하도록 한다.

[그림 6-2] 연회견적 및 계약

BANQUET QUOTATION/CONTRACT

연회견적 및 계약서

ORGANIZATION 주최(인) FUNCTION 행사내용

ORGANISER 주최측담당 예정장소 : 참석인원 : 명 DATE 행사일 년 월 일 시

DESCRIPTION	QUANTITY 수 량	Q·A		Q·B		REMARKS 참 고
		UNIT	AMOUNT	UNIT	AMOUNT	
FOOD 음 식						
COCKTAIL FOOD 술 안 주						
BEVERAGE 음료						
WINE 포 도 주						
F&B-TOTAL 식음료총액						
ROOM RENTAL 임 대						
ENTERTAINMENT 공 연 료						
DECORATIONS 장 식						
FLOWERS 꽃						
BANNER 현 수 막						
CATERING CHARGE						
CORKAGE CHARGE						
ICE CARVING						
PHOTOGRAPH						
SUB TOTAL 중간총액						
SERVICE CHARGE 봉 사 료 10%						
TAX 세 금 10%						
GRAND TOTAL 총 액						

PAYMENT : 현금, 외상
지불조건

(상기 내용과 후면 계약조건에 동의함을 확인함.)

Hotel Hyundai
TEL. (0561)748-2233
FAX. (0561)748-8234

년 월 일
DATE 날짜

CLIENT 고객서명

COMPILED BY 담당서명

③ 연회구성

예약이 결정되면 주최자와 충분한 협의를 통하여 행사의 내용을 어떻게 구성해 나갈 것인가에 대하여 전문가로서의 기능을 발휘해야 한다. 파티 구성과 부대 시설에 대한 제원 확보 및 전문가적인 지식을 습득하여 연회의 전 과정을 구성할 수 있어야 한다.

특히, 연회 구성이란 요금이 정해진 상품을 판매하는 것이 아니라 연회라는 상품을 창조, 판매하는 것이라 생각해야 하고, 다음과 같이 연회가 구성된다.

① 견적서 제출(Agreement)

② 접수 확인서 발송

③ 요리 및 음료관계

④ 좌석배치 및 안내문 준비

⑤ 꽃(Flower) 및 장식(Decoration)류

⑥ V.I.P참석 여부 사항

[그림 6-2]는 연회견적 및 계약서를 나타내고 있다.

④ 연회행사통보서(Event Order) 작성

행사 주최측과 견적서(Quotation)를 주고 받아서 행사가 결정되면, 연회예약장부(Control Chart)를 재확인하여 확정한 내용을 기록하고 연회행사통보서(Event Order)를 작성한다.

행사 진행 관련 부서에서는 고객과의 대화나 대면도 없이 연회행사통보서에 의해서만 행사를 진행하기 때문에 고객과의 협의 내용과 필요한 사항 등 연회행사통보서에 기록할 내용이 많아서 난이 부족할 경우에는 별도 업무 연락 혹은 회의를 통하여 행사내용을 관련 부서에 배부한다.

[그림 6-3]은 연회행사통보서를 나타내고 있다.

[그림 6-3] 연회행사 통보서

Hotel Hyundai

EVENT ORDER

EVENT NO : PAGE

EVENT DT :
MASTER FILE KEY :

ACCOUNT		DATE	
FUNCTION ROOM		TYPE	
NO. OF PERSON		AMOUNT	
PERSON IN CHA.		DEPOSIT	
NAME OF FUNC		PAYMENT	
ROOM COUNT		ROOM U/C	
EVENT TIME		TEL	
ADDRESS			
MARKET MAN		BQT MAN	

FOOD BEVERAGE OTHER TOT. AMOUNT

BQT. SERVICE : KITCHEN :

ENGINEER :

OTHER :

FLORLIST : SIGN BOARD :

REQUEST :	연 회 :	조 리 부 :	시 설 :	객실영업 :
	판 촉 :	식 음 료 :	관 리 :	당 직 :
	메인주방 :	기물관리 :	경 리 :	전 산 실 :
	디자인실 :	꽃 집 :	F/C :	

1) 연회행사통보서(Event Order) 작성 방법

(1) 음식의 종류

조식, 점심, 석식, 칵테일, 리셉션, 뷔페(Seating&Standing), 중국식, 한국식, 양식, 일본식, 티 파티 등이 있다.

① 메뉴는 사전 제작된 견본 메뉴에 의하여 결정되나 고객이 원하는 특별 메뉴도 수용한다(채식가, 종교적, 신체적 특식 등).

② 뷔페식인 경우 입식(Standing) 또는 좌식(Seating)인지를 명확히 확인한다.

③ 지정된 메뉴외에 특정한 가격의 메뉴, 특정인의 메뉴는"Up to Chefs Discretion"이라 명시하고 주방으로부터 메뉴를 통보 받는다.

④ 한식, 중식, 일식 등의 음식은 100명 이상의 고객일 때는 조리부와 상의하여 식자재 관련 유무를 확인한 후 예약 빋는다.

(2) 가격 및 인원의 결정

고객의 요청에 의하여 가격 및 인원이 결정되겠지만 예약 업무 담당자는 반드시 고객에게 지불보증(Guarantee) 개념을 설명하고 인원을 결정한다.

(3) 꽃 장식(Flower Decoration)

연회의 목적과 성격에 따라 알맞게 장식되어야 하는 꽃은 연회장에서 큰 역할을 하게 된다. 그러므로 연회장의 꽃 장식은 대체로 온화하고 화사한 분위기를 조성할 수 있도록 해서 어떠한 연회의 분위기와도 잘 조화될 수 있도록 배치해야 한다.

꽃꽂이란 자연속에 피어 있는 꽃을 실내공간으로 옮겨 자연의 전형적인 미를 토대로 해서 인간이 창조할 수 있는 또 하나의 예술이라고 할 수 있으므로, 자연의 꽃을 단순하게 화병에 옮기는 것만이 아니고 공간과 선의 구성 및 색채감을 강조하면서 미를 추구하는 것이 꽃꽂이의 참된 의미이다.

(4) 얼음 조각(Ice Carving)

고객의 요청사항, 로고문자 등을 기록하거나 별도의 로고를 장식(Art)실로 넘겨 준다.

또한 특별한 무대제작 장식도 함께 넘겨준다.

(5) 음료

풀 바(Full Bar) 또는 청량음료(Soft drinks)등 준비 한계를 고객에게 정확히 문의하고 계산은 실수계산(Consumption Base) 으로만 하나 고객의 욕구에 따라 변경될 수 있다.

주장 설치 유무, 와인, 샴페인, 칵테일, 맥주, 주스류, 청량음료(Soft Drinks) 등에 대한 수량 및 가격 반입품목에 대한 음료반입요금(Corkage Charge) 등에 대하여 기록한다. 음료는 음료 재료비가 일반식사보다 저렴하고 매출을 신장시킬 수 있는 수단이 되므로 음료 판매에 많은 노력을 기울이며, 고객의 주류 반입은 최대한 억제한다.

칵테일 리셉션(Cocktail Reception)인 경우 일인당 3잔 정도, 칵테일 뷔페(Cocktail Buffet)식인 경우 일인당 2잔 정도, 식사전 칵테일은 일인당 1-1.5잔 정도 예측한다. 반드시 음료 담당자는 고객이 요청한 제한량을 정확히 지켜야 한다.

(6) 임대료(Rental Charge)

임대료는 계절별로 성수기와 비수기의 영향 때문에 차등하며 상황에 맞는 가격을 받도록 한다.

전시회, 패션쇼의 경우는 100% 또는 그 이상을 초과하여 받는다. 전시회, 패션쇼의 경우 사전에 많은 준비 시간을 필요로 하기 때문에 가급적이면 준비시간도 장소 사용료로 계산하여 받는다. 또한 호텔 시설물(전기, 방송음향)을 필요로 할 시에는 관련 부서장과 협의하여 장비 사용료를 받도록 하며, 장비 사용할 때 훼손, 파손, 분실물에 대한 손해배상 관례를 명시토록 한다.

(7) 장식(Decoration)

기본적인 장식(Deco)은 연회준비 담당자가 하나, 고객의 특별 요청이 있을 시는 해당 부서와 협의하여 원하는 형태를 도면으로 작성하여 가격을 결정한다.

특히, 칵테일 리셉션(Cocktail Reception)시 많은 장식을 원할 때는 반드시 가격을 받도록 하며, 미니 가든(Mini Garden) 등을 고객이 사용하도록 권한다.

(8) 테이블 배치(Table lay out)

특별한 경우 또는 중요한 행사시에는 테이블 배치도를 제시해 두는 것이 원칙이다.

행사 내용에 따라 테이블 모형이 변형된다. 테이블 배치도 작성시 각 연회장 축적 도면에 사실적인 도면을 그려서 행사 주최측에 제시하고 또한 복사본을 현장에 보내서 행사진행 준비에 차질이 없도록 한다.

(9) 음향 및 조명 시설

디너쇼(Dinner Show), 패션쇼(Fashion Show), 전시회 등과 같이 특별 음향이나 조명(Laser Beam)이 필요한 경우가 많다. 마이크 시스템 등을 필요한 경우 고객에게 임대료를 부담시켜야 하는지 또는 무료 제공인지를 확실히 명시하고 기록한다.

(10) 지불 조건

판매를 할 경우에는 반드시 대금 회수 방법도 생각하여야 한다. 지불 능력이 없는 거래처나 악성 거래처의 행사를 치뤄 주고 대금 회수가 안되는 경우가 많다.

지불방법으로 행사 종료 후 현금지불, 개인지불, 회사후불, 신용카드 사용 등이 있으며, 신빙성이 없는 행사, 가족모임, 개인적 행사는 예약금을 사전에 받아두는 것이 원칙이다.

(11) 기타 유의사항

① 행사 년, 월, 일, 요일 기재
② 장소, 시간, 위치
③ 회사명, 주소, 행사 담당자, 전화번호 기재
④ 행사명, 안내표시(Signboard) 문안
⑤ V.I.P 참석 유무

2) 연회행사통보서(Event Order) 작성시 유의사항

① 일종의 업무 협조전으로써 또는 업무 명령서로써 관련 부서에서 알아 볼 수 있도록 상세히 기록해야 한다.

② 연회행사통보서란이 부족하면 별첨으로 해서라도 주최측과의 협의사항을 빠짐없이 작성하도록 한다.

③ 중요 행사가 있을 때는 연회행사통보서 작성전 관련부서 회의를 진행하여 각 행사 담당자에게 주지시켜야 한다.

④ 또한 고객의 행사 물품 반입시간을 연회행사통보서에 명시하여 고객의 편리함을 도모하여야 한다.

3) 금일 연회행사 예약현황(Daily Event Order)

명일 행사에 대한 점검이 끝나면 기록담당 직원은 명일 행사에 대한 금일 연회행사 예약현황(Daily E/O)을 작성토록 한다. 금일 연회행사 예약현황표는 해당일의 연회행사 전부를 기록하여 사내 필요한 부서에 배부토록 한다. 행사내용, 시간, 장소 인원, 매출액 등을 기록하고 특이 사항이나 VIP사항 등을 기록한다.

4) VIP 보고서

주최자와의 예약과정에서 VIP 참석이 확정되었을 때에는 별도로 VIP 보고서를 작성하여 중역실과 관련 부서에 보고하여야 한다. 이때 VIP가 공적으로 참석하는지 혹은 주최를 하는지 분명하게 구별하여야 한다.

5) 연회행사통보서 배부

상기 사항에서 거론한 모든 행사내용이 완전히 결정되고 연회행사 통보서를 작성하면 각 관련 부서로 즉시 배부하여야 한다. 특히 연회행사 통보서를 배부하기 전에 반드시 부서장의 결재를 득하고 관련 부서 책임자에게 연회행사통보서가 정확히 배부되었다는 서명을 받아 문제가 되지 않도록 한다.

(1) 내부 관련부서

· 요리 : 메인 주방(Main Kitchen), 양식, 중식, 일식, 한식, 각 주방

· 음료 : 연회주장
· 방송 및 음향 : 전기과 방송실
· 냉방장치 : 설비과 중앙 감시반
· 주차 및 배차 : 차량과
· 꽃 장식 : 꽃방
· 얼음조각 및 장식(Ice Carving & Decoration) : 장식식(Art Room)

(2) 외부 업자 발주

· 간판, 메뉴
· 음악 및 연예인
· 무대장치 및 특수 음향
· 사진 및 VTR

이 외에도 관련 부서와 정확히 연락을 취하여 행사 1시간 전까지는 모든 것이 결성되도록 시간별로 점검하여 확인하는 것이 매우 중요하다.

5절 … 연회장 배열 방법

연회행사의 경우 의자 및 테이블의 배열시 고려되는 요소는 공간 크기와 분위기이다. 특히 연회장의 경우는 공간을 최대한 이용하여야 한다.

1 회의시 의자 배열

(1) 극장식 배치(Theater Style)

이 방식은 극장에서 행하여지고 있는 방식을 닮았다 하여 극장식 배치 방식으로 불리

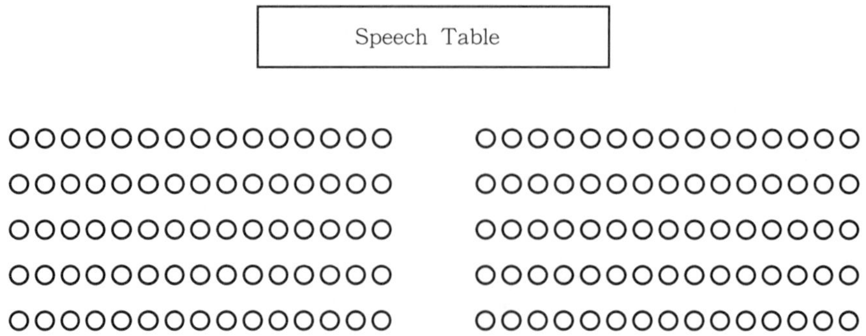

워지고 있다. 이 방식에서는 우선 Speech Table(연설자 테이블)을 정하고 나서 의자의 첫 번째 줄은 앞에서 2m 정도의 간격을 유지한다. 이 방식에서 통로 복도는 400명 이상의 경우는 통로 복도가 2m넓이의 간격을, 그 이하의 경우는 1.5m로 유지하도록 한다.

(2) 강당식 반월형 배치(Auditorium, Semicular, Center Aisle)

이 방식은 의자 배열시 무대에서 최소한 3.5m간격으로 배열하고 중앙 복도는 1.9m 간격을 유지하며 의자를 양쪽에 한 개씩 놓아서 간격을 조절한다.

이러한 방식은 큰 공간을 차지하기 때문에 경제적이지 못하다.

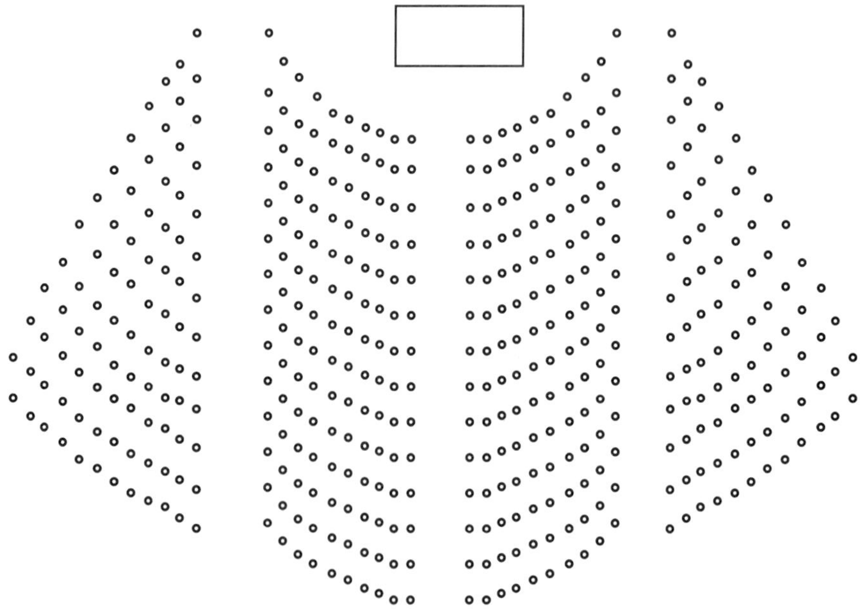

(3) 강당식 굴절형 배치(Auditorium, Semicular with Center Block and Curved Wings)

이 방식은 (2) 강당식 반월형 배치와 같으나 옆면을 굴절시킨다는 것에서 차이가 난다. 이방식에서 맨 앞 가운데 테이블은 나란히 배열하여 홀내의 의자 8-9개로 구성하며, 양측 복도는 1.2m 간격을 유지하도록 한다.

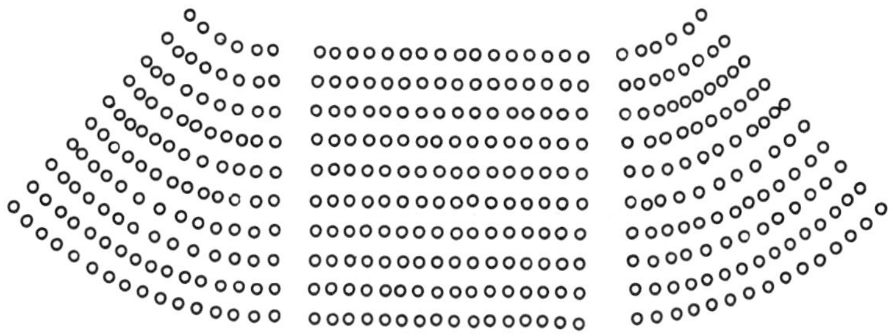

(4) 강당식 V형 배치(Auditorium V Shape)

이 방식에서 첫 번째 2개의 의자는 무대 테이블 가장 자리에서 3.5m 간격을 유지하여 의자를 일직선으로 배열하고 앞 의자는 30° 각도로 배열하여야 한다. 이 방식은 실제로 잘 사용되지 않는다.

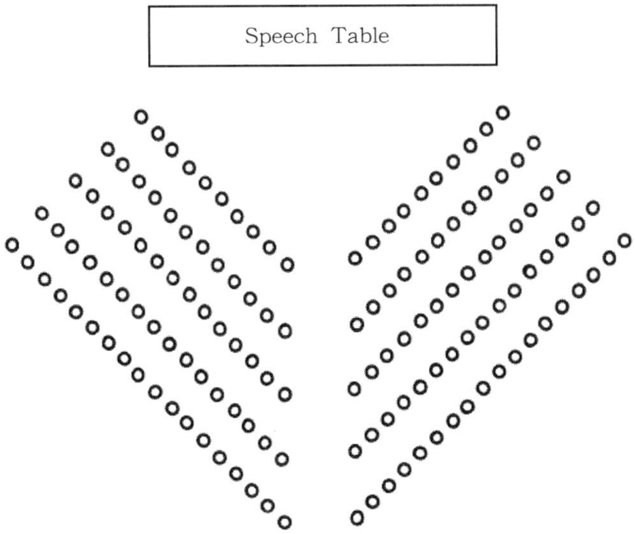

② 회의시 테이블 배열

(1) 원형 테이블(Round Table Shape)

이 방식에서 테이블과 테이블 간격은 3.3m 정도, 의자와 의자 사이의 간격은 90cm 정도로 하고, 양쪽 통로는 60cm 공간을 유지하도록 하며, 테이블은 무대를 중심으로 중앙 부분을 고정한 뒤 앞줄부터 맞추면서 배열하면 되나 뒷줄은 앞줄의 중앙부분이 보이도록 지그재그식으로 맞춘다. 많은 인원을 수용하여 식사와 함께 제공하는 디너쇼나 패션쇼 등의 테이블을 배치할 때 많이 쓰이며, 원형 테이블은 2~14인용까지 있다.

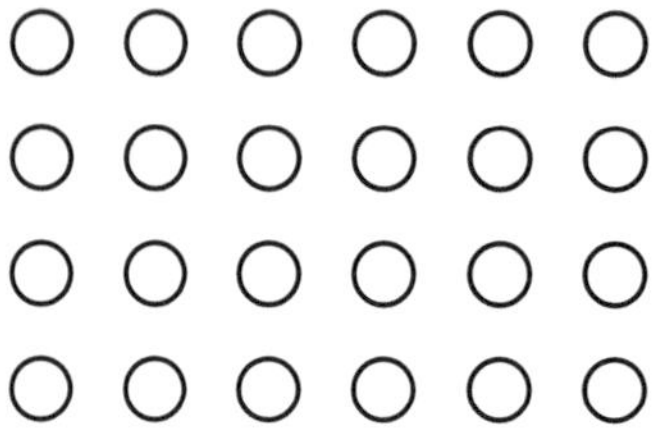

(2) U형 배열(U-Shape)

이방식에서는 일반적으로 60″×30″의 직사각형 테이블을 사용하는데, 테이블 전체 길이는 연회행사 인원수에 따라 다르며 일반적으로 의자와 의자 사이에는 50-60cm의 공간을 유지하며 식사의 성격에 따라서 더 넓은 공간을 필요로 할 경우도 있다. 테이블

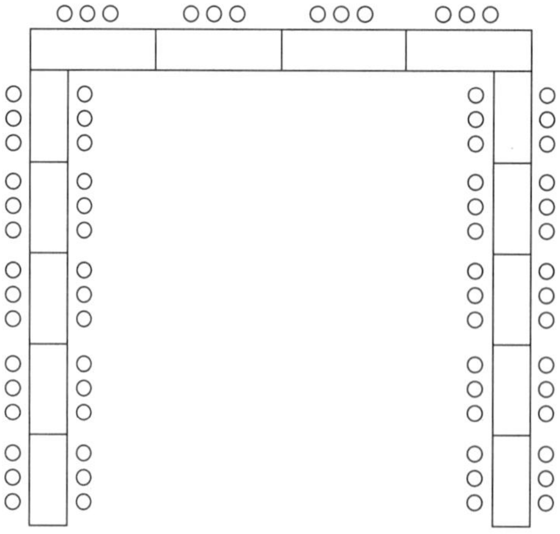

클로스는 양쪽이 균형있게 내려와야 하며, 헤드 테이블 앞쪽에는 드랩스를 쳐서 다리가 보이지 않게 하여야 한다.

(3) E형 배열(E-Shape)

E형은 U형과 똑같은 배열 방법을 취하나, 많은 인원이 식사를 할 때 이용되며 테이블 안쪽의 의자와 뒷면 의자의 사이는 다니기에 편리하도록 120cm 정도의 간격을 유지하여야 한다.

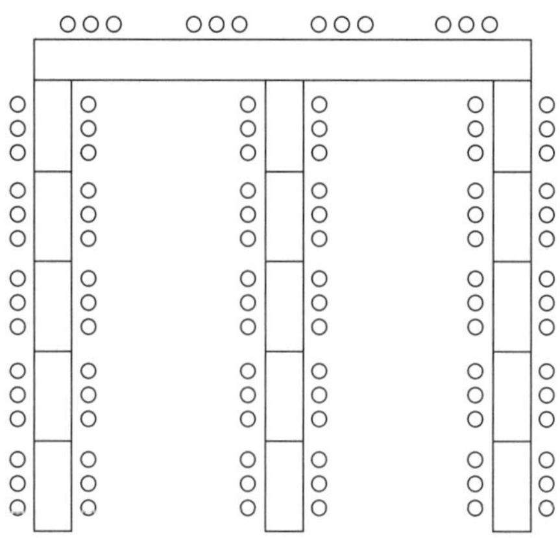

(4) T형 배열(T-Shape)

이 형은 많은 고객이 헤드 테이블(Head Table)에 앉을 때 유용하며 헤드 테이블을 중심으로 T형으로 길게 배열할 수 있으며 상황에 따라서 테이블 폭을 2배로 늘릴 수 있다.

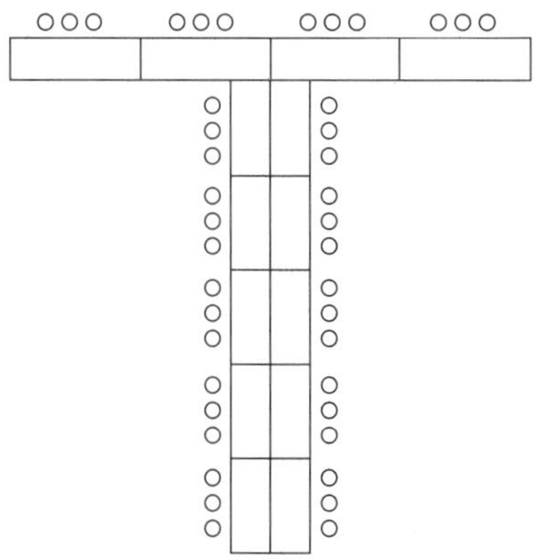

T형 배치도 U형 배치와 마찬가지로 헤드 테이블 앞부분에는 드랩스를 쳐서 다리를 가리도록 한다.

(5) I형 배열(Oblong-Shape)

이 방식은 60″×30″, 72″×30″ 테이블을 2개 붙여서 배치하는데 예상되는 참석자 수에 따라 테이블을 배열 하면 된다. 이방식에서는 의자와 의자의 간격은 60cm의 공간을 유지하도록 하며 특히 고객의 다리가 테이블 다리에 걸리지 않게 유의한다.

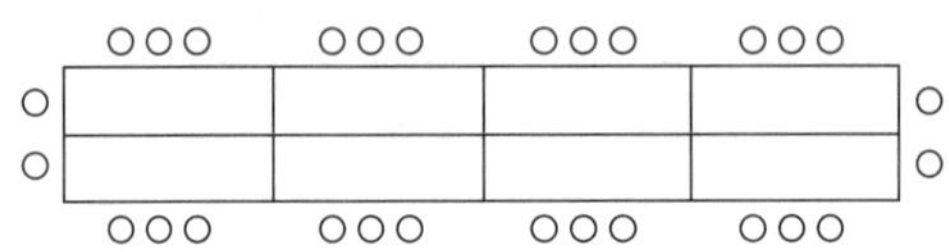

(6) 타원형 배열(Oval Shape)

이 방식에서는 I형 테이블 모형과 비슷하게 배열되나, 타원형은 양쪽에 하프 라운드(Half Round) 테이블을 붙여 사용한다.

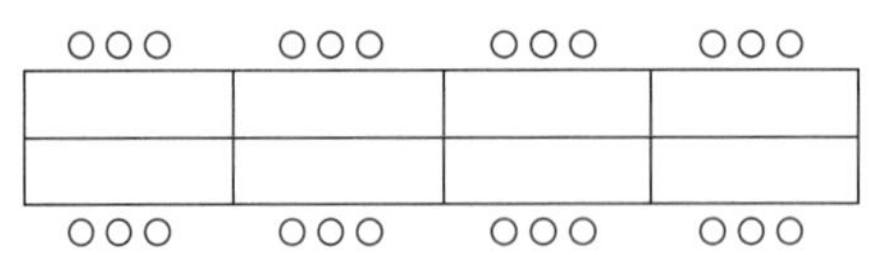

(7) 공백 사각형 배열(Hollow Square)

이 방식에서는 U형 테이블 모형과 비슷하게 배열되나 테이블 사각이 밀폐되기 때문에 좌석은 외부쪽에만 배열하여야 한다.

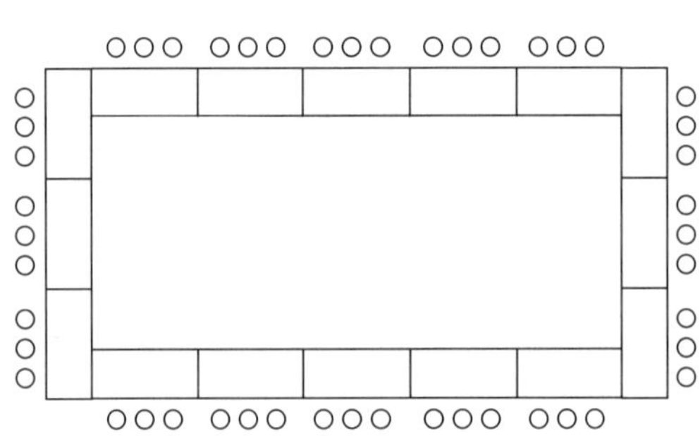

(8) 말굽 좌석형 배열(Horse Shoe)

이방식은 U형과 같이 배치하여 양쪽 귀퉁이 테이블 끝부분에 반월형 테이블(Serpentine)을 배열한다. 이방식에서 좌석은 외부쪽에서만 배열하며 안쪽으로 드랩스를 쳐 주어야 하며, 굴절되는 부분을 처리하는데 약간의 어려움이 있으므로 테이블 클로스를 잘 조정하여야 한다.

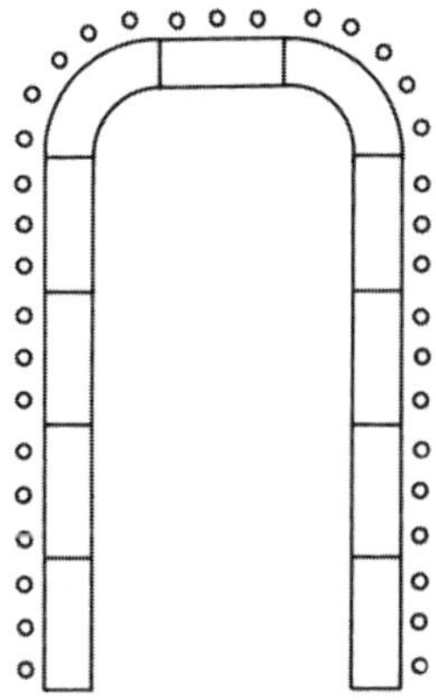

(9) 공백식 타원형 배열(Hollow Circular)

이 방식은 말굽 좌석형 배열(Horse Shoe)형과 같게 배치하며, 끝부분만 2개의 반월형 테이블(Serpentine)으로 덧붙여 양쪽을 밀폐시킨다.

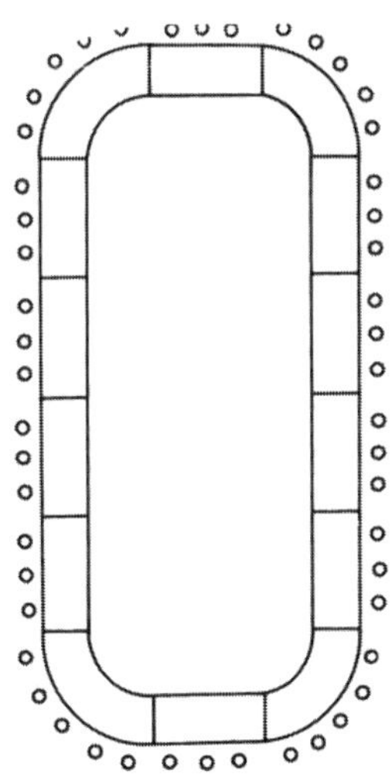

③ 기타 회의형 배열

(1) 학교 교실형 배열(School Style)

이 방식은 학교 교실과 비슷한 형태로 배열되어서 학교 교실형 배열로 명명되었다.

이 방식에서는 테이블 형에 따라서 다소 다르나 일반적으로 18″×72″테이블을 2개씩 붙여서 배치하며 무대와 앞 테이블의 간격은 1m 정도 떨어지게 설치하고 중앙 복도의 간격은1.5m, 또 테이블과 테이블의 간격은 150cm, 의자와 의자 사이의 간격은 40cm 정도로 두며 보통 1개의 테이블에 3개의 의자를 배치하도록 한다.

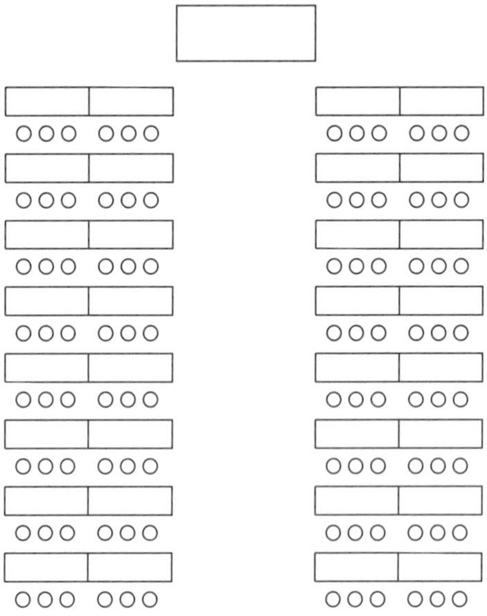

(2) 학교 교실 개조 V형 배열(School Style Inverted or V-shape)

이 형의 테이블 배치는 학교 교실형 배열(School Style)방식과 비슷하지만, 무대에서 30도 경사지게 배열한다는 점에서 다르다.

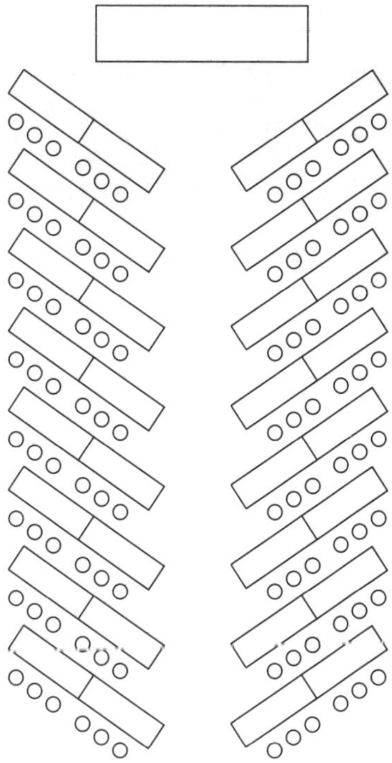

(3) 학교 교실 수직형 배치(School Style Perpendicular)

이 방식에서는 많은 사람이 한꺼번에 회의 및 식사를 할 수 있게 배열하는 방법이다. 이방식은 다음과 같이 배치한다.

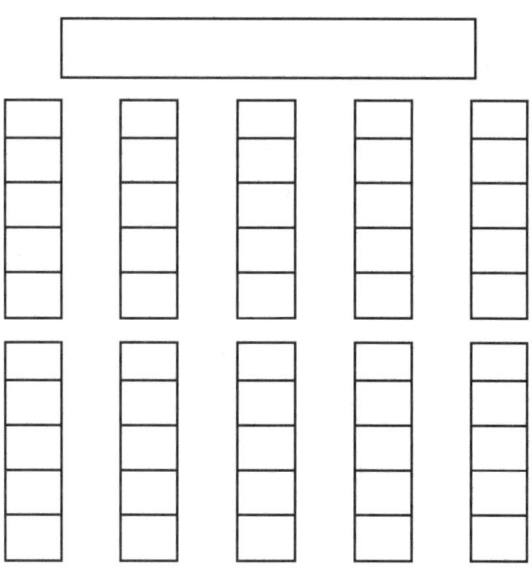

· 무대를 향하여 테이블을 배열한다.
· 테이블의 설치시 무대에서 2m 간격으로 떨어지게 배열한다.
· 중간 통로의 넓이는 130cm, 의자와 의자의 간격은 40cm로 한다.
· 테이블과 무대를 중심으로 간격이 잘 맞도록 한다.
· 중앙 테이블을 중심으로 배열한다.

(4) 뷔페 및 칵테일 리셉션 테이블 배열

· 타원형(Circular)
· 양머리형(Lamb' s Head)
· 멍에형(Yoke)
· 목걸이형(Necklace)
· 들뿔소형((Bison' s Horns)
· 심장형(Heart)

등이 있다.

양머리형

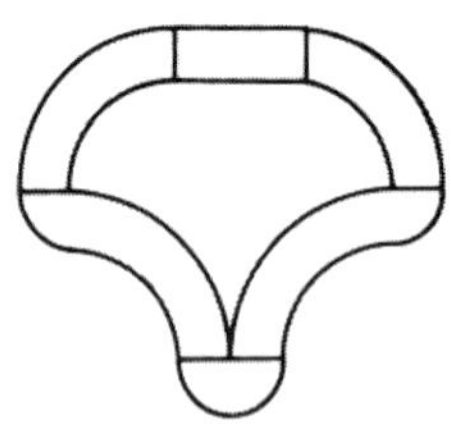
멍에형

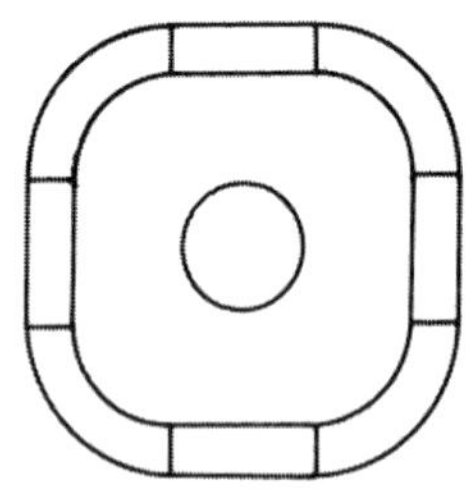
타원형

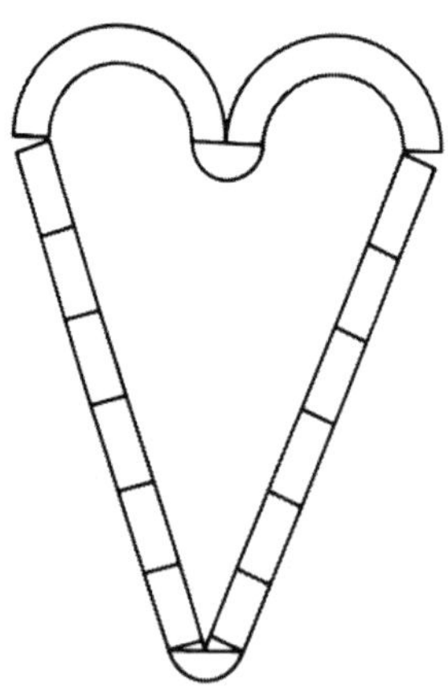
심장형

목걸이형

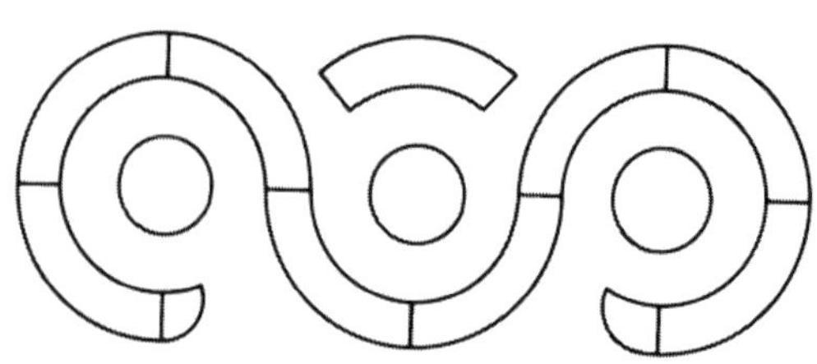
들소뿔형

상기와 같은 형이 있으나 무엇보다도 해당 연회장에 가장 잘 맞는 이상적인 형태를 사용하는 것이 제일 좋은 방법이다.

④ 연회행사 좌석 배열 순서

연회행사의 좌석배열은 주빈(Host)과 손님(Guest)를 잘 구별하여 배치하여야 하며 때로는 주빈의 요청에 의하여 행하여 지기도 한다.

다음은 좌석 배열 원칙을 서술하고 있다.

(1) 유럽식

① 식탁의 중심부에 벽을 뒤로하여 Hostess(안주인)이 앉고 그 앞쪽에 주빈이 앉는다.

② 안주빈의 오른쪽이 제 1서열의 남성 손님, 왼쪽이 제 2서열의 남성 손님 좌석이 된다.

③ 주빈의 오른쪽을 제 1서열의 여성 손님 좌석으로, 왼쪽을 2서열의 여성 손님 좌석으로 한다.

④ 제 1서열의 남성 오른쪽에는 3서열의 여성이, 2서열의 남성 왼쪽에는 제 4서열의 여성이 앉는다.

⑤ 제 1서열의 여성 오른쪽을 3서열의 남성 좌석으로, 2서열의 여성 왼쪽을 4서열의 남성 좌석으로 한다.

(2) 영미식

① 주빈과 안주빈의 좌석을 식탁 양쪽 끝으로 한다. 상석에는 주로 안주빈이 앉는다.

② 안주빈의 오른쪽과 왼쪽에 각각 제 1, 2서열의 남성이 앉는다.

③ 주빈의 오른쪽과 왼쪽에 각각 제 1, 2서열의 여성이 앉는다.

④ 이 같은 순서로 남녀 손님은 식탁의 중앙을 향해 서열에 따라 남녀 교대로 앉는다.

(3) 좌석 배치시 주의 사항

① 부부가 나란히 앉는 것은 되도록 피한다.

② 부부가 정면으로 바라보고 있는 것도 피하는 것이 좋다.

③ 식탁의 양끝에는 가능한 한 기혼 여성이 앉는 것을 피하고 남성이 앉도록 한다.

④ 기혼자가 미혼자보다 우선하는 것이 원칙이므로 미혼 여성은 기혼 여성보다 말석에 앉는다.

⑤ 공식 서열과 관례상의 서열을 충분히 감안한 후 좌석을 신중하게 배치한다.

⑥ 주최측이 2명 이상인 경우 좌석배치는 영미식과 유럽식을 가미한 방식, 즉 테이블 양단과 중앙을 주최측의 자리로 정하고 이들을 중심으로 좌석을 배치한다.

6절 ... 연회부문의 소요기물

연회는 목적과 성격에 따라서 충분한 기물, 알맞는 기물이 확보되어져야 한다. 연회부문의 기물도 식당부문의 기물과 종류는 비슷하나 큰 행사가 많으므로 많은 양의 기물이 필요하다. 이 밖에도 연회행사에는 행사를 치르기 위한 많은 장비와 소모품이 필요하다. 연회행사의 기물을 종류별로 살펴 보면 다음과 같다.[1]

1 기물류

(1) 은기물류(Flatware)

Appetizer Knife, Appetizer Fork, Fish Knife, Fish Fork, Butter Knife, Meat Knife, Meat Fork, Salad Fork, Dessert Knife, Dessert Spoon, Dessert Fork, Tea/Coffee Spoon, Soup Spoon, Bouillon Spoon, Table Spoon, Table Fork

1) 정인태 · 이종순, 「현대 호텔식음료 경영론」형설출판사, 1991, pp. 117-119.

(2) 도기류(Chinaware)

Appetizer Plate, B & B Plate, Fish Plate, Dessert Plate, Steak Plate, Soup Cup, Soup Cup Saucer, Coffee Cup, Coffee Cup Saucer, Salad Bowl, Round Salad Bowl, Salad Bowl Underliner

(3) 유리컵류(Glassware)

Water Goblet, Red Wine Glass, White Wine Glass, Champagne Glass, Sherry Glass, Highball Glass, Old Fashion Glass, Cocktail Glass, Brandy Snifter, Whisky Sour Glass, Punch Bowl, Rice Punch Bowl

(4) 서비스용 기물류(Hollowware)

Coffee Pot, Water Pitcher, Sugar Bowl, Creamer, Salt & Pepper Set, Sauce Bowl, Butter Bowl, Wine Cooler, Wine Stand, Red Wine Basket, Crumb Sweeper, Bread Tong, Ice Cube Tong, Ash Tray, Round Tray, Square Tray

② 린넨류

(1) Napkin(White, Red, Blue, Pink, Green) 52×52cm
(2) Table Cloth(150×150, 168×168, 200×140, 200×200, 214×214cm)
(3) Drapes(Skirt) 테이블의 규격에 따라 달라질 수 있다.
(4) Molton(Silence Pad)
(5) Water Towel(물수건)

③ 가구 및 장비류(Furniture, Fixture & Equipment)

(1) 식탁류(Table)

Round, Oblong, Rectangular, Square, Quarter Round, Half Round, Serpentine

(2) 의자류(Chair)

Arm Chair, Easy Chair, Baby Chair, Sofa, Stacking Chair

(3) 장비류(Equipment)

Ice Carving Stand, Letter Board, Stage, Stage Steps, Display Board, Carpet, Ice Carving Basins, Bar Trolley, Platform, Folding Screen, Sign Board, Water Continer, Coffee Container, Dish Warmer, Ice Cube Machine, Show Case, Sportlight, Coat Hanger, Umbrella Hanger, Plants, Projector, P-Screen, Lectern, Piano.

(4) 소모품류(Miscellaneous)

Masking Tape, Match, Toothpick, Paper Napkin, Working Glove, Color Cocktail Pick, Wooden Chopstick, Gold Paper Doily, Individual Menu, Cooking Hoil, Unirap, Press Card, Dish Doily, High Pin

7절 ... 연회 진행 순서 및 방법

연회행사통보서가 현장에 도착하면 연회담당 지배인은 서비스 진행 계획, 인원 확보 계획을 수립하여 행사가 성공적으로 이루어질 수 있도록 반드시 아래와 같은 상황을 점검하여 사전 대비하여야 한다.

1 서비스 인원 확보

서비스 방법에 따라 다소 차이는 있으나 모든 업무에 숙련된 웨이터가 접객할 수 있는 인원은 보통 10~15명 정도이며 정식(Formal Party)인 경우에는 4~8명이다.

지배인은 연회 성격에 따라 종사원을 확보 배치하여야 한다. 연회부서 인원만으로 부족할 경우에는 식음료부 또는 인사과에 협조 의뢰하여 지원받도록 한다.

서비스 인원 지원 의뢰 방법은 다음과 같다.

(1) 행사 최소 3일전에 행사 당일 필요한 서비스 인원과 총 매출액을 산출한다.

파티의 종류 성격에 따라 서비스 인원이 달라지는데 정규파티(Normal Party)와 정식파티(Formal Party)의 경우는 다음과 같다.

① 정규파티(Normal Party): 고객 15명 당 서비스 1명

② 정식파티(Formal Party): 고객 4~8명당 서비스 1명(중국식, 한식, 일식 포함)

(2) 산출 근거를 연회예약 사무실로 발송

연회예약 사무실에서 업무 협조전을 작성하여 담당 부서장 결재를 득한다.

(3) 인사과에 업무 협조전 발송

담당 부서장 결재 후 인사과나 담당자에게 발송한다.

2 서비스 진행 계획

사전에 알맞는 배역과 서비스 진행 계획을 완전히 숙지시킴으로써 연출자와 연기자가 훌륭한 작품을 일사 분란하게 처리할 수 있도록 하는 것이다.

현장에서 접수한 연회행사통보서와 테이블 배치도(Event Order & Layout)를 세부적으로 분류하여 점검하고, 문제되는 사항은 연회예약과와 상의하여 내용을 정확히 파악한뒤 서비스 진행 계획을 수립한다.

① 일시(一時)

② 주최자와 초청받는 손님

③ 연회 성격(목적)

④ 참석 인원수

⑤ 일인당 단가(예산)

⑥ 장소 및 장식

⑦ 메 뉴

⑧ 테이블 세팅

⑨ 서비스 방법

⑩ 기타 특별 요구사항[(무대장치, 안내표시(Signboard), 특수조명 및 음향)]

⑪ 지불방법

3 서비스 준비

연회행사 통보서를 기본으로 하여 지배인은 연회가 시작되기 전에 연회의 성격, 메뉴 내용, 테이블 배열, 진행 순서 등을 종사원에게 설명해 주고 서브가 일관성이 있도록 교육을 한다.

① 연회장의 청소(카펫, 가구, 비품)

② 비품의 파손 확인

③ 린넨류의 점검

④ 메뉴와 일치하게 테이블 셋팅의 점검

⑤ 장식(Decoration), 얼음조각(Ice Carving)과 그에 따른 장식

⑥ 실내온도, 조명, 음향관계

⑦ 음악(피아노, 전자설비)

⑧ 안내판

⑨ 꽃(Flower)장식

⑩ 좌석 배치도

⑪ 메뉴 셋업(Menu Set-up)

⑫ 접수 테이블

⑬ 플레이스 카드(Place Card)

⑭ 네임 카드(Name Card)

④ 대기

연회가 시작되기 20분전에 종사원은 각자 맡은 지역에서 대기 자세를 취하며, 지배인, 캡틴은 연회장 입구에서 고객영접을 기다린다. 연회장에 입장하는 고객에게 착석 보조 등 모든 제반적인 서비스를 할 수 있도록 마음의 자세를 취한다.

⑤ 테이블 서비스(Table Service)

연회의 메뉴는 식당처럼 일품 요리(A La Carte)를 서브하는 것이 아니라 동일한 요리(Set Menu)를 서브하기 때문에 연회 책임자는 특히 서비스 연출에 운영의 묘를 살려야 한다. 또한 연회장의 전반적인 업무의 흐름을 보아 진행사항 등에 관해서도 주방과의 긴밀한 협소가 이루어실 수 있도록 한다.

⑥ 연회 중 서비스

① 늦게 도착한 고객의 영접을 위한 서비스
② 예정시간보다 먼저 퇴장하는 고객을 위한 서비스
③ 스피치 서비스(Speech Service)
④ 전화 서비스
⑤ 공조 상태 및 음향, 조명 관계
⑥ 귀중품 도난사고 등 사전 예방에 관한 서비스

⑦ 연회 종료 후 서비스

① 연회장 출구에 정렬하여 고객 환송
② 주최측으로부터 요리 및 서비스에 대한 의견 청취
③ 파티에 반입된 각종 물품 유 · 무 확인
④ 고객의 분실물 점검

⑧ 회계

연회행사 통보서를 참고하여 청구서를 작성하고, 추가 발생한 식음료를 확인하여 최종 청구서를 완성시킨다.

캐셔에 의하여 완성된 청구서를 고객에게 제시하고, 현금 또는 신용카드, 후불 등으로 분류하여 최종 청구서를 캐셔에게 통보한다. 후불일 경우에는 주최자의 연락처, 회사명을 정확하게 파악하여 캐셔를 경유하여 후불 담당계로 통보한다.

⑨ 최종 작업

① 입구에 설치한 접수 테이블, 전화기 제거 및 철거
② 카펫과 얼음조각(Ice Carving) 철거
③ 귀중품의 보관증 유 · 무 확인
④ 각종 집기류, 장비 등 관리상태 점검
⑤ 내일 업무에 대비한 종사원 근무계획 및 연회행사통보서 점검
⑥ 화재 예방, 쓰레기 처리 등 최종 점검

⑩ 행사별 서비스 진행 방법

행사별 서비스 진행 방법은 행사별로 다르나 본서에서는 양식중 정규파티(Normal Party)의 경우를 다음에 나타내었다.

순위	메뉴	항목	서비스실시계획	사용기물
1		고객입장	고객 입장시 정중히 인사드리고 착석하도록 도와 드린다.	
2	백포도주	포도주 서브	헤드 웨이터(Head Waiter)의 신호에 의해서 주빈의 시음이 끝난후	(Arm Towel) 착용
3	전채요리	전채요리 서브	처음 동작은 헤드 테이블(Head Table)과 같이 보조를 맞추어 서브한다.	트레이

4	빵	빵 서브	빵바구니와 트레이(Bread Basket & Tray)를 준비하여 고객의 왼쪽에서 서브	빵 바구니
5		전채 요리접시 제거	전채요리접시를 고객의 왼쪽에서 뺀다.	트레이
6	수프	수프 보울이나 컵을 셋업(Soup Bowl or Cup Set-up)	뜨겁게 데워진 수프 보울이나 컵(Soup Bowl or Cup)을 고객의 오른쪽에서 셋업	트레이
7		수프 서브	수프 튜린(Soup Tureen), 수프 래들(Soup Ladle)을 사용하여 왼쪽에서 서브	수프 튜린, 수프 래들
8	샐러드	샐러드 서브	고객이 왼쪽 공간에 샐러드 서브	트레이
9		보울이나 컵 제거(Bowl or Cup Pick-up)	샐러드 서브후 수프 보울이나 컵 제거(Soup Bowl or Cup Pick-up)	트레이
10	주요리	주요리 서브	주요리를 고객의 오른쪽에서 정중히 서브하며「맛있게 드십시요」라고 인사한다.	손
11		주요리, 샐러드 보울 제거	고객의 오른쪽에서 트레이를 이용하여 소리가 나지 않게 조용히 뺀다.	트레이
12	디저트	디저트 서브	디저트를 고객의 오른쪽에서 서브한다.	트레이
13	커피 혹은 티	커피 혹은 티서브	스피치가 없을 때는 디저트 서브 후 커피 서브를 가급적 빨리 한다.	커피포트(Coffee Pot)

■ 주의사항

① 행사준비 및 테이블 셋업은 행사 1시간 전까지 완료한다.

② 테이블 셋업 및 기타 사항은 고객이 원하는 방향대로 하되, 주최측과 협의하여 한다.

③ 정규 행사인 경우 얼음물(Ice Water), 빵(Bread) 등은 사전에 준비하여도 되나, 고객수보다 테이블 셋업이 많은 경우 고객 입장 후 서브한다.

④ 행사준비실에서는 접시(Dish), 각종 소스(Sauce)류, 서빙 기어(Serving Gear), 암 타월(Arm Towl), 서비스 트레이(Service Tray), 수프 래들(Soup Ladle), 커피 포트(Coffee Pot), 물 주전자(Water Pitcher) 등을 충분히 준비한다.

⑤ 서브 도중 고객의 요청 사항은 즉시 실시한다.

⑥ 담당 지배인 및 캡틴은 사전에 행사 스케줄을 점검하고 행사 준비에 만전을 기한다.

4

… 호텔이야기

혼수부터 신혼여행까지 풀코스 컨설팅
“자기야, 호텔 토털 웨딩서비스 받아볼까”

“프리미엄 혼수시장을 잡아라.”

각 호텔과 백화점이 ‘고가 결혼시장’을 선점하기 위해 치열한 경쟁을 벌이고 있다. 결혼을 하는 과정에서 예식장 대여에서부터 예물 · 혼수 장만에 이르기까지 막대한 비용이 들어가기 때문에, 신랑 · 신부를 잡는 것이 매출에 직결된다. 호텔은 단순하게 예식장만 빌려주는 개념에서 벗어나 예물 · 혼수 · 신혼여행 등 모든 과정을 컨설팅해주고 있다. 백화점은 혼수 구입에 장점이 있다는 점을 내세워 역시 토털 웨딩 서비스를 제공하고 있다.

신뢰할 수 있는 서비스에 다양한 특전까지

호텔 관계자들은 호텔에서 결혼식을 올리면 장점이 많다고 설명한다. 호텔의 명성이 달려있기 때문에 드레스 · 메이크업 · 포토 등을 신뢰할 수 있는 업체를 사용하고, 고객의 취향을 고려한 맞춤 웨딩과 여유로운 웨딩이 가능하다는 것이다. 호텔의 객실에서 허니문 1박을 하는 것과 해외 체인으로 신혼 여행을 갈 경우 특별한 가격에 이용할 수 있는 것도 장점이다. 더욱이 호텔 간 경쟁이 치열해지면서 다양한 서비스가 제공되는 것도 신랑 · 신부에게는 반가운 소식이다.

서울웨스틴조선호텔은 1층 그랜드볼룸과 2층 소연회장을 예식장으로 이용하고 있다. 그랜드볼룸에는 최첨단 음향기기와 조명시설이 갖춰져 다양한 웨딩 연출이 가능하다. 2층 소연회장은 유리창을 통해 내려다보이는 환구단과 정원을 통해 사계절의 정취를 느낄 수 있는 것이 특색이다. 공항까지의 리무진 서비스와 결혼 1주년 기념 식사권, 시슬리 7종 여행용 파우치도 제공된다. 특히 11월 30일까지는 일요일 결혼 고객에 한해 추가 혜택이 제공되는 가을 웨딩 패키지를 제공하고 있다.

신라호텔은 다양한 연출과 디자인으로 명품 스타일링 웨딩을 구현하는 것이 특징이다. 세계적인 인테리어 디자이너 피터 리미디우스에 의해 새로이 소개된 다이너스티홀과 영빈관 등 각종 연회장을 연계하여 100여명의 작은 하우스 웨딩에서부터 1500여명의 대규모 결혼식까지 가능하다. 특히 신라호텔은 영국 왕실 플로리스트인 폴라 프라이크의 플라워 디자인을 웨딩에 적용시키는 등 차별화에 주력하고 있다.

밀레니엄 서울힐튼의 웨딩센터는 주중(월~목)에 실속있는 가격으로 우아한 웨딩을 꿈꾸는 신랑 · 신부를 위해 '777웨딩패키지' 를 선보이고 있다. 이 패키지를 활용하면 메뉴 · 음료 · 테이블 꽃장식이 각각 7%씩 할인된다. 다만 5월과 12월은 제외다.

그랜드 하얏트 서울에서 올리는 웨딩의 가장 큰 특징은 고객에게 맞는 맞춤형이란 점이다. 꽃장식은 물론 꽃병, 테이블과 관련된 작은 소품에 이르기까지 고객의 취향을 고려한다는 것이 호텔측의 설명이다. 또 그랜드 하얏트 서울은 신부의 피부와 몸 상태를 가꾸기 위한 '스파 웨딩 패키지' 도 내놓고 있다. 강남 최대의 결혼식장으로 꼽히는 **인터컨티넨탈 호텔**에서의 웨딩 역시 신랑 · 신부가 자신의 개성과 취향에 맞게 연출할 수 있다는것이 장점이다.

백화점도 맞춤 웨딩 서비스 제공

백화점도 고급화를 더해가고 있다. **롯데백화점 에비뉴엘**은 국내 최고 명품관의 명성에 걸맞은 1대1 맞춤형 토털 케어 서비스를 도입했다. 지난 2005년 3월 에비뉴엘 오픈과 함께 2층에 문을 연 '브라이들 살롱' 은 최고의 웨딩 플래너와 전문가들이 예단 · 예복 · 예물 · 드레스 · 헤어 · 메이크업 · 웨딩포토 · 허니문에 이르기까지 고객의 취향과 개성을 고려한 맞춤 서비스를 제공한다. 예식에 관련된 모든 것을 한자리에 편리하게 원스톱 쇼핑으로 해결할 수 있다. 철저한 사전 예약제로만 운영되며 연평균 500쌍 정도가 이용하고 있다.

현대백화점은 압구정 본점에 토털 웨딩 상담 매장인 '클럽 웨딩' 을 운영하고 있다. 수도권의 나머지 점포에서는 웨딩데스크를 설치, 혼수고객 마일리지 운영과 상담 서비스를 진행하고 있다. 결혼을 앞둔 고객이 클럽 웨딩의 회원이 되면 '클럽 웨딩 마일리지 카드' 를 발급해 주고 혼수용품 구매시 적립금액에 따라 상품권을 증정한다.

송동훈 기자 dhsong@chosun.com

자료: 조선일보, 20008. 10. 14

PART 03

메뉴

CHAPTER 07

메뉴관리

1절 … 메뉴의 개념

① 메뉴의 개념

메뉴(Menu)라는 단어의 어원은 라틴어의 Minutus에서 온 말로써, 이 말은 영어의 Minute에 해당되며, 그 의미는 「상세하게 기록한 것」이다.

원래는 요리장에서 요리의 재료를 조리하는 방법을 설명한 것이라고 하며, 요리장에서 식탁으로 나오게 된 것은 서기 1541년 불란서 「앙리(Henri) 8세」때 「브랑위그」 공작이 베푼 만찬회때 부터였다고 한다. 주인인 공작은 여러 가지 음식을 접대함으로써 생기는 복잡함과 순서가 틀리는 불편을 해소하기 위해, 요리명과 순서를 기입한 리스트(List)를 작성하여 그 리스트에 의해 음식물을 차례로 즐겼는데, 연회에 참석한 손님들도 그 편리함을 깨닫고 요리표를 사용하게 됨에 따라 널리 전파되었으며 그 후 19세기에 이르러 프랑스의 파리에 있는 팰리스 로열(Palace Royal)에서 메뉴의 명칭이 일반화되어 사용되었다고 한다.

메뉴의 정의의 대해서 「Webster' s Dictionary」는 메뉴를 "식사에서 제공되는 음식의 상세한 목록(A detailed list of the foods served at a meal)"으로 설명하고 있고 「The Oxford Dictionary」에서는 "연회나 식사에서 제공되는 요리의 상세한 목록(A detailed list of the dishes to be served at a banquet or meal)"로 설명되어 있다. 즉 "식사로 제공되는 요리를 상세히 기록한 목록표"라 할 수 있다.

메뉴는 서비스 제공자의 입장에서는 다음과 같은 최소한 세가지의 의미를 가지고 있다.[1]

① 자신이 속한 조직을 포함하여 각 조직체에서 제공되는 다양한 코스(Course)가 포함되는 음식 품목의 범위

② 그것에 의하여 품목이 제공되는 정렬표(Arrangement)(세트메뉴, 일품요리 메뉴 등과 같은 메뉴의 유형)

③ 고객들이 이것으로부터 선택하도록 품목의 목록이 적혀 있는 물리적 실체

우리말로는"차림표"또는"식단"이라고 부르는데, 이는 "판매상품의 이름과 가격 그리고 상품을 구입하는데 필요한 조건과 정보를 기록한 표"로써 단순히 상품의 안내에만 그치는 것이 아니라 고객과 식당을 연결하는 판매촉진의 매체로써 기업이윤과 직결되며, 식당의 얼굴과 같은 중요한 역할을 하고 있다.

2 메뉴의 기능

메뉴란 고객과의 커뮤니케이션에 사용되는 가장 중요한 마케팅 도구이며, 식음료 업장의 단골 고객화에 대한 고객의 잠재적 욕구에 가장 큰 영향을 주고 있어, 식음료 경영에 주요한 부분을 차지한다. 또한 메뉴로써 소개되는 제품 및 서비스는 고객의 메뉴선택에 많은 영향을 주며, 식음료 업장의 경영 방법 및 서비스 타입 등을 결정한다.

이러한 메뉴의 기능을 서술하면 다음과 같다.[2]

① 메뉴는 판매도구이다. 메뉴에는 영업품목과 가격, 서비스 제공방법이 상세히 기록되어 있기 때문에 웨이터의 상세한 서비스 보다 메뉴를 대함으로써 그 식당의 분위기와 영업행위를 파악할 수 있다. 따라서 메뉴는 고객의 욕구를 충족시켜 줄 수 있

---

1) Graham Brown and Karon Hepner, The Waiter' s Hand book, Hospitality Press, 1997, p. 9.

2) 박상배 · 임붕영, 「외식사업개론」, 대왕사, 1996, p. 280.

는 방향으로 구성되어야 하며, 내용이나 가격설정에 있어서도 고객의 입장에서 세심한 관찰이 이루어져야 한다.

② 메뉴는 식당의 얼굴이며 상징이다. 식당경영은 메뉴를 개발하고 세분화하여 시장 차별화 전략을 통해 고객의 욕구를 충족시키고 이윤을 창출하는 마케팅 행위가 중요하다. 식당은 메뉴로 통하듯이 메뉴는 간판이며 상징체계로서의 의미를 갖는다.

③ 메뉴는 경영자와 고객을 연결해 주는 커뮤니케이션 수단이다.

④ 메뉴는 식당의 분위기를 말해 준다. 메뉴의 형태, 색채, 크기, 문자구성 등이 식당의 분위기와 조화를 이루면서 균형을 유지하도록 노력하여야 한다.

이 외에 메뉴의 기능을 추가적으로 살펴보면 다음과 같다.[3)]

① 메뉴는 구매하여야 할 식재료를 지시한다.

② 메뉴는 서브되는 식음료의 영양분 내용을 지시한다.

③ 메뉴는 주방 및 업장 종업원의 기술수준을 의미한다.

④ 메뉴에 따라 구입해야 할 주방기기가 결정된다.

⑤ 메뉴는 주방 및 업장의 디자인과 설계에 영향을 준다.

⑥ 메뉴는 업장에서 필요한 종업원을 결정한다.

⑦ 메뉴에 따라 업장의 실내 디자인 및 인테리어가 결정된다.

⑧ 메뉴는 원가통제 절차를 결정한다.

⑨ 메뉴는 생산에 필요한 상황을 지시한다.

⑩ 메뉴는 서빙 방법을 지시한다.

3 메뉴의 종류

1) 식사 내용에 의한 분류

(1) 정식 메뉴

이것은 최초의 여행객들이 숙박시설에서 식사를 제공받지 못하여 본인이 직접 식량을

3) 이애주, 「식음료 관리론」, 일신사, 1996, p. 180.

가지고 다녔으나, 빈번한 왕래로 인하여 크게 불편을 느끼게 됨에 따라, 숙박자의 편의 도모와 숙박시설의 영업적인 면이 고려되어 숙박에 식사를 곁들여 제공하는 풀 팡숑(Full Pension; Full Board)에서 생겨났다고 볼 수 있다.

이 메뉴는 아침, 점심, 저녁, 연회 등을 막론하고 어느 때든지 사용할 수 있으며, 미각, 영양, 분량의 균형을 참작한 한끼분의 식사로 요금도 한끼분으로 표시되어 있어 고객의 선택이 용이하다. 또한 이 정식 메뉴는 매일 변화 있게 작성하여야 하나, 재료의 한계로 반복되는 경우도 많으므로 주기적으로 새로운 메뉴를 작성하여(사이클 메뉴) 고객의 기대와 호기심을 충족시켜 주어야만 한다.

일반적인 요리의 순서는 다음과 같다.

1 5 course menu

전채요리(Appetizer) → 수프(Soup) → 주요리(Main Dish) → 후식(Dessert) → 음료(Beverage)

2 7 course menu

전채요리 → 수프 → 생선(Fish) → 주요리 → 샐러드(Salad) → 후식 → 음료

3 9 course menu

전채요리 → 수프 → 생선 → 샤벳 → 주요리 → 샐러드 → 후식 → 음료 → 식후 생과자(Pralines)

4 8 course menu

- 전채요리(Hors d' oeuvre Chaud, Froid; Hot, Cold Appetizer)
- 수프(Potage; Soup)
- 생선(Poisson; Fish)
- 야채(Salade; Salad)
- 주요리(Plat Principale; Main Dish)
- 치즈(Fromage; Cheese)
- 후식(Dessert; Dessert)
- 음료(Cafe ou Thé; Coffee or Tea)

정식 메뉴 판매에는 뒤에 설명될 일품요리 판매보다 다음과 같은 유리한 점이 있다.

① 가격이 저렴하다.

② 고객의 선택이 용이하다.

③ 원가가 낮아진다.

④ 매출액이 높다.

⑤ 가격이 고정되어 있어 회계가 쉽다.

⑥ 신속하고 능률적인 서브를 할 수 있다.

⑦ 조리과정이 일정하여 인력이 절감된다.

(2) 일품요리 메뉴(Á la Carte Menu)

이 메뉴의 구성은 정식메뉴의 순으로 되어 있으며, 각 코스(Course) 별로 여러 가지 종류를 나열해 놓고 고객으로 하여금 기호에 맞는 음식을 선택하여 먹을수 있도록 만들어진 메뉴이다.

이 메뉴는 한 번 작성되면 장기간 사용하게 되므로 요리준비나 재료구입 업무에 있어서는 단순화되어 능률적이라 할 수 있으나, 원가상승에 의해 이익이 줄어들 수도 있고, 단골 고객에게는 신선한 매력이나 맛을 느낄 수 없게 만들어 판매량이 줄어들 수 있으므로 고객의 호응도를 감안하여 새로운 메뉴 계획을 꾸준히 시도해야만 한다.

(3) 뷔페(Buffet)

찬 요리와 더운 요리 등으로 분류하여 진열해 놓은 음식을 손님이 일정한 가격을 지불하고 직접 자기의 기호에 맞는 음식을 운반하여 양껏 먹는 식사이다.

2) 식사 시간에 의한 분류

(1) 조식(Breakfast)

일반적으로 조식(Breakfast)이라고 하면 식당에서 판매하는 아침식사의 정식 메뉴이다.

양식의 아침식사에는 다음과 같은 종류가 있다.

1 미국식 조식(American Breakfast)

계란 요리와 주스(Juice), 토스트(Toast), 커피(Coffee)를 위시해서 핫 케이크(Hot Cake), 햄(Ham), 베이컨(Bacon), 소시지(Sausage), 프라이드 포테이토(Fried Potato), 콘플레이크(Cornflake), 우유 등을 선택해서 먹는 식사이다.

2 대륙식 조식(Continental Breakfast)

계란요리와 곡류(Cereal)가 포함되지 않고 빵과 커피, 우유 또는 쥬스 정도로 간단히 하는 식사이다.

(2) 브런치(Brunch)

아침과 점심식사의 중간쯤에 먹는 식사이다. 현대의 도시생활인에 적용되는 식사 형태로써 이 명칭은 최근 미국의 식당에서 많이 이용되고 있다.

(3) 점심(Lunch; Luncheon)

아침과 저녁 사이에 먹는 식사로 보통 정오에 하는 식사이다. 대개 점심은 저녁보다 가볍게 먹는다. [그림 7-1]은 어떤 호텔의 점심메뉴를 나타내고 있다.

(4) 애프터눈 티(Afternoon Tea)

이것은 영국인의 전통적인 식사습관으로써 밀크 티(Milk Tea)와 씨나몬 토스트(Cinnamon Toast) 또는 멜바 토스트(Melba Toast)를 점심과 저녁사이에 간식으로 먹는 것을 말한다. 그러나 지금은 영국 뿐만 아니라 세계 각국에서 정오에 티 타임(Tea-time)이 보편화되고 있다.

(5) 저녁(Dinner)

저녁은 질이 좋은 음식을 충분히 시간적인 여유를 가지고 즐길 수 있는 식사이다. 보통 저녁식사 메뉴는 정식(Full Course)으로 짜여지고, 음료 및 주류도 함께 마신다.

(6) 만찬(Supper)

원래 격식 높은 정식 만찬이었으나, 이것이 변화되어 최근에는 늦은 저녁에 먹는 간단한 밤참의 의미로 사용되고 있다.

[그림 7-1] 점심메뉴

LUNCH
STARTERS
전채

Select your Appetizers and Salads from the Display Table.
전체와 샐러드는 뷔페 테이블에서 선택하여 드십시오.

Today's Special Soup Prepared by our Award Winning Sous Chef will be Served.
주방장이 준비한 특별 스프도 포함되어 있습니다.

MAIN DISHES
주식

A : Roast Lamb Chop with Garlic and Thyme Sauce
오븐에 구운 양갈비 구이와 마늘과 타임소스
B : Veal Scaloppine with Sage Cream Sauce
송아지고기 요리와 세이지크림 소스
C : Sirloin Steak with Mushroom Sauce
쇠고기 등심스테이크에 양송이 소스
D : Tenderloin Steak and Goose Liver with Truffle Sauce
거위간을 올린 최상급 안심스테이크와 송로버섯소스
E : Grilled Salmon with Dill Cream Sauce
석쇠에 구운 연어와 딜크림 소스
F : Grilled King Prawn with Lemon Butter Sauce
석쇠구이한 왕새오 요리와 레몬버터 소스

* 상기 주요리중 하나를 선택하여 드십시오 *
Please take your choice of the above main dishes.

DESSERTS
후식

Enjoy Pastries, Cakes, Fruits and Cheese from the Dessert Table.
각종 후식은 뷔페 테이블에 준비되어 있습니다.

25, 000

10% Service Charge & 10% V.A.T will be added.
10% 봉사료와 10% 부가세가 가산됩니다.

3) 특별 메뉴(Daily Special Menu; Carte Du Jour)

특별 메뉴는 원칙적으로 매일 시장에서 특별한 재료를 구입하여 주방장이 최고의 기술을 발휘함으로써 고객에게 식욕을 돋구게 하는 메뉴이다. 이것은 기념일이나 명절과 같은 특별한 날이나 계절과 장소에 따라 그 감각에 어울리는 산뜻하고 입맛을 돋구게 하는 메뉴이다. 이것의 종류로는 어린이 메뉴, 노인 메뉴, 음료 메뉴, 디저트 메뉴, 룸 서비스 메뉴, 배달 메뉴, 연회 메뉴, 캘리포니아 메뉴 및 각 나라별 메뉴 등이 있다.

특별 메뉴를 사용함으로써 다음과 같은 식당 운영상의 장점을 가져올 수 있다.

① 매일매일 준비된 상품으로 신속한 서비스를 할 수 있다.
② 재료의 재고품 판매를 피할 수 있다.
③ 고객의 선택을 흥미롭게 할 수 있다.
④ 매출액을 증진시킬 수 있다.

계절에 따른 대표적인 요리 재료의 예를 들어보면 다음과 같다.

Ⅰ 해산물(Fish and Seafood; Poisson et Fruits de Mer)

Oyster(Huitres)	굴	9-10월
Mussels(Moules)	조개	9-10월
Mackerel(Maquereau)	고등어	4-10월
Salmon(Saumon)	연어	3-9월
River Trout(Truite)	송어	4-9월
Sole(Sole)	혀넙치	1-12월
Cod(Cabillaud)	대구	1-12월
Whiting(Merlan)	유럽산 대구	1-12월
Haddock(Aigrefin)	대구 일종	1-12월
Herring(Harengs)	청어	1-12월
Turbot(Turbot)	가자미류	1-12월
Halibut(Flétan)	광어	1-12월

[2] 가금류(Poultry)

오리, 닭, 식용 수탉(Capon), 칠면조 등 가금류는 연중 어느 때든지 좋으나, 거위(Goose)만은 12월이 가장 좋은 계절이다.

[3] 엽조류(Game)

Snipe(도요새), Wood Cock	10-3 월
Wild Duck(물오리)	가을, 겨울
Venison(산새류)	7-2 월
Pheasant(꿩)	10-2 월
Partridges(메추라기류)	9-2 월
Grouse(뇌조류)	8-12월

[4] 기타

야채류와 과일 종류도 계절에 따라 특별요리로 내놓을 수 있다.

4) 메뉴의 변화에 의한 분류

[1] 고정 메뉴

메뉴 내용이 매일 변화하지 않는 메뉴이다. 이러한 고정 메뉴의 장단점은 다음과 같다.

장 점	단 점
· 노동력 감소 · 수요 예측의 용이성으로 인한 재고 및 잔여 음식 감소 · 효율적인 통제 용이 · 훈련의 감소 · 경쟁으로 인해 고객에게 각 메뉴품목의 양질 제공 · 원가 절감	· 주기의 변화가 빈번한 경우 메뉴에 대한 약간의 권태 · 많은 수의 메뉴 항목이 재고에 포함 · 경쟁으로 인해 고도의 숙련된 인력 필요 · 인쇄 및 잡비용의 증가

2 사이클 메뉴

메뉴 내용이 주기를 가지면서 매일 변화하는 메뉴이다. 이러한 사이클 메뉴의 장점은

첫 째, 고정 메뉴 계획 후 메뉴개발에 많은 시간을 투자할 필요가 없으며,
둘 째, 고정적으로 사이클 메뉴를 이용하면 식음료 준비과정이 표준화되기 쉽고,
셋 째, 메뉴에 따라 종업원 및 주방기기의 계획표를 작성할 수 있으며,
넷 째, 주방기기의 효율적 사용이 가능하고,
다섯째, 구매가 쉬워지며,
여섯째, 식음료 재고자산을 통제하기가 쉽다.

호텔과 단체급식업체의 경우 고정 메뉴와 사이클 메뉴를 동시에 사용하고 있으며, 이러한 사이클 메뉴를 이용하면 고객의 불만을 해소할 수 있으며, 계절적 사이클 메뉴를 이용하면 식재료 원가를 절감할 수 있다.

3 변동 메뉴

메뉴 내용을 계속 변화시키는 메뉴이다. 이 메뉴의 장단점은 다음과 같다.

장 점	단 점
· 메뉴의 권태로움 제거 · 새로운 메뉴 아이디어 시장의 무한한 잠재력 · 계절별, 월별, 일별 변화 가능 · 메뉴의 변동성으로 인한 잔여 음식의 처리 용이	· 고도의 숙련된 직원의 필요 · 노동비의 증가 · 메뉴인쇄 및 잡비용의 증가 · 재고 및 재고사항의 증가 · 통제력의 결여

2절 ... 메뉴 계획의 기본적 사항

① 메뉴 계획시 기본 착안 사항

(1) 고객의 욕구 파악

메뉴가 누구를 대상으로 계획되고 있으며, 그들이 좋아하는 것이 무엇인가를 분석하여야 한다. 그러기 위해서는 시장조사가 선행되어야 할 것이다.

(2) 원가와 수익성

아무리 좋은 메뉴라도 원가가 높은 식품들로 구성되어 고객에게 부담이 클 경우 그 메뉴는 실제로 사용이 불가능할 것이다. 메뉴 계획자는 항상 원가의 목표율을 염두에 두고 계획함으로써 적절한 이윤을 얻음과 동시에 매출도 늘릴 수 있을 것이다.

(3) 식재료의 구입 여부

메뉴 계획자는 메뉴에 사용되는 식재료가 무엇인가를 알고 구입이 가능한 품목과 현재 보유하고 있는 재고품목을 활용할 수 있도록 하며, 재료를 구입하는 사람은 시장조건에 대한 정보를 메뉴 계획자에게 제공하여야 한다.

(4) 조리기구 및 시설의 수용 능력

메뉴 계획자는 주방에서 사용 가능한 조리기구와 시설, 인력의 한계를 감안하여 계획에 임하여야 한다.

(5) 다양성과 매력성

고객 선택의 폭을 넓히기 위해 다양한 품목을 갖추어야 하며, 호기심과 식욕을 돋굴 수 있는 매력이 있어야 한다.

(6) 영양적 요소

영양적 요소에 대한 고객들의 관심이 점점 높아지므로, 건강식에 대한 깊은 배려가 있어야 한다.

② 메뉴 작성시의 원칙

메뉴 작성은 일반적으로 요리장(Chef)에 의해 이루어지지만, 식음료 제품의 공급과 고객만족이라는 마케팅 차원에서 전략적으로 이루어져야 한다. 즉, 메뉴 작성은 호텔의 영업유형이나 입지조건, 고객의 욕구 등 다양한 요소에 의해 영향을 받는다는 측면에서 마케팅 요소를 고려하여 고객만족과 원가절감의 차원에서 세심한 주의가 요구된다. 다음은 메뉴를 작성할 시 고려해야할 원칙을 서술하고 있다.

① 같은 재료의 요리를 중복시키지 않는다.

② 같은 색의 요리를 반복시키지 않는다.

③ 비슷한 소스(Sauce)를 중복해서 사용하지 않는다.

④ 같은 조리방법(Cooking Methods)을 두 가지 이상 같은 요리에 사용하지 않는다.

⑤ 요리제공의 순서는 경식(Light Dish)에서 중식(Heavier Dish)으로 균형을 맞춘다.

⑥ 요리와 곁들여지는 재료(Garniture)와의 배합과 배색(配色)에 유의한다.

⑦ 계절감각과 용도별 성격, 특산물을 고려하여 작성한다.

⑧ 메뉴의 표기문자는 요리의 내용에 따른 각국의 고유문자를 사용하나, 양식인 경우 불어 표기를 원칙으로 하며 나라명, 지방명, 사람의 이름 등 고유명사는 대문자로 표기한다.

3절 … 메뉴계획 순서

메뉴계획은 식음료와 조리방법, 서비스 방법 등에 대한 지식만 요구되는 것이 아니라, 음식에 대한 이해와 영양가, 디자인, 색상감각, 심지어 경영관리 감각, 특히 마케팅 감각까지도 필요로 한다.

현대의 식음료 경영은 과거와는 달리 고객만족이 중요하기 때문에 고객의 욕구에 맞는 메뉴가 계획되어야 한다. 그 다음 원가, 이미지, 구입불가능한 식재료, 부적절한 조리기구, 부적절한 조리기술 및 조리사, 품질유지의 어려움 등을 고려하여 최대한 고객의 욕구를 만족시키는 방향으로 나아가야 한다.

[그림 7-2]는 메뉴계획 작업의 절차를 나타내고 있다.

이러한 절차를 거치면서 식사형태를 구분하여 메뉴를 계획한다.

[그림 7-2] **식음료 부문과 대중**

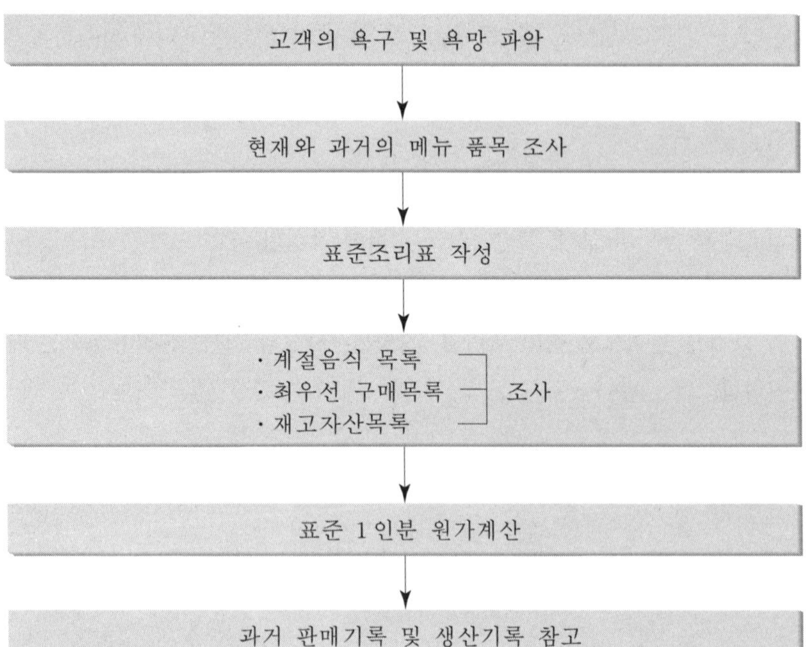

자료 : 이애주, 식음료관리론, 일신사, 1996, pp.196-197.

[그림 7-3] **메뉴계획시 고려사항**

자료 : Jack D, Ninemeier, Planning and Control for Food and Beverage Operatins, AH&MA 1991, p. 98.

나인메이어(Jack D. Ninemeier)는 이러한 메뉴계획시 고려하여야 할 사항으로 [그림 7-3]과 같이 지적하고 있다.[4]

4절 … 메뉴가격 결정방법

① 메뉴가격 결정의 목적

역사적으로 볼 때, 가격은 구매자들의 제품선택에 가장 큰 영향을 미치는 주요 요인이

4) Jack D. Ninemeier, Planning and Control for Food Beverage Operations, AH&MA, 1991, p. 98.

었다. 따라서 가격 경쟁은 기업의 마케팅 경영자들이 공통적으로 당면하고 있는 제일의 문제이다. 그럼에도 불구하고, 가격결정을 신중하게 다루지 않는 기업이 많이 있다. 가장 흔히 범하게 되는 실수로는 가격을 지나치게 원가중심으로 결정한다는 점, 시장 변화에 맞도록 잘 수정되지 않는다는 점, 가격을 다른 마케팅 믹스 요소들과 무관하게 결정한다는 점, 그리고 상이한 제품별, 세분시장별 및 구매경우 별도 가격차이를 두지 않는다는 점 등이 있다.

기업이 특정제품 서비스에 대해 가격을 설정할 때 먼저 가격설정의 목표를 명확히 해야 한다. 왜냐하면 상이한 가격은 기업의 이익, 판매수익 및 시장점유에 각기 다른 영향을 미칠 수 있기 때문이다. 한편, 이러한 가격설정의 목표는 기업전체 차원의 목표와도 조화되어야 한다. 가격설정과 연관하여 기업이 추구하는 목표는 다음과 같다.[5]

1 목표매출액 또는 이익률 목표이다.

활용비용과 이익이 포함될 수 있도록 매출액에 일정한 비율을 가산하여 판매가를 정한다. 이익의 비율은 일정하나 이익의 절대액은 판매량의 변화에 따라 항상 변동하게 된다.

2 현상유지 또는 가격안정 목표이다.

가격 설정은 수요가 격심하게 변동하지 않도록 가격이 안정을 유지하도록 하는 범위 내에서 크게 이탈하지 않아야 한다.

3 시장점유율의 유지 및 향상 목표이다.

시장의 수요가 증대하면 목표매출액이나 이익률은 시장점유율에 좌우된다. 기업의 발전과 유지 여부도 시장점유율에 의하여 크게 영향을 받는다.

4 경쟁에 순응하는 목표이다.

소극적 가격결정의 대안으로써 경쟁사에 의한 시장의 침투를 억제하기 위한 목표이다.

5 이윤극대화 목표이다.

가격에 의하여 판매가능한 예상판매량을 측정한다.

---

5) 서성한 · 박기안, 「마케팅론」, 법경사, 1992, p. 299.

② 메뉴가격 설정의 기초

메뉴가격 설정은 크게 보아 원가, 수요, 경쟁 및 고객심리에 기초한다.

(1) 원가중심의 가격설정

제품 · 서비스의 생산 및 분배에 소요되는 실제비용의 크기를 기초로 가격을 설정하는 방식으로 비용을 어떻게 식별하느냐에 따라 가격의 범위가 달라질 수 있다.

1 원가가산 가격설정(Cost Plus Pricing)

이는 단위당 원가에 미리 정해진 고정률을 가산하여 판매가격을 책정하는 방법이다. 예를 들어, 쇠고기 스튜(Beef Stew)의 식재료비와 노무비의 비용이 40%이고 총이익을 60%로 하는 경우 원가 4,000원의 쇠고기 스튜는 판매가격이 10,000원이 된다.

2 원가비율 또는 이폭 가격설정(Cost Percentage or Markup Pricing)

이는 특정품목의 변동비에 일정한 크기의 이폭(Markup)을 가산하거나 전체원가비율에 일정률의 이폭을 가산하는 것이다. 예컨대, 포도주 한 병의 원가가 5,000원이고 5,000원의 이폭을 얻기로 하면 판매가격은 10,000원이 된다. 이 경우 이폭의 비율은 원가의 100% 또는 판매가의 50%가 된다.

[그림 7-4] 손익분기도표

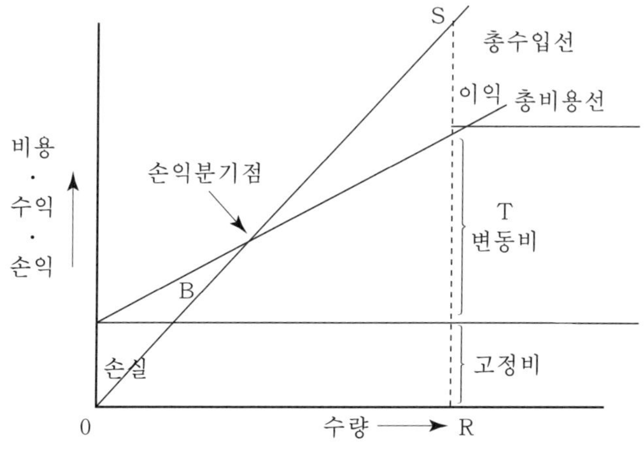

[3] 손익분기 가격설정(Break-even Pricing)

어느 정도 크기의 판매량과 가격이 부과되면 제품 · 서비스가 최소한 손익분기수준에 도달할 것인지를 결정하고 이를 가격설정의 기초로 이용하는 방식이다. 여기서는 고정비와 변동비가 구분되어 총비용이 파악되고 상이한 가격을 설정할 경우 수요량의 변화를 추정하여 최적의 가격을 설정한다. [그림 7-4]는 손익분기도표를 나타낸다.

(2) 수요 중심의 가격설정

이는 원가가 아니라 소비자의 지각과 수요의 강도를 토대로 가격을 결정하는 방법이다.

[1] 인식가치에 따른 가격결정(Perceived Value Pricing)

구매자의 제품 · 서비스에 대한 인식된 가치를 조사하고 그 평가 상태를 가격설정의 주요정보로 이용하는 것으로 당연히 시장지각에 대한 정확한 측정이 전제되어야 한다.

[2] 수요의 차이에 따른 가격설정(Demand Differential Pricing)

이는 한 제품 · 서비스가 수요의 차이에 따라 두 개 혹은 그 이상의 다른 가격으로 판매하는 방식이다.

(3) 경쟁 중심의 가격설정

제품 · 서비스의 원가나 수요와 관계없이 경쟁사의 가격변동에 따라 신축적으로 가격을 책정하는 방식이다.

[1] 모방 가격설정(Going-rate Pricing)

이는 제품 · 서비스의 가격을 동종업계의 평균수준에서 결정하는 방식이다.

[2] 입찰 가격결정(Sealed Bid Pricing)

경쟁사의 예상입찰가격에 기초하여 자사의 제품 서비스 가격을 책정하려는 방식이다.

(4) 고객심리 중심의 가격설정

이는 합리적 반응보다 고객의 감정적 측면에 기초하는 가격설정방식이다.

1 단수 가격설정(Odd-even Pricing)

이는 가격의 끝자리수를 일정가격 범위내의 단수로 함으로써 심리적으로 저렴하다는 인상을 주고자 하는 것으로 식사 요금을 10,000원으로 하지 않고 9,900원으로 하는 것이 그 예이다.

2 권위 가격설정(Prestige Pricing)

특정제품 서비스가 권위나 질이 우수하다는 것을 나타내기 위해 인위적으로 높은 수준의 가격을 설정하는 방법이다.

3 선도 가격설정(Leader Pricing)

몇 개의 제품 · 서비스를 내폭 할인하여 일단 고객을 유인하여 다른 제품이나 서비스의 구매를 촉진하게 하는 방식이다.

4 특별이벤트 가격설정(Special Event Pricing)

계절적 수요가 감퇴되었거니 특별한 의미가 있는 축제일이나 사건을 전후하여 평소보다 할인된 가격을 제공하는 것이다.

3 … 식음료 이야기

커피 전문점 '아침 매출 전쟁'

"아침 매출을 올려라!"

커피전문점들의 '아침 매출 끌어 올리기' 경쟁이 뜨거워지고 있다. 커피와 샌드위치를 세트로 팔거나 커피숍을 아예 새벽기도회 장소로 빌려주는 곳이 속출하고 있다. 개점 시각부터 낮 12시까지 오전 시간이 최고의 '황금시간대'로 각광받고 있기 때문이다. 실제 미국, 유럽 등 외국에서는 오전 매출이 하루 매출의 50% 이상을 차지하지만, 한국 커피전문점들은 평균 30% 정도에 불과하다. 특히 오전 시간은 오후나 저녁처럼 손님들이 매장에 오래 머무는 경우가 드물고, 회전율이 빨라 수익을 높일 수 있다는 게 매력이다.

관련 업체들은 아침 유동인구가 많은 사무실 밀집 지역의 직장인들을 집중 겨냥하고 있다. 후발주자 격인 '토종 브랜드'가 적극적이다. **투썸플레이스**의 경우, 직장인들이 많이 다니는 강남역점 등을 중심으로 새벽 6시부터 문을 연다.

엔지리너스커피는 '조식뷔페 서비스'로 차별화 하고 있다. 작년 6월부터 서울 무교점에서 '조식 베이커리 뷔페' 서비스를 시작한 후, 매출이 40% 이상 늘었다.

아침 고객을 잡기 위해 '교회'를 커피전문점 안으로 끌어들인 곳도 있다. 강남역과 광화문 등지의 **스타벅스**, **할리스**에는 젊은 신도들 중심으로 '커피숍 새벽 기도회'가 열린다.

김현진 기자 born@chosun.com

자료: 조선일보

CHAPTER 08

메뉴 구성

1절 ... 전채요리(Appetizer; Hors d' Oeuvre)

① 전채요리의 정의

전채요리는 식사순서에서 제일 먼저 제공되는 요리로서 불어로는 "Hors d' oeuvre" 라고 한다. "Hors"는 앞(전)이라는 뜻을 나타내고 "Oeuvre"는 작업, 즉 식사를 의미한다.

영어로는 "Appetizer", 북구에서는 "Smorgasbord", 러시아에서는 "Zakuski", 이태리어로는 "Antipasti"라고 불리어진다. 이 요리는 본 요리를 더욱 맛있게 먹을 수 있도록 식욕을 돋구어 주기 위한 목적으로 제공되는 요리이기 때문에, 모양이 좋고, 맛이 있어야 하며, 특히 자극적인 짠맛이나 신맛이 있어 위액의 분비를 왕성하게 해야 하고, 분량이 적어야 한다.

오르되브르(Hors d' oeuvre)의 기원은 러시아에서 연회를 하기 전에 별실에서 기다리는 고객에게 술과 함께 자쿠스키(Zakuski)라는 간단한 요리를 제공한 데서 유래되었다고 하며, 또 한 학설은 14C 초 이태리의 탐험가 마르코 폴로(Marco Polo)가 중국의 원나라에 가서 배워온 면(面)류와 냉채요리(冷菜料理)가 이태리를 통하여 불란서로 건너가 오늘날의 오르되브르가 되었다고도 한다.

② 전채 요리의 종류

전채요리(Hors d' oeuvre)는 크게 차가운 형태인 Froid(Cold Appetizer)와 더운 형태인 Chaud(Hot Appetizer)로 구분할 수 있다. 또한 가공하지 않고 재료 그대로 만들어 형태와 모양과 맛이 그대로 유지되는 가공되지 않은 전채요리(Plain Appetizer)와 조리사에 의해 가공되어 모양이나 형태가 바뀐 가공된 전채요리(Dressed Appetizer)로도 나눌 수 있다.

③ 조리 형태에 의한 분류

(1) 칵테일

칵테일의 재료로는 매우 다양한 종류를 사용할 수 있지만, 일반적으로 많이 사용하는 것에는 새우(Shrimp), 바닷가재(Lobster), 게살요리(Crabmeat), 조개(Shellfish)와 과일 및 야채 주스 등을 들 수가 있으며 칵테일 글라스를 사용하여 겉모습이 산뜻하고 매력 있게 만든 전채요리이다.

(2) 카나페(Canape)

빵을 여러 가지 모양으로 얇게 잘라 튀기거나 토스트하여 버터를 바른 다음 그 위에 여라가지 재료(생선알, 앤초비, 야채, 치즈, 살라미, 소시지, 굴, 카비아, 훈제연어 등)를 얹어 작게 만든 요리이다.

(3) 바게트(Barquette)

밀가루 반죽으로 작은 배모양을 만들어 그 안에 생선알이나 고기를 갈아 채워서 만든 것이다.

(4) 보우세(Bouchee)

밀가루 반죽을 얇게하여 치즈나 계란을 넣어 주사위나 만두같이 만든 요리이다.

(5) 베니에(Beignet)

밀가루를 발라 기름에 튀긴 요리이다.

(6) 전채요리 샐러드(Appetizer Salads)

오이절인 청어(Pickled Herring), 훈제어류(Smoked Fish), 계란요리(Stuffed Eggs) 등을 작은 양의 야채와 양념을 곁들인 요리이다.

(7) 브로체(Broche)

육류, 생선, 야채 등을 꼬치에 끼워 요리한 것을 말한다.

(8) 렐리쉬(Relish)

렐리쉬(Relish)라는 말은 맛을 즐긴다, 풍미가 있다는 의미와 함께 전채요리(Appetizer)란 뜻도 포함되어 있다. 약간 깊은 유리보울(Bowl)이나 글라스(Glass)에 분쇄한 얼음을 채우고 그 사이에 무, 샐러리, 당근, 오이 등을 꽂아 내놓는 경우가 일반적이다.

2절 … 수프(Soup; Potage)

수프는 일반적으로 육류, 생선, 닭 등의 고기나 뼈를 야채와 향료를 섞어서 장시간 동안 끓여 낸 국물 즉, 스톡(Stock)에 각종 재료를 가미하여 만든다.

① 스톡(Stock; Fonds)의 종류

스톡의 주재료는 쇠고기, 양고기, 송아지고기, 닭고기, 생선 등으로, 여러가지 야채와 향료 등을 함께 끓여 찌꺼기를 걸러 낸 국물이다.

스톡은 수프와 소스를 만드는데 사용되며, 음식의 맛을 내게 하는 중요한 요소이다. 스톡에는 다음과 같은 종류가 있다.

- 스톡 (Stock)
  - 비프 스톡 (Beef Stock; Fond de Boeuf)
    - 화이트 스톡 (White Stock; Fond Blanc)
    - 브라운 스톡 (Brown Stock; Fond Brun)
  - 피쉬 스톡 (Fish Stock; Fond de Poisson)
  - 폴추리 스톡 (Poultry Stock; Fond de Volaille)

(1) 쇠고기 스톡(Beef Stock; Fond de Boeuf)

1 화이트 스톡(White Stock; Fond Blanc)

소나 송아지의 기름기가 없는 무릎뼈나 정강이뼈에 미르쁘와(Mirepoix)와 향료다발(Bouquet Garni)을 넣고 소금과 통후추를 가미하여 3~4시간 서서히 끓여 찌꺼기를 걸러낸 국물이다.

2 브라운 스톡(Brown Stock; Fond Brun)

소뼈나 송아지뼈를 잘게 썰어 미르쁘와(Mirepoix)와 함께 기름에 볶아, 색깔이 다갈색으로 되었을 때, 물을 넣어 3~4시간 정도 서서히 끓여서 통후추나 소금을 가미하여 양념한 후 찌꺼기를 걸러낸다.

(2) 피쉬 스톡(Fish Stock; Fumet de Poisson)

생선의 뼈와 머리, 고리, 지느러미 같은 상품화할 수 없는 부분에 야채(당근을 제외한 양파, 파슬리, 샐러리버섯 등)와 향료 등을 넣어 다갈색이 되도록 볶은 후, 물을 붓고

1~2시간 정도 끓인 다음 소금과 후추, 레몬껍질을 넣고 서서히 끓여 약 30분 후 찌꺼기를 걸러 낸다.

(3) 폴추리 스톡(Poultry Stock; Fond de Volaille)

가금류나 조류의 뼈나 날개, 목, 다리에 야채다발과 향료를 넣고 2~3시간 끓인 다음 백 포도주, 후추, 소금으로 양념하여 걸러낸다.

② 수프의 분류

수프는 온도에 따라 더운 수프(Hot Soup; Potage Chaud)와 차거운 수프(Cold Soup; Potage Froid)로 나누며, 농도에 따라 맑은 수프인 Clear Soup(Potage Claire)와 진한 수프인 Thick Soup(Potage Lié)로 나눈다.

1) 맑은 수프(Clear Soup; Potage Claire)

맑은 스톡(Stock)이나 브로스(Broth)를 사용하여 만든 수프로 콩소메, 부용, 야채 수프 등으로 나눌 수 있다.

(1) 콩소메(Consommé)

콩소메는 부용(Bouillon)을 조린 것이 아니라 맑게 한 것이다. 부용이 맑고 풍미를 잃지 않도록 하기 위해 지방분이 제거된 고기를 잘게 썰거나 기계에 갈아서 사용하며, 양파, 당근, 백리향, 파슬리 등과 함께 서서히 끓이면서 계란 흰자위를 넣어 빠른 속도로 젓는다. 이때 주의해야 할 점은 부용을 아주 펄펄 끓이는 것(Boilling)이 아니라 천천히 끓여야 한다(Simmering). 이렇게 1-2시간 끓인 후 백포도주나 세리포도주를 첨가하여 완성시킨 후 천을 대고 걸러 내어 이중용기에 넣어 식지 않게 한다.

조리된 콩소메는 가미한 재료에 따라 명칭을 달리하는데 그 종류가 400여 가지가 넘는다.

(2) 부용(Bouillon)

부용(Bouillon)은 화이트 스톡(White Stock)을 기본으로 하여, 뼈 대신 고깃 덩어리(Rump나 Round Steak)를 크게 잘라 넣고 고아 낸 국물인데, 위에 뜬 기름을 천을 대고 여과시켜 제거(Degreasing)한다. 이때 삶아진 고깃덩어리는 주요리(Main Dish)로 제공되기도 하는데, 대표적인 것으로 오스트리아에서 유명한 요리인 보일드 테이블 비프(Boiled Table Beef; Gekochter Tafelspitz)를 들 수가 있다.

부용을 보관할 때는 용기(보통 스테인레스 용기)에 담아 찬 곳에 두어야 하며, 뚜껑을 덮으면 변질할 위험이 있다. 또 식은 국물에 뜨거운 국물을 섞어 보관하여도 변질될 수 있다.

(3) 야채수프(Vegetable Soup)

1 프렌치 어니언 수프(French Onion Soup)

양파와 마늘을 넣고 끓인 스톡에 끄루통(Crouton)과 치즈를 뿌려 샐러맨더(Salamander)에 넣어 갈색으로 구워 제공되는 수프이다.

2 미네스트론 수프(Minestrone Soup)

베이컨, 양파, 샐러리, 당근, 감자, 토마토 페이스트(Tomato Paste)를 볶아 스톡에 넣은 후 향료를 첨가하여 끓인 수프이다. 양배추(Cabbage), 토마토 다이스(Tomato Dice), 완두콩(Peas)을 첨가하여 제공한다.

2) 진한 수프(Thick Soup; Potage Lié)

리에종(Liaison)을 사용하여 탁하고 농도가 진하게 만든 수프이다.

(1) 크림수프(Cream Soup; Potage Créme)

크림수프는 베사멜(Bchamel)이나 베루떼(Velouté)를 기본으로하여 만든 수프이다. 한편, 베사멜(Béchamel; Roux)에 우유와 크림(Cream)을 첨가하여 만들며 베루떼(Velouté; Roux)에 스톡(Stock)을 혼합하여 만든다.

(2) 퓌레(Purée Soup; Potage Purée)

야채를 잘게 분쇄한 것을 퓌레라 하며, 이것을 부용(Bouillon)과 혼합하여 조리한 수프이다.

(3) 차우더(Chowder)

조개, 새우, 게, 생선류 등과 감자를 이용하여 만든 수프이다.

(4) 비스크(Bisque)

새우, 게, 가재 등으로 만든 어패류 수프이다.

3) 찬 수프(Cold Soup; Potage Froid)

(1) 찬 콩소메(Cold Consommé)

더운 콩소메(Hot Consommé)를 가벼운 젤리 상태가 될 때까지 식힌 후 세리포도주(Sherry Wine)와 피망(Pimento), 토마토 콩카세(Tomato Concasse) 등으로 장식한 수프이다.

(2) 비시스와즈(Vichyssoise; Cold Potato Soup)

감자, 양파, 부추를 버터로 볶아 스톡에 넣어 크림(Cream)을 첨가하여 만든 수프이다.

(3) 안달루시아 가즈파초(Andalusian Gazpacho)

토마토, 양파, 마늘, 식초, 샐러드유를 이용해 만든 수프이다.

(4) 콜드 페어와 워터크레스 수프(Cold Pear and Watercress Soup)

배, 치킨 수프(Chicken Broth), 퓌레(Purée), 레몬주스, 휘프 크림(Whipped Cream), 물냉이(Watercress) 잎을 이용한 수프이다.

3절 … 생선 요리(Fish; Poisson)

생선은 육류보다 섬유질이 연하고 맛이 담백하며 열량이 적다. 또한 소화가 잘 되고 단백질, 지방, 칼슘, 비타민(A,B,C)등이 풍부하여 건강식으로 육류에 비해 선호도가 높아가는 추세이다. 그러나 부패하기 쉬운 결점이 있어 신선도를 유지하는 데 유의하여야 한다.

일반적으로 생선요리는 바다생선(Sea Fish), 민물고기(Fresh Water Fish), 조개류(Shell Fish), 갑각류(Crutacean), 연체류(Mollusca), 식용개구리, 달팽이 등을 들 수가 있다. 이들의 저장방법에 따라 생(生)생선(Fresh Fish), 얼린 생선(Frozen Fish), 절인 생선(Cured Fish), 통조림(Canned Fish)등으로 나누어진다.

생선을 크게 분류하면 해수어와 담수어의 2종류로 나누어지는데 종류별로 세분화시켜서 살펴보면 다음과 같다.

- 생선요리 (Fish; Poisson)
  - 해수어 (Salt Water Fish)
    - 바다물고기류 (Fish)
    - 조개류 (ShellFish)
    - 갑각류 (Crutacean)
    - 연체류 (Mollusca) 및 기타
  - 담수어 (Fresh Water Fish)

① 해수어의 종류

1) 바다 물고기류

① 대구(Cod; Cabillaud)

② 해덕(Haddock; Aigrefin)

③ 명태(Whiting;Merlan)

④ 멸치(Anchovy; Anchois)

⑤ 청어(Herring; Hareng)

⑥ 정어리(Sardine; Sardine)

⑦ 고등어(Mackerel; Maquereau)

⑧ 참치(Tuna; Thon)

⑨ 붕장어(Conger Eel; Congre)

⑩ 회색숭어(Gray Mullet; Meuille)

⑪ 적도미(Red Snapper; Surmullet)

⑫ 핼리벗(Halibut; Fletan)

⑬ 혀가자미(Sole; Pluymouth Sole)

⑭ 광어(Turbot; Turbot)

⑮ 홍어(Skate; Raie)

2) 조개류

① 굴(Oyster; Huître)

② 홍합(Mussels; Moule)

③ 대합(Clam; Praire)

④ 관자(Scallop; Coquille Saint-Jacque)

⑤ 달팽이(Snail; Escargot)

3) 갑각류

① 게(Crab; Crabe)

② 가재(Crayfish; Ecrevisse)

③ 바닷가재(Lobster; Homard)

④ Scampo Lobster(Langoustine)

⑤ Spiny Rock Lobster(Langouste)

⑥ 새우(Shrimp; Crevette)

4) 연체류 및 기타

① 오징어(Cuttlefish)

② 문어(Octopus)

③ 캐비어(Caviar)

2 담수어의 종류

① 뱀장어(Eel; Anguille)

② 농어(Perch; Perche)

③ 송어(Trout)

④ 연어(Salmon; Saumon)

⑤ 철갑상어(Sturgeon; Esturgeon)

⑥ 잉어(Carp; Carpe)

⑦ 메기(Sheatfish; Silurus Glanis)

⑧ 개구리 다리(Frog Leg; Cuisses de Grenouille)

4절 ... 육류 요리(Meat; Visnde)

육류에는 높은 칼로리, 특히 단백질, 탄수화물, 지방, 무기질, 비타민 등이 풍부하여 주요리(Main Dish)로서 가장 선호되는 품목이라 하겠다. 육류를 조리하는 데 있어 각국마다 대표적인 조리방법이 있는데 불란서에서는 버터, 이태리에서는 올리브유, 독일에서는 라드(Lard), 미국에서는 샐러드유로 고기를 구우며, 영국에서는 Jus로 조리고, 중국 및 일본에서는 장유로 조리는 방법으로 독특한 맛을 내고 있다.

호텔에서 제공되는 육류요리를 종류별로 살펴보면 다음과 같다.

육류요리 (Meat)
- 쇠고기 (Beef: Boeuf)
- 송아지고기 (Veal: Veau)
- 양고기 (Lamb: Agneau)
- 돼지고기 (Pork: Porc)

① 쇠고기(Beef; Boeuf)

호텔에서 가장 많이 쓰이는 육류로서 쇠고기를 들 수 있는데 부위별로 살펴보면 다음과 같다.

1) 쇠고기의 부위별 명칭

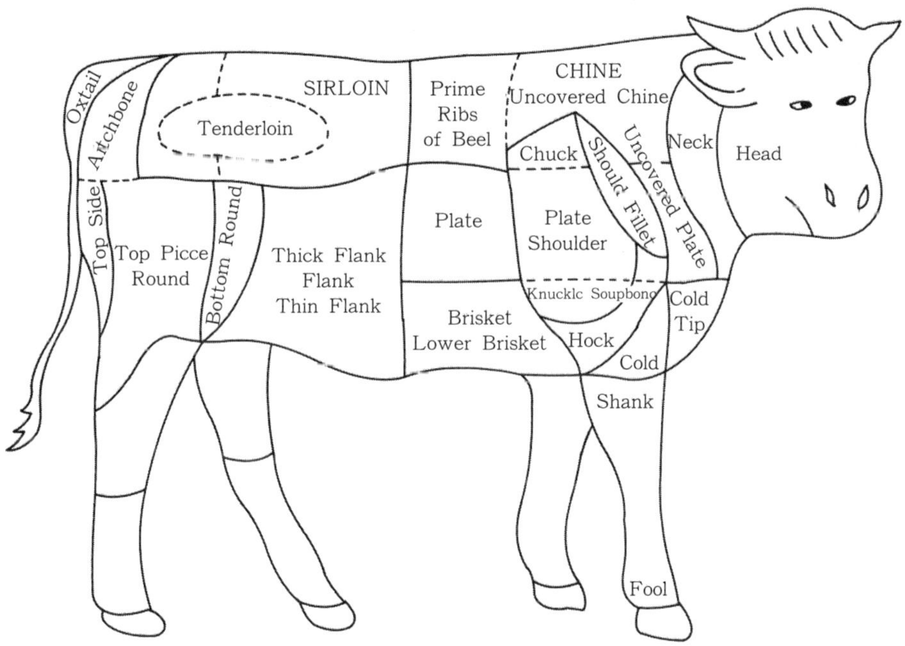

(1) 안심 스테이크(Tenderloin Steak)

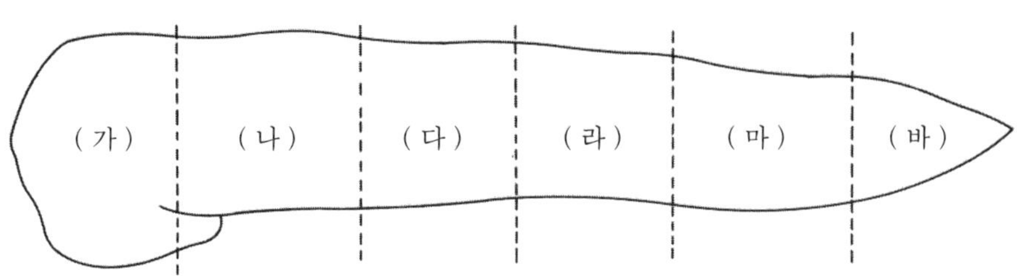

㉮ 헤드(Head; Tête) ㉯ 샤토브리앙(Chateaubriand) ㉰ 필레 스테이크(Filet Steak)
㉱ 투어너도우(Tournedos) ㉲ 필레 미뇽(Filet Mignon) ㉳ 필레 팁(Filet Tip)

1 샤또브리앙(Chateaubriand)

불란서 혁명 전 귀족「샤또브리앙」이 즐겨 먹었던 것으로 그의 주방장 몽미레이유(Montmireil)에 의해 고안된 것이라 한다.

소의 등뼈 양쪽 밑에 붙어 있는 연한 안심부위를 두껍게(4~5cm)잘라서 굽는 최고급 스테이크이다.

2 투어너도우(Tournedos)

이 요리는 1855년 파리에서 처음으로 시작되었던 것으로 투어너도우(Tournedos)란 “눈깜박 할 사이에 먹어 치운다”는 의미로 안심 부위의 중간 뒤쪽 부분의 스테이크이다.

3 필레 미뇽(Filet Mignon)

이것은 “아주 예쁜 소형의 안심 스테이크”라는 의미로 안심 부위의 뒷부분으로 만든 스테이크이다.

(2) 등심 스테이크(Sirloin Steak)

이 스테이크는 영국의 왕이었던 「Charles 2세」가 명명한 것으로 이 등심 스테이크를 매우 좋아하여 스테이크에 남작의 작위를 수여했다고 한다. “loin”에 “Sir”를 붙여서 “서로인(Sirloin)”이라고 하였다.

(3) 허리등심 스테이크(Porter House Steak)

이 스테이크는 숏 로인 스테이크(Short Loin Steak)로 안심과 뼈를 함께 자른 크기가 큰 스테이크이다.

(4) 티본 스테이크(T-bone Steak)

숏 로인(Short Loin)으로 허리등심 스테이크(Porter House Steak)를 잘라낸 다음 그 앞부분을 자른 것으로, 허리등심 스테이크보다 안심 부분이 작고, 뼈를 T자 모양으로 자른 것이다.

(5) 갈비등심 스테이크(Rib Steak)

갈비등심 스테이크로 립 아이 스테이크(Rib Eye Steak), 립 로스트(Rib Roast) 등이 있다.

립 로스트(Rib Roast; Prime Rib of Beef)는 총 13개의 갈비 중 6번째부터 12번째 갈비까지 7개의 갈비로 이루어진다.

(6) 라운드 스테이크(Round Steak)

소 허벅지에서 추출한 스테이크이다.

(7) 럼프 스테이크(Rump Steak)

소 궁둥이에서 추출한 스테이크이다.

(8) 플랭크 스테이크(Flank Steak)

소 배부위에서 추출한 스테이크이다.

2) 스테이크 굽는 정도

1 레어(Rare; Blue)

스테이크 속이 따뜻할 정도로 겉부분만 살짝 익혀, 자르면 속에서 피가 흐르도록 굽는다. 조리시간은 약 2~3분 정도이며 고기 내부의 온도는 52℃ 정도이다.

2 미디엄 레어(Medium Rare; Saignant)

레어보다는 좀 더 익히며 미디엄(Medium)보다는 좀 덜 익힌 것으로, 역시 자르면 피가 보이도록 하여야 한다. 조리시간은 약 3~4분 정도이며 고기 내부의 온도는 55℃ 정도이다.

3 미디엄(Medium; a Point)

레어(Rare)와 웰돈(Well-done)의 절반 정도를 익히는 것이며, 자르면 붉은 색이 되어야 한다. 조리시간은 약 5~6분 정도이며 고기 내부의 온도는 60℃ 정도이다.

4 미디엄 웰돈(Medium Well-done; Cuit)

거의 익히는데, 자르면 가운데 부분에만 약간 붉은색이 있어야 한다. 조리시간은 약 8~9분 정도이며 고기 내부의 온도는 65℃정도이다.

5 웰돈(Well-done; Bien Cuit)

속까지 완전히 익히는 것이다. 조리시간은 약 10~12분 정도이며 고기 내부의 온도는 70℃정도이다.

■ 쇠고기의 부위별 명칭

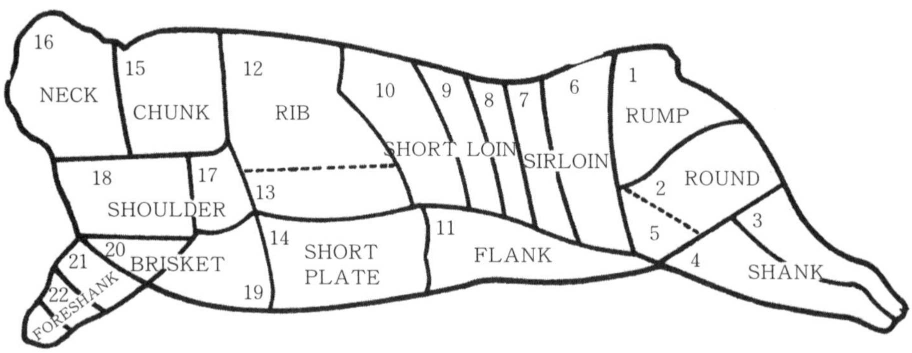

2 송아지고기(Veal; Veau)

송아지고기는 3개월 미만의 송아지고기를 말한다. 일반적으로 우유로 사육하며, 조직이 매우 부드럽고 밝은 회색의 분홍(Pink)빛을 띤다. 3~10개월 정도된 송아지는 캐프(Calf)라 부르며 조직은 붉은 분홍(Pink)색을 띤다.

송아지 고기요리를 살펴보면 다음과 같다.

종 류	설 명
스칼로핀 (Scaloppine)	다리부분에서 잘라낸 작고 얇은 고기로써 소금, 후추로 양념하여 밀가루를 뿌린 후 소테(Saute)하여 마데리아 소스를 곁들인다.
빌 카틀렛 (Veal Cutlet)	뼈를 제거한 송아지 고기를 얇게 저민 후 소금, 후추를 뿌리고 밀가루를 칠한 후 계란, 빵가루를 입힌 다음 버터에 소테(Saute)하여 빌 소스(Veal Sauce)와 함께 제공한다.

■ 송아지고기 부위별 명칭

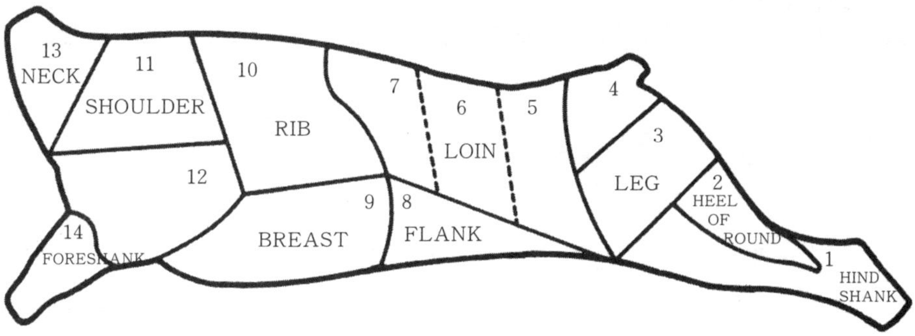

③ 양고기(Lamb; Agneau)

가장 좋은 양고기로는 핫 하우스(Hothouse)로 생후 8~15주된 어린양이며, 그 다음은 3~5개월된 스프링 램(Spring Lamb)이 있다. 일반적으로 사용하는 양고기는 생후 1~2년 미만의 것으로 고기의 색깔은 약간 검붉은 색이며, 조직은 스프링 램보다 거칠다. 한편, 머톤(Mutton)은 1~5년생의 양에서 얻는 고기로 3~4년생의 것이 좋다.

양고기 요리를 살펴보면 다음과 같다.

■ 양고기 부위별 명칭

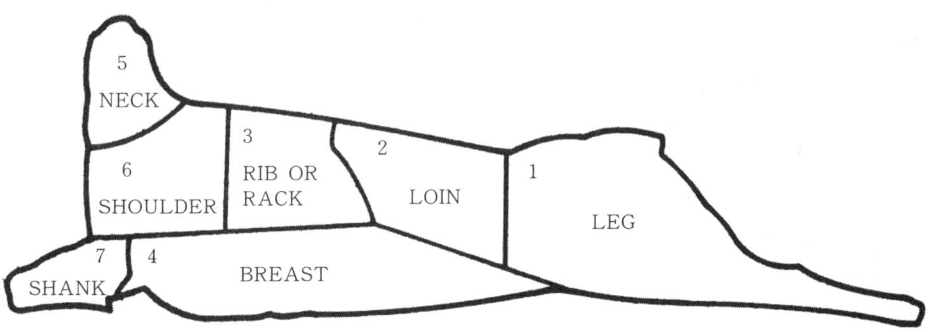

종 류	설 명
랙 오브 램(Rack of Lamb; Carre Dágneaux)	허리부분의 뼈 달린 부분을 잘라서 양념을 뿌려 소테(Saute)한다. 오븐에서 익혀 껍질을 벗긴 다음 버터를 바른 뒤 향료를 양고기에 덮어서 샐러맨더(Salamander)에 색깔을 내어 조리한다.

램 찹(Lamb Chop :Cotes Dágneaux)	1년 이하의 양고기 로스부분을 얇게 잘라서 적포도주, 양파, 샐러리, 올리브 기름으로 잰 후 고기를 소테(Saute)한 다음 백포도주로 조리해서 둥글게 썰어 놓는다.

④ 돼지고기(Pork; Porc)

돼지고기는 영국산이 가장 많이 알려져 있으며, 현재 한국에서 가장 많이 사육하고 있는 품종은 요크셔(Yorkshire), 버크셔(Berkshire)등이 있다. 용도로는 베이컨 종류(Bacon Type; 주로 고기를 씀)와 라드 종류(Lard Type; 주로 지방을 씀)가 있다.

돼지고기 요리를 살펴보면 다음과 같다.

종 류	설 명
포크 찹 (Pork Chop)	돼지갈비살 부분을 1-1.5cm 두께로 자른 후 소금, 후추를 뿌린 후 바베큐 소스와 함께 제공한다.
포크 카틀렛 (Pork Cutlet)	돼지고기를 얇게 저민 후 소금, 후추를 뿌린 후 밀가루, 계란, 빵가루를 입힌 후 프라잉 팬(Frying Pan)에 튀겨낸다.

■ 돼지고기 부위별 명칭

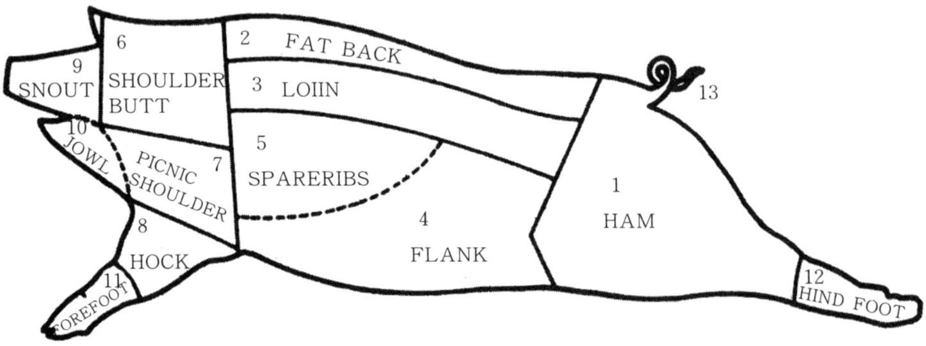

⑤ 소스(Sauce)

소스란 식품 본래의 향기를 유지하면서 음식의 풍미를 높여 주는 것으로 요리의 가치와 질을 결정하여 주는 중요한 역할을 하고 있다. 소스의 어원은 라틴어의 "소금(Sal)"에서 유래한 것으로, 소금을 기본으로 한다는 의미로 전해졌다고 한다. 소스는 주재료를 이용한 스톡(Stock; Fond)과 소스로서의 형태를 갖추게 하는 리에종(Liaison)의 결합으로 이루어지며, 부재료(Accessory Elements)의 첨가에 따라 여러 가지 파생 소스가 만들어진다. 이렇게 만들어진 소스는 수백 종에 이르나 기본적으로 베사멜(Béchamel), 베루떼(Velouté), 에스파뇰(Espagnole), 토마토(Tomato), 홀랜다이즈(Hollandaise) 등 5가지 모체 소스로 나눌 수 있으며 이 모체 소스를 바탕으로 여러 가지 부재료를 첨가하여 새로운 소슴 개발할 수 있는 것이다.

현대의 소스는 너무 기름지지 않고, 인공적이 아닌 주재료의 순수한 맛을 느낄 수 있으며, 색채는 주재료와 접시의 색깔과 조화를 이루는 색으로 지나친 원색은 피하고 있다. 또한 소스에는 포도주를 많이 사용하고 있는데, 소스의 맛과 포도주의 풍미가 잘 조화될 수 있도록 선택에 유의하여야 한다.

1) 갈색 육수 소스(Brown Sauce; Sauce Brune)

(1) 폰 드 뷰(Fond de Veau)

송아지 정강이뼈와 고기, 양파, 당근, 샐러리, 마늘 등을 갈색이 나도록 볶은 다음, 물과 부용을 넣고 부케가니(Bouquet Garni)와 토마토를 첨가하여 끓인후 천을 받쳐 거른다.

(2) 폰 드 뷰 리에 (Fond de Veau Lié; Concentrated Stock)

양파와 버섯을 볶은 후 백포도주를 넣어 조리고, 폰 드 뷰(Fond de Veau)와 토마토, 타임(Thym), 월계수잎, 파슬리 등을 넣고 끓인 다음 콘 스타치(Corn Starch)를 백포도주에 풀어서 응축시킨다.

(3) 데미 글라스 소스[Demi Glace Sauce; Sauce Espagnole]

미르쁘와(Mirepoix)를 소테하여 백포도주를 첨가한 후 폰 드 뷰(Fond de Veau)를 넣고 끓인다. 부용에 토마토 페이스트(Tomato Paste)와 밀가루를 함께 섞어 풀어지게 하여 끓기 전의 폰 드 뷰(Fond de Veau)에 넣고 향신료와 토마토를 첨가한 후 끓여 거른다.

(4) 보르드레즈 소스(Sauce Bordelaise)

양파, 당근, 샐러리를 잘게 썰어 소테하여 색을 낸 후 적포도주를 넣고 조린다. 폰 드 뷰 리에(Fond de Veau Lié)와 마늘, 타임(Thyme), 월계수잎, 소금, 후추 등을 넣고 끓인 후 천을 받쳐 거른다.

(5) 마드리아 소스(Madeira Sauce; Sauce Medére)

양파, 당근, 마늘을 소테하다가 마드리아 포도주를 넣고 조린 후 루 블랑(Roux Blanc)을 넣고 소테한다. 폰 드 뷰(Fond de Veau)를 넣고 끓인 후 거른다.

(6) 뻬리구르딘느 소스(Sauce Périgourdine)

마드리아 소스(Sauce Madére)에 프와그라(Foie Gras)를 갈아서 넣는다.

(7) 뻬리귀외 소스(Sauce Périgueux)

마드리아 소스(Sauce Madére)에 트러플찹(Truffle Chop)을 넣고 끓인다.

(8) 샤또브리앙 소스(Sauce Chateaubriand)

파와 버섯을 소테한 후에 백포도주를 넣고 조린다. 마드리아 소스를 넣고 끓인 후 제공할 때 파슬리와 타라곤찹(Taragon Chop)을 넣어 준다.

2) 흰색 육스 소스(White Sauce; Sauce Blanche)

(1) 베사멜 소스(Sauce Béchamel)

이 소스의 창시자는 Louis de Béchamel(1630-1703)이라고 하는 불란서의 후작으로 알려져 있다. 이것은 화이트 루(White Roux)에 뜨거운 우유를 넣으면서 잘 저어준

뒤 육두구(Nutmeg), 양파, 부케가니(Bouquet Garni) 등을 첨가하여 45분~1시간 정도 끓인 후 천을 받쳐서 걸러낸다.

(2) 크림 소스(Sauce Créme)

베사멜 소스(Béchamel Sauce)에 신선한 크림(Fresh Cream)을 넣고 끓여서 걸러낸다.

(3) 모르나이 소스(Sauce Mornay)

베사멜 소스(Béchamel Sauce)에 그뤼예르 치즈(Gruyére Cheese)를 갈아 넣어 끓인 후 불을 끄고 계란 노른자(Egg Yolk)를 넣어 농도를 맞춘다.

(4) 파리쟈느 소스(Sauce Parisienne)

버섯을 소테한 후 크림을 넣고 끓인 다음 베사멜 소스(Béchamel Sauce)를 넣고 끓여 거른다.

(5) 치킨 베루떼(Chicken Velouté; Velouté de Volaille)

양파, 샐러리, 루블랑(Roux Blanc)을 소테한 후 폰 드 볼라이(Fond de Volaille)와 부케가니(Bouguet Garni)를 넣고 끓인 다음 거른다.

(6) 백포도주 소스(White Wine Sauce; Sauce Vin Blanc)

피쉬퓌메(Fish Fumet)에 백포도주, 양파, 월계수잎, 버섯을 끓여 조린 후 피쉬 베루떼(Fish Velout)와 크림을 넣어 농도를 맞춘 다음 소금과 후추를 넣고 거른다.

(7) 사프란 소스(Saffron Sauce; Sauce Safran)

피쉬퓌메(Fish Fumet)에 느왈리(Noilly) 포도주와 버섯을 넣고 조린 후 피쉬 베루떼(Fish Velouté)와 크림, 사프란(Saffron)을 넣고 끓인다.

3) 토마토 소스(Tomato Sauce; Sauce Tomate)

미르쁘와(Mirpoix)를 소테하다가 토마토 페이스트(Tomato Paste)를 넣고 다시 소테한 후 백포도주를 넣고 조린다. 루블랑(Roux Blanc)을 넣고 소테한 다음 폰블랑(Fond Blanc)과 토마토 주스, 향신료를 넣고 끓인다. 거품을 걷어 내고 3시간 정도 끓인 후 거른다.

(1) 배절 토마토 소스(Basil Tomato Sauce; Sauce Basilic)

배절(Basil)은 민트과의 향신료이다. 토마토와 마늘을 다진 다음 올리브유에 볶아 레몬 주스를 첨가한 다음 배절을 다져 넣고 간을 한다.

(2) 쇠고기 소스(Meat Sauce; Sauce Bolonaise)

쇠고기를 소테하여 기름을 제거해 놓고 양파, 당근, 샐러리, 마늘, 버섯을 소테한 후, 토마토 페이스트(Tomato Paste)와 토마토 콩카세(Tomato Concasse)를 넣고 소테한 소고기를 섞는다. 에스파뇰 소스(Sauce Espagnol)과 부용(Bouillon)을 넣고 끓인 다음 부케가니(Bouquet Garni)를 넣어 거품을 걷어내면서 1시간 정도 끓여서 버터 마니에(Butter Manié)로 농도를 맞춘다.

4) 덥고 차거운 소스(Hot and Cold Sauce; Sauce Chaud-Froid)

이 소스는 주로 갤런틴(Galantine) 등의 코팅(Coating)을 위하여 사용하는 것으로 전통적으로 흰색 육수 소스(White Sauce)와 용해된 고기젤리(Aspic)를 결합시켜 만든다. 다른 방법으로는 믹서에 샐러드유를 갈아서 용해된 고기젤리를 부어서 만들기도 하며, 사용할 때는 중탕용기(Bain-Marie)를 이용하여 적당한 온도를 유지하면서 사용해야 한다.

종류에는 치킨 쇼-프르와(Chicken Chaud-Froid), 브라운 쇼-프르와(Brown Chaud-Froid), 게임 쇼-프르와(Game Chaud-Froid), 롭스터 쇼-프르와(Lobster Chaud-Froid), 옥시탄 쇼-프르와(Occitane Chaud-Froid) 소스 등이 있다.

5) 특별 소스(Special Sauce)

(1) 카레이 소스(Curry Sauce)

카레이 가루(Curry Powder), 양파, 라드(Lard), 밀가루, 토마토 퓌레(Tomato Purée), 마늘, 사과, 망고 차트네(Mango Chutney), 치킨 혹은 비프 부용(Chicken or Beef Bouillon), 생강, 소금, 후추, 클로브(Clove), 마기 소스(Maggi Sauce)를 재료로 하는 소스이다.

(2) 테리야끼 소스(Teriyaki Sauce)

비프 머슬(Beef Muscle), 미르뽀와(Mirepoix), 치킨 부용(Chicken Bouillon), 마늘 생강, 흑설탕, 산장, 우스테쉬어 소스(Worcestershire Sauce), 콘 시럽(Corn Syrup), 적포도주, 월계수입, 후추열매(Pepper Corn)를 재료로 만든 소스이다.

6) 이멀션(Emulsion)에 의한 소스

이멀션(Emulsion)이란 유상액으로써 물과 기름을 함께 넣어 거품기로 혼합시키면 기름이 수많은 작은 방울들로 분리되며 하나의 혼합된 재료(유제)가 된다. 이 유제는 그대로 두면 다시 기름과 물로 분리되는 불안정한 상태이다.

이러한 불안정한 상태를 안정된 상태로 바꾸기 위해서, 즉 유화제로서 달걀의 노른자, 겨자 등을 사용하고 있다.

(1) 홀랜다이즈 소스(Hollandaise Sauce)

버터소스 중 대표적인 것으로 이것은 더운 마요네즈이다. 원래 의미는 "Dutch" 인데, 네덜란드가 옛날에 불란서 식민지일 때 불란서에 공물로 바치던 버터가 지금의 소스 이름으로 되어 버린 것이다.

달걀 노른자와 검은 후추(Black Pepper), 골파(Shallot), 월계수잎을 끓여 만든 주스를 넣고 약한 불이나 끓는 물 위에서 잘 저으면서 흘러내리지 않을 정도(Sabayon 상태)로 익혀 불에서 내린 후 버터를 조금씩 넣으면서 젓는다. 레몬주스, 소금 등으로 간을 맞춘 후 천을 받쳐 걸러 내어 따뜻한 곳에 보관한다.

(2) 베아르네즈 소스(Béarnaise Sauce)

이 소스의 이름은 원래 헨리 4세가 태어났던 특별한 지역을 상기시키는데, 실제는 Bearn에서는 조금도 유래하지 않았다 한다. 이 소스는 처음 Pavillon 헨리 4세를 위하여 1830년 Collinet라는 요리사에 의해 Saint-Germain-enlaye에서 만들어졌다. 홀랜다이즈 소스(Hollandaise Sauce)에 파슬리와 타라곤을 섞어서 만든다.

(3) 쇼롱 소스(Choron Sauce)

베아르네즈 소스(Béarnaise Sauce)에 토마토 퓌레(Tomato Purée)를 소테하여 넣고 섞는다.

(4) 마요네즈(Mayonnaise)

이 소스는 옛날 불란서 Richelieu(1766-1822) 후작의 요리장이 Mahon섬 점령 축하연 때 식탁에 계란, 식초, 기름을 섞어서 만든 소스를 제공하였기 때문에 이름을 Mahonnais라고 불렀으나, 세월이 지남에 따라 발음하기 쉽게 마요네즈라 바뀐 것이라 한다. 이것은 달걀노른자, 겨자, 소금, 후추를 용기에 넣고 거품기로 빨리 저으면서 기름을 조금씩 넣어 걸쭉해지면 식초를 넣으면서 젓다가 생크림, 레몬주스를 넣고 마지막으로 겨자를 넣는다.

이 소스에서 파생된 소스로는 사우잰드 아이랜드(Thousand Island), 탈타르 소스(Tartar Sauce)등이 있다.

7) 찬 소스(Cold Sauce)

(1) 탈타르 스테이크 소스(Tartar Steak Sauce)

양파, 안초비(Anchovy), 피클(Pickle), 케이퍼(Caper), 마늘을 혼합한 후 디용 겨자(Dijon Mustard), 식초, 토마토 케첩, 타바스코 소스, 우스터쉬어소스(Worcestershire Sauce), 백포도주 등을 넣어 잘 섞는다. 소금과 후추로 간을 맞춘다. 이 소스는 즉석에서 만들어 제공된다.

(2) 칵테일 소스(Cocktail Sauce)

토마토 케첩, 서양고추냉이(Horseradish), 핫 소스(Hot Sauce), 우스터쉬어 소스(Worcestershire Sauce), 블랙 페퍼 그라운드(Black Pepper Ground), 레몬주스, 타바스코 소스 등을 섞은 후 샐러드유를 넣으면서 다시 섞는다. 브랜디와 소금으로 간을 맞춘다.

(3) 호스래디쉬 소스(Horseradish Suce)

서양고추냉이(Horseradish)와 식초, 빵가루를 혼합한 뒤 설탕, 소금, 후추로 양념하여 휘핑크림과 잘 섞어서 만든다.

5절 … 가금류(Poultry; Volaille)

가금이란 닭, 오리, 칠면조, 비둘기, 거위 등 집에서 사육하는 날짐승을 말한다.

① 가금류의 분류

가금류는 크게 흰색 고기(White Meat)를 가진 가금과 검은색 고기(Black Meat)를 가진 가금으로 분류할 수 있다. 일반적으로 흰색 고기는 앞가슴살(Breast), 검은색 고기는 다리 부분의 고기를 의미한다.

흰색 고기를 가진 가금(White Meat)에는 닭, 칠면조 등이 있고 검은색 고기를 가진 가금(Black Meat)에는 오리, 거위, 뿔닭, 비둘기 등이 있다.

② 육질로 본 가금류의 특성

(1) 흰색 고기의 가금

온순하며 가슴뼈에 살이 있다. 강한 발과 날카로운 발톱, 밝고 붉은색의 벼슬 및 매끄러운 다리의 껍질을 가지고 있다.

(2) 검은색 고기의 가금

목이 부드럽고 유연하다. 몸통의 하반부는 대체로 딱딱하고 두꺼운 지방층으로 둘러싸여 있다.

③ 가금류의 조리방법

가금류는 삶거나 찌거나 로스팅(Roasting)할 수 있으며, 육질이 연한 가금류는 꼬치구이와 그릴을 한다.

④ 가금류의 종류

(1) 흰색 육질의 가금

1 새끼 병아리(Chicken; Poussin)

생후 6주 정도 된 것이다.

2 병아리(Cockerel; Cog Vierge)

새끼 병아리와 스프링 치킨(Spring Chicken)의 중간 것이다.

3 스프링 치킨(Spring Chicken; Poulet de Grain)

암수탉으로 10주 정도 성장된 것이다.

4 닭(Chicken; Poulet Reine)

특수 사료로 키운 닭이다.

5 프라드(Poularde; Poularde)

특별히 사육한 닭이다.

· 프랑스-Bresse산

· 벨기에-Brussels산

· 네덜란드-Houdan산

6 케이펀(Capon; Chapon)

거세된 수탉으로 8개월 성숙된 것이다.

7 헨(Hen; Poule)

성숙한 암탉으로 10개월 성숙했으며, 육질은 수탉보다 질기다.

8 어린 칠면조(Young Turkey; Dindonneau)

프라드(Poularde)보다 육질이 건조하다.

9 칠면조(Turkey; Dinde, Dindon)

북미가 원산지로 인디언이 사육하였다.

(2) 검은 색 육질의 가금

1 뿔닭(Guinea-fowl; Pintade)

프라드(Poularde)를 제외하곤 가금류 중에서 제일 좋다.

2 새끼 오리(Duckling; Caneton)

낭트(Nante)산 오리가 유명하다.

3 오리(Duck; Canard)

목을 따서 도살하지 않고 질식시켜 죽이는 르왕(Rouen)산 오리도 유명하다.

④ 새끼 거위(Gosling; Oison)

살찐 거위 새끼는 5개월 이상 숙성되지 않은 것이 좋다.

⑤ 거위(Goose; Oie)

거위간은 터린(Terrine), 로프 파이(Loaf Pie)로 이용하고 고기는 로스트 브레이즈(Roast Braise) 속에 스터프(stuffed)하여 사용한다.

⑥ 새끼 비둘기(Young Pigeon; Pigeonneau)

검은색 고기로 분류되나 비둘기 새끼는 육질이 희고 연하다. 성숙한 비둘기의 육질은 붉다.

6절 ... 야채요리(Salad; Salade)

야채요리 즉 샐러드의 어원은 라틴어의 "Herba Salate"로서 그 뜻은 소금을 뿌른 향초(Herb)이다. 즉, 샐러드란 신선한 야채나 향초 등을 소금만으로 간을 맞추어 먹었던 것에서 유래한다. 이것이 발전하여 다양한 드레싱(Dressing)과 기름과 식초(Oil & Vinegar) 등을 첨가하여 먹게 되었고, 야채도 여러 가지를 혼합하여 사용하게 되었다.

샐러드는 향료(Herbs), 씨앗에서 싹이 튼 모종(Plants), 잎채소, 뿌리채소, 열매채소(Vegetable), 계란, 고기, 해산물 등에 기름과 식초 또는 마요네즈(Mayonnaise)를 이용하여 만든 각종 드레싱(Dressing)과 혼합하거나 곁들여 제공된다.

샐러드는 지방분이 많은 주요리(Main Dish)의 소화를 돕고, 비타민 A, C 등 필수 비타민과 미네랄이 함유되어 있어 건강의 균형을 유지시켜 주는데 좋은 역할을 하고 있다.

샐러드를 크게 나누면 순수샐러드(SimpleSalad)와 혼성 샐러드(Compound Salad)로 구분된다.

① 순수 샐러드(Simple Salad)

고전적인 순수 샐러드는 한 가지의 야채만으로 만들었으며, 여기에 파슬리(Parsley), 처빌(Chervil), 타라곤(Taragon)을 잘게 썰어 넣고, 비네그레트(Vinegratt)를 곁들였다고 한다. 현재는 순수 샐러드라 할지라도 단순하게 한 종류의 야채보다는 여러 가지 야채를 적당히 배합하여 영양, 맛, 색 등이 서로 조화되도록 변화, 발전하였으며, 각종 향초나 향료류는 드레싱에 가미되어 곁들여지고 있다. 순수 샐러드로는 다음과 같은 것들이 있다.

(1) 그린 샐러드(Green Salad)

Lettuce, Chicory, Endive, Romaine을 한 입 크기(Bite Size)로 잘라 만든 샐러드이다.

(2) 가든 샐러드(Garden Salad)

Lettuce Head, Chicory, Escarole, Cucumber, Carrot, Celery, Tomato Wedge, Red Onion, Radish를 재료로 한 샐러드이다.

(3) 스피니츠 및 머쉬룸 샐러드(Spinach & Mushroom Salad)

Mushroom, Spinach, Tomato Wedge, Chopped Boiled Egg, Spring Onion, Chopped Bacon, Black Olive, Green Olive, Turnip Sprout를 이용한 샐러드이다.

(4) 팜 샐러드(Palm Salad)

Palm, Lettuce Head, Tomato, Sliced Green Olive, Sliced Black Olive, Turnip Sprout를 이용한 샐러드로서 드레싱은 French Dressing이 적합하다.

(5) 쉐프스 샐러드(Chefs Salad)

Lettuce Head, Cucumber Julienne, Boiled Egg Wedge, Carrot Julienne,

Radish, Celery Julienne, Chicory, Tomato Wedge or Slices, Cooked Turkey Meat Julienne, Pimento Ring, Ham Julienne, Swiss Cheese Julienne를 사용해 만든 샐러드이다.

② 혼성 샐러드(Compound Salad)

혼성 샐로드란 각종 재료에 향료, 소금 후추 등이 혼합되어 양념, 조미료 등을 더 이상 첨가하지 않고 그대로 고객에게 제공할 수 있도록 만들어진 샐러드이다. 일반적으로 기름과 식초(Oil & Vinegar)를 많이 사용하며, 경우에 따라 각종 드레싱과 마요네즈도 사용한다.

(1) 케사르 샐러드(Caesar Salad)

1 재료(Yield; 10 Portions)

Lettuce Head: 1kg	Lemon Juice: 70ml
Garlic Chopped: 2TSP	Vinegar: 50ml
Bacon Chopped: 100G	Fresh Egg: 5EA
Onion Chopped: 100G	Tabasco
Anchovy Fillet: 10P/C	Worcestershire Sauce
Bread Crouton: 70G	Mustard
Parmesan Cheese: 2TBSP	Salt
Salad Oil: 360ml	Black Pepper

2 만드는 법

· 목재로 된 믹싱 보울(Mixing Bowl)에 앤초비(Anchovy)와 마늘(Garlic)을 넣고 잘 섞는다(마늘과 안초비는 고객의 취향을 물어본 후 넣는다).
· 계란 노른자(Egg Yolk)와 겨자(Mustard)를 넣고 잘 섞는다.
· 샐러드 기름(Salad Oil)을 조금씩 넣어가며 잘 저어 섞는다.
· 레몬주스와 식초를 넣어 농도를 조절하며 잘 저어준다.

· 소금(Salt), 후추(Pepper), 타바스코(Tabasco), 우스터쉬어 소스(Worcestershire Sauce)를 넣어 간을 맞춘다.
· 양상추를 넣고 잘게 썬 양파와 베이컨, 파르메잔 치즈(Parmesan Cheese)를 뿌린 후 재빨리 버무린다.
· 접시에 적당량을 나누어 담은 후 크루톤(Crouton)을 얹어준다.

(2) 아티초크 샐러드(Artichoke Salad)

Artichoke Heart, Small Diced Green Pimento, Red Pimento, Onion, Sliced Stuffed Olive, Black Olive, Lettuce, Parsley를 Oil & Vinegar(French Dressing)로 버무린 샐러드이다.

(3) 시푸드 샐러드(Seafood Salad)

Halibut Fillet, Mussel, Clam, Shrimp, Squid Crab Meat, Lettuce, Tomato Dice, Sliced Black Olive, Green Olive, Spring Onion, Oil & Vinegar(French Dressing)로 버무린 샐러드이다.

③ 드레싱(Dressing)

드레싱은 일반적으로 샐러드에 혼합하거나 곁들여서 제공되는데, 풍미와 맛을 더하고 가치를 돋보이게 하며, 소화를 돕는 소화촉진제의 역할을 한다.

드레싱은 비네그레트(Vinaigrette), 마요네즈(Mayonnaise), 요리 혹은 끓인(Cooked or Boiled) 것으로 크게 3가지로 나눌 수 있으며, 여기에 부재료가 가미되어 여러 종류로 파생된다. 비네그레트와 마요네즈는 기름이 기본이 되는 반면에, 끓인 드레싱은 약간의 버터 외에는 기름이나 지방을 포함하지 않는다.

(1) 프렌치 드레싱(French Dressing; Vinaigrette)

식초(Wine Vinegar), 올리브유, 레몬주스, 소금, 후추, 향료를 섞어서 만든다. 식초의 종류에 따라 여러 가지 파생소스가 많으며, 풍미를 위해서 더 많은 부재료를 가감할 수 있다.

(2) 아메리칸 프렌치 드레싱(American French Dressing; Emulsified)

계란, 식초, 샐러드유, 마늘, 겨자, 레몬주스 우스터쉬어 소스(Worcestershire Sauce) 등을 재료로 한 드레싱이다.

(3) 이탈리안 드레싱(Italian Dressing; Sauce Italiene)

식초, 올리브유, 마늘 레몬주스, Oregano, 배절(Basil), 딜(Dill) 등을 재료로 한다.

(4) 러시안 드레싱(Russian Dressing; Mayonnaise Russe)

마요네즈에 토마토 케첩을 넣고 캐비어 또는 연어알(Salmon Roe), 삶은 계란, 양파, 레드 피망(Red Pimento), 올리브유, 피클, 레몬주스 소금, 후추를 혼합한 드레싱으로 사우잰드 아이랜드 드레싱(Thousand Island Dressing)과 비슷하다.

(5) 사우잰드 아이랜드 드레싱(Thousand Island Dressing)

이 드레싱은 마요네즈를 바탕으로 달콤한 피클이 주재료로 들어간 약간 단맛이 나는 드레싱이다. 마요네즈, 토마토케첩, 올리브유, 토마토 페이스트, 양파, 피클, 샐러리, 레몬주스, 백포도주, 파프리카, 파슬리, 소금, 후추 등을 혼합한 드레싱으로 양파와 피클 등이 많은 섬같이 보인다 하여 천 개의 섬을 가진 소스라고 부른다고 한다.

(6) 블루 치즈 드레싱(Blue Cheese Dressing)

블루 치즈(Blue Cheese), 마요네즈, 사우어 크림, 마늘, 소금, 후추, 양파 등으로 만든다. 특히, 불란서 남부 Roquefort 마을의 양치기에 의해 우연히 만들어져 유래된 로크포르 치즈(Roquefort Cheese)를 이용하였기 때문에 치즈 고유의 이름을 붙여 로크포르 드레싱(Roquefort Dressing)이라고 한다.

7절 ... 후식(Dessert)

후식은 식사의 마지막을 장식하는 감미요리로서 시각적으로 구미가 당기게 화려한 모양으로 만들어지며, 지나치게 달거나 기름지지 않고 산뜻한 맛을 주는 것이 특성이다.

식사의 마지막에 단 것을 먹는 습관은 최근의 일이다. 14세기경 파리의 만찬회 식단을 보면 프루먼티라는 달콤한 죽 같은 것이 있을 뿐이고, 오늘날과 같이 후식이 다양하지 않았다. 기원전 5세기경 인도에서는 설탕이 이미 널리 사용되고 있었으나 그 외의 다른 나라에서는 아주 진기한 것이었고 값이 비싸서 흰색의 금(White Gold)이라고 불렀다.

9세기에 이베리아 반도를 정복한 무어인은 사탕수수 재배를 동양에서 남아프리카를 경유하여 시실리아와 스페인 방면으로 차츰 넓혀 갔다. 그러나 유럽에서 설탕을 많이 사용하게 된 것은 16세기로서 스페인이 카리브해의 인접국가를 식민화 하여 그 곳에 사탕수수 농장을 만든 후 부터이다. 그 이후 공급이 원활하여 값이 싸지고 많이 사용하게 된 뒤에도 후식을 다른 요리와 분리하여 마지막에 내놓는 형식은 당장에는 나타나지 않았다. 그 당시에는 요리를 식탁에 즐비하게 풍성하고 호사스럽게 차리는데 익숙해져 있었으므로 좀처럼 그 습관이 바꾸어지지 않았던 것이다. 그러나 19세기 중반에 러시안 서비스 방법이 도입되자 이것이 손님 접대의 기본으로써 급속히 유럽 전역에 보급되었고, 이 새로운 접대 방법 덕분에 요리가 최상인 상태일 때 제공되고 또한 그 맛을 상실하지 않음으로써 고객으로부터 호평을 받기 시작했다. 더불어 요리법과 서비스 방법이 개발되었고, 각 요리가 정해진 순서에 따라 식탁에 오르면서 그 마지막을 장식하는 데 있어 후식은 빼놓을 수 없는 것이 되었다.

불란서어로 디저트(Dessert)를 나타내는 아트레메(Entremets)라는 단어가 있는데 이 용어는 Entre와 mets가 결합한 합성어이다. 이 단어는 중세시대에 Roti(Roast) 즉, 구운고기 다음에 제공되는 야채를 곁들인 요리를 가리켰으며, 또한 마술, 노래와 같은 여흥을 뜻하는 Entertainment를 Entremets라 하였으나 현재는 디저트(Dessert)를 의미한다. 후식은 찬 후식(Cold Dessert), 더운 후식(Hot Dessert) 및 얼음과자(Ice Dessert)등으로 분류되며, 그 종류는 다음과 같다.

① 찬 후식(Cold Dessert; Entremet Froid)

찬 후식은 반드시 상온보다 차갑게 하여 여러 가지 형태로 모양있게 만들어진다.

(1) 바바리안 크림(Bavarian Cream; Bavaroise)

우유, 계란 노른자, 젤라틴(Gelatin), 설탕, 생크림을 재료로하여 만들며, 사용되는 주재료 또는 모양에 따라 명칭을 달리한다.

① 레몬 바바르와즈(Lemon Bavaroise)
② 바닐라 바바르와즈(Vanilla Bavaroise)
③ 스트로베리 바바르와즈(Strawberry Bavaroise)
④ 피스타치오 바바르와즈(Pistachio Bavaroise)
⑤ 커피 바바르와즈(Coffee Bavaroise)
⑥ 레인보우 바바르와즈(Rainbow Bavaroise)

(2) 푸딩(Pudding)

계란, 우유, 바닐라향, 설탕, 소금을 재료로 하여 증기에 찐 것, 오븐에 구운 것, 차게 굳힌 것 등으로 나누어지며 완성된 형태는 연두부와 흡사하고 어린이와 노약자에게 인기 있는 후식으로서 종류가 다양하다.

① 커스터드 푸딩[Custard Pudding(Cream Caramel)]
② 바닐라 푸딩(Vanilla Pudding)
③ 블루베리 푸딩(Blueberry Pudding)
④ 라이스 커스터드 푸딩(Rice Custard Pudding)
⑤ 플럼 푸딩(Plum Pudding)
⑥ 코코넛 푸딩(Coconut Pudding)
⑦ 애플 푸딩(Apple Pudding)
⑧ 초콜렛 푸딩(Chocolate Pudding)
⑨ 캐비넷 푸딩[Cabinet Pudding(Bavarian Deluxe)]

(3) 무스(Mousse)

계란, 생크림, 설탕, 럼(Rum)을 혼합한 다음 글라스에 담아 차갑게 한 것이며, 첨가되는 부재료에 따라 다양하게 만들어진다.

① 초콜렛 무스(Chocolate Mousse)
② 요구르트 무스(Yogurt Mousse)
③ 바닐라 무스(Vanilla Mousse)
④ 커피 무스(Coffee Mousse)
⑤ 캬라멜 무스(Caramel Mousse)
⑥ 래즈베리 무스(Raspberry Mousse)
⑦ 파파야 무스(Papaya Mousse)
⑧ 프루츠 무스(Fruits Mousse)
⑨ 블렉티 무스(Black Tea Mousse)

(4) 젤리(Jelly; Gelée)

젤라틴, 계란흰자, 설탕, 레몬, 백포도주, 물을 섞어서 가열한 후 차갑게 응고시킨 것이며, 이 외에 각종 과일 또는 향신료를 첨가하여 만든 것도 있다.

① 페어 젤리(Pear Jelly)
② 플럼 젤리(Plum Jelly)
③ 키위 젤리(Kiwi Jelly)
④ 그레이프 젤리(Grape Jelly)
⑤ 커런트 젤리(Currant Jelly)
⑥ 레몬 젤리(Lemon Jelly)
⑦ 민트 젤리(Mint Jelly)
⑧ 샴페인 젤리(Champagne Jelly)
⑨ 파인애플 젤리(Pineapple Jelly)

(5) 샤렛(Charlotte)

비스킷을 손가락 모양으로 둥글게(Curled)만들어 그 속에 바바리안 크림 또는 무스크림을 넣고 차갑게 응고시킨 것이며 다른 부재료를 사용하여 다양하게 만든다.

① 페어 샤럿(Pear Charlotte)
② 요구르트 샤럿(Yogurt Charlotte)
③ 초콜렛 샤럿(Chocolate Charlotte)
④ 애플 샤럿(Apple Charlotte)
⑤ 얼음 샤럿(Iced Charlotte)

(6) 프루트 샐러드(Fruit Salad)

각종 과일을 재료로 레몬 주스, 설탕, 시럽을 넣고 주재료와 어울리는 양주(Brandy, Liqueur, Wine 등)를 첨가하여 차갑게 만든 것으로 프루츠 칵테일(Fruits Cocktail)과 비슷하며, 아이스크림에 곁들이거나 찬 후식과 더운 후식에 같이 혼합하여 만든 것도 여러 가지 있다.

① 아이스크림을 곁들인 프루트 샐러드(Fruit Salad with Ice Cream)
② 오렌지 및 바나나 샐러드(Orange and Banana Salad)
③ 초콜렛을 곁들인 바나나(Banana with Chocolate)

(7) 스튜드 프루트 콤포트(Stewed Fruit Compote)

주재료인 과일을 설탕시럽과 콘스타치(Corn-starch)로 온건한 불에 삶아서 조리한 것을 말하며, 사용되는 재료에 따라 종류가 다양하다.

① 스튜드 애프러캇 콤포트(Stewed Apricot Compote)
② 스튜드 플럼 콤포트(Stewed Plum Compote)
③ 스튜드 래즈베리 콤포트(Stewed Raspberry Compote)
④ 프루트 콤포트를 곁들인 적포도주(Red Wine with Fruit Compote)
⑤ 스트로베리 콤포트(Strawberry Compote)
⑥ 포도주를 곁들인 드라이 프루트 콤포트(Dry Fruit Compote with Wine)

(8) 과일류(Fresh Fruits)

다른 내용물과 섞지 않은 생과일을 말한다. 항상 신선함을 유지해야 하고 계절에 따라 다양하게 준비되어야 하며 한 입에 먹을 수 있도록 보기 좋게 잘라서 제공되어야 한다.

(9) 케이크와 파이(Cake & Pie)

케이크와 파이는 사용되는 내용물에 따라 종류가 수없이 많다. 보관할 때에는 냉장고에 항상 차게 하고, 먹기에 간편하게 잘라서 제공한다. 파이는 고객의 기호에 따라 차게 또는 오븐에 데워서 제공하거나 아이스크림과 함께 제공하기도 한다.

(10) 얼음 과자

이 후식은 냉동하여 만든 식품으로써 로마시대부터 전해져 왔는데, 그 종류는 크게 두 가지로 아이스크림과 셔벗으로 구분된다. 아이스크림은 불어로 Les Glaces라고 하는데, 불란서의 식품 연구가가 우유를 냉동시켜 만든 과자에서 힌트를 얻어 창안한 것이다. 셔벗은 불어로 Sorbet이라고 하며, 이것은 과즙과 리큐르(Liqueur)로 만든 빙과를 말한다. 1640년 불란서의 앙리2세 때에 이태리에서 건너온 요리사가 왕비에게 리큐어를 첨가하여 만든 셔벗(Sorbet)을 주요리 다음에 내놓아 당시의 귀족들을 놀라게 했다고 한다. 그 때는 인조 냉동시설이 없어 천연 얼음을 사용하여 만들었으나, 현재는 갖가지 재료를 이용하여 다양하게 만들어 낸다.

1 아이스크림(Ice Cream)

유제품을 주재료로 하여 설탕, 계란, 과즙 시럽 및 여러 가지 향신료 또는 과일을 조화시켜 냉동하여 만든 것이다.

2 셔벗(Sherbet)

셔벗이 아이스크림과 다른 점은 유지방을 사용하지 않았다는 점이다. 주된 재료는 과즙, 설탕, 물, 술, 계란흰자이며, 저칼로리 식품으로써 시원하고 산뜻하여 생선요리 다음에 제공하거나 후식으로 제공하는데, 이는 소화를 돕고 입맛을 상쾌하게 해주기 때문이다. 또한 모든 과즙은 재료로 사용 가능하며, 그 외에 술 또는 향신료를 이용할 수도 있다.

· 오렌지 셔벗(Orange Sherbet)

· 레몬 셔벗(Lemon Sherbet)

· 그레이프 셔벗(Grape Sherbet)
· 진생 셔벗(Ginseng Sherbet)
· 페퍼민트 셔벗(Peppermint Sherbet)
· 체리 셔벗(Cherry Sherbet)
· 샴페인 셔벗(Champagne Sherbet)
· 키위 셔벗(Kiwi Sherbet)
· 스트로베리 셔벗(StrawberrySherbet)

[3] 파르페(Parfait)

계란 노른자, 생크림, 설탕, 럼(Rum), 뜨거운 물을 재료로하여 기포상태가 된 것을 냉동시켜서 만든 것이며 여러 가지 과일과 술을 이용하여 다양하게 만든다.

· 바닐라 파르페(Vanilla Parfait)
· 커피 파르페(Coffee Parfait)
· 페퍼민트 파르페(Peppermint Parfait)
· 피스타치오 파르페(Pistachio Parfait)
· 초콜렛 파르페(Chocolate Parfait)

② 더운 후식(Hot Dessert; Entremet Chaud)

이 후식은 여러 가지 방법으로 만들어지는데, 그 방법은 오븐에 익히는 법, 더운 물 또는 우유에 삶아 내는 법, 기름에 튀기는 법, 알코올로 플램비(Flambe)하는 법, 팬(Pan)에 익혀 내는 법 등이 있다.

(1) 더운 수플레 그란마니에(Hot Souffle Grandmarnier)

계란 우유, 밀가루, 버터, 설탕, 그란마니에를 재료로하여 오븐에 익혀 낸 것으로써 완성된 후에는 분말설탕(Sugar Powder)을 뿌리고 바닐라 소스로 장식하여 제공되며, 그 외에 사용하는 재료에 따라 여러 가지가 있다.

① 바닐라 수플레(Vanilla Souffle)

② 초콜렛 수플레(Chocolate Souffle)

③ 바나나 수플레(Banana Souffle)

④ 스트로베리 수플레(Strawberry Souffle)

⑤ 알몬드 수플레(Almond Souffle)

(2) 프리터(Fritter; Beignet)

과일에 반죽을 입혀서 식용유에 튀긴 것을 베니에라고 하는데, 완성된 후에는 설탕과 계피가루(Cinnamon Powder)를 묻혀서 럼 소스(Rum Sauce) 또는 계피 소스(Cinnamon Sauce)를 곁들여서 제공하며, 사과, 배, 복숭아, 파인애플 등이 주로 사용된다.

(3) 팬 케이크(Pan Cake; Crêpe)

불란서의 전통적인 후식으로 밀가루, 계란, 우유, 설탕 등을 혼합한 후 프라잉 팬(Frying Pan)을 이용하여 종이처럼 얇게 익힌 것이며, 과일, 브랜디, 리큐어 등으로 만든 내용물과 소스를 곁들여서 여러 가지 모양으로 만든다.

① 초콜렛 소스를 곁들인 크랩(Crêpe with Chocolate Sauce)

② 호두를 곁들인 크랩(Crêpe with Walnuts)

③ 과일을 곁들인 크랩(Crêpe with Fruit)

④ 밤을 곁들인 크랩(Crêpe with Chestnuts)

(4) 그라땅(Gratin)

얇게 구운 크랩(Crêpe) 위에 설탕, 레몬주스에 삶은 잘게 썬 과일을 올려 놓고, 이태리식 소스인 사바용(Savayon)을 끼얹어서 오븐에 넣어 구워 낸 것을 그라땅이라고 하며, 그 위에 아이스크림 또는 셔벗을 올려서 제공하기도 한다.

① 애플파이 그라땅(Apple-Pie-Gratin)

② 사바용 소스를 곁들인 그라땅 프루트(Gratin Fruit with Savayon Sauce)

③ 셔벗을 곁들인 그라땅 프루트(Gratin Fruit with Sherbet)

④ 페어 그라땅(Pear Gratin)

(5) 플램빙(Flambing; Flambée)

과일을 주재료 로하여 설탕, 버터, 과일주스, 브랜디 또는 리큐어 등을 첨가하여 독특한 맛을 내며, 고객의 테이블 앞에서 조리하는 불란서 최고의 전통적인 후식이다.

① 체리 프람베(Cherry Flambée)

② 바나나 프람베(Banana Flambée)

③ 피치 프람베(Peach Flambée)

(6) 세이버리(Savoury)

치즈로 만든 한 입에 먹는 요리로서 그 종류는 다음과 같다.

1 치즈 수플레(Cheese Souffle)

크림소스에 스위스 치즈나 가루치즈를 혼합하여 양념과 함께 오븐에 넣어 구워 낸 것이다.

2 치즈 스트로(Cheese Straw)

밀가루, 우유, 버터 등에 묽은 치즈를 섞어서 양념한 후 얇게 밀어서 동그랗게 만든 다음 작게 썰어 오븐에 구워 낸다.

3 치즈 커스터드(Cheese Custard)

가루치즈를 우유에 붓고 소금, 후추, 파프리카(Paprika)등으로 조미해서 끓인 다음 계란 노른자를 넣고 푸딩 판에 차갑게 해서 제공한다.

3 치즈(Cheese)

(1) 치즈의 정의

치즈란 일반적으로 우유, 양유, 염소젖 등을 주재료로 하며 젖 속의 주요 단백질인 카세인(Casein)과 지방을 함께 응고시키기 위해 젖산균(Starter) 및 우유 효소(Rennet)를 작용시켜 얻은 우유를 유장(Whey)과 분리시킨 후 즉시 미성숙 치즈로 만들거나 또는 우유(Curd)를 가온, 가압, 가염 등의 공정을 거친 다음, 유용한 박테리아, 세균, 곰팡이 등을 이용하여 일정한 온도와 습도를 갖춘 장소에서 일정기간 동안 숙성시켜 만든 식품이다.

(2) 치즈의 종류

치즈는 원료유, 숙성조건, 제품의 물성 또는 제조공정에 따라 다양한 차이를 나타내므로 그 어느 유제품보다도 다양한 종류를 가지고 있다. 치즈 핸드북(Cheese Handbook: 1953년도)에 의하면 치즈는 800종 이상이며 정리하여 서술할 수 있는 것만도 400종 이상이라고 한다. 이와 같이 많은 종류의 치즈는 일정한 규칙에 의거하여 명명된 것이 아니라 여러 가지 이유에서 유래되었으므로, 치즈의 명칭만으로는 분류하기 곤란하다. 국제낙농연맹은 치즈의 규격설정 기준으로 원산지, 제조법, 일반외관(Flavour, Color 등), 물성(Texture) 및 미생물학적인 조성 등을 권장하고 있다. 한편, 치즈 핸드북에서는 제조법에 따라 18종류로 분류하고 있으며, 숙성 방법에 따라서는 다섯 가지로 분류할 수 있다고 하고 있다. 즉 박테리아에 의하여 숙성되는 것, 곰팡이에 의하여 숙성되는 것, 표면 미생물에 의한 것, 박테리아와 표면 미생물을 같이 이용하는 것, 그리고 숙성시키지 않은 것의 다섯 종류로 분류하고 있다.

그러나 오늘날 가장 많이 이용되고 있는 분류기준은 물성으로 치즈의 굳기에 따라 초경질(Very Hard), 경질(Hard), 연질(Semi-soft) 및 아주 연질(Soft)로 분류하고 여기에 특별치즈로 프로세스 치즈(Process Cheese), 유장 치즈(Whey Cheese), 향료 치즈(Spiced Cheese) 등을 포함시켜 분류하고 있다. 이러한 분류에 따라 대표적인 제품의 종류와 특징을 약술하기로 한다.

1 초경질 치즈(Very Hard Cheese)

초경질 치즈 또는 최경질 치즈 등으로 번역되고 있는 것과 같이 수분 함량이 가장 낮고 딱딱하기 때문에 분말로 식용할 수가 있다. 따라서 분쇄 치즈(Grating Type)라고도 하며, 대표적인 것은 다음과 같다.

· 로마노 치즈(Romano Cheese)
· 파르메잔 치즈(Parmesan Cheese)
· 새프서고우 치즈(Sapsago Cheese)

2 경질 치즈(Hard Cheese)

경질 치즈라고 부르는데, 수분함량이 30~42%이고 조직이 단단하다. 박테리아로 숙성시키며, 가장 많이 이용되고 있는 치즈로 종류도 많다.

· 체더 치즈(Cheddar Cheese)
· 가우더 치즈(Gouda Cheese)
· 에담 치즈(Edam Cheese)
· 에먼탈 치즈(Emmental Cheese)
· 그뤼예르 치즈(Gruyére Cheese)

3 연질 치즈(Semi-soft Cheese)

· 브릭 치즈(Brick Cheese)
· 림버거 치즈(Limbrger Cheese)
· 포트 뒤 샬루트 치즈(Port du Salut Cheese)
· 로크포르 치즈(Roquefort Cheese)
· 스틸턴 치즈(Stilton Cheese)
· 뮝스테르 치즈(Muenster Cheese)
· 고르곤졸라 치즈(Gorgonzola Cheese)

4 아주 연질 치즈(Soft Cheese)

아주 연질의 치즈로 부분 함량이 40~60%를 차지한다. 숙성을 전혀 하지 않은 것도 있으나, 짧은 기간 동안 박테리아나 곰팡이(Mold)로 숙성시키는 것도 있다. 제품의 저장성이 낮으므로 단시일 내에 식용한다.

· 카망베르 치즈(Camembert Cheese)
· 브리 치즈(Bire Cheese)
· 모트자레라 치즈(Mozzarella Cheese)
· 크림 치즈(Cream Cheese)
· 핸드 치즈(Hand Cheese)

5 특별치즈(Special Cheese)

제조 원료와 제조 공정이 일반적인 자연치즈(Natural Cheese)와는 판이하게 다른 치즈들을 묶어서 특수 치즈라고 한다.

- · 프로세스 치즈(Proccess Cheese)
- · 쿤 치즈(Coon Cheese)
- · 유장 치즈(Whey Cheese)
- · 훈제치즈(Smoked Cheese)
- · 향료치즈(Spiced Cheese)

8절 … 식후음료(Coffee or Tea)

식후음류로 가장 보편회 되이 있는 기오음료로서 커피와 홍차를 많이 마신다.

1 커피(Coffee; Café)

(1) 커피의 특성과 역사

커피는 쓴 맛, 떫은 맛, 신맛, 구수한 맛을 동시에 가지고 있는 기호음료로서, 피로감을 없애주고 머리를 깨끗하게 하고 혈액순환이 잘 되도록 해주는 성분과 특유의 맛과 향을 가지고 있는 관계로 음료로써 대중들에 의하여 애용되고 있다.

커피에 관해 역사적으로 남아 있는 최초의 기록은 지금으로부터 약 1000년 전 사라센 문화의 근원지 바그다드에 살던 라제스(Rhazes, 850~922)라는 의학자가 아비시니아(현재의 이디오피아) 지방에서 나는 번(Bun)에 관해 기록한 것이다. 'Bun' 은 커피나무를 뜻하는 사투리로서, 그 음료는 'Bunchun' 이라고 했다. 그는 커피즙이 위장에 좋다고 하면서 약용으로서의 효능을 강조하였고, 뒤이어 1세기쯤 후에는 아라비아의 의학자이며 철학자인 아비센나(Avicenna, 980-1037)가 커피를 기호음료라고 기록한 것이 커피가 음료로서 소개된 최초의 문헌이라고 알려져 있다. 원산지인 아비시니아에서 약재와 식료 및 음료로 쓰이던 커피콩은 홍해를 넘어 아덴, 메카, 카이로 등지로 전파되었고, 다시

1300년 경에는 이란으로 그리고 1500년 경에는 터키까지 전해졌으며 터키의 유럽 침공을 계기로 유럽제국에 소개되면서부터 전세계에 알려지게 되었다.

(2) 커피의 조리

일반적으로 커피맛은 수질과 원두의 배합비, 그리고 끓이는 온도와 추출시간 등에 의해 좌우된다.

1 물

광물질이 섞인 경수보다는 연수가 가장 적당하다. 냄새가 나는 물을 사용하여서는 절대 안된다.

2 온도

섭씨 85°~95°가 최적이다 100℃가 넘으면 카페인이 변질돼 이상한 쓴맛이 발생되며, 70℃ 이하에서는 탄닌의 떫은 맛이 남게 되기 때문이다. 일단 끓여서 추출된 커피를 잔에 따랐을 때의 적정 온도는 80°~83℃이며, 설탕과 크림을 넣어 마시기에 최적온도는 66℃ 내외이다.

3 배합비

레귤러 커피의 경우 10g 내외의 커피를 130~150cc의 물을 사용하여 100cc를 추출하는 것이 적당하다. 3인분이면 400cc의 물에 커피 30g을 넣어 300cc를 추출한다. 인스턴트 커피는 1인분에 커피 1.5~2g 정도가 적당하다.

4 크림

커피에 크림을 넣는 경우, 액상 또는 분말 어느 경우에도 설탕을 먼저 넣고 저은 다음에 넣는다. 커피의 온도가 85℃ 이하로 떨어진 후에 크림을 넣어야 고온의 커피즙에 함유된 산과 크림의 단백질이 걸쭉한 형태로 응고되는 것(Feathering 현상)을 방지할 수 있기 때문이다.

5 시간

커피맛과 향의 완벽한 추출을 위해서는 충분한 시간이 필요하다. 맛과 향이 담긴 섬유

조직이 팽창되고 와해되어야만 하기 때문이다.

6 조리기구별 조리방법

Ⓐ 퍼커레이터(Percolator)

일명 "포트"라고도 한다. 포트 안에는 여과장치가 되어 있는데, 일정분량의 물을 붓고 열을 가하면 물이 비등점에 달했을 때 포트의 중앙에 있는 관을 통하여 윗부분에 장치된 여과반에 쏟아진다. 여과반의 커피가루가 끓는 물에 추출되어 여과반 밑에 뚫린 미세한 구멍을 통하여 아래로 흘러내린다. 이 과정이 몇 번 반복되어 진한 커피가 된다.

Ⓑ 사이폰(Syphon)

사이폰은 커피의 침출 여과 과정이 잘 이해되고, 커피가 완성되는 것을 끝까지 지켜볼 수 있는 즐거움이 있으며, 커피 본래의 향이 그대로 우러나 좋은 커피를 만들 수 있다. 보통 플라스크(하부품)와 로드(상부품)를 상하로 연결하여 사용하는 형으로, 먼저 아래쪽 플라스그에 직당량의 불을 붓고 로드에 커피를 넣어 상하로 연결한다. 다음에 플라스크 부분에 열을 가하여 물을 끓이면 물이 중앙의 관을 통하여 위에 얹힌 로드로 올라간다. 이 끓는 물이 로드안에 있는 커피 분말에 침투되어 커피가 추출되게 된다.

Ⓒ 드립퍼(Dripper)

드립퍼의 기원은 터키 커피의 전성시대인 1711년에 프랑스에서 아마로 짠 직물을 가공해서 만든 좁고 긴 자루에 커피의 가루를 넣어서, 열탕을 넣은 포트 속에 담궈 커피의 액을 뽑아내는 방법에서 비롯되었다. 이것은 필터와 포트, 또는 필터와 컵이 조작된 것으로 취급하기가 간단하고 경제적이다. 필터 안에 여과지를 깔고 필요한 양의 커피 분말을 담은 후 끓인 물을 중심에서 주위로 조금씩 주입하면, 분말에서 기포가 발생하고 추출된 커피는 필터 밑에 뚫린 구멍을 통하여 포트로 내려간다.

Ⓓ 전자동 커피 기구(Bunn Automatic)

전열기에서 순간적으로 끓는 물을 중앙관을 통하여 드립퍼에 있는 커피에 분출시켜 커피를 추출하는 기구이다.

Ⓔ 에스프레소(Espresso) 머신

1817년 이태리인이 발명한 커피 조리기구로써, 증기의 압력으로 커피를 추출하는 기구이다. 이것은 속성으로 커피를 추출할 수 있는 장점이 있다.

Ⓕ 에그르 커피 머신(Egro Coffee Machine)

스위스 에그로사에 의해 개발된 커피 조리기구로써, 원두의 분쇄로부터 추출까지 원터치(One-Touch)로 이루어지는 최첨단 컴퓨터제어 방식의 기계이다. 원두를 즉석에서 분쇄하여 압축된 증기로 추출하기 때문에 맛이 신선하고 순하다.

(3) 커피의 종류

커피는 비알코올성 커피(Non-Alcoholic Coffee)와 알코올성 커피(Alcoholic Coffee)로 나눌수 있는데 각각을 살펴보면 다음과 같다.

분 류	설 명	종 류
비알코올성 커피	술이 첨가되지 않은 순수커피로서 만드는 방법이나 재료의 종류에 따라 명칭을 달리한다.	Espresso Coffee, Cappuccino Coffee, Nero Coffee, Latte Coffee, Vienna Coffee, Russian Coffee, Mocca, Frosty, Hawaijan Frosty, Ice Coffee, Coffee Froth, Cona Coffee 등
알코올성 커피	술이 첨가되는 커피로서 첨가되는 술의 종류에 따라서 그 명칭을 달리 한다.	Irish Coffee, Spanish Coffee, French Coffee, Turkish Coffee, Coffee Royale, Coffee Baerengfang, Coffee Peluxe, Coffee Conquest, Coffee Diable 등
카페인제거 커피	카페인 성분 제거	Sanka Coffee

(4) 커피 서비스 방법

고객에게 커피는 향이 중요하기 때문에 커피를 조리할 때 맛과 향이 살아있도록 해야 한다.

커피를 제공할 때 한 잔의 양은 100ml 정도가 좋으며 적정 온도는 80~83°C 이며 설탕과 크림을 넣었을 때는 60~63°C 가 적절하다. 이와 동시에 커피 컵도 뜨겁게 보관되어져 있어야 하며 크림은 너무 차갑게 제공되지 않아야 한다.

커피 메뉴의 종류

알코올성 커피(NON-ALCOHOLIC)				
	카페 카프치노 (Cafe Cappuccino)	이탈리아 타입의 짙은 커피로, 아침 한 때 우유와 커피에 시나몬(계피) 향을 더하여 마시게 되면 더욱 풍미를 느낄 수 있다. "카프치노"라는 말은 회교 종파의 하나인 카프치노 교도들이 머리에 두르는 터번으로 모양이 같아서 이름지어졌다. 기호에 따라 레몬이나 오렌지 등의 껍질을 갈아 섞으면 한층더 여러 향이 어우러진 맛을 낼 수 있는 "신사의 커피"이다.	커피, 설탕, 우유 거품, 또는 휘핑크림, 계피가루, 계피막대, 오렌지 껍질 적당량	컵에 커피를 넣고 거품을 낸 우유를 얹는다. 계피가루를 뿌린 뒤 오렌지 껍질을 가늘게 썰어 얹은 다음, 스푼 대신에 계피 막대기를 이용하여 휘젓는다.
	커피 플로트 (Coffee Float)	크림커피로 일명 카페 그랏세, 카페 제라트로도 불리며, 아이스크림이 들어 있는 커피이다.	커피, 설탕시럽, 바닐라, 아이스크림 휘핑크림, 얼음	큰 글라스에 잘게 부순 얼음을 가득 넣고 설탕 시럽을 붓는다. 여기에 커피(60ml)를 넣고 잘 젓는다. 바닐라 아이스크림을 넣고 휘핑을 장식한 뒤 롱 스푼과 스트로우를 준비한다.
	더치 커피 (Dutch Coffee)	물을 사용하여 3시간 이상 추출한 독특하고 향기 높은 커피이다. 네덜란드 풍의 커피인데 열대 지방의 원주민 사이에서도 이 풍습이 보인다.	강한 볶음의 커피, 설탕, 시럽	커피를 냉수에 너어 3시간 정도 냉장고에 두었다가 필터로 여과시키거나 추출기기(워터드립 포트)를 사용한다. 설탕시럽, 밀크, 크림등은 기호에 따라 첨가한다. 따뜻하게 데워서 먹기도 한다.
		음악의 도시 오스트리아의 비엔나에서 유래되었다는 커피로, 비엔나 커피라는 이		컵에 커피를 따르고 여기다가 비엔나에서 스카라고멜이라

	비엔나 커피 (Vienna Coffee)	름을 가진 커피는 정작 비엔나에는 없으며, 단지 이곳을 방문하는 관광객을의 입에 오르내리는 이름일 뿐이다.	커피, 설탕, 휘핑크림, 적당량	고 불리는 휘핑크림을 듬뿍 넣고 스푼으로 젓지 않고 마신다.
	아이스 커피 (Ice Coffee)	미국에서는 골드 커피, 일본에서는 쿨 커피라고 불리며 이 커피의 생명은 커피의 쓴맛에 있다. 아이스 커피보다 더 짙게 추출한 커피로는 Cafe Mazagran이 있다.	커피,설탕시럽, 얼음 적당량	글라스에 얼음을 가득 넣은 뒤 설탕시럽을 넣고 커피를 따른다.
COFFEE	카페 에스프레소 (Cafe Espresso)	본격적인 이탈리안 커피로 "크림카페"라고도 한다. 이탈리아에서는 식후에 즐겨 마시는데, 피자 따위의 지방이 많은 요리를 먹은 후에 적합한 커피이다.	에스프레소커피, 설탕, 크림	이탈리안 스타일의 커피콩을 사용하여 에스프레소 머신에 넣어 추출한 뒤 데미타스 컵에 따라서 블랙으로 마시는데, 너무 강렬하기 때문에 기호에 따라 설탕, 밀크 등을 넣어도 좋다.
	러시안 커피 (Russian Coffee)		커피, 핫초콜릿	에스프레소 머신에서 커피를 추출한 다음 핫 초콜릿을 함께 제공한다.
	카페 로얄 (Cafe Royal)	푸른 불빛을 연출해 내는 "커피의 황제 카페 로얄은 프랑스의 황제 나폴레옹이 좋아했다는 환상적인 분위기의 커피이다.	커피,각설탕 큰것 1개, 브랜디 15ml	커피를 넣은 컵에 로얄 스푼으로 걸치고 각설탕을 스푼위에 올려 놓는다. 설탕위로 브랜디를 부은 후 불을 붙인다. 실내를 어둡게 하는 것이 분위기에 좋다.
		이 커피의 고향은 아일랜드 더블린인데, 아일랜드 사람들이 점차 미국의 샌프란시스코에 이주하여 이 커피에 아일랜드 위스키나 미스트		글라스에 설탕과 위스키를 넣은 후 커피를 천천히 섞는다.

알코올 커피	아이리쉬 커피 (Irish Cooffee)	를 넣어 마시게 되자, 차츰 유명해져서 "샌프란시스코 커피"라고도 불리게 되었다. 샴록(아일랜드 국화)색의 야당이(포장마차)가 노을이 질 무렵 역이나 선착장에 서게 되면 바다 사나이들이 민요를 흥얼거리며 이 커피를 마시고 간다하여 일명 "게릭 커피"라고도 알려져 있다.	커피, 설탕10g, 아이리쉬 위스키 20ml, 생크림 또는 휘핑크림	생크림을 얹고 롱 스푼을 준비한다. 아이리쉬 커피 글라스를 이용하여 위스키에 불을 붙여 만드는 방법도 있으며 더블린 공항에서 추위를 이기기 위한 커피로 처음 생겨났다.
	터키쉬 커피 (Turkish Coffee)	상등액을 마시게 되는 터키풍의 커피로, 알머니안 커피라고도 한다. 터키에서는 컵 밑에 가라앉은 찌꺼기를 컵 재로 테이블에 엎어 놓은 후, 엎질러진 찌꺼기의 형상을 보고 그날의 운세를 점치기도 했다는 풍습이 있다.	커피, 설탕, 물 120ml	용기에 물과 커피, 설탕을 넣고 불에 올려 놓는다. 끓으면 불을 끄고 난 후 다시 올려 놓기를 세 번 반복한다. 우러난 액이 조용히 가라 앉으면 데미타스 컵에 천천히 따른다.
	카페 알렉산더 (Cafe Alexander)	아이스커피와 브랜디, 카카오의 향이 한데 어우러진 가장 전통적인 분위기의 커피로서, 주로 남성들이 즐기는 메뉴이다.	커피, 설탕시럽 20ml, 브랜디 10ml, 크림드 카카오 10ml, 생크림, 얼음 적당량	커피(50ml)를 얼음과 함께 용기에 부어 냉커피를 만들어 브랜디와 크림드 카카오를 넣은 후 생크림을 살며시 띄운다.
	트로피칼 커피 (Tropical Coffee)	남국의 정열적인 무드가 살아 있는 커피로, 화이트 럼을 사용한다.	커피, 설탕, 화이트 럼, 둥근 레몬 조각1개	설탕과 함께 커피를 컵에 따른 후, 위에다 레몬을 띄우고 화이트 럼을 서서히 따른다. 살며시 불을 붙이면 파랑색의 불꽃과 노란 레몬의 운치가 커피의 맛을 돋군다.
		"칼루아"란 멕시코산의 데		컵에 설탕과 칼루아,

ALCOHOLIC COFFEE	카페 칼루아 (Cafe Kahlua)	퀴라 술의 일종으로 데퀴라 술의 향기와 커피의 맛이 이루어진 독톡한 메뉴이다.	커 피 , 칼 루 아 10ml, 설탕, 휘핑 크림 적당량	그리고 커피를 차례대로 넣은 후 잘 혼합하여 휘핑 크림을 띄운다.
	시트론 카페 로얄 (Citron Cafe Royal)	카페 로얄의 변용으로 약간 어두운 곳에서 노란 레몬색과 파란 불꽃의 조화를 바라보며 신비로운 분위기를 연출한다.	커피, 설탕, 브랜디 적당량, 나선형으로 자른 레몬 껍질	커피를 컵에 따른 후 사과처럼 깎은 레몬 껍질을 포크에 꿰어 컵위에 들거나 걸쳐 놓고, 레몬 껍질에 브랜디를 붓고, 불을 붙인다.
	커피 콩퀘스트 (Coffee Conquest)		커피, 럼, Grand Manier, 오렌지 껍질,황설탕(Brown Sugar)	설탕을 팬에 녹인 다음 커피를 붓고, 사과처럼 깎은 오렌지를 넣는다. 오렌지의 향이 빠지고 난 후 포크와 래들로 껍질을 들어 올려 럼이 흘러 내리게하여 불을 붙인다. Grand Manier를 넣어 오렌지 향을 첨가한 후 휘핑크림을 얹어 제공한다.
	커피 베랑팡 (Coffee Baeranfang)		보드카, 크림드 카카오, 꿀, 휘핑크림, 커피	보드카와 카카오를 넣고 커피를 부은 후 꿀과 휘핑크림을 얹어 제공한다.

② 홍차(Tea)

홍차는 커피와는 달리 강한 맛은 가지고 있지 않지만, 섬세하고 미묘하고 우아한 향을 가지고 있으며 풍미도 떫은 맛이 풍부하게 풍긴다.

홍차는 조리시 특유한 풍미를 잃으면 안되며, 서비스 할 때 세심한 주의를 요한다. 고객의 취향에 따라 레몬 혹은 밀크를 넣는데, 레몬의 경우는 레몬 과즙에 포함된 향기와 홍차의 풍미가 잘 조화되며, 밀크는 홍차의 떫은 맛을 제거시켜 부드러운 맛으로 변하게 한다.

홍차를 제공할 때는 커피와 마찬가지로 홍차컵이 뜨거워야 한다.

9절 ... 기본 조리법

① 블랜칭(Blanching; Blanchir)

야채 등을 끓는 물에 순간적으로 넣었다가 건져 내어 흐르는 찬물에 헹구어 조리하는 방법으로, 끓이기(Boliling), 볶기(Stauteing), 굽기(Glazing) 등에 사전 조리법으로 이용된다.

1 물에서의 블랜칭

물을 이용하여 데치는 방법으로 찬물에 넣어 끓일 경우 야채나 고기 세포막이 열려지게 되어 맛을 손실할 수 있으나, 뜨거운 물에 데칠 경우에는 세포막이 열리지 않으므로 맛을 보존시킬 수 있다.

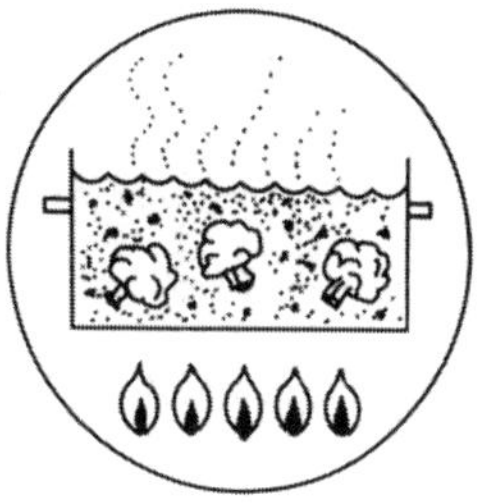

2 기름에서의 블랜칭

기름을 이용한 블랜칭은 프리 프라잉(Pre-fryng)의 과정과 같다. 생선, 육류, 감자, 야채는 130℃에서 데친 후 식힌다.

② 포우칭(Poaching; Pocher)

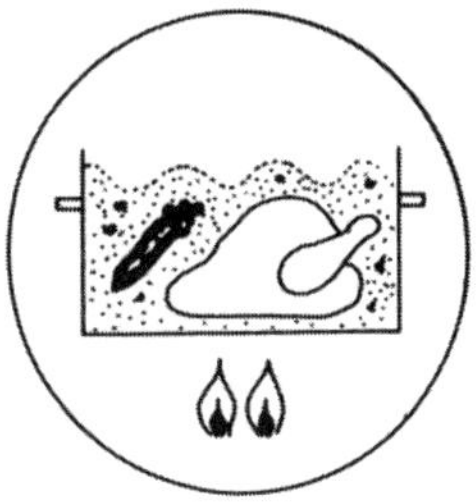

포우칭은 Bain-marie(중탕용기)와 같은 조리용기를 이용하여 65℃-80℃의 물에 서서히 익히는 방법이다. 이때 온도가

80℃ 이상이 되면 식품내의 단백질이 파괴되기 시작한다.

③ 심머링(Simmering; Bouillir)

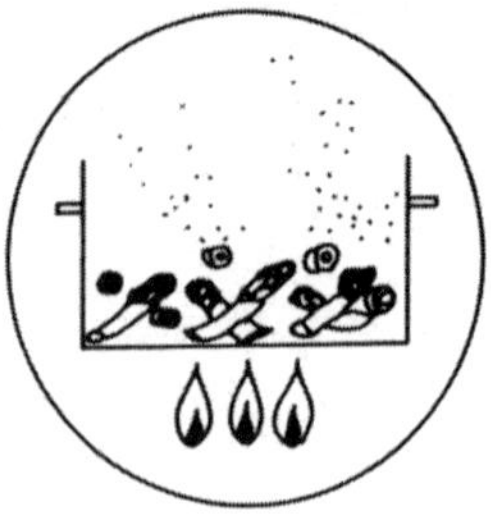

포우칭과 보일링의 혼합조리 방법으로 95℃-98℃에서 조리한다.

④ 보일링(Boiling; Cuire)

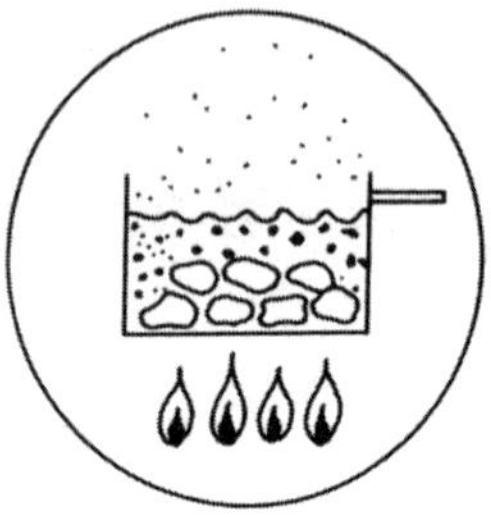

끓는 물이나 스톡(Stock)을 이용하여 끓이는 방법으로 주로 파스타(Pasta), 쌀, 건조한 야채(Dry Vegetables)의 조리에 사용된다.

⑤ 스팀잉(Steaming; Cuire a la Vapeur)

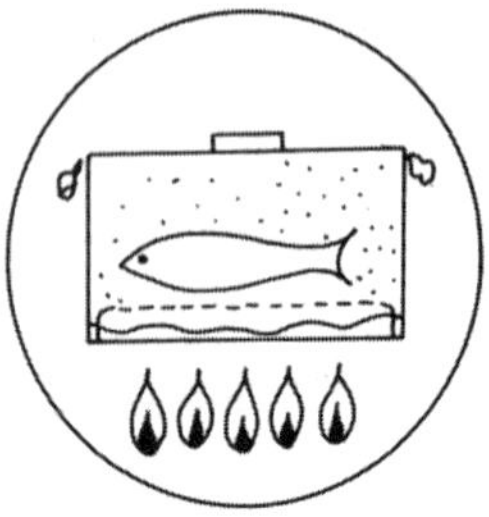

증기압을 이용하는 방법과 순수한 증기만을 이용하는 법이 있다. 증기압을 이용하는 법은 높은 신선도를 유지시켜야 할 식품의 조리에 이용되며, 사용온도는 200℃-250℃이다.

스팀잉은 흔히 사용되는 조리 방법으로써

생선, 갑각류, 육류, 야채, 후식 등의 요리에 많이 사용되며, 식품 고유의 맛을 유지할 수 있는 장점이 있다.

⑥ 셸로우 프라잉(Shallow Frying; Sauter)

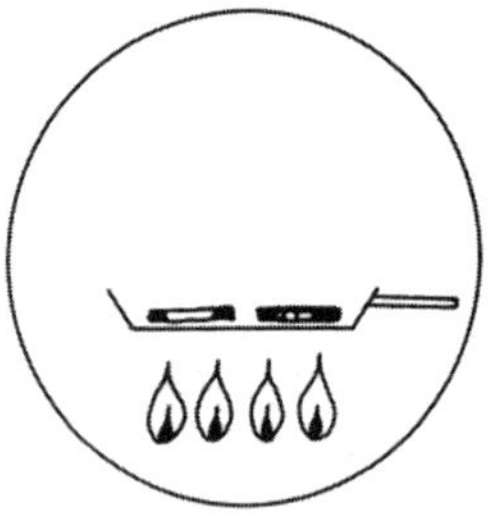

깊이가 얕은 팬(Pan)을 사용하며, 팬을 뜨겁게 한 뒤 기름과 버터를 넣어 급히 익혀내는 방법으로, 스테이크 조리시 고기의 표면조직을 수축시켜 내부의 영양분과 고기즙이 밖으로 흘러

나오지 않도록 조리하는 법이다. 일명 팬 프라잉(Pan Frying) 이라고도 한다.

1 뫼니에르(Meuniere)

생선에 밀가루를 입혀서 버터로 구워낸 것으로 일명 버터구이라고도 한다. 생선요리에 적합한 조리법이다.

2 브로우셋(Brochette)

육류, 간, 야채 등을 쇠꼬챙이에 꿰어서 소테(Saute)한 것이다.

3 이스카롭(Escalope)

밀가루, 계란, 빵가루 등을 입혀서 굽는 방법이다.

⑦ 디프 팻 프라잉(Deep Fat Frying; Frire)

기름을 이용하여 튀기는 조리방법으로 140℃-190℃의 온도에서 조리한다. 주로 육류, 가금류, 야채, 생선의 조리에 이용되며 기름의 온도가 너무 낮으면 재료에 흡수되어 버리므로 적정 온도를 유지시켜야 한다.

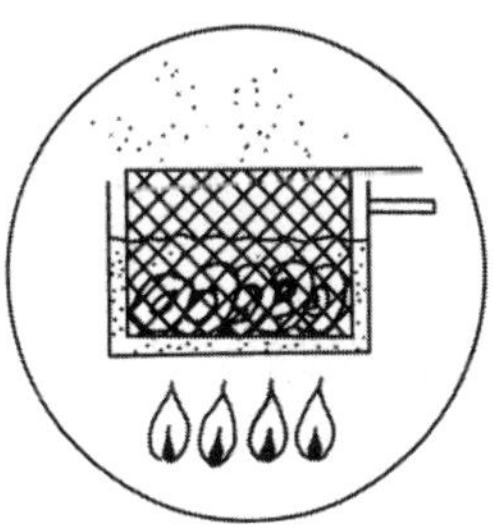

⑧ 그릴링(Grilling; Griller)

석쇠를 이용하여 직접 열로 조리하는 방법으로, 숯을 사용할 경우 음식에 특유한 맛을 더한다.

고기를 구울 때는 고기의 두께가 두꺼울수록 온도는 낮아야 하며 얇을수록 온도가 높아야 한다.

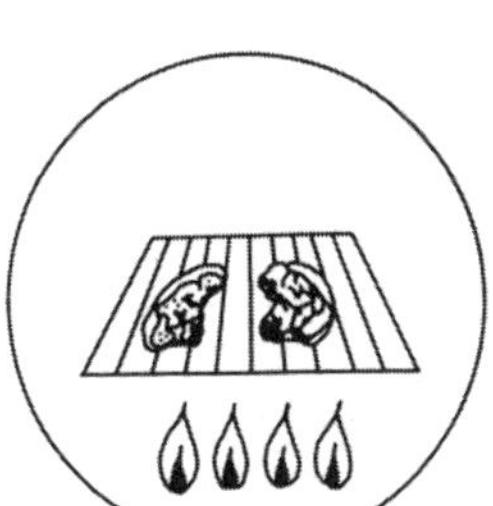

⑨ 그라땅화(Gratinating; Gratiner)

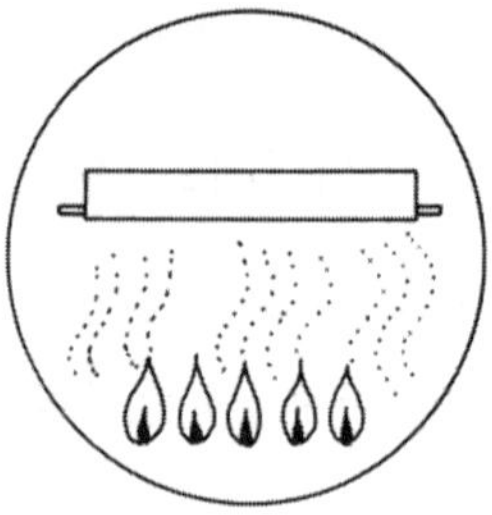

요리를 마무리하는 조리방법으로 크림, 치즈, 계란, 버터 등을 요리의 표면에 뿌린 뒤 샐러맨더(Salamander)나 오븐을 이용하여 표면을 갈색으로 굽는 방법이다.

⑩ 오븐에서의 베이킹(Baking in the Oven; Cuire au Four)

식품을 오븐에 넣어 적당한 온도의 건열로 조리하는 것이다. 석쇠(Grid)를 이용할 경우 140℃-250℃, 트레이(Tray)를 이용할 경우 170℃-240℃에서 조리한다.

⑪ 로스팅(Roasting; Rotir)

식품을 오븐에 넣어 직접 열로 조리하는 방법으로 처음 210℃-250℃에서 시작하여 150℃-200℃에서 끝내며, 계속해서 기름을 칠하면서 굽는 방법이다. 이 방법은 식품의 맛을 완전히 보존시킬 수 있는 방법으로, 조리법 중 가장 힘들고 우수한 방법이다.

⑫ 브레이징(Braising; Braiser)

뚜껑이 있는 용기(Container)에 식품을 넣고 장시간 조리는 방법으로, 180℃-200℃에서 조리한다.

육류나 야채를 약간 뜨거운 기름에 갈색이 나도록 익힌 다음 약간의 물을 넣고 완전히 익을때까지 직접 열로 서서히 조리하며, 이때 고기의 표면이 마르지 않도록 자주 국물이나 스톡을 고기에 발라준다.

⑬ 글레이징(Glazing; Glacer)

[1] 야채 글레이징

야채를 글레이징 할 때는 설탕, 버터, 물 또는 스톡을 야채에 첨가한 다음, 뚜껑을 덮고 낮은 불(150℃-200℃)로 서서히 조린다. 물기가 거의 증발한 다음 뚜껑을 열고 계속 흔들어 조리하는데, 당근이나 무 등에 적합하다.

[2] 흰 고기 글레이징

기본적으로는 브레이징(Braising)과 같으나 좀더 약한 불로 조리한다. 처음 백포도주를 넣고 조린 다음 브라운 스톡(Brown Stock)을 첨가한 후 약한 불로 계속 조린다.

⑭ 포트 로스팅(Pot Roasting; Pooler)

이 방법은 약 140℃-210℃의 오븐에서 뚜껑이 있는 팬(Pan)을 이용하여 미르쁘와(Mirepoix)와 함께 가금류, 육류 등을 조리하는 방법이다. 조리중 흘러 내린 기름을 표면에 계속 뿌려주어야 한다. 조리가 끝날 무렵 약간의 백포도주를 첨가하여 조린다.

⑮ 스튜잉(Stewing; Etuver)

뚜껑이 달린 스튜잉 포트(Stewing Pot)를 이용하여 브레이징할 때보다 낮은 온도로 서서히 조리는 방법으로, 육류, 야채, 과일 찜에 사용되는 조리법이다. 용해된 버터를 포트(Pot)에 바른 다음 식품을 넣어 110℃-140℃의 온도로 서서히 조린다.

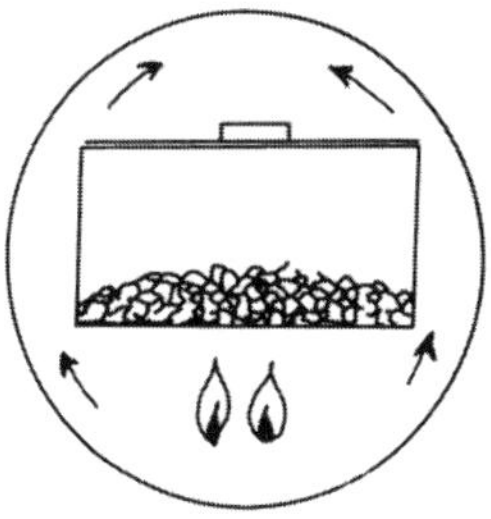

4

… 식음료 이야기

호텔조찬 값내리기 … 얼리버드 유치戰

이명박 정부 출범 후 '얼리버드' 열풍이 불면서 호텔 비즈니스 조찬이 급증하고 있다. 이에 따라 각 호텔은 조찬 모임을 잡기 위해 저렴한 아침 메뉴를 속속 개발하는 등 치열한 경쟁을 벌이고 있다.

특히 삼성타운이 서초동으로 이주하면서 강남 비즈니스 조찬예약이 늘어나고 있는 추세다. 서울 강남구 역삼동에 있는 호텔 리츠칼튼서울에 따르면 비즈니스 조찬회의가 작년보다 30% 가까이 늘었다. 이 호텔은 또 14일부터 일식 조찬 메뉴를 전보다 싼 가격에 선보이고 있다.

일식당 하나노조(사진)는 생선구이 정식과 전복죽 정식 두 가지를 내놓고 있는데 가격은 각각 2만6000원과 3만원이다. 정원이 보이는 독립 별실에서 회의를 할 수 있고 30명까지도 조찬모임을 할 수 있는 것이 장점이다.

리츠칼튼 관계자는 "보통 4만~5만원대 메뉴지만 특별히 2만~3만원대로 구성해 조찬모임 수요를 끌어들이려고 한다"고 말했다.

역삼동에 있는 르네상스서울호텔의 클럽 호라이즌은 한식 메뉴를 3만원대에서 2만9000원으로 내렸고, 양식은 4만원대에서 3만2000원으로 조정한 세트메뉴를 내놓아 조찬 수요자들 눈길을 끌고 있다.

이와 함께 임피리얼팰리스 호텔 일식당 만요는 4월 들어 기존 4만원대이던 일식 조찬을 2만 8000원에 내놓았다.

소공동 서울 롯데호텔의 이탈리안 레스토랑 페닌슐라에서는 유기농 조식을 2만5000원에 먹을 수 있다. 프라자호텔은 지난해 말부터 세븐스퀘어에서 2만 6450에 아침 뷔페를 내놓고 있다.

새로 선보인 메뉴는 아니지만 2만~3만원대 비교적 저렴한 메뉴를 제공하는 호텔도 여러 곳 있다. 충무로에 있는 세종호텔 일식당 후지야는 2만원에 조찬을 제공한다. 메뉴는 죽정식과 아침정식 두 가지다.

마포에 자리한 베스트웨스턴호텔은 1인당 2만~3만원대에서 조찬 모임을 열 수 있도록 해준다.

강남 삼성동에 위치한 코엑스 인터컨티넨탈은 '아시안 라이브'에서 오전 6시 45분 ~10시까지 한식, 일식, 양식 등 아침식사를 즐길 수 있다. 다양한 죽 요리도 선택 할 수 있으며 양식은 2만 2000원, 한식과 일식은 3만 2000원이다.

인천공항 근처에 있는 하얏트리젠시 인천에서도 비즈니스 조찬 모임이 최근 늘어나고 있다. 비즈니스맨들이 출국 전이나 입국 후에 호텔에 머물며 미팅을 하는 경우가 많다. 한식 메뉴는 1만 8000원부터 이용할 수 있고, 양식 메뉴는 2만원부터 가능하다.

심시보 기자

자료: 조선일보

PART 04

음료와 칵테일

CHAPTER 09

음료의 정의와 분류

1절 ··· 음료의 정의와 분류

우리 인간의 신체 구성 요소 가운데 약 70%가 물이라고 한다. 모든 생물이 물로부터 발생하였으며 또한 인간의 생명과 밀접한 관계를 가지고 있는 것이 물, 즉 음료라는 것을 생각할 때 음료가 우리 일상생활에 얼마나 중요한 것인가를 알 수 있다. 그러나 현대인들은 여러 가지 공해로 인하여 순수한 물을 마실 수 없게 되었고 따라서 현대 문명 혜택의 산물로 여러 가지 음료가 등장하게 되어 그 종류가 다양해졌으며 각자 나름대로의 기호 음료를 찾게 되었다.

음료(Beverage)라고 하면 우리 한국인들은 주로 비알코올성 음료만을 뜻하는 것으로 알코올성 음료는 「술」이라고 구분해서 생각하는 것이 일반적이라 할 수 있다.

그러나 서양인들은 음료에 대한 개념이 우리와 다르다. 물론 음료라는 범주에서 알코올성, 비알코올성 음료로 구분을 하지만 마시는 것은 통칭 음료라고 하며 어떤 의미로써는 알코올성 음료로 더 짙게 표현되기도 한다.

또한 와인(Wine)이라고 하는 것은 포도주라는 뜻으로 많이 쓰이나 넓은 의미로는 술을 총칭하고 좁은 의미로는 발효주(특히 과일)를 뜻한다.

일반적으로 술을 총칭하는 말로는 리큐어가 있으나 이는 주로 증류주(Distilled Liquor)를 표현하며, 독한 술, 증류주(Hard Liquor)또는 스피리츠(Spirits)라고도 쓴다.

음료란 크게 알코올성 음료(Alcoholic Beverage; Hard Drink)와 비알코올성 음료(Non-Alcoholic Beverage; Soft Drink)로 구분되는데 알코올성 음료는 일반적으로 술을 의미하고 비알코올성 음료는 청량음료, 영양음료, 기호음료로 나눈다.

음료를 종류별로 분류해 보면 다음의 표와 같다.

- 음료(Beverage)
  - 알코올성 음료(Alcoholic Beverage)
    - 양조주(Fermented)
      - 포도주(Wine)
      - 맥주(Beer)
      - 과실주(Fruit Wine)
    - 증류주(Distilled)
      - 브랜디(Brandy)
      - 위스키(Whiskey)
      - 보드카(Vodka)
      - 럼(Rum)
      - 진(Gin)
    - 혼성주(Compounded)
      - 리큐르(Ligueur)
  - 비알코올성 음료(Non-Alcoholic Beverage)
    - 청량음료(Soft Drink)
      - · 탄산음료(Carbonated) : 콜라, 사이다, 진저엘, 토닉워터, 소다워터
      - · 무탄산음료(Non-carbonated) : 다이아몬드워터, 제주생수, 에비안워터, 셀처워터, 비키워터
    - 영양음료(Nutritious Drink)
      - 쥬스류
        - · 과일주스(Fruit Juice) : 오렌지, 파인애플, 사과, 포도, 레몬, 라임
        - · 야채주스(Vegetable Juice) : 토마토, 기타
      - 음성음료
        - · 우유 : 살균우유, 미살균우유
        - · 스위트크림(Sweet Cream)
    - 기호음료(Fancy Taste)
      - 커피류
        - · 레귤라 커피(Regular Coffee), 카페인 없는 커피(Caffein-free Coffee)
      - 차류
        - · 홍차(Tea), 녹차(Green Tea), 인삼차(Ginseng Tea)

① 알코올성 음료의 분류(Alcoholic Beverage)

알코올성 음료란 일반적으로 술을 뜻하며 술의 역사는 인류의 역사와 함께 전래해 왔다고 한다. 술이 최초로 발견된 시기나 방법 또는 그 발견자가 확실하지는 않으나 오랜 세월이 지나는 동안 인간은 과실이나 꿀 등이 자연 발효된 것을 발견할 기회는 많았을 것이다. 이러한 과정에서 생긴 쓴맛을 지닌 술(Ethyl Alcohol)은 적어도 7,000년 동안 인간을 매료시켰고 생활에 놀라운 영향을 끼쳤다.

알코올성 음료는 크게 다음과 같은 3종류로 나누어진다.

(1) 양조주(Fermented Liquor)

양조주는 술의 역사로 보아 가장 오래 전부터 인간이 마셔온 술로써, 곡류와 과실 등 당분이 함유된 원료를 효모균에 의하여 발효시켜 얻어지는 주정, 즉 포도주(Wine)와 사과주(Cider)가 있고, 또 하나는 전분을 원료로하여 그 전분을 당화시켜 다시 발효 공정을 거쳐 얻어내는 것으로써 맥주와 청주가 있다. 양조주는 보편적으로 알코올 함유량이 3%-18%이나 21%까지 강화된 것도 있다.

(2) 증류주(Distilled Liquor)

곡물이나 과실 또는 당분을 포함한 원료를 발효시켜서 약한 주정분(양조주)을 만들고 그것을 다시 증류기에 의해 증류한 것이다. 양조주는 효모의 성질이나 당분의 함유량에 의해 대개 8°~14° 내외의 알코올을 함유한 음료를 산출하는데 이를 보다 더 강한 알코올 음료나 순도 높은 주정을 얻기 위해서 증류하는 것이다.

(3) 혼성주(Compounded Liquor; Liqueur)

리큐르는 과일이나 곡류를 발효시킨 주정을 기초로하여 증류한 스피리츠(Spirits)에 정제한 설탕으로 감미를 더하고 과실이나 약초류, 향료 등 초근 목피의 침출물로 향미를 붙인 혼성주이다. 즉, 색채, 향기, 감미, 알코올의 조화가 잡힌 것이 리큐어의 특징이다. 식후주로 즐겨 마시며 간장, 위장, 소화불량 등에 효력이 좋은 술이다.

리큐르(Liqueur)의 어원은 라틴어 Liquefacere(리큐화세;녹는다)에서 유래된 말이다. 프랑스 및 유럽에서는 리큐르(Liqueur), 독일에서는 Likör, 영국과 미국에서는 코디얼(Cordial)이라고도 한다.

② 비알코올성 음료의 분류(Non-Alcoholic Beverage)

비알코올성 음료란 알코올 성분이 전혀 들어 있지 않는 음료를 지칭하는 것으로 다음과 같이 3가지로 분류될 수 있다.

(1) 영양음료(Nutritious Drink)

영양음료란 사람의 건강에 도움을 줄 수 있는 영양성분을 많이 포함하고 있는 음료를 일컫는데 일반적으로 다음과 같이 나누어진다.

- 주스류
  - 과일주스
    - 오렌지주스(Orange Juice)
    - 파인애플 주스(Pineapple Juice)
    - 그레이프 프루트주스(Grape Fruit Juice)
    - 애플주스(Apple Juice)
    - 포도주스(Grape Juice)
    - 레몬주스(Lemon Juice)
    - 라임주스(Lime Juice)
  - 야채주스
    - 토마토 주스
    - 기타 야채주스
- 우유
  - 살균우유(Pasteurized Milk)
  - 미살균우유(Non-pasteurized Milk)

(2) 청량음료

청량음료는 차갑게 해서 청량감을 제공하는 음료로 정의된다. 청량음료는 탄산음료와 무탄산음료로 구성되는데, 탄산음료는 탄산가스(CO_2)가 포함된 음료를 지칭하며, 무탄산음료는 자연수로서 탄산가스가 포함되지 않은 무색, 무미, 무향의 음료를 지칭한다.

다음은 청량 음료를 분류하고 있다.

- 청량음료
  - 탄산음료
    - 콜라
    - 사이다
    - 진저엘(Gingerale)
    - 토닉워터(Tonic Water)
    - 소다워터(Soda Water)
  - 무탄산음료
    - 다이아몬드 워터(Diamond Water)
    - 제주생수(Cheju Water)
    - 에비안 워터(프랑스 : Evian Water)
    - 셀처워터(독일 : Seltzer Water)
    - 비키워터(프랑스 : Vicky Water)

(3) 기호음료

기호음료란 일반적으로 식전, 식후에 즐겨 마시는 커피류 및 차류를 일컫는데 분류는 다음과 같다.

- 커피
  - 레귤라 커피
  - 카페인없는 커피
- 차
  - 홍차(Tea)
  - 녹차(Green Tea)
  - 인삼차(Ginseng Tea)

2절 ... 양조주의 종류 및 특성

1 포도주(wine)

1) 포도주의 역사

포도의 재배가 지구상의 어느 지방에서 언제쯤 부터 시작되었는지는 알 수 없다. 마찬가지로 포도 열매로 와인이 언제, 어디서, 누구에 의하여 만들어 졌는지도 분명치 않으나, 야생의 포도가 발생한 것은 지금부터 약 1만년 전 중앙아시아이며 포도로 와인을 만든 것도 이 지방 주민일 것이라고 학자들은 추정하고 있다.

그 시대는 지금으로부터 약 1만년 전으로 거슬러 올라간다. 와인 제조(製造)에 관한 최고(最高)의 고고학적 증거는 신석기 페르시아[(Persia) 현재의 이란]에서 찾아 볼 수 있다. 와인에 관한 문헌은 기원전 3,000년경부터 기록되었다. 기원전 1,500년까지 페니키아, 레바논, 시리아, 이집트와 다른 중동 국가에서는 활발한 와인 거래가 있었다.

와인과 포도에 관한 신과 여인 그리고 전설과 노래들이 와인의 중요성을 찬양하기 위해 서로 다른 문화 속에서 창조되었다. 또한 와인은 많은 종교에서 신성한 음료수로 생각했는데 와인의 알코올 성분으로 인한 의학적인 특성이 수세기 동안 인정되어 왔기 때문이다.

그 후에 고대 그리스인들이 포도나무를 서부 유럽에 소개하였고, 로마인들은 그들의 정복지가 늘어감에 따라 더욱 멀리 포도나무를 퍼뜨렸는데 독일, 스페인, 포루투갈, 영국을 점령한 로마군은 포도나무를 심고 와인을 만들었다.

이 일은 군인들의 사기를 높이는데 도움을 주었고, 전쟁이 없을 때는 군인들이 하는 일이 되었다. 로마제국(Roman Empire)이 쇠퇴한 후 수세기 동안은 수도원이 포도밭을 널리 퍼뜨리고 와인을 계속 만들었다. 기독교가 전세계에 전파됨에 따라 선교사와 탐험가들에 의해 새로운 세계로 포도와 와인 제조 방법이 알려지게 되었고 시간이 경과함에 따라 제조 방법에도 많은 발전을 가져왔고 또한 천연적인 와인에 여러 가지 초근목피와 열매를 배합하여 맛과 향을 더욱 독특하게 만들었으며, 식욕촉진제(Aperitif)로, 또는 몸이 허약하거나 병중 회복기의 환자에게 좋은 효과를 나타내는 약재로 사용되기도 하고 있다.

2) 포도주의 제조과정

① 수확된 포도는 스테머(Stemmer)라는 기계에서 포도로부터 줄기와 대를 분리시킨 후 백포도주(White Wine)이냐 적포도주(Red Wine)이냐에 따라 압축(Pressing)과 발효(Fermenting) 과정이 달라진다. 백포도주의 경우는 포도껍질과 씨를 분리시키기 위해 압축한 다음 발효시킨다. 그러나 적포도주는 껍질, 과육, 씨와 함께 발효한 후 압축한다. 이렇게 해서 얻어지는 즙은 껍질에 의해 착색하고 향이 배게 된다. 핑크색 포도주(Rose Wine)는 백포도주와 적포도주를 섞어서 만드는 경우도

있지만 대개는 적포도주를 만드는 과정을 따르며 내용물이 전부 발효되기 전에 압축한다.

② 발효가 끝난 액은 여과기를 통해 찌꺼기 등을 여과하며, 이렇게 얻어진 액은 숙성시키기 위해 나무로 된 통으로 보내진다. 이 나무통의 나무 그 자체와 액이 통에 담겨져 있는 시간에 따라 향에 영향을 준다.

③ 숙성이 끝난후 포도주는 병에 담겨져 판매된다. 와인을 제조하는 방법은 각 나라마다 또는 지역마다 그들 나름대로의 방법이 있으며 때로는 상당한 차이가 나고, 대개 포도의 종류, 재배지의 토양, 효모, 양조기술, 기상조건 및 숙성기간에 의하여 그 품질이 결정된다.

적포도주는 백포도주 보다 탄닌(Tannin)성분이 많은 관계로 숙성기간도 길고 장기보존도 가능하다. 이와 더불어 대부분의 포도주병은 태양광선으로부터 포도주의 품질을 보존하기 위하여 색깔이 있는 병을 사용하고 있다. 다음의 [그림 9-1]은 포도주의 제조과정을 나타내고 있다.

[그림 9-1] 포도주의 제조과정

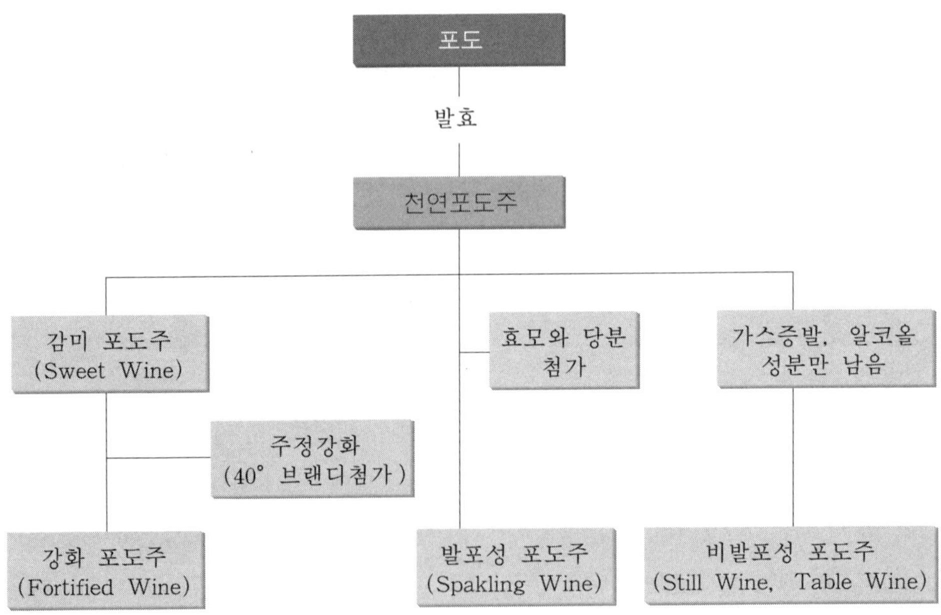

3) 포도주의 분류

(1) 색에 따른 분류

1 적포도주(Red Wine)

수확된 포도를 껍질까지 즙을 내어 발효시켜서 과피에서 우러나온 색으로 인하여 적색이 나게 된다.

2 백포도주(White Wine)

적, 백포도를 다 사용하여 포도즙을 낼 때 과피를 제거하고 알맹이만을 발효시켜서 만든 것이며 연한 밀짚색이 난다.

3 핑크색 포도주(Rose Wine)

포도주를 눌러 짠 후 잠깐 발효시킨 후 껍질을 제거한 후에 발효를 다시 시켰을 때 나타나는 핑크(Pink)색을 띤 와인이다.

4 황색 포도주(Yellow Wine)

엷은 노란색을 띄우고 있다.

(2) 맛에 따른 분류

당분이 어느 정도 남았느냐에 따라서 Dry, Medium, Sweet 포도주로 분류된다.

1 감미 포도주(Sweet Wine)

완전히 발효되지 못하고 당분이 남아있는 상태에서 발효를 중지시킨 것과 가당을 한 것이 있다.

2 산미 포도주(Dry Wine)

완전히 발효되어서 당분이 거의 없는 상태인데 아주 단맛이 없는 포도주는 강한 산미 포도주(Very Dry Wine)라고 부른다.

(3) 알코올 첨가 유무에 따른 분류

1 강화포도주(Fortified Wine)

알코올 도수를 높이기 위하여 발효 과정이나 또는 발효 후 알코올 농도가 높은 증류주를 배합한 것이며 대표적인 것으로 세리(Sherry), 포트(Port), 마드리아(Madeira), 아로매틱(Aromatic) 포도주 등이 있으며 주로 향을 첨가하고 있다.

2 비강화포도주(Unfortified Wine)

다른 주정을 첨가하지 않은 보통 와인을 말하는데, 대부분의 14° 이하의 테이블 와인(Table Wine)이 이에 속한다.

(4) 탄산가스 유무에 따른 분류

1 발포성 포도주(Sparkling Wine)

2차 발효를 병속에서 하는 동안 자연적으로 탄산가스가 생기게 한 것과 인위적으로 주입시키는 것이 있다. 대표적인 것으로 프랑스 샹파뉴 지방에서 만들어진 프랑스의 샴페인(Champagne)과 이탈리아의 스푸만테(Spumante)가 있다.

2 비발포성 포도주(Still Wine)

발포성(탄산가스)이 없는 와인을 말하는데, 일반적인 테이블 와인이 모두 여기에 해당된다.

(5) 식사에 따른 분류

1 식전 포도주(Aperitif Wine)

식사를 하기 전에 한 두잔 마시는 와인으로 강화주나 향취가 강한 것을 많이 마신다. 강화주로는 세리 포도주를, 향취가 강한 것으로는 버머스(Vermouth) 종류를 주로 마신다.

2 식사중 포도주(Table Wine)

식사와 곁들여서 마시는 와인은 음식물에 따라 다르다. 백포도주는 흰살의 고기를 먹을 때, 적포도주는 붉은살의 고기를 먹을 때 마시는 것이 보통이다. 즉, 백포도주는 생선

요리 및 송아지고기(Veal), 닭(Chicken), 칠면조(Turkey) 등을 포함하는 흰색고기의 가금류(White Meat)와 함께 마신다. 적포도주는 육류요리에 마시며, 치즈류 및 모든 종류의 주요리에도 제공된다.

③ 식후 포도주(Dessert Wine)

후식을 먹을 때 마시는 감미 포도주를 주로 말한다. 대표적으로 포트와인(Port Wine), 크림 세리(Cream Sherry) 등이 있다.

(6) 저장 기간에 따른 분류

① 초년층 포도주(Young Wine)

만든지 1~2년 혹은 5년 이내에 마시는 포도주를 지칭한다.

② 중년층 포도주(Aged Wine Old Wine)

만든지 5~10년 혹은 15년 이내에 마시는 포도주를 지칭한다.

③ 장년층 포도주(Great Wine)

만든지 15년 이상 50년 가까이 지나서 마시는 포도주를 지칭한다.

(7) 각국의 포도주

① 프랑스 포도주

■ 지역별 분류

· 프랑스 포도주의 대표적 산지로 다음과 같다.

☞ 보르도(Bordeaux) 지역

☞ 버건디[Burgundy(Bourgogne)] 지역

☞ 꼬뜨뒤론(Côtes du Rhône) 지역

☞ 알사스(Alsace) 지역

☞ 르와르(Loire) 지역

☞ 샹파뉴(Champagne) 지역

■ 프랑스 포도주의 상표(Label) 읽는법

프랑스 포도주의 상표는 각 지역별 지구별 또는 구역별로 표기하는 방법이나 내용이 약간씩 차이가 있다. 지역의 이름이나 지구의 이름 혹은 마을의 이름이 포도주명으로 사용되는 경우가 많고 또한 특정 포도원(Château)명 와인도 적지 않다. 간혹 포도의 품종이 와인명으로 사용되는 지역도 있다. 그러므로 프랑스 포도주의 상표를 읽기란 상당히 까다롭다고 할 수 있다.

대표적으로 보르도 포도주와 버건디 포도주의 상표 읽는 법을 소개한다.

■ 보르도 포도주 상표

① 와인명	②생산국가(프랑스)	③ 심볼마크
④ 생산지역	⑤ 보르도 와인의 등급	⑥ 용 량
⑦ 빈테이지(생산년도)	⑧ 포도원 소유자의 이름과 주 소	⑨ 포도원에서 병입
⑩ AOC 원산지 통제 명칭		

■ 버건디 포도주 상표

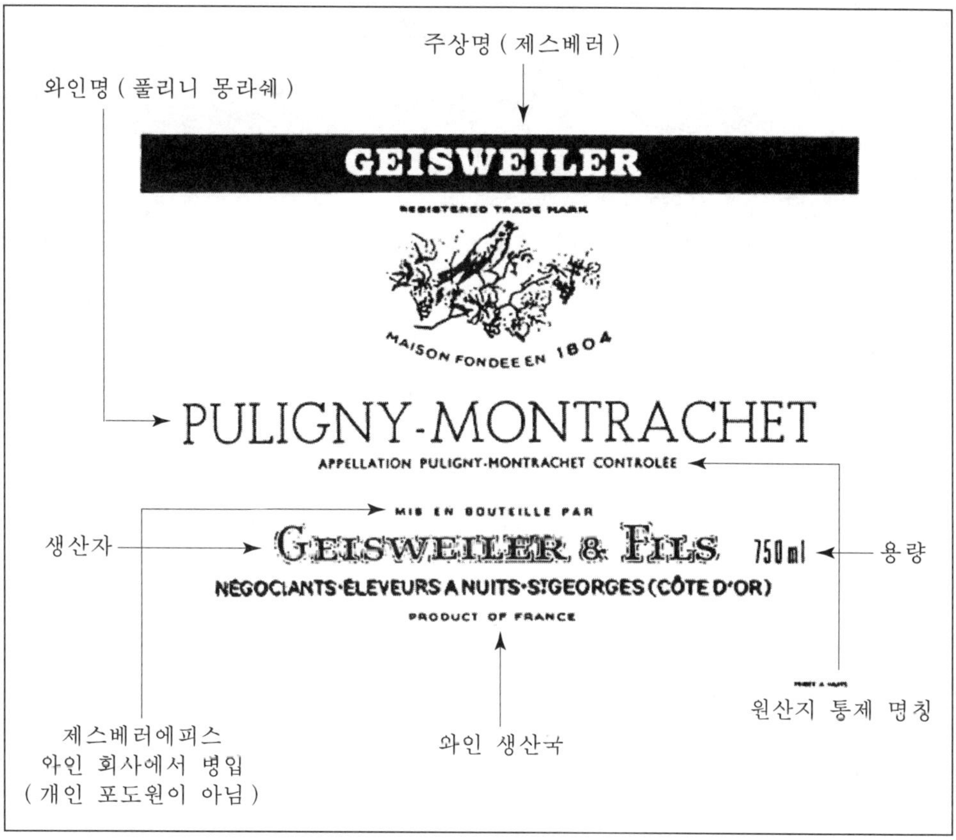

2 이탈리아 포도주(Italian Wine)

이탈리아 포도주의 생산량은 프랑스를 능가하여 세계 제 1위이나 포도주의 대부분이 국내에서 소비되고 있다. 이탈리아의 전 국토가 포도원이라 해도 과언이 아닐 만큼 포도를 재배하고 있어 그 생산량은 세계 산출 포도주의 약 19%를 차지하고 있다. 이탈리아 포도주는 대부분 조잡하며 우량품은 없으나 프랑스 포도주의 2급에 해당하는 포도주를 생산하고 있다. 물론 프랑스의 샤또마고(Chateau Margaux)나 독일의 요하니스베르크(Johannisberg Schloss)와 같은 명주에 비교할 만한 상품은 없으나 론 포도주(Rhône Wine)과 같은 우수품도 있다. 주요 산지로는 북쪽의 피에몬테(Piemonte), 롬바르디아(Lombardy)에서 남쪽의 시실리아에 이르기까지 18개의 이름있는 산지가 있으며 여기에서 유명한 와인을 740여 품종 이상을 생산하고 있다.

포도주로 유명한 지역으로는 다음과 같다.

· 피에몬테(Piemonte) 지역

· 투스카니(Tuscany) 지역

· 기타지역

기타 유명 포도주 생산 지역으로는 바르돌리노(Bardolino), 쏘아베(Soave), 발폴릴첼라(Valpolicella)를 생산하는 베네또(Veneto) 지역과 쏘아베와 더불어 세계 전 지역에 걸쳐서 인기있는 백포도주인 오르비에또(Orvieto)를 생산하는 움브리아(Umbria) 지역, 그리고 베르딕꾜(Verdicchios)로 잘 알려진 마르께(Marches) 지역 등 이탈리아 전역에 걸쳐 각 지역에서 각양각색의 포도주를 생산해 내고 있다.

■ 프랑스 · 이탈리아 와인 등급

프랑스 와인	등급	이탈리아 와인
A.O.C (Appellation d' Origine Controlée)	최상급	D.O.C.G (Denominazione di Origine Controllata E Garantita)
V.D.Q.S (Vin Delimite de Qualité Superieur)	상급	D.O.C.(Denominazione di Origine Controllata)
V.D.P.(Vin de Pays)	중급	I.G.T.(Indicazione Geografica Tipica)
V.D.T.(Vin de Table)	하급	V.D.T.(Vino da Tavola)

3 독일 포도주(German Wine)

독일 포도주의 산지는 라인(Rhein) 지역과 모젤(Mosel) 지역을 꼽을 수 있다. 어느 것이나 가늘고 긴 병에 담겨져 있는 경우가 많으며 라인 포도주(Rhein Wine)는 갈색, 모젤 포도주(Mosel Wine)는 녹색으로 정해져 있다. 포도경작 면적과 생산량은 프랑스에 비하면 아주 적으나 독일의 백포도주는 세계의 애음가들로 부터 호평을 받고 있다.

포도의 품종은 리스링(Riesling)종과 실바너(Sylvaner)종을 많이 사용한다. 독일의 포도원에서 만들어진 포도주는 포도 수확기에 의해서 여러 가지 품질의 포도주를 생산하고 있어 그 결과로 다음 5가지 형으로 분류하고 있다.

· 카비네트(Kabinett)

· 슈패트레제(Spatlese)

· 아우스레제(Auslese)

· 베에렌아우스레제(Beernauslese)

· 트록켄베에렌아우스레제(Trokenbeerenauslese)

이밖에 발포성 포도주(Sparkling Wine)을 일컫는 쌕트(Sekt)라는 것이 있는데, 쌕트라는 것은 독일의 법률 용어로써 뷔르츠부르크(Würzburg) 지구에서 만드는 것을 샤움바인(Schaumbein), 봄즈(Borms) 지구에서 만드는 것을 쌕트, 코블렌즈(Koblens) 지구에서 만드는 것을 발포성 모젤 (Sparkling Mosel) 등으로 나누어져 있다.

4 스페인 포도주(Spanish Wine)

스페인은 세계 어느 나라 보다 넓은 면적의 포도밭을 가진 나라다. 그러나 포도주 생산량은 이탈리아의 $\frac{1}{3}$밖에 되지 않는다. 스페인에서 상급 포도주가 나는 지역은 헤레스(Jerez), 리오하(Rioja), 몬띠야(Montilla), 끼딸로니아(Catalonia) 등이다.

와인 종류는 많지만 세계적으로 알려진 포도주는 세리 포도주밖에 없다. 세리(Sherry)의 본명은 헤레스(Jerez) 로서 헤레스 델 라 프론떼라(Jerez de La Frontera)시의 이름을 따서 불려 졌는데 이 포도주가 영국으로 수출되면서 부터 영국 사람들이 세리포도주(Sherry Wine)로 고쳐 부른 것이 오늘날의 세리로 되었다.

5 포루투갈 포도주(Portuguess Wine)

세계적으로 알려진 포도주는 역시 포트포도주(Port Wine)과 핑크색 포도주(Rose Wine)이며, 비뉴 드 꼰수무(Vinho de Consumo; 보통 와인)라 하여 커라프 포도주(Carafe Wine)이 있는데 대부분 국내에서 소비하고 있으며 그 질이 다른 어느 나라보다도 좋다는 평이다. 적, 백포도주, 테이블 포도주 등을 비롯하여 발포성 포도주(Sparkling Wine)도 생산하지만 Rose나 Port만 못하다.

6 미국 포도주(American Wine)

1840-50년대에 포도 재배의 기초를 이루었으나 처음에는 유럽 포도주와 비슷한 것을 만들어 상표도 샤블리(Chablis), 버건디(Burgundy), 라인(Rhein) 등 유럽의 유명 산지의 이름을 붙이고 있었다.

1950년대에 들어와 캘리포니아 대학의 포도 재배, 양조 연구소 등의 노력으로 각각의 땅에 적합한 품종 육성법, 양조법 등이 확립되면서 미국 포도주의 생산이 본격화 되었다. 특히, 크롬과 스테인리스 스틸의 특수 합금에 의한 탱크와 바깥쪽에 붙이는 냉각 장치의 고안에 의하여 양조과정을 완전히 조정할 수 있게 되면서부터 품질의 향상은 눈부신 발전을 계속 했다. 60-70년대에는 소규모의 포도주 양조장(Winery)이 증가하여 개성적인 포도주를 만들기 시작하면서 사용하는 포도의 품종명을 와인명으로 쓰기 시작하였다. 이와 같은 포도주를 버라이털 포도주(Varietal Wine)이라 부르고 대량 생산되며 샤블리 등 일반적인 이름으로 판매되는 포도주는 제네릭 포도주(Generic Wine)이라 부른다.

현재 포도주의 생산은 미국의 반 이상의 주(state)에서 하고 있는데 캘리포니아주가 27%를 차지하고 있다.

7 한국 포도주(Korean Wine)

우리나라의 포도주 역사는 매우 짧으며 포도주란 이름으로 소규모 상품화된 적이 있으나 주정과 포도즙을 섞어 만든 화학 포도주에 불과한 미비한 정도였다. 따라서 서구의 포도주 형식을 갖추기 시작한 것은 극히 최근의 일이며 서구의 포도주와 같은 수준의 본격적인 고급 포도주는 마주앙을 최초로 본다.

· 마주앙(Majuang)

☞ 회사 : O.B

☞ 포도 품종 : 리스링

☞ 주포도 재배지 : 경북 청하와 밀양

☞ 성격 : 독일 라인강 유역의 모젤 포도주 유형

· 몽블로(Montbleu)

☞ 회사 : 진로

☞ 포도 품종 : 사이벨, 리스링

☞ 주포도 재배지 : 경남 산청

☞ 성격 : 보르도 유형으로 마주앙에 비하면 훨씬 드라이하다.

· 위하여(Wehayeux)

☞ 회사 : 수석농산(주)

☞ 포도 품종 : 사이벨, [적포도주는 (Muscat Bailey A)]

☞ 주포도 재배지 : 충남 보령군 웅천면

☞ 성격 : 보르도 유형이나 덜 드라이하다.

4) 포도주의 취급법 및 서비스 방법

(1) 포도주 보관

포도주는 보관상의 단순한 규정이나 상태를 준수한다면 쉽게 오랫동안 보관할 수 있다. 지하 저장고가 있다면 훨씬 매력적이고 실용적일 것이다. 호텔 등 고급 프랑스 식당에서는 포도주 냉장고나 포도주 저장실을 이용, 보관하고 있으나 일반 가정에서는 찬장이나 벽장 등을 이용하여 만들어 사용하면 실용적일 것이다. 포도주 보관시의 중요한 사항은 다음과 같다.

1 온도(Temperature)

약 13℃(55° F) 정도의 일정한 온도가 이상적이다. 7℃~18℃(45° -65° F) 사이의 일정치 않은 온도도 그 변화가 느리고 고정된 것이라면 괜찮다.

2 진동(Vibration)

포도주 속의 찌꺼기가 떠오르는 것을 막고 코르크(Cork)가 풀어지는 것을 방지하기 위해 최소화해야 한다. 특히 적포도주나 샴페인 등을 손으로 운반시나 테이블 서비스시에 흔들리지 않게 조심스럽게 다루어야 한다.

3 음지(Darkness)

햇볕에 노출을 연장시키면 병의 온도가 올라갈 것이다. 이것이 저장을 위한 상태로서 대개 어둠이 권장되어지는 이유이다. 그러나 전등의 불빛은 포도주에 영향을 주지 않는다.

4 습도(Humidity)

찬바람은 습기찬 바람이다. 그러므로 저장소의 온도가 낮다면 습도는 적당할 것이다.

일반적으로 습도의 상태가 기분이 좋을 정도면 포도주에도 적당하다. 습도는 건조하지도 습하지도 않게 알맞아야 하며 일년내내 변치 않아야 한다.

매일 마시는 적포도주는 실내온도(22℃~25℃)로 선반(Rack)에 보관하고 백포도주는 포도주 냉장고에 보관한다. 포도주를 보관할 때 코르크가 와인과 접촉되게 옆으로 눕혀 놓는다. 이렇게 함으로써 코르크가 마르고 수축하는 것을 막을 수 있다. 꼭 맞는 코르크는 포도주에 공기가 들어가지 않게 하고 너무 빨리 익지 않게 한다.

(2) 포도주 병을 따는 요령

① 포도주를 주문한 손님에게 포도의 상표를 확인시키기 위하여 상표가 손님을 향하게 하여 고객의 좌측에서 보여 드린다.

② 코르크 스크류(Cork Screw)에 있는 나이프를 이용하여 병목의 캡슐(Capsule) 윗부분을 제거한 후 서비스 클로스(Service Cloth)로 병마개 주위를 잘 닦는다.

③ 코르크 스크류 끝을 코르크의 중앙에 대고 천천히 돌려 넣는다. 코르크를 완전히 통과하여 코르크 조각이 술명 안으로 떨어져서는 안된다.

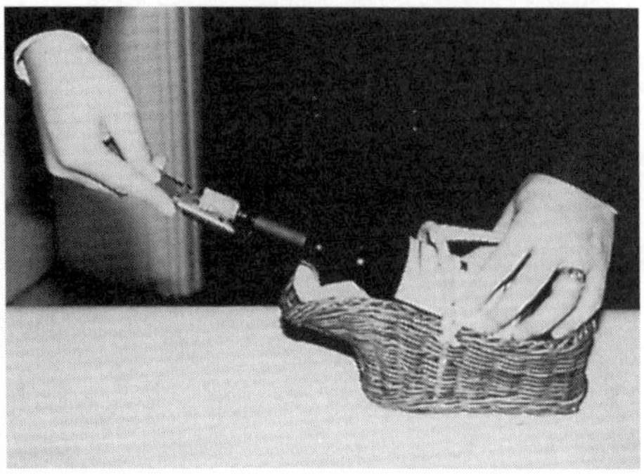

④ 나사를 천천히 돌려 코르크 마개가 1cm 가량 남은 위치까지 뽑은 후, 서비스 클로스를 받쳐 손가락으로 코르크를 잡고 천천히 돌려서 마개를 뽑는다.

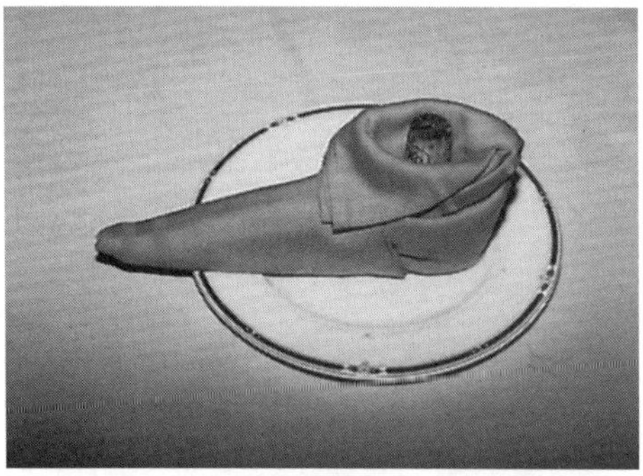

⑤ 코르크의 냄새를 맡아 이상 유무를 확인하고 손님에게 확인하도록 코르크를 보여 드린다.

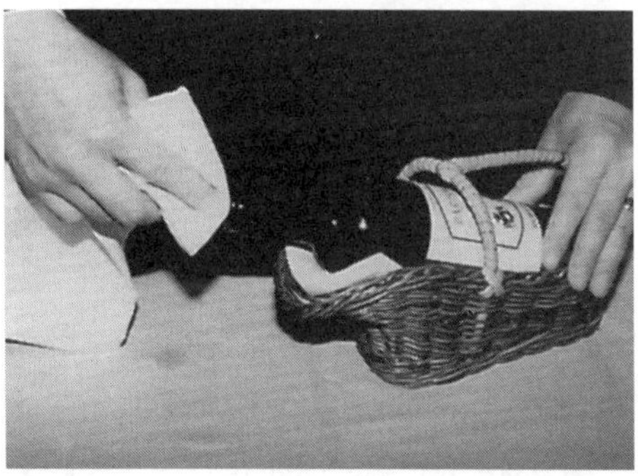

⑥ 서브하기 전에 서비스 클로스로 병목 주위를 깨끗이 닦는다.

⑦ 주문한 손님에게 시음시켜 드린다.

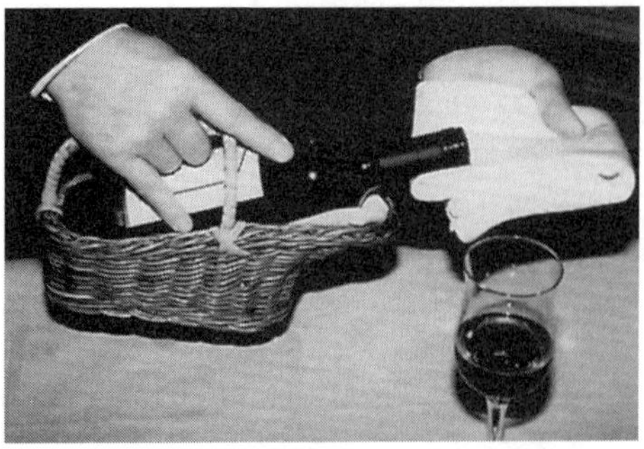

⑧ 포도주를 따른 후 병목을 서비스 클로스로 닦아, 술방울이 테이블에 떨어지지 않도록 한다.

(3) 포도주 따르는 법

순 서	설 명
①	코르크 스크류(Cork Screw)에 달린 칼로 캡슐(Capsule)을 완전히 제거 한다.
②	코르크를 뽑는다.
③	병목 주위를 깨끗이 닦는다.
④	촛불을 켠다음 왼손으로 포도주 잔(Carafe)을 잡고, 오른손으로 포도주병을 잡은 후 포도주 병의 어깨쯤에 촛불의 불꽃이 비치도록 하여 포도주를 따른다. 이때 찌꺼기가 나타나면 중지한다.

(4) 적포도주 서비스 (Wine Basket을 이용)

① 포도주 바스켓(Wine Basket)에 냅킨을 깔고 적포도주를 눕힌다.

② 손님에게 주문한 상표를 확인시킨다.

③ 포도주 바스켓 목밑에 브레드 플레이트(Bread Plate)를 엎어 깔고 왼손으로 바스켓을 잘 잡고 오른손으로 코르크 스크류의 나이프를 이용, 캡슐을 제거한다.

④ 냅킨으로 병목 주위를 닦은 다음 코르크 스크류를 코르크에 돌려 넣는다. 이때 병이 움직이지 않게 조심스럽게 다루어야 한다.

⑤ 받침대를 이용, 왼손으로 받침대를 고정시키고 천천히 오른손으로 빼낸다.

⑥ 다시 병목 주위를 깨끗이 닦은 다음 서브한다.

⑦ 서브 요령은 바스켓을 오른손의 엄지와 중지 사이에 끼워 잡고 인지로 병을 살짝 누르면서 잡는다.

⑧ 주문한 손님(Host)께 먼저 맛을 보게 한 다음 좋다는 승낙이 있으면 사회적인 지위나 성별, 연령을 참작하여 서브하는 것이 일반 원칙이다.

⑨ 글라스와 술병의 높이는 약간 떨어지게 하여 글라스의 $\frac{1}{2}$~$\frac{2}{3}$정도 서브하고 병을 약간 돌려 커팅(Cutting)한다.

⑩ 이때 서비스 클로스를 쥐고 있는 왼손은 가볍게 뒤쪽 허리 등에 붙이고 서브한다.

⑪ 서브가 끝날 때마다 술병을 조심스럽게 서브스 클로스로 닦아 술방울이 테이블이나 손님에게 떨어지지 않도록 주의한다.

(5) 백포도주 서비스

① 적절한 온도를 유지하기 위하여 백포도주는 얼음과 물이 채워진 와인 쿨러(Wine Cooler)나 냉장고에 넣어 두어야 한다.

② 병마개는 손님 앞에 준비된 와인 쿨러속에서 따야 한다.

③ 고객에게 보여주는 것과 따는 것은 앞에서 설명한 「와인병을 따는 요령」에 따라 실시하며 포도주 서브시 글라스와 와인병과의 높이는 보통 포도주의 종류에 따라 2-3cm가 적당하다.

(6) 샴페인 서비스

① 와인 쿨러에 물과 얼음을 넣고 샴페인병을 넣어 차갑게 한 다음 서브한다.

② 샴페인병을 들어 손님의 좌측에서 상표를 확인시킨다. 이때 물기가 떨어지지 않게 서비스 클로스를 술병 밑바닥에 댄다.

③ 왼손 엄지로 병마개를 누르면서 오른손으로 은박이나 금박의 포장지 윗부분을 벗긴다.

④ 왼손 엄지는 계속 병마개를 누르면서 감겨진 철사를 푼다.

⑤ 왼손으로 와인 쿨러속에 있는 병을 꽉 잡고 오른손으로 코르크를 조심스럽게 소리나지 않게 빼낸다.

⑥ 병에 물기를 제거한 다음 오른손 엄지를 병 밑쪽 파인 곳에 넣어 나머지 손가락으로 병을 잡고 왼손 인지로 병목 부분을 받치고 따른다.

⑦ 글라스와 병의 높이는 약 3-5cm정도가 적당하다.

⑧ 샴페인 서브시 (⑥)번과 같은 방법을 취하지 않을 때는 서비스 클로스를 든 왼손은 등뒤로 붙인다.

⑨ 매 서브 후 서비스 클로스로 병목의 물기를 조심스럽게 닦아 술이 테이블이나 손님에게 떨어지는 것을 방지한다.

■ 샴페인 코르크(Champagne Cork)따는 법

①	손님의 좌측에서 상표를 확인 시킨다.
②	병목 부분의 띠를 잡아 당겨, 노출된 와이어 네트의 잠금쇠를 푼다.
③	왼손 엄지로 코르크의 윗부분을 누르면서 와이어 네트를 완전히 벗겨낸다.
④	손을 바꾸어 오른손 엄지로 코르크가 순간적으로 튀어 나오지 않도록 눌러 주며, 왼손으로 병목부분을 잡고 오른손으로 약간씩 좌우로 비튼다.
⑤	오른손으로 코르크를 견고하게 잡고 서서히 열어준다.

(7) 이상적인 음료 온도(The Ideal Temperatures of Beverages)

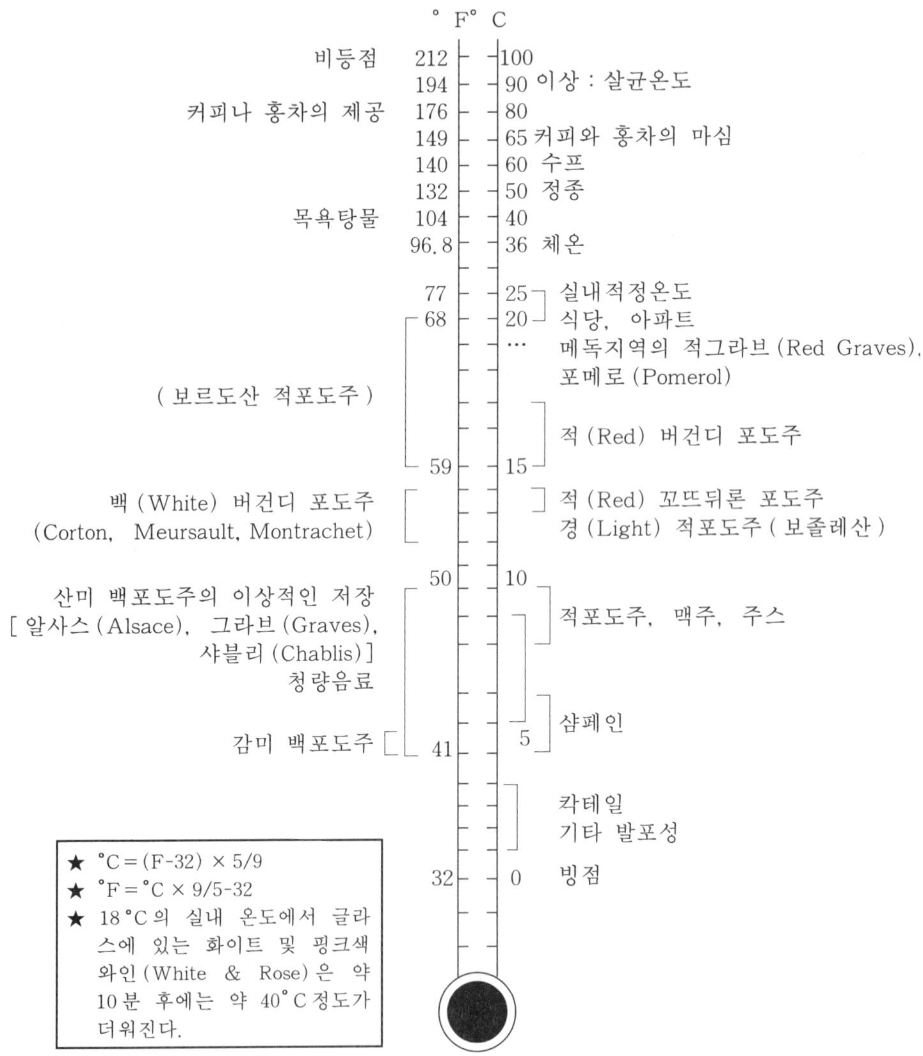

★ °C = (F-32) × 5/9
★ °F = °C × 9/5-32
★ 18°C의 실내 온도에서 글라스에 있는 화이트 및 핑크색 와인(White & Rose)은 약 10분 후에는 약 40°C 정도가 더워진다.

② 맥주(Beer)

맥주는 맥아와 호프(Hop)를 주원료로 효모를 사용하여 만드는데, 보리, 호프, 물, 효모 및 기타가 원료가 된다.

1) 맥주의 원료

(1) 보리(Barley)

양조용 보리로는 다음과 같은 것이 좋다.

① 껍질이 얇고, 담황색을 띄고 윤택이 있어야 한다.

② 알맹이가 고르고 95% 이상의 발아율이 있어야 한다.

③ 수분 함유량은 10%내외로 잘 건조된 것이어야 한다.

④ 전분 함유량이 많은 것이어야 한다.

⑤ 단백질이 적은 것이어야 한다(많으면 맥주가 탁하고 맛이 나쁘다).

(2) 홉(Hop)

홉은 맥주에 특이한 쓴맛과 향기를 주며 보존성을 증가시키고 또한 맥아즙의 단백질 제거를 하는 중요한 역할을 하는 불가결한 원료가 된다.

(3) 물(Water)

맥주는 90%가 물이다. 그 때문에 수질이 좋은 것을 사용하지 않으면 맥주의 품질에 영향을 미친다.

보통 산성의 양조용수를 사용한다. 최근에는 이온교환 수지의 발달로 이상적인 수질을 얻을 수 있기 때문에 좋은 맥주를 양조할 수 있다.

(4) 효모(Yeast)

맥주에 사용되는 효모는 맥아즙 속의 당분을 분해하고 알코올과 탄산가스(CO_2)를 만드는 작용을 하는 미생물로, 발효 후기에 표면에 떠오르는 상면발효 효모와 일정기간을 경과하고 밑으로 가라앉는 하면발효 효모가 있다. 따라서 맥주를 양조할 때에는 어떤 효모를 사용하느냐에 따라 맥주의 질도 달라진다. 전자는 영국, 미국의 일부, 캐나다, 벨기에 등지에서 많이 사용되고 후자는 독일, 덴마크, 체코슬로바키아 등지와 우리나라에서 사용되고 있다.

(5) 기타

맥아의 전분을 보충하기 위해 쌀, 옥수수, 기타 잡곡 등이 사용된다.

2) 맥주의 제조 과정

(1) 맥아의 제조법

보리는 제진기를 거쳐 먼지를 제거한 뒤, 선립기에서 알맹이를 고른다. 다음은 침맥조라는 탱크(Tank)에 2일 전후로 담가 수분을 흡수시킨다. 이것을 발아조에 넣어 약 8일간 통기와 온도를 조절하면서 발아시킨다. 이것을 그린 몰트(Green Malt)라고 한다.

그린 몰트는 45% 정도의 수분을 함유하고 있으므로 건조실에 보내 열풍으로 건조시킨다. 이후 맥아의 뿌리를 제거하고 약 20°C의 맥아 저장실에서 6~8주간 잠재운다. 이렇게 건조한 맥아를 드라이 몰트(Dry Malt)라 한다.

(2) 당화

드라이 몰트(Dry Malt)를 분쇄기에 걸어 잘게 부순 후 통에 담고 여기에 5~6배 무게의 온수를 넣어 죽과 같은 상태로 만든다. 이것을 매시(Mash)라 한다. 이 매시를 자비부(煮沸釜)로 옮겨 끓이며 이때 홉이 가해진다. 홉을 가함으로써 맥아 속의 단백질은 응고, 침전하고 액을 맑고 깨끗하게 만든다. 동시에 맥주의 독특한 쓴맛도 생긴다. 그 뒤 홉 제거기에 넣어 홉을 제거하고 냉각기에서 발효에 적당한 온도까지 얼린(0°C) 다음 여과기와 원심분리기로 고형물이나 침전물을 제거하면 투명한 액체가 되고 그것이 발효조로 옮겨진다.

(3) 발효

발효조의 맥아액은 상면발효 효모나 하면발효 효모를 가함으로써 발효를 시작한다.

효모는 발아액의 당분을 분해하여 알코올과 탄산가스를 만드는 것이다.

발효는 약 1주일에서 10일정도 걸리는데 이렇게 만들어진 맥주는 아직 쓴맛도 강하고 탄산가스도 불충분하여 「어린 맥주」라고 한다. 이를 주발효 혹은 전발효라 한다.

(4) 저장

이 어린 맥주는 저장 탱크에서 약 60일~90일간 0℃에서 숙성을 계속한다. 이를 후발효라고 하는데, 이 기간중에 발생하는 탄산가스가 밀폐된 탱크 속에서 맥주에 녹아 들어가 효모나 기타 응고물은 침전하여 원숙한 맥주로 성장하는 것이다. 이것을 규조토 여과기로 여과하여 술통에 따라 두는 것이 생맥주(Draught or Draft)이다. 이 생맥주는 신선하나 보존성이 없어 보존성을 유지하기 위해 저온 살균한 것이 보통 말하는 병맥주(Lager Beer)이다.

맥주의 종류로는 하면발효맥주(Bottom Fermentation Beer)와 상면발효맥주(Top Fermentation Beer)가 있는데 하면발효맥주는 비교적 저온에서 발효시킨 맥주로서 주정도는 3°~4°이며, 이것의 종류로는 병맥주, 생맥주, 필젠 맥주(Pilsner Beer), 도르트문트 맥주(Dortmunder Beer), 흑맥주 등이 있다. 한편, 상면발효맥주는 비교적 고온에서 발효시킨 맥주로서 종류로는 포터(Porter), 에일(Ale), 스타우트(Stout), 복(Bock) 등이 있다.

3) 맥주의 서비스 방법

병맥주나 캔맥주(Can Beer)는 살균되어 있는 상태이므로 실제 저장온도에 따라 상태가 유지된다. 너무 장기간의 저장과 단기간 일지라도 직사광선이나 고온에 노출시키는 것은 맛의 변화를 가져온다. 가장 좋은 저장 방법은 5℃~20℃의 실내온도에서 통풍이 잘 되고 직사광선을 피할 수 있는 어두운 지하실의 건조한 장소가 가장 적합하다.

또 한 가지 주의할 점은 영하의 온도에 노출되어 맥주가 얼지 않도록 주의해야 하며, 계절이나 지방, 기후에 따라 약간씩 다르나(실제로 영국의 Pub에서는 한여름에도 미지근한 맥주가 나온다), 비어 쿨러(Beer Cooler)에서 약 3.5℃~4℃로 보관 하였다가 서브할 때는 여름에는 7℃, 겨울에는 10℃ 정도의 온도로 서브하는 것이 이상적이고, 마개를 땄을 때 맥주가 넘쳐 나올 경우는 너무 차게 하였거나 아니면 너무 오래 되었다고 보아야 한다.

맥주를 따를 때는 병을 글라스에서 약 4~5cm정도 들고 부어서 7부 정도로 잔을 채우고 거품이 일도록 붓는 것이 신선한 향취를 맛보는데 가장 이상적이다. 거품이 없이 따르면 이산화탄소가 맥주와 함께 넘어가기 때문에 배가 빨리 불러온다.

또한 첨잔은 금물이다. 처음 따른 맥주의 맛이 가장 좋고 그 후엔 공기가 닿아서 산화되어 맛이 줄어든다. 맛이 줄어든 맥주에 새 맥주를 부으면 맛이 좋아지기는 커녕 부을 때 공기가 스며들어 더욱 산화를 재촉하게 된다.

생맥주는 양조장에서 출고될 때가 가장 잘 완숙된 상태이다. 부풀어 오르는 거품이 대단히 아름답고 먹음직스러워 만족스러운 감을 주기 때문에 전세계적으로 많은 고객을 가지고 있다. 그러나 생맥주는 예민한 음료이므로 취급에 있어서 주의를 기울이지 않으면 안된다.

생맥주를 맛있고 거품이 오래 지속되도록 따르는 일은 오랜 경험으로 완성되고 온도와 압력 그리고 글라스의 청결 상태에 크게 좌우된다.

3절 … 증류주의 종류 및 특성

① 위스키(Whiskey)

1) 위스키의 정의와 역사

위스키는 알곡(Grain)을 갈아서 발효시키거나 싹(Malt)을 내어서 갈아 발효하여 증류해 낸 술이다. 이러한 위스키의 역사는 스카치의 역사라 할 수 있다. 위스키는 12세기경 이전에 처음으로 아일랜드에서 제조되기 시작하여 15세기경에는 스코틀랜드로 전파되어 오늘날의 스카치 위스키의 원조가 된 것으로 보고 1826년 이전에는 이탄을 사용하여 건조시키고 소형 단식 증류기(Pot Still)로 서서히 증류 시키는 방법이 사용되었으나 1826년 스코틀랜드의 증류업자 Robert Stein의 연속식 증류기 개발에 이어 1831년 아일랜드 더블린(Dublin)의 세무관리인 Aeneas Coffey가 「코레이식 연속 증류기(Coffey

Still)」를 완성하여 특허를 취득했다. 연속 증류기(Patent Still)로 불리우는 이 증류기의 보급으로 단기간 내에 대량의 알곡 위스키(Grain Whiskey)를 생산하기에 이르렀다.

2) 위스키의 제조 방법

위스키의 제조방법에는 산지별로 약간씩 다르나 스카치 위스키를 예로 들면, 다음 순서와 같다.

원료(原料)	원료 보리는 주로 골든메론(Goldenmelon) 종과 세버리어(Chevalier) 종이 많이 쓰인다. 그 외 호밀(Rye), 밀(Wheat), 귀리(Oats) 등이 쓰인다.
정선(精選)	보리를 정선기에 넣어 마른 알맹이, 불량한 보리를 완전히 제거한다.
침맥(浸麥)	보리를 깨끗이 씻고 속이 빈 보리를 제거하기 위함과 동시에 물을 주어 발아의 준비를 하기 위해 행하며, 2일동안 침수한다.
발아(發芽)	침맥한 보리를 발아실로 보내 1주일 정도 발아시킨다. 항상 온도니 습도가 발아에 적당한 상대로 유시되어야 한다.
건조(乾燥)	발아한 보리는 건조탑에서 상단과 하단으로 각각 일주일씩 교반되면서 이탄의 열로써 건조시킨다. 옛날에는 일광에 의해 자연 건조시켰지만, 스코틀랜드에서 밀조실에 발견된 이탄(Peat)의 사용이 위스키의 방순한 향기에 중요한 역할을 하기 때문에 스카치 위스키에 있어서 지금은 이탄이 맥이 건조에 불가결한 것으로 중요한 공성의 하나로 되어 있다.
제근(除根)과 분쇄(粉碎)	건조한 맥아의 뿌리는 불필요하므로 제거하고 당화하기 쉽게 분말로 한다. 이것을 매시(Mash)라 한다. 몰트 위스키(Malt Whiskey)의 경우는 발아한 맥아만을 분쇄시키지만 알곡 위스키(Grain Whiskey)의 경우는 그밖에 발아하지 않은 보리, 호밀, 밀 등의 분쇄한 것을 첨가한다.
당화(糖化)와 냉각(冷却)	분쇄된 맥아에 양조수(釀造水)를 가하여 당화조에 넣는다. 당화 방법에는 일부를 가열하여 전체 온도를 올리는 Luktion법과 당화조 전체를 가열하는 Infation법 두 가지가 있다. 이 때 전분은 맥아 속의 당화 효소인 디아스타제(Diastase)에 의해 맥아당으로 변하고 당화액이 생기는 것이다. 당화 후 효모균의 번식에 적당한 온도까지 냉각시킨다.
발효(醱酵)	냉각된 당화액은 발효조로 보내 위스키용의 순수 효모를 가해서 발효시킨다. 여기서 당분은 알코올과 이산화탄소로 분리되는데 발효는 보통 2일만에 끝난다. 여기서 알코올 성분 5% 정도의 "보리술"이 생기는 것이다.
증류(蒸溜)	발효가 끝난 "보리술"은 단식 증류기(Pot Still)로 두 번 증류한다. 먼저 초류부에서 증류한 초류액을 다시 재류부에서 증류한다. 재류부에서 나오는 액체

	중 최초의 부분과 최후의 부분을 제외한 가운데 부분만을 위스키의 원주로서 술통(Oak Barrel)에 넣는다. 제외된 최초, 최후의 액체는 초류부에서 나온 초류액과 합하여 재류부에서 다시 증류된다.
저장(貯藏)	2차 증류를 마친 위스키 원주는 알코올 성분 60%-70%로 수정과 같이 맑고 무색 투명한 액체이다. 이 원주는 술통에 결혀 저장되고 긴잠으로 들어간다. 저장용 통으로는 White Oak 재(떡갈나무, 참나무 따위)가 사용된다. 숙성을 보다 촉진시키기 위해 한 번 세리포도주를 넣은 통을 사용한다. 저장 연한은 나라에 따라서 다르며 캐나다는 2년, 영국은 3년 미국에서는 4년으로 법령에 따라 강제 숙성기간을 설정하고 있지만 경우에 따라서는 20년-30년 동안 저장하는 수도 있다. 오래도록 숙성시킨다고 해서 반드시 좋은 것은 아니고 특성에 따라 일정기간이 지나면 오히려 퇴화되는 것도 있다.
혼합(Blend)	같은 조건으로 증류, 저장된 위스키라도 연수가 경과함에 따라 한통 한통 모두 미묘하게 다른 맛과 향기를 갖게 된다. 이를 시험하고 각자의 특징을 살려 이상적으로 조합하여 균일한 품질로 만들기 위해 혼합을 하는데 이를 "블렌드(Blend)"라고 한다. 이 블렌드는 위스키 제조공정 가운데서도 가장 중요한 역할이며 감각적인 기술이 필요하고 풍부한 경험과 날카로운 감각의 코와 혀를 갖고 있지 않으면 불가한 일이다. 영국에서는 블렌더(Blender)라는 독립된 직업이 있을 만큼 중요시 된다.
후숙 및 병입	블렌드가 끝난 위스키는 다시 술통에 넣어 수년간 후숙(後熟)시킨 뒤 병에 넣어 시판된다.

3) 위스키의 종류

(1) 증류법에 의한 분류

소형 단식 증류기 방식 위스키(Pot Still Whiskey)	포트 스틸(Pot Still)이란 투구형의 단식 증류기를 말하며 구조도 지극히 간단하여 일회 증류가 끝날 때마다 중신(中身)을 바꿔 넣어 증류하는 원시적인 증류법이다. 이 포트 스틸에는 초류부와 재류부라고 하는 두 종류의 가마가 있다. 위스키의 중요한 방향 성분을 잃지 않고 증류할 수 있어 좋으나 대량 생산이 불가능하다.
연속 증류기 방식 위스키(Patent Stil Whiskey)	페이턴트 스틸(Patent Still)이란 신식의 연속식 증류기를 뜻하며 다량으로 더구나 농도가 높은 순수에 가까운 알코올이 얻어지는데 방향 성분이 상실될 결점이 있다. 중후한 맛의 포트 스틸 위스키의 블렌드(Blend)용으로 사용된다.

(2) 원료 및 제법에 의한 분류

몰트 위스키 (Malt Whiskey ;Loud Spirit)	발아시킨 보리, 즉, 맥아(Malted Barley)만을 원료로 해서 만든 위스키로서 맥아 건조시 이탄을 사용하고 단식 증류기로 증류시킨다.
그레인 위스키 (Grain Whiskey ;Silent Spirit)	발아시키지 않은 보리, 호밀, 밀 등의 곡물을 보리 맥아로 당화시켜 발효한 후에 페이턴트 스틸로 증류한 위스키를 말한다. 몰트 위스키(Malt Whiskey)의 농후한 맛을 부드럽게 하는 블렌드(Blend)용이다.
블렌드 위스키 (Blended Whiskey)	몰트위스키(Malt Whiskey)와 알곡 위스키(Grain Whiskey)를 적당히 혼합한 것인데 우리가 마시고 있는 거의 대부분이 이 블렌드위스키이다.
버본 위스키 (Bourbon Whiskey)	버본(Bourbon)이란 미국 켄터키 주 동북부의 지명 이름으로 이 지방에서 생산되며 원료로 옥수수(Corn)를 51%이상 사용한다. 이것에 호밀과 맥아 등을 혼합하여 당화, 발효시켜 페이턴트 스틸로 증류한다. 사용하지 않은 새로운 술통(Oak Barrel)의 안쪽을 그을린 것에 넣어 4년 이상 저장 숙성시키는 것이 특색이다.
콘 위스키 (Corn Whiskey)	미국 남부에서 생산되며 전체 원료중 옥수수의 비율이 80% 이상의 것이다. 버본 위스키가 안쪽을 그을린 통에 저장하며 착색하는데 반해 콘 위스키(Corn Whiskey)는 그을리지 않은 한 번 사용한 통을 재사용하며 착색되지 않은 것이다.
라이 위스키 (Rye Whiskey)	제법은 버본 위스키와 거의 같으나 호밀을 주원료로 66%이상 사용하는 위스키로 미국이 주산지이다. 보통 상표에 "Rye Blended Whiskey"라고 쓰여 있는 것은 라이위스키와는 의미가 약간 다르며 최서 51%의 라이 위스키와 다른 중성 알코올을 블렌딩(Blending)한 것이다.

(3) 산지에 따른 분류

[1] 스카치 위스키(Scotch Whiskey)

스코틀랜드에서 생산되는 위스키의 총칭이다. 보통 스카치라고 해도 스카치 위스키를 뜻하며 스코틀랜드에서는 스카치 대신 Scots라고 표기하기도 한다. 이러한 스카치 위스키의 특징으로는 다음과 같다.

첫째 3,000종을 훨씬 넘는 상표가 있다.

둘째 전세계 위스키의 60%를 생산한다.

셋째 맥아 건조시 이탄의 불을 사용한다.

넷째 증류시 포트 스틸(pot still)로 2-3회 실시한다.

스카치 위스키의 제조법상 분류를 하면 몰트 위스키, 블렌드 위스키(Blended Whiskey),

그레인 위스키(Grain Whiskey)로 나눌 수 있고 블렌딩(blending)하지 않고 단일 맥아주로 담아서 내는 위스키는 하이랜드(Highland)의 스트레이트 몰트 위스키(Straight Malt Whiskey)라고 한다. 스카치 위스키의 유명 상표로 Chivas Regal, Johnnie Walker, Ballantine, John Haig, White Horse, Old Parr, Black & White, White Label, Vat 69, Long John, Bell' s, Cutty Sark, King George 4, Concorde, J&B 등이 있다.

2 아메리칸 위스키(American Whiskey)

아메리칸 위스키는 미국에서 생산되는 위스키의 총칭이다. 아메리칸 위스키 하면 보통 라이 위스키를 가리키는 17C~18C에 걸쳐 점차로 발전했다.

1975년 제콥 빔(Jacob Beam)이 켄터키주의 버본 지방에서 옥수수로 위스키를 만들었는데 이것이 버본 위스키의 발단이다. 1934년 당시의 아메리칸 위스키는 스카치의 모방에 지나지 않았으나 캐나다의 증류가인 씨그램(Seagram) 형제가 미국으로 진출, 몰트와 그레인 위스키를 모두 페이턴트 스틸로 증류할 때 알코올 분을 조정하는 새로운 방법을 고안해 내서 혼합한 위스키를 시판하게 되자 미국 국민성에 맞아 시장을 압도했던 것이다. 아메리칸 위스키는 스트레이트 위스키(Straight Whiskey)와 블렌드 위스키(Blended Whiskey)로 나누어 지며, 스트레이트 위스키와 블렌드 위스키는 다시 다음과 같이 나누어진다.

스트레이트 위스키(Straight Whiskey)	블렌드 위스키(Blended Whiskey)
Bourbon Whiskey Rye Whiskey Corn Whiskey Bottled in bond Whiskey	Kentucky Whiskey Blend of Straigh Whiskey

버본 위스키	라이 위스키	테네시 위스키
I.W. Harper Old Crow Old Grand Dad Old Taylor Jim Beam Wild Turkey Early Time 등	Four Rose Imperial Golden Wedding Old Frester 등	Jack Daniel' s 등

아메리칸 위스키의 유명 상표로는 버본 위스키(Bourbon Whiskey), 라이 위스키(Rye Whiskey), 테네시 위스키(Tennessee Whiskey) 등이 있는데 각각의 경우 앞과 같다.

3 아이리쉬 위스키(Irish Whiskey)

아이리쉬 위스키는 아일랜드산의 위스키를 총칭한다. 아이리쉬 위스키는 맥아 외에 여러 가지의 곡류를 원료로 사용하므로 그레인 위스키로 분류되나 특징으로는 포트 스틸을 사용하여 증류한다. 원래는 단품으로 병에 봉해지나(스트레이트 몰트 위스키), 최근에는 페이턴트 스틸을 사용한 그레인 위스키(Grain Whiskey)와의 혼합도 가끔 이루어진다.

아이리쉬 위스키의 유명 상표로 John Jameson, Old Bushmills, Tullamore Dew, Murph' s, Paddy' s 등이 있다.

4 캐나디언 위스키(Canadian Whiskey)

캐나디언 위스키는 캐나다 내에서 생산되는 위스키를 총칭한다. 광대한 지역에서 보리나 호밀 등 모든 곡류가 재배되므로 생산량도 지극히 많다. 주로 온타리오(Ontario)호 주변에 위스키 산업이 집결해 있고 시장의 태반이 미국이기 때문에 미국 형태의 것을 많이 생산한다. 그러나 아메리칸 위스키에 비해 호밀의 사용량이 많은 것이 특징이다.

스트레이트 위스키는 법으로 금지하고 블렌드 위스키만 생산하며 또한 4년 이상의 저장기간을 규제한다. 수출품은 대개 6년 정도 저장한다. 다른 어떤 나라보다 정부의 통제가 엄격하다.

유명 상표로 Canadian Club(C.C), Seagram' s V.O, Crown Royal Lord Calvrt, Mac Naughton, Canadian Rye 등이 있다.

2 브랜디(Brandy)

(1) 브랜디의 정의와 역사

브랜디는 좁은 의미로 포도를 발효, 증류한 술을 말하며, 넓은 의미로 모든 과실류의 발효액을 증류한 알코올 성분이 강한 술의 총칭이다. 포도 이외의 다른 과실을 원료로

할 경우는 애플 브랜디(Apple Brandy), 체리 브랜디(Cherry Brandy), 애프리컷 브랜디(Apricot Brandy)와 같이 브랜디 앞에 그 과실의 이름을 붙인다.

(2) 브랜디의 제조 방법

브랜디의 제조방법을 꼬냑(Cognac)의 예를 들어 설명하면 다음과 같다.

양조작업 (와인제조)	브랜디의 원료로 사용되는 포도 품종은 생산지에 따라 다르나 프랑스에서는 폴 블랑쉬(Folle Blanche), 쌩떼밀리용(Saint-Emillion), 콜롱바르(Colombar) 종을 주로 사용한다. 9월에서 10월 하순에 걸쳐 수확하여 곧바로 브랜디의 원료가 되는 와인이 만들어지는데 신맛이 강해서 와인으로서의 맛은 아주 나쁘다. 그러나 이 신맛이 고급 브랜디에는 불가결의 요소로 되어 있다.
증 류	브랜디의 증류는 와인을 2-3회 단식 증류기로 증류하는데 위스키의 것과는 조금 다르다. 첫번째 증류에서 알코올 성분 25% 정도의 초류액이 얻어지는데 이것을 부루이이(Brouillis)라고 한다. 이것을 다시 증류하여 알코올 성분 (68%-70%의 재류액이 얻어지는데 이것을 라본느 쇼프(La Bonne Chauffe)라 한다. 이렇게 2단계로 나누어 증류하면 평균 8통의 와인에서 1통의 브랜디가 얻어진다. 여기서 더 좋은 브랜디를 얻으려면 다시 한 번 주의깊에 10-15시간에 걸쳐 세번째의 증류를 하게 되는 것이다.
저 장	증류한 브랜디는 화이트 오크 배럴(White Oak Barrel)에 넣어 저장한다. 술통은 새 것보다 오래된 것이 더 좋다. 새 술통을 사용할때는 반드시 열탕으로 소독하고 다시 백포도주를 채워 유해한 색소나 이물질을 제거한 후 백포도주를 쏟아내고 브랜디를 넣어 저장한다. 저장 기간은 최저 5년에서 20년이나 오래된 것은 50년-70년 정도 되는 것도 있다. 저장중 브랜디의 양은 증발에 의해 줄어드는데 이는 술통의 나뭇결에서 발산하므로 2-3년마다 다른 술통에 채워 넣는다.
브랜드 (Blend)	브랜디도 위스키처럼 블렌드(Blend)를 하는데 가장 중요한 공정중의 하나이다. 오랜 경험과 예리한 감각을 지닌 블렌더(Blender)에 의해 블렌드(Blend)된 브랜디는 다시 어느 정도 숙성시킨 후 병입되어 시판된다.

(3) 브랜디의 종류

브랜디의 종류를 나타내면 다음과 같다.

(4) 브랜디의 숙성 연수

브랜디는 숙성기간이 길수록 품질도 향상한다. 그러므로 브랜디는 품질을 구별하기

	분 류	종 류	특 징
브랜드	브랜디	꼬냑, 알마냑(Armagnac), 일반 브랜디 등	포도가 원료
	애플 브랜디	칼바도스(Calvados), 애플 잭(Apple Jack) 등	사과가 원료
	체리나 오얏브랜디 (Cherry & Plum)	Kirsh Wasser, Mira-Bell(Plum) Slivovitz, Quetsch(Plum)	체리나 오얏이 원료
	애프리컷 브랜디 (Apricot)	애프리컷 브랜디	살구가 원료

위해서 여러 가지 부호로써 표시하는 관습이 있다.

꼬냑 브랜디(Cognac Brandy)에 처음으로 별표의 기호를 사용한 것은 1865년 헤네시(Hennesy)사에 의해서이다. 이러한 브랜디의 등급 표시는 각 제조회사마다 공통된 부호를 사용하는 것은 아니며 이외에도 여러 가지의 다른 등급 표시가 있다. 꼬냑 제조업자 헤네시사에서 ☆☆☆를 브라자르므(Bras Arme)라고 표시하고 있으며 레미 마틴(Remy Martin)사에서는 엑스트라(Extra)대신에 Age Unknown이라 표시하고 있다.

또한 마텔(Martell)사에서는 V.S.O.P에 해당하는 것을 메다이용(Medaillion)이라 표시하고 있듯이 각 회사별로 등급을 달리 표시하기도 하고 다른 등급이라도 저장 연수가 다를 수 있다.

꼬냑의 경우 ☆☆☆(Three Star)만이 법적으로 보증되는 연수(5년)이고 그 외는 법적 구속력이 전혀 없다.

브랜디의 숙성연도

표 시	숙성기간
☆	2-5년
☆ ☆	5-6년
☆ ☆ ☆	7-10년
☆☆☆☆☆	10년이상
V.O	12-15년
V.S.O	15-25년
V.S.O.P	25-30년
NAPOLEON	30-40년
X.O	50년이상
Extra	70년이상

· V = VERY
S = SUPERIOR
O = OLD
P = PALE
X.O = EXTRA OLD

· REMY MARTIN社
EXTRA OLD = AGE UNKNOWN
V.S.O.P = MEDALLION

③ 진(Gin)

진을 한마디로 표현하자면 곡물을 발효 증류한 주정에 두송나무의 열매(Juniper Berry)향을 첨부한 것이다.

진은 무색 투명하고 선명하게 닦여진 술이다. 거기에 팔방미인격으로 다른 술이나 리큐르 또는 주스 등과 잘 조화되기 때문에 칵테일의 기본주로 가장 많이 쓰인다.

애음가에서부터 술에 익숙치 못한 사람에 이르기까지 친해 질 수 있는 "세계의 술, Gin"이라 하기에 알맞는 술이다.

이러한 진의 제조법으로는 다음과 같다.

(1) 영국 진(England Gin)의 제법

원료인 곡류(보리의 맥아, 옥수수, 호밀 등)를 혼합하여 당화, 발효시킨 뒤 먼저 페이턴트 스틸로 증류하여 95% 정도의 주정을 얻는다. 쥬니퍼 베리(Juniper Berry), 고수열매(Coriander), 안제리카(Angerica), 캐러웨이(Caraway), 레몬 필(Lemon Peel) 등의 향료 식물을 증류에 섞어 단식 증류기(Pot Still)로 두 번째 증류를 한다. 여기에 증류수로 알코올 성분 37~47.5%까지 낮추어 병입 시판한다.

(2) 홀랜드 진(Netherland Gin)의 제법

곡류의 발효액 속에 쥬니퍼 베리나 향료 식물을 넣어 단식 증류기로만 2~3회 증류하여 55%정도의 주정을 만든다. 이것을 술통에 단기간 저장하고 45%정도까지 증류수로 묽게하여 병입 시판한다. 이때 사용하는 쥬니퍼 베리는 독일, 스페인 등지에서 수입된다. 그것을 네덜란드 진은 생으로, 영국 진은 2~3년 정도 건조시켜 사용한다.

(3) 진의 종류

영국 진 (England Gin ;British Gin)	런던 드라이 진 (London Dry Gin)	영국에서 생산되는 진을 뜻하였으나 현재는 일반적인 용어로써 사용된다. 드라이 진으로서는 가장 질이 우수하다.
	올드 탐 진 (Old Tom Gin)	드라이 진에 약간의 당분(2%정도)을 더하여 감미를 붙인 것이다.

	플리머스 진 (Plymouth Gin)	1830년 영국의 남서부에 있는 영국 최대의 군항인 플리머스시의 도미니크파의 수도원에서 만들어진 것이 시초이다. 런던 드리이 진보다 강한 향미가 있다.
홀랜드 진 (Holland Gin:Genevaor Schiedam Gin)	네덜란드의 암스테르담과 쉬담 지방에서 많이 생산한다. 짙은 향내와 감미가 나며 칵테일용보다 스트레이트(Straight)로 마시기가 더 좋다.	
플래보드 진 (Flavored Gin)	쥬니퍼 베리 대신 여러 가지 과실, 씨, 뿌리, 약초 등으로 향을 낸 것이다. 이들은 술의 개념으로 말하면 리큐르(Liqueur)이나 유럽에서는 진의 일종으로 취급되고 있다. 플레이버드 진으로는 Sloe Gin(자두의 일조인 야생 오얏), Damson Gin(다마스커스종의 서양 자두), Orange Gin(오렌지), Lemon Gin(레몬), Cherry Gin(체리), Ginger Gin(생강), Mint Gin(박하) 등이 있다.	
드라이 진 (Dry Gin)	감미가 없는 드라이 진(Dry Gin) 특유의 맛과 향이 난다. 세계 여러 나라에서 생산하며 칵테일용 기본주로 많이 사용된다. 런던 드라이 진은 드라이 진의 형태에 속하는 것이다.	
골드 진(Golden Gin)	일종의 드라이 진으로서 짧은 기간 술통에서 저장되는 동안 엷은 황색을 낸다.	

④ 보드카

보드카(Vodka)는 슬라브 민족의 국민주라고 할 수 있을 정도로 애음되는 술이다. 무색, 무미, 무취의 술로써 칵테일의 기본주로 많이 사용하지만 러시아인들은 아주 차게 해서 작은 잔으로 스트레이트로 단숨에 들이킨다.

소련을 여행하는 외국인이 기대하는 것의 하나로 철갑상어의 알젓(Caviar)에 보드카를 곁들여 마시는 것을 꼽을 수 있을 것이다. 이러한 보드카의 어원은 12C경의 러시아 문헌에서 지제니즈 붜타(Zhiezenniz Vcda;Water of Life)란 말로 기록된 데서 유래한다. 15C경에는 붜타(Vcda;Water)라는 이름으로 불리었고 18C경 부터 Vodka라고 불리어졌다.

이러한 보드카의 원료는 주로 보리, 밀, 호밀, 옥수수(Maize) 등과 감자, 고구마를 사용한다. 이들 곡류나 고구마류에 보리 몰트(Malted Barley;맥아)를 가해서 당화 발효시켜 「세바리식」이라는 연속 증류기로 95% 정도의 주정을 취한다. 이것을 자작나무의 활성탄이 들어 있는 여과조를 20~30번 반복해서 여과한다. 그러면 F'usel Oil 등의 부성분이 제거되어 순도높은 알코올이 생긴다. 끝으로 모래를 여러번 통과시켜 목탄의 냄새를 제거한 후 증류수로 40~50%로 묽게하여 병입된다.

보드카가 무색, 무미, 무취로 되는 중요 요인은 자작나무의 활성탄과 모래를 통과시켜 여과하기 때문이다.

보드카중 플레이버드 보드카(Flavored Vodka)의 종류로는 다음과 같다.

쯔브로우카 (Zubrowka)	폴란드 산으로 쯔브로우카 초(草)를 담궈 만든다. 황녹색이고 병속에 이 풀잎이 떠있어 유명하다. 40°~50° 의 주정도이다.
날리우카 (Naliuka)	보드카에 과일을 배합한 것인데 과일의 종류에 따라 여러 가지 종류의 것이 있다.
스타르카 (Starka)	크리미아 지방에서 나오는 배나 사과잎을 담궈 만든 갈색의 보드카이다. 풍미를 좋게 하기 위하여 소량의 브랜디를 첨가한다. 주정도는 43° 이다.
야제비아크 (Jazebiak)	보드카에 도네리코의 붉은 열매를 첨가한 핑크색이다. 주정도는 50° 이다.
리몬나야 (Limonnaya)	주정도 40° 로 레몬향을 첨가했다. 황색으로 아주 향기롭다.

⑤ 럼(Rum)

서인도제도가 원산지인 럼은 사탕수수의 생성물을 발효, 증류, 저장시킨 술로써 독특하고 강렬한 방향이 있고 남국적인 야성미를 갖추고 있으며 해적의 술이라고도 한다.

럼이란 단어가 나오기 시작한 문헌은 영국의 식민지 바바도스(Barbados)섬에 관한 고문서에서 「1651년에 증류주가 생산되었다. 그것을 서인도제도의 토착민들은 럼불리온(Rumbullion)이라 부르면서 흥분과 소동이란 의미로 알고 있다」라고 기술되어 있다. 이것이 현재의 럼으로 불리어졌다고 하는 설이 있다. 다른 한편으로는 이 단어가 럼의 원료로 쓰이는 사탕수수의 라틴어인 사카럼(Saccharum)의 어미인 「rum」으로부터 생겨난 말이라는 것이 가장 유력하다.

(1) 럼의 제조법

럼의 원료는 사탕수수를 롤러(Roller)로 눌러 부순 뒤 여과한 당액을 그대로 쓰는 경우와 제당공정의 부산물인 당밀(Molasses)을 쓰는 두 가지 방법이 있는데 후자의 경우가 많이 사용된다.

원료가 이미 당분이므로 당화의 공정은 불필요하다. 당액을 발효시키는데 라이트 럼(Light Rum)의 발효는 2~4일 정도이고 헤비럼(Heavy Rum)의 발효는 5~20일 정도에 걸쳐 서서히 이루어진다. 산 발효를 조장하기 위해 발효용의 천연 이스트인 버개스(Bagasse)를 첨가하는 수도 있다. 이 발효과정에서 이스트균의 영양분으로써 발효를 돕는 작용을 하는 던더(Dunder)를 첨가하는데 이것이 럼 특유의 독특한 방향을 내게 한다. 향기를 한층 강하게 하기 위해 아카시아 수액이나 파인애플의 즙을 첨가 발효시키는 수도 있다.

다음은 증류인데 장건한 유형(Heavy Type)의 럼은 포트 스틸로 증류 하나 산지에 따라 라이트럼은 페이턴트 스틸로 증류하는 수도 있다. 저장은 세리 와인의 빈통이나 화이트 오크 배럴(White Oak Barrel)의 안쪽을 그을려 사용한다. 자마이카 럼(Jamaica Rum)과 같이 헤비 럼의 경우일수록 성숙시간이 더 필요하다. 양질의 것은 10년 정도 저장한다.

(2) 럼의 종류와 산지

럼을 종류별로 구분하면 다음과 같다.

<table>
<tr><td rowspan="3">맛에 의한 분류</td><td>헤비 럼
(Heavy Rum;
Dark Rum)</td><td>감미가 강하고 짙은 갈색으로 특히 쟈마이카 산이 유명하다. 주요 산지로는 자마이카, 마르티니크(Martinique), 트리니다드 토바고(Trinidad-Tobago), 뉴 잉글랜드등이다.</td></tr>
<tr><td>미디엄 럼
(Medium Rum;
Gold Rum)</td><td>헤비 럼과 라이트 럼의 중간색으로 서양인들이 위스키나 브랜디의 색을 좋아하는 기호에 맞추어 캐러멜(Caramel)로 착색한다. 주요 산지로는 도미니카(Dominica), 남미의 기아나, 마르티니크 등이다.</td></tr>
<tr><td>라이트 럼
(Light Rum;
White Rum)</td><td>담색 또는 무색으로 칵테일의 기본주로 사용된다. 쿠바산이 제일 유명하다. 주요 산지로는 쿠바, 푸에르트리코, 멕시코, 하이티, 바하마, 하와이 등이 있다.</td></tr>
<tr><td rowspan="3">색에 의한 분류</td><td>다크 럼(Dark Rum)</td><td>색이 짙고 갈색이 나는 것으로 주로 자메이카산이 이에 속한다.</td></tr>
<tr><td>골드 럼(Gold Rum)</td><td>엠버 럼(Amber Rum)이라고 불리워지며 캐러멜 색소로 착색한 럼이다.</td></tr>
<tr><td>화이트 럼
(White Rum)</td><td>백색 또는 무색으로 실버 럼(Silver Rum)이라고 불리며 칵테일용으로 많이 이용된다.</td></tr>
</table>

4절 ··· 혼성주의 종류 및 특성

① 리큐르(Liqueur)

리큐르는 일명 코디얼(Cordial)이라고 불리며 용도로는 식후주 및 조리용 혹은 칵테일을 만드는데 사용된다. 이러한 리큐르는 증류주에 향미를 첨가한 것으로 맛과 향이 짙은 것이 특징이다.

리큐르는 주로 식후주(After Dinner Drink)로 사용되며 의학적으로 사용되기도 한다. 리큐르의 종류를 크게 나누면 다음의 2가지로 나뉘어진다.

(1) Fruit Liqueur

버찌, 딸기, 살구 등의 신선한 과일이나 말린 과일을 재료로하여 증류주로 브랜디에 담가서 6~10개월 정도 놓아 두었다가 향미나 향취, 색깔 등이 술에 배어들면 술을 여과시켜서 시럽을 첨가하여 나무로 만든 술통이나 오지항아리에 약 1년 동안 숙성시킨다.

(2) Plants Liqueur

초목을 재료로 하여 만든 리큐르로서 주로 브랜디에다 약 2일간 놓아두면 향이나 색이 베어나며 포트 스틸법으로 증류하여 캐러멜 색소를 넣어서 착색시키고 나무술통에 넣어서 단맛을 첨가시키고 나무술통에서 1년간 숙성시킨다. 오늘날 모든 리큐르는 여성용으로 많이 이용되고 칵테일의 부재료로 널리 쓰이고 있으며, 또한 조리용으로 플램비(Flambée) 항목에 향(Flavor)를 내는 데도 쓰이고 있다.

② 혼성주의 제조법

혼성주의 제조에는 크게 3가지로 분류되는데 그 제조법을 살펴보면 다음과 같다.

증류법 (Distilled Process)	방향성의 물질인 식물의 씨, 잎, 뿌리 껍질 등을 강한 주정에 담아서 부드럽게 한 후에 그 고형물질의 전부 또는 일부가 있는 채 침출액을 증류하는 것이다. 이렇게 얻은 향이 좋은 주정성 음료에 설탕 또는 시럽의 용액과 야채 엑기스나 태운 설탕의 형태로 된 염료를 첨가하여 감미와 색을 낸다.
에센스법 (Essence Process)	주정에 천연 또는 합성의 향료를 배합하여 여과한 후 사카린(Saccarine)을 첨가하여 만드는데 이런 제품은 품질이 좋지 않고 값이 싸다. 독일에서 흔히 이 방법을 사용하고 있다.
침출법 (Infusion Process)	증류하면 변질될 수 있는 과일이나 약초, 향료 따위에 스피리츠(Spirits)를 가해 향미 성분을 용해시키는 방법이다. 열을 가하지 않으므로 콜드 방식(Cold Method)이라고 한다. 이렇게 만들어진 리큐르를 특히 코디얼(Cordial)이라고 한다.

③ 혼성주의 종류

혼성주에는 많은 종류가 있으나 일반적으로 많이 쓰이는 리큐르의 종류를 살펴보면 다음과 같다.

압생트 (Absinthe)	라틴어로 압상 튜움(영어로 Worm Wood; 향쑥)에서 온 말로 "녹색의 마주"리고도 한다. 물을 가하면 오팔 모양이 되고 태양광선을 쏘이면 7색으로 빛난다. 그것은 향쑥의 일종, 아르테미시아 아신튜움의 잎과 싹의 작용에 의한 것이다. 주정도는 보통 68° 대용품으로 45° 로서 매우 강렬하다. 원료로는 국화, 향쑥, 안제리카, 육계, 회향풀, 정향나무, 파슬리, 레몬 등의 향료나 향초류이다.
아드보카트 (Advocaat)	네덜란드의 계란 술로써 유명하다. 브랜디에 계란 노른자[Egg Yolk (Yellow)], 설탕을 섞어 바닐라 향을 곁들인 일명 에그 브랜디(Egg Brandy)이다. 마시기 전에는 병을 잘 흔들어서 따르고 개봉한 후에는 짧은 기간내에 마시는 것이 좋다. 네덜란드어의 Advocaat란 영어로 Advocate에 해당하며 변호사라는 뜻이 있다. 주정도는 18° 정도이다.
애프리컷 브랜디 (Apricot Brandy)	살구를 씨와 함께 으깨서 발효시키고 발효액을 증류한 것에 당분을 가한 리큐르이다. 프랑스에서는「리큐르 다브리코」라고 부르고 특히 헝가리에서는「바라크 리켈」이라 하여 국민주로서 애음하고 있다. 주정도는 30°-35° 정도이다.

아니제트 (Anisette)	Anise(회향의 일종)의 향이 나며 아니스 열매(Aniseed), 레몬 껍질, 육계 고수열매(Coriander) 등의 향미를 첨가한 리큐르이다. Anise는 지중해 연안의 특산 식물로써 프랑스, 이탈리아, 스페인 등 남부 유럽 국가에서 사랑받고 있다. 식전 혹은 식후에 소화를 돕는 것으로 잘 알려져 있으며 우리나라 사람들에게는 구미에 잘 맞지 않는 술이다. 주정도는 25°-30°이다.
베네딕틴 (Benedictine)	프랑스에서 가장 오래된 리큐르 중의 하나로 안젤리카(Angelica)를 주향료로하여 민트(Mint), Arnica(아니카; 약초)꽃 등 수십종의 약초를 사용한다. D.O.M의 표시는 라틴어로 "Deo Optimo Maximo"의 약어이며 "최대 최선의 신에게"라는 뜻이다. B and B 표시는 Brandy와 Benedictine을 혼합한 것이다. 주정도는 40°이다.
체리 브랜디 (Cherry Brandy)	브랜디에 체리나 씨나몬(Cinamon), 클로버(Clove) 등의 향료를 침전시켜 만드는 리큐르이나 체리 자체를 증류해서 만드는 것도 있다. 유명 상표명으로 덴마크의 체리 헤링(Cherry Heering)이나 프랑스의 기뇨레단제르 등이 있다. 주정도는 25°-30°이다.
큐라시오 (Curacao)	남미 베네주엘라의 북방, 카리브해에 있는 큐라시오섬에서 재배되는 오렌지를 원료로 하여 만든 것이 원조로써 큐라시오라 부르게 되었다. 현재로는 이 섬의 오렌지만이 사용된다고는 할 수 없다. 오렌지 껍질(Orange Peel)을 건조시킨 것과 스파이스(Spice)류를 브랜디에 담궈 만든다. 큐라시오는 프랑스, 네덜란드에 유명 메이커가 많고 특히 네덜란드의 암스테르담산의 큐라시오를 일품으로 친다. 주정도는 30°-40°로 White Curacao, Orange Curacao, Blue Curacao, Green Curacao 등이 있으며, 세 번 증류했다는 의미의 트리플 섹(Triple Sec)은 White Curacao에 해당하며 끄엥트로(Cointreau)는 White Curacao의 극상품이라는 것을 자부하여 그 이름을 술이름으로 하고 있다. 또한 큐라시오(Grand Marniere)도 그랑 마니에 유형이다.
드람뷰이 (Drambuie)	스코틀랜드산의 유명한 리큐르로 스카치 위스키를 기본주로 해서 Heney, Herbs(약초류)를 가하여 만든 술이다. Drambuie의 어원은 스코틀랜드의 고대 게릭어인「Dram Buid Heach」이며 "사람을 만족시키는 음료"라는 뜻이다. 주정도는 40°이다.
칼루아 (Kahlua)	멕시코 산의 커피 리큐르이다. 주정도는 26.5°이다. 그 외의 커피 리큐르로는 자메이카 산 티아 마리아(Tia Maria)와 터키산 파샤(Pasha) 등이 있다. 파샤의 병은 모스크바의 예배당을 본 딴 호화로운 병으로 이 술을 물 또는 잘게 부순 얼음과 같이 흔들면 거품이 생겨 맛있는 음료가 된다.
크림 드 망트 (Creme de Menthe)	이른바 페퍼민트(Peppermint)라고도 하며 신선한 박하(Mint)향을 첨가한 리큐르로 녹색, 흰색, 분홍색 등이 있다. 페퍼민트의 수많은 상표 중에서 특히 유명한 것은 프랑스의 게트(Get) 형제에 의해 1796년에 제조된 호리박 모양의 병에 담아져 있는 것이다. 이 상표

	를 자세히 보면 Peppermint(영국, 프랑스 양국 사용)라고 써야 할 것을 Pippermint라고 쓰고 있다. 주정도는 25°~30° 이다.
크림 드 카카오 (Creme de Cacao)	Creme란 말은 프랑스어로 "극상"이라는 뜻이다. 남미 베네주엘라의 카라카스(Caracas)나 에쿠아도르의 구아이퀼(Guayquil)의 특산물인 코코아씨(Cocoa Seeds)와 카르다몬이나 씨나몬(Cinamon), 바닐라 두(豆)[(Vanilla Bean)]를 사용한 리큐르이며 갈색과 흰색이 있다.
크림 드 카시스 (Creme de Cassis)	영어로 Black Currant Brandy라고도 한다. 흑 구즈베리(Black Currants)의 열매의 맛을 들인 심홍색이며 조금 산미가 있다. 프랑스 버건디(Bourgogne) 지방의 디용(Dijon)시가 본고장이다. 이 지방의 산미 백포도주와 크림 드 카시스를 섞은 「Kir」라고 하는 칵테일이 유명하다.
크림 드 바이오릿 (Creme de Violet)	프랑스에서는 이베(Yvette) 또는 파르페 아므르(Parfait Amour;완전한 사랑)이라 불리우고 있다. 제비꽃이나 기타 향초류를 주정에 담궈 만든 아름다운 보랏빛으로 로맨틱한 리큐르이다. 바이오릿(Violet)란 말은 제비꽃 또는 보라색이란 뜻이다. 주정도는 30° 정도이다.
슬로 진 (Sloe Gin)	Sloe berry(미국산 야생 오얏)를 진에 첨가해서 만든 리큐르로 진이라고는 하지만 증류주의 진과는 다른 리큐르이다. 주정도는 30° 이다.
크림드 바나나 (Creme de Bananas)	바나나를 원료로 배합한 술로 주로 미국에서 생산한다.
갈리아노 (Galliano)	이탈리아의 밀라노 지방에서 생산되는 오렌지와 바닐라향이 강하며 독특하고 길쭉한 병에 담긴 리큐르이다. 최근 갈리아노를 이용한 칵테일이 유행하고 있으며 특히 유의할 점은 양이 적으면 전혀 다른 향이 되는 경우가 있다는 것이다. 그리고 Liquore Galliano(Yellow, 70 Proof), Amaretto di Galliano(Pink, 56 Proof), Sambuca di Galliano(White, 84 Proof)의 세 가지가 있다. Liquore Galliano가 들어가는 유명한 칵테일로는 Golden Cadillac과 Harvey Wallbanger가 있다. 이 외에도 리큐르의 종류는 수없이 많이 있다.

5절 … 비알코올성 음료의 종류

① 영양음료의 종류(Natritious Drink)

(1) 주스류의 종류(Juice)

주로 사용하는 주스로는 레몬주스, 라임주스, 오렌지 주스, 토마토 주스, 포도 주스 등 여러 가지 각종 주스류가 사용된다.

(2) 유성음료

유성음료로는 지방질을 제거한 우유와 유지만을 모아 만든 스위트 크림(Sweet Cream) 등이 있다.

② 청량음료의 종류(Soft Drink)

1) 탄산음료의 종류

(1) 콜라

콜라는 미국을 대표할 정도로 미국으로 부터 세계 각지의 대중 음료로 보급되고 있다. 주원료는 서아프리카, 서인도제도, 브라질, 말레이지아 등지에서 재배되고 있는 콜라두(豆)[(Cola Bean)]를 가공 처리하여 콜라 엑기스(Extract)를 만들어 여기에 물을 섞고 각종 향료를 넣은 후 이산화탄소를 함유시켜 만든다. 향료로는 레몬, 오렌지, 육두구의 씨(Nutmeg), 계피(Cinnamon), 바닐라 등이 쓰인다. 콜라 엑기스에는 커피의 2배 정도의 카페인이 함유되어 있다.

(2) 소다수(Soda Water)

탄산가스와 무기염류를 포함한 천연광천수와 인공제품이 있다. 소화제로 마시기도 하나 주로 위스키와 배합하여 조주된다.

(3) 토닉수(Tonic Water)

영국에서 처음 개발된 무색 투명의 음료로 레몬, 라임, 오렌지, 키니네 껍질(Quinine Peel) 등으로 엑기스를 만들어 당분을 배합한 것이다. 열대지방 사람들의 식욕증진과 원기를 회복시키는 강장제 음료로서, 진과 같이 혼합하여 즐겨 마신다.

(4) 사이다(Cider)

구미에서의 사이다는 사과를 발효해서 제조한 일종의 과실주로 알코올 성분이 1%~6%정도 함유되어 있는 청량음료를 말한다. 우리나라에서는 주로 구연산과 감미료 및 탄산가스를 함유시켜 만든다.

(5) 진저엘(Ginger Ale)

생강(Ginger)의 향을 함유한 소다수로 식욕증진이나 소화제로 많이 마시고 있으나, 주로 진이나 브랜디와 혼합하여 마신다.

(6) 콜린스 믹서(Collins Mixer)

피즈(Fizz)나 콜린스(Collins)류를 만들 때 쓰이며 소다수에 레몬 주스와 당분을 섞어 만든 음료이다.

2) 무탄산 음료(Non-Carbonated Drinks)의 종류

(1) 광천수(Mineral Water)

광천수에는 천연수와 인공수가 있는데 보통 말하는 광천수란 칼슘, 인, 칼륨, 라듐, 염소, 마그네슘, 철 등의 무기질이 함유되어 있는 인공 광천수를 말한다.

유럽 등지에서는 수질이 나빠서 이러한 광천수를 만들어 일상 음료로 마시고 있다.

(2) 기타

그 밖의 무탄산 음료로 천연 광천수로서 유명한 Vichy Water, Evian Water, Seltzer Water 등이 있다.

6절 … 칵테일(Cocktail)

1 칵테일의 정의

칵테일은 훌륭한 맛과 향기와 색의 예술이다. 칵테일이란 두 종류 이상의 재료를 사용한다. 즉, 여러 가지 양주류와 부재료(시럽, 과즙, 우유, 주스, 달걀, 탄산음료 등)를 적당량 혼합해서 색, 미, 향을 조화있게 만드는 것으로써, 주정분(술)과 주정분을 혼합하여 만드는 방법과 주정분에 기타 부재료를 섞어 만드는 방법이 있다. 이들 재료가 Shake나 Stir의 방법에 의해 혼합되고 냉각되어 맛의 조화가 이루어지는 것이다. 물론 미각에 샤프(Sharp)한 맛을 주지 않으면 안된다. 또는 아무리 그 칵테일이 차가워도 묽어지면 실격이다. 칵테일은 가격을 마시는 것이 아니라 분위기와 예술적 가치를 마시는 것이다.

술의 권위자인 미국의 David A. Embury는 「The Fine Art of Mixing Drinks」라는 저서에서 칵테일을 다음과 같이 정의하고 있다.

① 칵테일은 식욕을 증진시키는 윤활유이다. 결코 감퇴시키는 것이 되어서는 안되며, 너무 단맛이나 주스가 과잉 혼합된 것은 이 정의에 의해 술 자리에서 물러나야 한다.

② 칵테일은 식욕과 동시에 마음도 자극하고 분위기를 만들어내는 것이 아니면 의미가 없다. 정성껏 만든 칵테일은 가장 훌륭한 음료이다. 긴장을 풀고 근육을 부드럽게 하고 피곤한 눈에는 다이아몬드와 같은 빛을, 혀에는 미끄러운 작용을 주고 우

정을 높인다. 너무 강하거나 묽어지면 그와 같은 효과를 얻을 수 없다.

③ 칵테일은 아주 맛이 있지 않으면 가치가 없다. 그러기 위해서는 혀의 맛, 감각을 자극할만한 샤프함이 바람직스럽다. 너무 단 것, 시큼한 것, 쓴것이나 향기가 너무 강한 것은 실격이다.

④ 칵테일은 얼음에 잘 냉각되어 있지 않으면 안되다. 손에서 체온이 전해지는 것이 두려워 일부러 굽(Stem)이 달린 칵테일 글라스를 이용하고 있는 것이다.

② 칵테일 용어

(1) 베이스(Base)

칵테일을 조주할 때 가장 많이 함유되는 술을 말하며 굳이 우리말로 나타낸다면 기주(基酒)라고 부를 수 있다. 일반적으로 칵테일의 기주(基酒)로서 많이 사용되는 것에는 진, 보드카, 럼, 위스키, 브랜디 등이 있다.

(2) 체이셔(Chaser)

주정이 강한 술을 직접 스트레이트로 마실 때 함께 곁들여 마실 수 있는 청량음료를 말한다.

(3) 드라이(Dry)

술 자체의 맛을 의미하는 것이며 칵테일에서 드라이한 맛을 표현하는 형용사이다.

불어에는 섹크(Sec)라고 한다. 그리고 감미(甘味)의 경우는 스위트(Sweet)라고 하며 불어에서는 두스(Doux)라 한다.

(4) 드롭(Drop)

방울이라는 뜻이며 한방울 두방울 떨어뜨릴대 사용되는 말이다. 칵테일에 비터나 리큐류를 조용히 한방울 두방울 떨어뜨리는 것이며 뿌린다는 것과 의미가 구분된다.

(5) 대시(Dash)

비터나 리큐를 비터병에 넣어 정해진 양만을 비터병에 거꾸로 해서 뿌리는 것이다. 1 대시는 보통 5내지 6의 드롭(Drop)을 포함한다.

(6) 싱글(Single)

일반적으로 싱글이라고 하면 1 온스(Ounce) 즉, 30ml의 분량을 말한다.

(7) 더블(Double)

일반적으로 싱글(Single)하면 술 30ml분의 양을 기준으로 한다. 그런데 더블이라 하면 2배인 60ml의 분량을 의미하는 것이다.

(8) 스위트(Sweet)

술의 닷맛을 표현할 때 쓰는데 칵테일을 만들 때는 스위트 버머스(Sweet Vermouth)나 시럽을 사용한다.

(9) 슬라이스(Slice)

레몬이나 오렌지를 반으로 썰어서 얇게 자르는 것을 말한다.

(10) 스퀴즈(Squeeze)

과일의 즙을 짜내는 것을 말한다.

(11) 스파이스(Spice)

만들어진 칵테일의 맛을 더 내기 위하여 방향성의 식물을 첨가하는 것을 말한다. 스파이스는 천연인 것과 가공된 것이 있는데 가공된 것은 대부분 분말로 된 것이 많다.

스파이스에는 씨나몬(Cinamon), 너트메그(Nutmeeg), 민트(Mint), 클로브(Clove)등이 있다.

③ 칵테일의 주조방법

1 스터어링(Stirring)

비중이 가볍고 잘 섞이는 술이나 내용물의 드링크는 믹싱 글라스(Mixing Glass)에다 각얼음을 넣어서 내용물과 함께 바스푼을 사용하여 잘 휘저어서 내용물이 충분히 차진 다음 바 스트레이너(Bar Strainer)를 사용하여 걸려서 제 글라스에 따루어 장식하거나 하여 서브한다. 하이볼 드링크일 때는 믹싱 글라스를 사용치 않고 제 글라스에다 직접 믹싱하여 서브한다. 이때에 주의하여야 할 것은 탄산까스가 내포되어 있는 소프트가 섞일 때는 너무 휘저어서 탄산까스가 다 빠져 나가지 않도록 해야한다.

2 세이킹(Shaking)

드링크의 내용물이 잘 섞이지 않는 재료 즉, 리큐르, 주스, 설탕, 계란 크림 등이 포함될 때는 세이커(Shaker)에 얼음과 같이 넣어서 세차게 흔들어야 한다. 계란이나 주스를 섞어 펀치(Punch) 등 거품이 많이 필요할 때는 전기 믹서를 사용하여도 무방하겠다.

3 푸어링(Pouring)와 스트레이닝(Strainning)

믹싱 글라스이나 세이저를 사용하여 내용물들이 적당히 차 질때까지 잘 믹싱한 다음 와이어(Wire)가 잘 부착되어 있는 바 스트레이너(Bar Strainer)로 걸러내 글라스에 따르게 된다. 만약 똑같은 칵테일을 여러 잔 따를 때에는 우선 술잔을 숫자대로 일렬로 배열해 놓고 각 잔에 약 반잔씩 따르고 난 다음 다시 첫 번부터 차례로 조금식 따라서 각 술 잔의 강도나 맛이 고르게 하여 서브하여야 한다. 이 때 주의할 점은 술잔에 칵테일을 가득 부어서는 안되며 약 8, 9부 정도 되도록 내용물의 양을 조절하고 조주중에 얼음이 녹지 않도록 하여야 한다.

4 칠링(Chilling)과 프로스팅(Frosting)

칵테일 글라스는 고객들이 마실 때 신선하고 찬 느낌을 주기 위하여 미리 칠링해 놓아야 한다. 냉장고에 칠링할 장소가 없을 경우는 조주작업을 하기 전에 우선적으로 필요한 글라스에다 잔 얼음(Cracked Ice)나 갈은 얼음(Shaved Ice)를 채워 놓고 드링크가 다 준비되면 글라스의 얼음을 비워 낸 다음 드링크를 붓게 된다.

글라스의 찬 느낌을 더하기 위해서 프로스트(뽀얗게 서리지는 것) 시키게 되는데 프로스팅에도 두가지 방법이 있다. 하나는 냉장고나 갈은 얼음에 파묻어 놓았다가 꺼냈을 때에 하얗게 서려질 수 있도록 냉장시키는 아이스 프로스팅이며 또 하나는 레몬이나 라임의 슬라이스(Slice)를 가지고 글라스의 입술닿는 부분(Rim)에 과일즙을 바르고, 그 글라스를 접시에 담긴 설탕을 살짝 찍어 내어 눈송이가 묻은 것 같이 장식하는 슈가 포로스팅(Sugar Frosting)이 있다.

5 플로팅(floating)

술이나 재료의 비중을 이용하여 내용물이 섞이지 않도록 띄우는 기법이다. 엔젤스 키스, B&B, 레인보우 등은 이러한 기법으로 만든 칵테일이다.

이상과 같이 칵테일을 만드는 방법은 여러 가지가 있다. 칵테일을 만들 때 주의할 점은 글라스에 물기가 있어서는 안 되며 세이커나 믹싱 글라스에 사용된 얼음을 다시 쓰지 않아야 한다. 또한 한 번 사용한 세이커나 믹싱 글라스는 깨끗이 씻어내고 다시 사용하여야 한다.

4 칵테일의 분류

1) 용량에 따른 분류

1 숏 드링크(Short Drinks)

120ml(4oz) 미만의 용량 글라스로 내는 음료이며 주로 술과 술을 섞어서 만든다. 이것은 좁은 의미의 칵테일에 해당하며 이름 뒤에 칵테일을 붙여서 표기하기도 하고 부르기도 한다.

칵테일은 잘 냉각된 음료이므로 온도가 올라가지 않은 때에 가급적 빨리 마시는 것이 좋다. 만든 후 10분 정도 경과하면 섞어 놓은 재료가 분리되어 칵테일의 본질이 없어지고 만다.

이 칵테일은 스템(stem)이 달린 글라스를 주로 사용하며, 대표 칵테일로 마티니, 맨하탄 등이 있다.

2 롱 드링크(Long Drinks)

120ml(4oz)의 용량 글라스로 내는 음료이며 얼음을 2~3개 넣는 것이 상식이다. 얼음이 녹기 전에 마시면 되는데 청량음료를 사용한 것은 탄산가스가 빠지면 청량감이 없어지므로 되도록 빨리 마시는 것이 좋다. 넓은 의미의 칵테일이란 이 롱 드링크(Long Drinks)와 숏 드링크(Short Drinks)를 통틀어 혼합 음료 전부를 가리키는 믹스드 드링크(Mixed Drinks)를 말한다. 이러한 롱 드링크(Long Drinks)에는 여러 가지 유형이 있으며 이름 뒤에 그 유형의 명칭을 붙여서 사용한다. 대표 칵테일로 탐 콜린스(Tom Collins), 진 토닉(Gin and Tonic) 등을 들 수 있다.

2) 용도에 다른 분류

1 식전 칵테일(aperitif) : 식욕증진을 위한 칵테일
예 마티니, 맨하탄 등

2 식후 칵테일(after dinner cocktail) : 식후주로 단맛을 지닌 칵테일
예 알렉산더

3) 기본주(Base)별 칵테일 분류

(1) 위스키 베이스 칵테일(Whiskey Base Cocktail)

1 맨하탄(Manhattan)

· $\frac{2}{3}$ oz Rye Whiskey (or Bourbon)
· $\frac{1}{3}$ oz Sweet Vermouth
· 1dash Bitters

위 재료를 믹싱 글라스(Mixing Glass)에 얼음과 함께 스터어(Stir)해서 칵테일 글라스에 따른 후 체리를 장식하여 제공한다.

여기에서 기본주를 스카치로 바꾸면 로브로이(Rob Roy), 슬로우 진(Sloe Gin)으로 빠꾸면 무랑루즈(Moulin Rouge)가 된다.

2 위스키 사우어(Whiskey Sour)

- 2 oz Whiskey
- $\frac{1}{2}$ oz Lemon Juice
- $\frac{1}{3}$ oz Sugar Syrup

이것을 세이크(Shake)해서 사우어 글라스(Sour Glass)에 따르고 반조각 레몬(Half-Sliced Lemon)과 체리를 장식하여 제공한다.

스카치를 사용하면 스카치 사우어(Scotch Sour), 버본(Bourbon)을 사용하면 버본사우어(Bourbon Sour)라 한다.

3 올드 패션(Old Fashioned)

- 2 oz Whiskey(주로 Bourbon)
- 1 Lump of Sugar(각설탕)
- 소량 Soda Water(or Water)
- 1 dash Bitters

올드 패션 글라스에 각설탕을 넣고 비터즈와 소량의 물 또는 소다수(Soda Water)를 넣어 으깬 다음 얼음을 넣고 위스키를 부어 레몬 필 트위스트(Lemon Peel Twist)를 한다. 오렌지 조각, 레몬 조각, 체리 등을 장식하고 머들러(Muddler)를 꽂아 제공한다.

스카치를 기본주로 하면 스카치 올드 패션으로 구분된다.

4 러스티 네일(Rusty Nail)

- $1\frac{1}{2}$ oz Scotch
- $\frac{3}{4}$ oz Drambuie

위 재료를 올드 패션 글라스에 넣어 제공한다.

5 헌터(Hunter)

- $1\frac{1}{2}$ oz Scotch
- 1 oz Cherry Brandy

믹싱 글라스를 이용, 스터어해서 칵테일 글라스에 따라 제공한다.

6 스카치 미스트(Scotch Mist)

올드 패션 글라스에 얼음 분쇄기로 눌러 으깬 얼음조각(Crushed Ice)을 채우고 스카치 2 oz를 붓는다. 레몬 필 트위스트(Lemon Peel Twist)를 하고 짧은 스트로우(Short Straw)를 꽂아 제공한다.

7 갓 파더(God Father)

· $1\frac{1}{2}$ oz Scotch
· $\frac{3}{4}$ oz Amaretto di Saronno

올드 패션 글라스에 얼음과 함께 넣어 제공한다.
기본주인 스카치대신 보드카를 사용하면 갓 마더(God Mother)가 된다.

(2) 진 베이스 칵테일(Gin Base Cocktail)

1 마티니(Martini, Traditional)

· $1\frac{1}{2}$ oz Dry Gin
· $\frac{3}{4}$ oz Dry Vermouth

믹싱 글라스(Mixing Glass)에 스터어(Stir)해서 칵테일 글라스에 따라 올리브(Olive)를 장식해서 제공한다.
드라이 진(Dry Gin)과 드라이 버머스(Dry Vermouth)의 비율에 따라 다양한 종류의 마티니가 나온다. 기본주에 따라 보드카 마티니, 데킬라 마티니(Tequila Martini; Tequini)도 있다.

2 깁손(Gibson)

베리 드라이(Very Dry) 혹은 엑스트라 드라이 마티니(Extra Dry Martini)에 올리브 대신 (Cocktail Onion)을 장식하면 깁손이 된다.

3 김렛(Gimlet)

재료를 세이크해서 칵테일 글라스에 따라서 제공한다.
기본주를 보드카로 바꾼 「보드카 기믈렛」도 선호된다.

$1\frac{1}{2}$ oz Dry Gin
1 oz Lime Juice
$\frac{1}{3}$ oz Sugar Syrup

4 핑크 레이디(Pink Lady)

$1\frac{1}{2}$ oz Dry Gin
1 tsp Light Cream(혹은 Milk)
1 tsp Grenadine Syrup
1 of Egg White

세이크해서 칵테일 글라스 또는 소서 샴페인 글라스(Saucer Champagne Glass)에 따라서 제공한다.

5 싱가포르 슬링(Singapore Sling)

2 oz Dry Gin
$\frac{1}{2}$ oz Lemon Juice
1 tsp Powdered Sugar
Soda Water
$\frac{1}{2}$ oz Cherry Brandy

세이커에 얼음과 함께 드라이 진, 레몬 주스 설탕을 넣고 세이크하여 콜린스 글라스(Collins Glass)에 따르고 소다수로 잔을 채운다. 체리 브랜디(Cherry Brandy)를 따르는 방법도 있다.

6 탐 콜린스(Tom Collins)

2 oz Dry Gin
$\frac{1}{2}$ oz Lemon Juice
1 tsp Powdered Sugar
Soda Water

세이커에 얼음과 함께 드라이 진, 레몬 주스 설탕을 넣고 세이크하여 콜린스 글라스에 따르고 소다수로 잔을 채운다. 레몬, 오렌지 조각, 체리를 장식하여 스트로우를 꽂아 제공한다.

기본주로 홀랜드 진(Holland Gin)을 사용하면 존 콜린스(John Collins)이고 원래는 올드 탐 진(Old Tom Gin)을 사용한 것을 탐 콜린스(Tom Collins)라 불렀으나 현재는 드라이 진으로 만드는 것이 일반적인 처방이다.

7 파라다이스(Paradise)

1 oz Dry Gin
$\frac{1}{2}$ oz Apricot Brandy
$\frac{1}{2}$ oz Orange Juice

세이크해서 칵테일 글라스에 제공한다.

8 브롱스(Bronx)

1 oz Dry Gin
$\frac{1}{2}$ oz Dry Vermouth
$\frac{1}{2}$ oz Sweet Vermouth
$\frac{1}{4}$ oz Orange Juice

세이크해서 칵테일 글라스에 제공한다.

9 블루문(Blue Moon)

$1\frac{1}{2}$ oz Dry Gin
$\frac{3}{4}$ oz Blue Curacao
$\frac{1}{2}$ oz Lemon Juice

세이크해서 칵테일 글라스에 제공한다.

10 블루 먼데이(Blue Monday)

세이크 또는 스터어해서 칵테일 글라스에 따라서 제공한다.

$1\frac{1}{2}$ oz Vodka
$\frac{3}{4}$ oz Triple Sec(W. Curacao)
1 tsp Blue Curacao

⑪ 오렌지 블로섬(Orange Blossom)

1 oz Dry Gin
1 oz Orange Juice
1 tsp Powdered Sugar(사용안해도 무방)

세이크해서 칵테일 글라스에 따라서 제공한다.

요즈음에는 진 앤드 오랜지(Gin & Orange)라 하여 하이볼(High ball)에 진과 오렌지를 섞어 만든다.

⑫ 밀리언 달러(Million Dollar)

$1\frac{1}{2}$ oz Dry Gin
$\frac{3}{4}$ oz Sweet Vermouth
2 tsp Pineapple Juice
1 tsp Grenadine Syrup
1 of Egg White

세이크하여 칵테일 글라스나 소서 샴페인 글라스에 따르고 파인애플 조각(Pineapple Slice)을 장식하기도 한다.

(3) 브랜디 베이스 칵테일(Brandy Base Cocktail)

① 브랜디 알렉산더(Brandy Alexander)

$\frac{3}{4}$ oz Brandy
$\frac{3}{4}$ oz Cacao Brown
$\frac{3}{4}$ oz Light Cream

셰이크해서 샴페인 글라스에 따른 후 너트메그(Nutmeg)를 뿌려준다.

위 레시피에서 브랜디 대신 진을 사용하면 프린세스 메어리(Princess Mary)이며 진 알렉산더(Gin Alexander)라고도 한다. 또 진 알렉산더(Gin Alexander)의 레시피에서 Cacao Brown 대신 Menthe Green를 사용하면 알렉산더즈 시스터(Alexander's Sister)가 된다.

2 스팅거(Stinger)

1$\frac{1}{2}$ oz Brandy
$\frac{1}{2}$ oz Creme de Menthe White

셰이크하여 칵테일 글라스에 제공한다.

3 사이드 카(Side Car)

1 oz Brandy
$\frac{1}{2}$ oz White Curacao
(Triple Sec 혹은 Cointreau)
$\frac{1}{2}$ oz Lemon Juice

셰이크하여 칵테일 글라스에 제공한다.

기본주를 드라이 진으로 바꾸면 화이트 레이디(White Lady), 럼으로 바꾸면 X, Y, Z가 된다.

데킬라(Tequila)를 사용하여 솔트 프로스트(Salt Frost, Snow Style)하면 마가리타(Margarita)가 된다.

4 비 앤드 비(B & B; Brandy and Benedictine)

$\frac{1}{2}$ oz Benedictine
$\frac{1}{2}$ oz Brandy

리큐르 글라스(Liqueur Glass; Cordial Glass)에 베네딕틴(Benedictine)을 먼저 따르고 브랜디(Brandy)순으로 플롯(Float)한다.

최근 이 칵테일은 비 앤드 비 온드 락스(B & B On the Rocks) 스타일로 마시는 것이 세계적인 추세이다.

5 시카고(Chicago)

2 oz Brandy $\frac{1}{4}$ oz Triple Sec 1 dash Bitters

먼저 올드 패션 글라스에 슈가 프로스트(Sugar Frost, Snow Style)를 해서 준비해 둔다. 다음 위 재료를 믹싱 글라스로 스터어해서 따른다.

6 올림픽(Olympic)

$\frac{3}{4}$ oz Brandy $\frac{3}{4}$ oz Orange Curacao $\frac{3}{4}$ oz Orange Juice

세이크하여 칵테일 글라스에 제공한다.

(4) 보드카 베이스 칵테일

1 보드카 앤드 토닉(Vodka and Tonic)

진 토닉(Gin and Tonic)에서 기본주를 보드카로 바꾼 것으로 애호되고 있다.

2 블러디 메어리(Bloody Mary)

$\frac{1}{2}$ oz Vodka 적당량 Tomato Juice 1 dash Lemon Juice $\frac{1}{2}$ tsp Worcestershire Sauce 2-3 drops Tabasco Sauce Pepper and Salt

일명 간호사로 불리며 해장 칵테일로 애용된다. 하이볼(Highball) 또는 콜린스 글라스에 보드카를 넣고 토마토 주스로 잔을 채운 다음 기타 양념류를 뿌리고 저어준다. 토마토 주스를 채우기 전에 양념류를 넣으면 더 잘 섞인다. 레몬, 셀러리 스틱 등을 장식하고 머들러(Muddler)를 꽂아 제공한다.

미국에 금주법이 있던 시절에 유행한 진 베이스(Gin Base)인 블러디 샘(Bloody Sam)에서 유래된 칵테일이다.

보드카를 빼고 비알코올성 음료로 만들면 버진 메어리(Virgin Mary)가 된다.

3 스큐류 드라이버(Screw Driver)

2 oz Vodka 적당량 Orange Juice

일명 Lady Killer 혹은 Women Killer로 불리며 과거에 플레이 보이가 여성을 유혹할 때 사용하던 칵테일로 하이볼 글라스에 제공하며 보드카 앤드 오렌지 라고도 부른다.

4 솔티 독(Salty Dog)

2 oz Vodka 적당량 Grapefruit Juice

하이볼 또는 콜린스 글라스에 솔트 프로스트(Salt Frost) 해서 얼음을 넣고 위 재료를 넣어 섞어서 제공한다. 영국에서는 처음 마시기 시작할 때는 진 베이스였으나 미국으로 건너가고 부터 보드카 베이스로 바뀌게 되었다.

상기 처방으로 만들기는 하나 솔트 프로스트하지 않은 것을 그레이 하운드(Grey Hound), 테일리스 독(Tailless Dog), 혹은 불독(Bull Dog)이라 부른다.

5 블랙 러시안(Black Russian)

$1\frac{1}{2}$ oz Vodka $\frac{3}{4}$ oz Kahlua

올드 패션 글라스에 보드카, 카루아 순으로 따라 섞어서 제공한다.

상기 처방에 우유 또는 크림으로 잔을 채우면 화이트 러시안(White Russian)이 된다.

6 모스코 뮬(Moscow Mule)

$1\frac{1}{2}$ oz Vodka
$\frac{1}{2}$ oz Lime Juice
적당량 Ginger Ale

하이볼 글라스에 보드카와 라임 주스를 넣고 진저엘을 채워서 라임 또는 레몬조각 등을 장식해서 제공한다.

7 키스 오브 파이어(Kiss of Fre)

$\frac{3}{4}$ oz Vodka
$\frac{3}{4}$ oz Sloe Gin
$\frac{3}{4}$ oz Dry Vermouth

칵테일 글라스에 슈가 프로스트[Sugar Frost(Sugar-rimmed Glass)]해서 상기 재료를 세이크하여 따른다.

(5) 럼 베이스 칵테일(Rum Base Cocktail)

1 대큐리(Daiquiri)

$1\frac{1}{2}$ oz Rum(Light)
$\frac{1}{2}$ oz Lime Juice(or Lemon)
$\frac{1}{3}$ oz Sugar Syrup

세이크해서 칵테일 글라스에 제공한다.

2 바카디(Bacardi)

$1\frac{1}{2}$ oz Bacardi Rum
$\frac{1}{2}$ oz Lime Juice
1 tsp Grenadine Syrup

세이크해서 칵테일 글라스에 제공한다.

3 마이 타이(Mai Tai)

$1\frac{1}{2}$ oz Light Rum
$\frac{1}{3}$ oz White Curacao(Triple Sec)
1 tbsp Pineapple Juice
1 tbsp Orange Juice
1 tbsp Lemon Juice
1 tbsp Almond Flavored Syrup
1 tbsp 151 Proof Dark Rum

상기 재료중 다크 럼을 제외한 나머지 재료를 세이크 한 다음 얼음 분쇄기로 눌러 으깬 얼음조각(Crushed Ice)을 채운 올드 패션 글라스나 대형 고블렛 등에 따르고 민트잎, 계절 과일로 장식한 후 151 Proof 다크 럼을 천천히 부어서 플로트한다. 스트로우를 꽂아 제공한다.

최근의 마이 타이는 마이 타이 믹스(Mai Tai Mix)를 사용하여 블렌딩(Blending)하는 방법을 주로 사용한다.

1 oz Rum
$\frac{1}{3}$ oz Triple Sec
3 oz Mai Tai Mix
1 tbsp Grenadine Syrup

상기 재료를 블렌더(Blender)에 블렌딩(Blending)해서 대형 글라스에 따른다. 스트로우를 꽂아 제공한다.

4 쿠바 리브레(Cuba Libre)

$1\frac{1}{2}$ oz Rum(Light)
$\frac{1}{2}$ oz Lime Juice
적당량 Cola

하이볼 글라스에 럼과 라임주스를 넣고 콜라로 채워서 라임 조각(Lime Slice)을 장식하고 제공한다.

5 피나 콜라다(Pina Colada)

1 oz Light Rum
1 oz Pina Colada Mix

얼음 분쇄기로 눌러 으깬 얼음조각(Crushed Ice)과 함께 블렌딩(Blending)해서 대형 글라스에 따라 계절과일을 장식하고 스트로우를 꽂아 제공한다.

(6) 데킬라 베이스 칵테일(Teguila Base Cocktail)

1 마가리타(Margarita)

$1\frac{1}{2}$ oz Tequila
$\frac{1}{2}$ oz Triple Sec
$\frac{1}{2}$ oz Lemon Juice

상기 재료를 세이크하여 솔트 림드 칵테일 글라스[Salt-rimmed Cocktail Glass (Salt Frost)]에 따라서 제공한다.

프로전 마가리타(Frozen Margarita)는 얼음 분쇄기로 눌러 으깬 얼음조각(Crushed Ice)를 사용하여 블렌딩(Blending)한 것으로 즐겨 마신다.

2 데킬라 선라이즈(Tequila Sunrise)

2 oz Tequila
적당량 Orange Juice
$\frac{1}{2}$ oz Grenadine Syrup

하이볼 또는 콜린스 글라스에 데킬라(Tequila)와 오렌지 주스로 채운 후 그레나딘 시럽(Grenadine Syrup)을 천천히 부어 밑으로 가라 앉힌다. 그러면 일출과 같은 광경이 연출된다.

3 데킬라 앤드 토닉(Tequila and Tonic; Tequonic)

진 토닉(Gin and Tonic)에서 기본주를 테킬라(Tequila)로 바꾼 것이다. 일명 숫라 불리며 이것은 한여름에 더위를 폭파시킨다는 의미를 가지고 있다.

(7) 리큐르 베이스 칵테일(Liqueur Base Cocktail)

1 캄파리 앤드 소다(Campari and Soda)

$1\frac{1}{2}$ oz Campari
적당량 Soda Water

식전주로 하이볼 글라스에 캄파리(Campari)를 넣고 소다수로 채워서 제공한다.

2 아메리카노(Americano)

1 oz Campari
1 oz Sweet Vermouth
적당량 Soda Water

하이볼 글라스 또는 올드 패션 글라스에 캄파리와 스위트 버머스(Sweet Vermouth)를 넣고 소다수로 채워서 제공한다.

3 그라스 하퍼(Grasshopper)

$\frac{3}{4}$ oz Creme de Menthe Green
$\frac{3}{4}$ oz Creme de Cacao White
$\frac{3}{4}$ oz Light Creme

세이크해서 칵테일 글라스에 제공한다.

4 엔젤스 팁(Angel' s Tip)

$\frac{3}{4}$ oz Cacao Brown
$\frac{1}{4}$ oz Light Creme

리큐르 글라스에 바스푼을 이용해서 카카오를 넣은 후 크림으로 층(Float)을 쌓아서 제공하며 체리 1개를 글라스 위에 걸쳐 장식한다.

다음은 칵테일 조주시 표준계량을 나타내고 있다.

1대시(dash) ········· 1/6tsp(1/32온스)
1티스푼(tsp. tea spoon) ········· 1/8온스
1테이블스푼(tbsp. table spoon) ········· 3/8온스
1포니(pony) ········· 1온스
1지거(Zigger) ········· $1\frac{1}{2}$온스
1와인(Glass) ········· 4온스
1스플리트(split) ········· 6온스
1컵(cup) ········· 8온스
1핀트(pint) ········· 16온스
4/5쿼트(quart) ········· 25.6온스
1쿼트(quart) ········· 32온스
1/2갤런(gallon) ········· 64온스
50 ml ········· 1.7 oz
110 ml ········· 3.4 oz
375 ml ········· 12.7 oz
750 ml ········· 25.4 oz
1 liter ········· 33.8 oz
29.6 ml ········· 1 oz
0.95 liter ········· 1 quart
3.9 liter ········· 1 gallon
1 deciliter ········· 3.38 oz

한편, 다음은 포장명과 계량을 나타내고 있다.

스플리트	187 ml	6.3 oz
텐즈(tenth)	375 ml	12.7 oz
피프즈(fifth)	750ml	25.4 oz
쿼트(quart)	1 litter	33.8 oz
마그넘(magnum)	1.5 litter	50.7 oz
제러보움(jeroboam)	3 litter	101.4 oz

5

… 식음료이야기

인터콘티넨탈 호텔
3가지 스타일로 즐기는 '블러쉬 타임'

새로워진 '블러쉬 타임'이 매일 저녁 다른 스타일을 제안하여 드립니다.

컨템포러리 모던 디자인(Contemporary Modern Design)을 인테리어 주제로한 감각적인 스타일의 '블러쉬' 에서는 월요일부터 금요일 오후 6시부터 9시까지 3시간 동안 6종류의 와인과 안주를 무제한 제공하는 해피아워를 진행합니다. 무제한 제공되는 안주로는 카나페를 비롯하여 캘리포니아 롤, 신선한 스시, 야채 스틱, 낫쵸 등 약 15가지의 안주가 마련됩니다. 특히 더운 요리는 음식의 맛과 온도를 유지하기 위해 고객의 테이블로 직접 제공하는 특화 된 서비스도 함께 즐길 수 있습니다. 이외에도 매주 화요일은 남성들을 위한, 목요일은 여성들을 위한 이벤트가 마련됩니다.

월~금요일: 저녁 6시~9시까지 6종류의 와인이 포함된 스타일리쉬한 미니 뷔페 ₩40,000
* 단, 여성 고객에 한하여 50% 할인
* 봉사료 및 세금 포함

화요일: Guy's Night
* 저녁 8시 30분부터 음료 및 주류를 잔으로 주문 시, 한 잔 무료 제공
* 주류를 병으로 주문 시, 안주 무료 제공

목요일: Girl's Night
* 여성 고객 그룹(최소 5인 이상) 방문시, 샴페인 한병 무료 제공
* 주류를 병으로 주문 시, 안주 무료 제공

* 저녁 8시부터는 라이브 음악이 연주됩니다.

인터컨티넨탈 호텔 주방에는 뭔가 특별한 것이 있다!

다시 한번 인정 받은 위생의 신화

국제 위생인증기관, 연속 3년 100점 채점!

그랜드 인터컨티넨탈 서울과 코엑스 인터컨티넨탈 서울이 국제적인 위생 안전 평가 컨설팅사인 존슨 다이버시(Johnson Diversey Consulting)가 실시한 11번째 정규 감사에서 식품 안전 관리 부분에서 100점 만점을 3년 연속 받았습니다. 지난 감사에 이어 이번 100점이라는 점수는 인터컨티넨탈 호텔 서울 뿐 아니라 한국과 아시아 전 특급 호텔에서 위생부분 선두 주자의 위치에 있다는 것을 다시 한번 확인하게 하였습니다.
이러한 탁월한 점수는 두 호텔이 식품 안전에 관련한 모든 작업 부분의 관리에 높은 수준의 우수성을 유지하고 있었기 때문에 가능한 것이었습니다. 매일 모든 주방에서 실시하는 89가지 항목에 이르는 위생 상시 점검 외에도, 주방장들의 개인 위생을 효율적으로 관리하기 위해 주방장들의 손바닥을 일명 APT(adenosine tri phosphate)라고 알려진 박테리아 오염도 체크를 수시로 실시해오고 있습니다.
이러한 위생에 대한 지극한 노력은 인터컨티넨탈 호텔 서울을 방문하는 고객들에게는 보이지 않는 부분까지 세심하게 신경 쓰는 서비스에 다시 한번 확신을 심어 주었습니다. 이미 지난 2004년 국제적인 TQCSI(Total Quality Certification Services International Pty.Ltd)사로부터 국제 기준에 맞는 '위해 요소 중점 관리 기준(Hazard Analysis Critical Control Point/HACCP)' 을 한국 및 아시아 최초로 인증 받은 바 있습니다. 이렇듯, 인터컨티넨탈 호텔 서울은 혁신적인 방법을 통해 높은 수준의 식품 안전성을 인증 받기 위해 꾸준히 노력하고 있습니다.

자료: 2008.11.14

PART 05

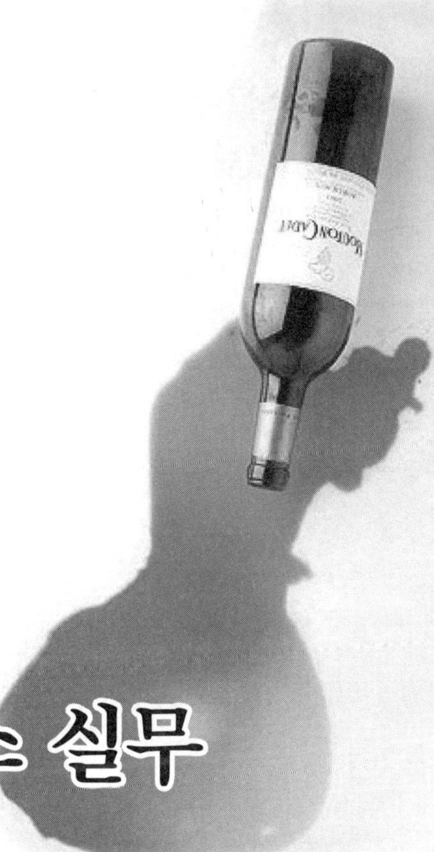

서비스 실무

CHAPTER 10

식음료부문 종사원의 접객 실무

1절 ... 식음료부문 서비스의 개념

일반적으로 식음료부문 서비스는 고객에 대한 식음료 판매행위와 그에 따른 모든 물적, 인적 서비스를 제공하는 환대행위라고 할 수 있다. 오늘날 기계문명의 발달로 모든 산업은 기계화, 자동화되어 그로 인해 만들어진 상품들은 그것을 이용하는 소비자의 가치기준에 따라 판단될 수 있지만, 특히 식음료부문 서비스는 고객의 사회적, 경제적 계층에 따라 기호와 취향, 필요 욕구가 달라지므로 기계문명에 부응할 수 없는 특수성을 지녔다고 볼 수 있다. 이와 같이 식음료부문 서비스는 가치판단에 한정을 둘 수 없는 무한한 것이므로 고객에게 항시 새롭게 부각될 수 있는 요인을 찾아 지속적인 개발 및 개선이 이루어져야 하며, 또한 수요창출의 극대화에 주력하여 고객의 욕구충족을 위한 최상의 상품을 구비하여 제공하여야 한다.

[그림 10-1]은 식음료 서비스에 영향을 주는 세가지 주제를 나타내고 있다.

식음료부문 서비스는 고객만족을 위해 존재한다고 해도 과언이 아니다. 이러한 고객만족이 이루어지기 위해서는 두가지 전제조건이 필요한데, 첫째는 식음료부문 종사원이 자기직무에 만족할 수 있도록 식음료부문에서 직무환경 및 기타사항이 확립되어 있어야

[그림 10-1] 식음료 서비스에 영향을 주는 세가지 주제

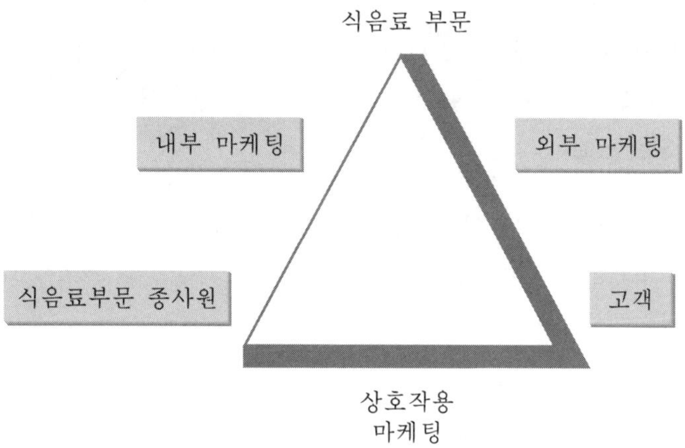

하는데 이것을 내부 마케팅이라 하며, 둘째는 식음료부문 종사원이 고객을 다루는 적절한 방법을 배워야 하는데 이것을 상호작용 마케팅이라 한다.

식음료부문 서비스에서 식음료부서가 고객에게 직접 행하는 판촉활동을 포함하는 외부마케팅 활동도 중요하지만 무엇보다도 중요한 것은 식음료부문 종사원이 자발적으로 적절하게 고객에게 서비스를 제공하는 것이 중요하다.

이렇게 종사원이 자발적으로 적절하게 고객에게 서비스를 제공하게 되면, 호텔기업의 입장에서는 구전광고와 고객의 재방문효과를 가져오며, 결과적으로 매출의 증대와 판촉비 절감이 발생한다.

2절 … 종사원의 태도

① 일반적 태도

식음료부문 종사원으로서 갖추어야 할 요건은 여러 가지로 많지만, 그 중에서 특히 자신의 직업관 확립과 올바른 정신자세를 갖도록 하여 접객 업무를 성실히 수행하도록 하

는 데에 역점을 둔다. 따라서 훌륭한 직업인이 되기 위해선 올바른 정신과 행동이 항상 일치해야 하며, 맡은 바 임무에 차질이 없도록 부단한 노력을 기울여야 한다.

다음에 열거하는 사항은 종사원으로서 갖추어야 할 일반적 요건이다.

(1) 봉사성(Service)

봉사성(Service)이란 식음료업무의 생명으로서 환대사업의 주전략 상품이며 고객에게 제공되는 물적 서비스와 진심 어린 마음으로 고객에게 부담을 주지 않는 인간미가 수반된 인적 서비스로 구성된다.

따라서 종사원은 어떤 고객에게라도 단순히 형식에 치우친 사무적이고 수동적인 서비스를 해선 안되며, 진정한 마음에서 표출되는 최상의 친절로 고객 서비스에 임해야 할 것이다.

(2) 청결성(Cleanness)

식음료 업장의 청결성은 공공위생(Public Sanitation)과 개인위생(Private Sanitation)으로 나눌 수 있다.

공공위생은 고객이 이용하는 공공장소와 제반시설의 청결 및 집기, 비품, 가구 등의 청결상태를 의미하는 것으로서 고객이 불쾌감을 갖지 않도록 항상 깨끗하게 유지하여야 한다.

개인위생이란 자기 자신의 청결상태를 의미한다. 우선, 신체상으로 건강해야 하고, 철저한 위생관념에 입각하여 몸과 마음을 청결히 가져야 함은 물론 용모, 복장 등 외형상 갖추어야 할 청결 요건을 완벽히 유지하여, 고객이 신선감과 쾌적함을 느낄 수 있도록 해야 한다.

이 모든 것이 철저하게 이루어지려면 식음료부문 종사원들은 항시 청결성을 염두에 두어 업무에 따른 위생관리를 철저히 해야 한다.

(3) 능률성(Efficiency)

능률성이란 주어진 시간 내에 맡은 바 업무를 정확히 파악한 후 최대의 능력을 발휘하여 얻어낸 성과를 말한다. 즉, 모든 업무의 능률을 올리기 위하여 종사원들은 매사에 적극적이고 능동적인 자세로 일을 수행해야 하며, 업무의 흐름을 숙지하여 요령있게 효과적으로 일을 처리할 수 있도록 전반적인 기능을 향상시켜야 한다.

(4) 경제성(Economy)

경제성이란 최소의 경비지출로 최대의 영업 이익을 얻고자 함을 말한다. 즉, 만족한 영업성과를 얻기 위하여 평소에 모든 종사원들은 투철한 절약 정신과 주인 의식을 갖고 식음료업장 운영에 소요되는 고정경비와 변동경비의 지출을 최대한 절감할 수 있도록 해야 하며, 또한 모든 경비지출에 따른 손실, 낭비 등을 막아 매출 및 이익증대에 이바지하도록 노력해야 한다.

(5) 정직성(Honesty)

정직성이란 인간의 근본정신 중에 가장 참된 것이라 할 수 있으며, 어느 누구에게라도 책임감 있는 행동을 취하여 신뢰받을 수 있도록 정직성을 생활의 신조로 삼아야 한다.

이러한 올바른 정신과 행동은 회사와 직원사이에 신뢰를 통한 원만한 협조체제가 형성케 할 것이며, 고객 또한 종사원들의 올바른 마음가짐과 행동에 더욱 신뢰감을 갖게 되어, 회사의 명예를 높이고 아울러 영업신장과 지속적인 발전에 크게 기여한다는 것을 종사원들은 명심해야 할 것이다.

(6) 환대성(Courtesy & Hospitality)

식음료 서비스는 환대정신을 가장 필요로 하고 중요시하므로, 종사원들은 고객을 대할 때 항시 즐거운 마음으로 얼굴에 미소를 가득 담고 정중하며 반갑고 공손한 태도로 고객을 맞이하여야 한다. 따라서 종사원의 예의바른 접객태도와 충만된 서비스는 고객으로부터 아낌없는 칭찬과 서비스의 가치를 인정받을 뿐만 아니라, 그로 인하여 파급되는 선전효과로 새로운 고객확보 및 이용빈도를 더욱 높여주는 계기가 될 것이다. 또한 회사의 발전과 자신의 윤택한 생활에 직결되므로 절대 고객을 차별하거나 경시해서는 안된다.

보편적으로 종사원의 환대 태도에 고객이 느끼는 감정은 아주 민감하고 평가기준 또한 냉정하므로, 종사원들은 고객이 온화하고 안락한 분위기 속에서 언제나 정성어린 환대를 받고 있다는 인상을 주어서 고객이 좋은 인상을 호텔에 대해 갖도록 해야 하며, 수준 높은 서비스를 하기 위한 확고한 접객태도를 확립하도록 부단한 노력을 기울어야 한다.

2 실제적 태도

식음료부문 종사원의 복장과 용모는 그 식음료부문의 이미지(Image)를 대표하며, 접객태도는 그 식음료부문의 품위를 대변한다. 그러므로 종사원들은 근무에 임하기 전에 자신이 갖추어야 할 몸가짐을 점검하는 자세를 습관화하여 항상 고객에게 깨끗하고 단정한 인상을 주도록 하는 것이 종사원으로서의 실제적 태도라고 할 수 있다.

1) 종사원의 몸가짐

(1) 두발

1 남자 종업원

· 앞머리는 이마를 덮지 않도록 빗질하여 뒤로 넘긴다.

· 뒷머리는 와이셔츠 깃을 넘어서는 안되며 옆머리는 귀가 덮히지 않도록 단정히 깍아야 한다.

· 비듬과 불쾌한 냄새를 예방하기 위해 매일 세발토록 한다.

· 항상 머릿기름(포마드)을 바르고 드라이를 하며, 파마를 해서는 안된다.

2 여자 종업원

· 여자의 머리형은 얼굴 형태에 맞게 하며 요란스럽지 않도록 꾸민다.

· 앞머리는 얼굴에 흘러내리지 않게 손질하며, 뒷머리는 블라우스 깃을 덮지 않게 올려 묶거나 짧은 머리로 깍아 활동하기 편하도록 해야 한다.

· 고객에게 불쾌감을 유발시키는 요란한 파마를 해서는 안되며, 검정색 이외에 다른 색으로 염색하지 않도록 한다.

· 헤어 밴드(Hair Band)는 깨끗한 것을 착용해야 하며, 정확한 위치에 반듯하게 매어져 있는지 수시로 확인해야 한다.

(2) 얼굴

1 남자 종업원

· 면도는 매일하여 깔끔한 상태를 유지해야 한다.
· 구레나룻은 귀 이하로 내려오지 않도록 깎아야 하며, 콧속 수염이 밖으로 나오지 않도록 잘라야 한다.
· 얼굴의 종기, 상처 등은 신속히 치료해야 하며, 반창고 등을 붙이고 영업장에 나가지 않도록 한다.
· 시력이 좋지 않은 종사원은 가능한 안경보다 콘텍트렌즈를 착용토록 한다.
· 식사 후에는 반드시 양치질을 해야 하며, 입냄새가 있는 사람은 적절한 조치를 취해야 한다.
· 고객 앞에서 재채기, 기침, 딸꾹질 등을 하지 않도록 한다.

2 여자 종업원

· 화장은 밝고 자연스럽게 하며, 야하거나 진한 화장을 하지 않도록 한다.
· 눈화장은 자연스러운 색상이어야 하며, 속눈썹을 달아서는 안된다.
· 윤이 나는 립스틱과 짙은 색의 루즈를 사용해서는 안되며, 엷고 자연스러운 색상을 사용한다.
· 향이 강한 향수나 화장품은 사용해서는 안되며, 근무중에 귀걸이, 목걸이를 착용해서는 안된다.
· 식사 후에는 반드시 양치질을 해야 하며 입냄새가 있는 사람은 적절한 조치를 취해야 한다.
· 고객 앞에서 재채기, 기침, 딸국질 등을 해서는 않된다.

(3) 손

· 손은 항상 깨끗이 씻어 청결을 유지하고 상처난 손으로 서비스에 임해서는 안된다.
· 손톱은 반드시 짧게 깎아야 하고, 불순물이 끼지 않도록 가꾸어야 한다.
· 근무중에는 손으로 코를 후비거나 머리, 얼굴, 입 등을 만져서는 안되며, 또한 반지를 끼어서도 안된다.

(4) 제복(Uniform)

1 남자 종업원

· 유니폼은 소중하게 깨끗이 보관해야 하고, 다림질이 잘 된 것으로 착용한다.
· 얼룩이 지거나 더러워졌을 때는 즉시 교환하여 착용한다.
· 단추가 떨어졌거나 바느질이 터진 곳은 반드시 수선하여 입도록 한다.
· 착용시 먼지, 비듬 등이 묻어 있어서는 안된다.
· 명찰은 옷깃에 가리지 않도록 하며 왼쪽 정위치에 반듯하게 패용한다.
· 주머니가 불룩하면 보기 흉하므로 불필요한 물건은 넣지 않도록 한다.
· 만년필이나 볼펜은 항상 안쪽 주머니에 넣고, 바깥 주머니에는 꽂지 않도록 한다.

2 여자 종업원

· 유니폼은 소중하게 깨끗이 보관해야 하고, 다림질이 잘 된 것으로 착용한다.
· 얼룩이 지거나 더러워졌을 때는 즉시 교환하여 착용한다.
· 단추가 떨어졌거나 바느질이 터진 곳은 반드시 수선하여 입도록 한다.
· 착용시 먼지, 비듬 등이 묻어 있어서는 안된다.
· 스커트 길이는 회사에서 지급된 표준 사이즈를 지켜야 하며, 임의로 올리거나 내려서 착용해서는 안된다.
· 에어프런(Apron)은 다림질이 잘 된 것으로 사용하고, 매듭을 보기좋게 묶어 깨끗이 착용해야 한다.
· 주머니가 불룩하면 보기 흉하므로 불필요한 물건은 넣지 않도록 한다.
· 명찰은 옷깃에 가리지 않도록 하며 왼쪽 정위치에 반듯하게 패용한다.
· 한복 치마는 땅에 질질 끌리지 않도록 길이를 잘 맞추어 착용하고 저고리 동정은 수시로 교체하여 깨끗이 입도록 한다.

(5) 와이셔츠와 블라우스(Blouse)

1 남자 종업원

· 다림질이 잘 된 것으로 착용한다.
· 소매끝, 깃 등이 더러운 와이셔츠를 입어서는 안된다.

· 옷자락이 바지 바깥으로 보여선 안되며, 소매길이는 3~5mm정도 유니폼 소매보다 조금 더 긴 것이 알맞다.

[2] 여자 종업원

· 다림질이 잘된 것으로 착용한다.
· 소매끝, 깃 등이 더러운 블라우스를 입어서는 안된다.
· 옷자락이 스커트 바깥으로 보여선 안되며 소매 길이는 유니폼 소매를 기준으로 3~5mm 정도 더 긴 것이 알맞다.

(6) 나비 넥타이(Bow Tie)와 리본(Ribbon)

항상 제 위치에 반듯하게 매어져 있는지 확인하는 습관을 갖는다.

(7) 구두와 양말 및 스타킹

[1] 남자 종업원

· 항상 깨끗하고 광택이 나도록 손질한 검정 단화를 착용하고 절대 구겨 신어서는 안 된다.
· 모양이 야하거나 장식이 달린 복잡한 구두는 신지 않도록 한다.
· 구두 밑창이 떨어졌거나 뒷굽이 닳은 것은 고객에게 좋지 못한 인상을 주므로 수선하여 신도록 한다.
· 양말은 검정색을 착용하고 매일 깨끗한 것으로 갈아 신도록 한다.

[2] 여자 종업원

· 모양이 야하거나 장식이 달린 복잡한 구두는 신지 않도록 한다.
· 구두 밑창이 떨어졌거나 뒷굽이 닳은 것은 고객에게 좋지 못한 인상을 주기 때문에 수선하여 신도록 한다.
· 스타킹은 짙은 색상을 피하고 엷은 살색을 착용하며, 스타킹이 흘러내리거나 올이 나가지 않은 것으로 신는다.

[표 10-1]과 [표 10-2]는 남자 및 여자사원의 몸가짐을 요약해 놓았다.

[표 10-1] 남자사원의 몸가짐

얼굴
* 수염은 매일 아침 깎습니까?
· 얼굴, 코, 귀, 손, 치아 등 보이는 부분은 항상 청결을 유지한다.
· 면도는 매일매일하며, 부분적으로 손톱이 길어지지 않게 한다.
· 귓속이나 콧속은 더러워지지 않게 한다.
명찰
* 소정의 위치에 있습니까?
* 비뚤어지지 않았습니까?
· 명찰은 와이셔츠(3번째) 단추구멍 평행선상 주머니에 부착할 것
· no-tipping please tag을 이름표 하단에 부착할 것
제복
* 비듬, 머리털은 묻어 있지 않습니까?
* 단추바느질이 터진 곳은 없습니까?
* 바지는 프레싱되어 있습니까?
· 바지의 길이가 짧거나 틀어진 경우는 즉시 수선을 의뢰할 것
· 바지의 길이는 양말이 보이지 않을 정도로 착용할 것
양말
* 색상은 야하지 않습니까?
* 매일 바꿔 신습니까?
* 흘러 내리지 않습니까?
· 양말은 흑색이나 흑색에 가까운 것으로 사용한다(청색 가능)
* 구두의 관리
· 구두는 약칠을 하여 보관하여야 한다.
· 구두는 항시 광택이 있는 상태에서 착용한다.
· 매일 구두약을 칠하고 손질하여 둔다.
· 근무시 사용하는 구두는 출퇴근시 이용하지 않도록 한다.
· 틀어진 구두는 잘 꿰매어 신으며 절대 꺾어 신지 않는다.
머리
* 흐트러져 있지 않습니까?
* 길지 않습니까?
· 가발은 목덜미 부분을 바짝 쳐올려서 뒷머리는 짧게 할 것
· 와이셔츠 칼라부분이 덮이지 않도록 붙이고 정연히 빗으로 손질하여 우로부터 7 : 3의 비율의 위치에 가리마를 타고 앞머리가 흘러서 덮지 않도록 할 것.
· 머리는 주 4회이상 세발하여 비듬이 보여서는 안된다.
· 머리는 포마드나 머릿기름을 사용 단정히 빗는다.

와이셔츠
* 깃 소매끝은 깨끗합니까?
* 주름진 곳은 없습니까?
· 와이셔츠는 항상 청결히 하고 구김없이 잘 프로싱된 것을 착용한다.
· 와이셔츠 소매와 깃은 풀이 매겨져 있어야 한다.
· 와이셔츠 단추는 정위치에 있어야 하고 흔들리지 않도록 한다.
· 와이셔츠의 품은 너무 크지 않게, 밖으로 나오지 않게 주의해서 입는다.
손
* 더러운 손은 불결합니다.
* 손톱은 깨끗합니까?
* 짧게 깎여 있습니까?
· 시계는 손목 윗부분에 착용하여 가능한 보이지 않게 한다.
· 손톱은 더러워지지 않게 짧게 하고 손은 항상 깨끗이 하여야 한다.
· 결혼, 약혼 이외의 반지는 끼지 않는다.
구두
* 깨끗이 닦여 있습니까?
* 색, 모양 등은 야하지 않습니까?
· 구두는 무늬와 장식이 없는 색으로 착용하며 매일 손질하여 깨끗하게 하고 빛이 나게 해서 신을 것

자료 : 박병렬 · 임붕영, 「외식사업주방관리론」, 대왕사, 1995, p. 177.

[표 10-2] 여자사원의 몸가짐

화장
* 하지 않습니까?
* 강하게 보입니까?
· 입술은 자연색 혹은 붉은 색을 약하게 사용한다.
· 아이 섀도우, 아이 라인은 진하지 않게 하며 속눈썹은 붙이지 않는다.
· 식사 후에는 "이"를 항상 닦아 불쾌감을 주지 않도록 한다.
· 너무 진한 화장은 손님에게 혐오감을 준다.
· 목걸이는 하지 않는다.
제복
* 깨끗합니까?
* 어깨에 비듬, 머리카락은 묻어 있지 않습니까?
* 단추의 실밥터진 곳은 없습니까?
· 원피스의 칼라는 청결하고 프레싱된 것으로 착용한다.
· 원피스의 버튼은 전부 같은 것으로 사용하고 떨어진 곳이 없도록 한다.
· 속옷은 희고 청결한 것으로 착용한다.

· 허리띠의 끈이나 블라우스는 치마속에 넣어 나오지 않도록 한다.
· 옷의 찢어진 곳, 틑어진 부분은 즉시 수리하도록 한다.
· 원피스는 길지도 짧지도 않게 적당한 길이로 착용한다.
· 허리띠의 끈이 풀어지지 않도록 꼭 조여서 맨다.
· 항상 유니폼의 주름과 빗을 유지하기 위해 옷걸이에 걸어 놓을 것이며 가끔 다림질을 해 놓는다.
· 앞치마(apron)는 깨끗하게 다림질하여 착용하고 뒤틀려지지 않도록 한다.

머리

* 흐트러져 있지 않습니까?
* 비듬이나 더럽지 않습니까?
* 긴 머리는 간편하게 하고 있습니까?

· 긴 머리는 간편하게 하고 있습니까?
· 긴 머리는 hair net나 pin을 사용해 단정히 올린다.
· hair 리본은 어두운 색을 사용할 것
· 생머리는 cut하든지, 퍼머를 하여 단정히 한다.

명찰

* 소정의 위치에 있습니까?
* 비뚤어져 있지 않습니까?

· 왼쪽가슴 부분에 착용토록 한다.

손 · 손톱

* 더러운 손은 불결합니다.
* 짧게 손톱을 깎았습니까?
* 더럽지 않습니까?
* 매니큐어는 자연스럽습니까?

· 손톱은 항상 짧게 깎고 매니큐어는 흰색에 가까운 것을 사용한다.
· 결혼이나 약혼반지 이외의 것은 사용하지 않는다.
· 요란스러운 시계는 착용하지 않는다.
· 귀걸이, 목걸이는 사용하지 않는다.

양말

* 매일 바꾸어 신습니까?
* 흘러 내리거나 줄이 가지 않았습니까?
* 색은 야하지 않습니까?

· 스타킹은 살색으로 신고 꼭 맞게 착용할 것
· 덧신은 매일 세탁하여 백색으로 착용한다.

구두

* 깨끗이 닦여 있습니까?
* 색, 모양 등은 야하지 않습니까?

· 여자 샌들은 같은 모양으로 실내에서 꺾어 신으면 안된다.

자료 : 박병렬 · 임붕영, 「외식사업주방관리론」, 대왕사, 1995, p.178.

2) 대기자세(Stand By)

① 가슴을 반듯이 펴고 바른 자세를 취한다.
② 짐을 지거나 의자, 탁자, 벽 기둥 등에 절대 기대어 서지 않도록 한다.
③ 양손은 계란을 쥔 손 상태로, 왼손은 배꼽 앞으로 하여 암 타월(Arm Towel)을 걸치고 오른손은 바지 재봉선에 붙인다.
③ 대기중에는 동료들과 잡담, 하품을 해서는 안된다.
④ 담당구역은 절대 비우지 않도록 정위치를 지켜야 하며, 고객의 신호를 접하면 즉시 응할 수 있는 태도를 취한다.
⑤ 대기중에 신문, 잡지 또는 서적 따위를 읽어서는 안되며, 껌을 씹어서도 안된다.
⑥ 휴식시의 자세는 한쪽 다리에 중심을 두고 다른 한쪽 다리에 힘을 빼고 약간 앞으로 내민상태가 좋으며 다리를 떠는 행위는 절대 없도록 한다.

3) 보행자세

① 가슴과 등을 곧게 펴고 턱은 당기며, 시선은 정면을 향하고 보폭은 적당히 자연스럽게 걷는다.
② 걸음을 뗄 때는 경쾌하게 조용히 걸어야 하고, 팔은 자연스럽게 흔들며 걷는다.
③ 보행 중에는 다리가 벌어지지 않도록 걷고, 발을 질질 끌면서 걷지 않도록 한다.
④ 뒷짐을 지고 걷거나 주머니에 손을 넣고 걸어서는 안되며 팔짱을 끼고 걸어서도 안된다.
⑤ 보행 중에 담배를 피우거나 껌을 씹으면서 다녀서는 안되며, 주머니에 소리나는 물건을 넣고 다녀서도 안된다.
⑥ 식음료 업장 내에서는 어떠한 경우라도 뛰어서는 안되며, 바쁘거나 급할 때는 빠른 걸음으로 조용히 걷는다.
⑦ 항상 좌측통행을 하고 모퉁이를 돌아설 때나 자동문을 통과할 때는 부딪치지 않도록 주의해야 한다.
⑧ 아무리 급한 일이 있더라도 앞서가는 고객을 앞질러 가거나 앞을 가로질러 가서는 안된다.

⑨ 손님과 서로 지나칠 때는 걸음을 잠시 멈추고 손님의 행동반경을 피해서 가볍게 머리 숙여 인사하고 손님이 먼저 지나가도록 한다.

⑩ 유니폼을 벗은 채로 다녀서는 안되며 손님을 유심히 쳐다보거나 곁눈질, 치켜뜨기, 흘기거나 손가락질을 해서도 안 된다.

⑪ 고객용 엘리베이터, 에스컬레이터, 화장실 등을 사용해서는 안 된다.

4) 인사

(1) 인사의 기본

① 인사는 정성어린 마음가짐으로 밝고 상냥하게, 정중하고 공손한 자세로 한다.

② 종사원은 항상 절도있고 예절바른 인사 태도를 갖추어야 한다.

(2) 인사의 종류

최경례	45° 각도	V.I.P 또는 사과할 때
보통례	30° 각도	일반고객
반절(목례)	15° 각도	장소의 계약을 받을 때, 동료 사이

① 최경계(정중례)

② 보통례

③ 반절(목례)

(3) 인사요령

1 손의 위치

· 남자 : 양손은 계란을 쥔 모양을 하고 자연스럽게 내려서 바지 재봉선에 댄다.

· 여자 : 두 손을 살며시 포개어 아랫배에 가볍게 댄다.

2 발

뒤꿈치를 붙이고 발의 내각을 30° 로 벌린다.

3 시선

인사하는 각도에 따라 자연스럽게 자신의 발꿈치 또는 발꿈치 앞을 내려다보며, 얼굴을 쳐들고 인사해서는 안된다.

4 표정

항상 가벼운 미소를 띠며 인사하고, 크게 웃거나 이상한 웃음을 지어서는 안된다.

5 허리와 머리

허리에서 머리까지 일직선을 유지하며, 머리만 숙이거나 허리만 굽히지 않도록 한다.

6 다리

곧게 펴고 무릎은 밀착한다.

7 인사말

인사하는 시기와 같아야 하며, 외국인일 경우 필히 존칭(Ma' am, Sir) 표현을 한다.

8 유의사항

인사시 고객의 통행을 방해해선 안되며, 걸어가면서 인사해서도 안된다.

3절 … 영업준비(Mis-en Place) 순서

영업준비란, 접객 서비스를 하기 위하여 소요되는 모든 준비물(장비, 집기, 비품, 소모품 등)을 충분히 확보하여 정위치에 비치하고 청소상태, 환경정리, 시설물 등을 완벽하게 재정비함을 말한다. 따라서 종업원들은 영업에 차질이 없도록 일의 진행 순서를 숙지하여 신속하게 수행해야 한다.

업무 진행 순서

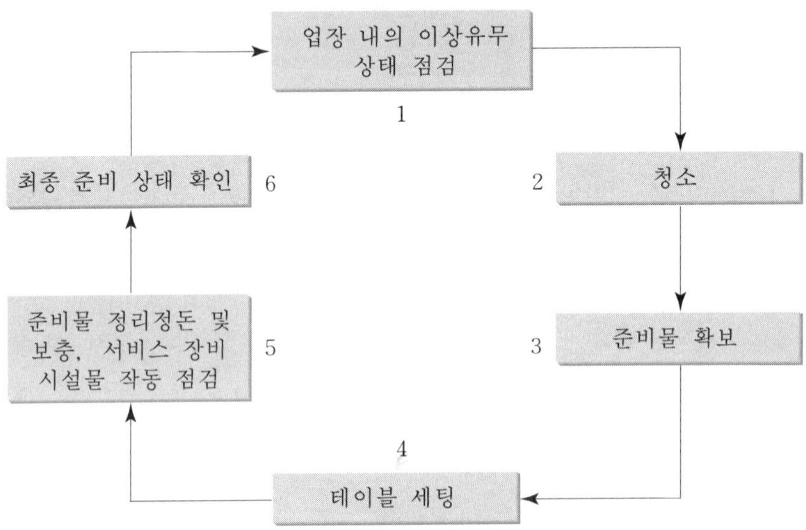

① 일을 진행하기 전에 업장 내의 이상 유무를 점검하고 업무량을 파악한다.

② 청소는 위에서부터 아래로, 식음료 업장 입구로 부터 뒤쪽으로 하는 것이 원칙이다.

③ 서비스 웨어(Silverware, Chinaware, Glassware) 세척 및 모든 준비물(비품, 소모품 등)을 확보하여 작업을 원활히 한다.

④ 테이블 세팅은 식음료 업장의 특성과 구조, 메뉴 및 고객의 취향에 따라 달라지지만, 자체적으로 정해진 기본 원칙은 반드시 준수한다.

⑤ 사이드 보드[(Side Board:(Service Station, Side Table)]의 준비물 정리정돈과

보충 및 서비스 장비, 시설물 등의 작동여부를 확인 · 점검하여 접객 서비스에 불편함이 없도록 한다.

⑥ 전반적인 준비상태의 완료 여부를 점검하고, 미비된 사항은 보완하여 영업시까지 완벽한 상태를 유지한다.

⑦ 기타 부차업무(Side Job)는 업무의 원활한 수행을 위해 수시로 점검하며, 각자 책임감 있게 역할을 이행한다.

4절 … 식음료 업장 예약 업무

예약은 고객이 계획하고 있는 행사를 차질없이 진행하기 위해 식음료 부문과 약속을 하는 것이므로, 예약 담당자는 고객의 모든 요구사항을 정확히 접수하여 철저한 사전준비와 효율적인 서비스로 고객에게 즐거움과 만족을 주도록 최선을 다해야 한다.

1 예약 분류

① 직접예약(방문)

② 전화예약

③ 텔렉스, 전보, 팩스, 편지, PC 통신 예약

④ 대리예약(판촉사원)

2 접수 요령

① 행사일자, 시간, 인원수, 회사명, 예약자 성명(주최자, 주빈 성명), 연락처(전화번호) 등을 확인한 후 기재한다.

② 장소(Room) 또는 테이블(Table), 좌석배치를 결정한다.

③ 접수대장에 기재사항을 정확히 기록한다.
④ 요구사항(사진, 꽃, 케이크, 텐트 카드, 안내문, 테이블 메뉴 등) 또는 준비사항 유무를 확인한다.
⑤ 예약사항을 반복 확인한다.
⑥ 취소 통보 접수(최소한 하루 전에 통보)시에 취소자 성함, 취소 일자, 시간, 연락처를 확인한 후 기재한다.
⑦ 통신 매개체나 서신 예약시 즉시 접수 및 통보하도록 조치한다.

③ 예약 접수시 유의사항

① 접수시 기재 누락, 숫자 착오(10은 열, 11은 열하나 등으로 사용함이 좋음) 등으로 인하여 고객의 손실은 물론 식음료부문의 명예가 실추되지 않도록 정확하게 업무를 처리해야 한다.
② 예약된 장소(Room) 또는 테이블은 행사 예정시간으로 부터 1시간 이상 경과되면 상황에 따라 다른 고객에게 판매할 수 있게 한다. 그러나 이런 점에 대해서는 예약시에 반드시 예약자에게 알려드려야 한다.

④ 전화 응대 요령

전화는 호텔의 이미지를 대표하는 통신 매개체이며, 고객들은 통화자의 음성만으로 상대를 평가, 판단하므로 종사원들은 직접 접하여 대화할 때보다 더욱 신중하고 공손하며 친절한 말씨로 응대해야 하며, 항상 정확한 표현력과 적극적인 태도로써 고객의 문의에 신속하게 답변할 수 있도록 정성을 다해야 한다.

(1) 상황별 응대 요령

Ⅰ 벨이울림

두 번 이상 벨이 울리지 않도록 즉시 받아야 한다.

2 응대

수화기를 들면 먼저 감사의 말, 업장명, 이름(수화자)을 밝히고 고객의 성함과 용건을 듣는다.

3 메모

항상 필기구, 메모지를 준비하여 필요시 즉시 메모한다.

4 반복확인

고객의 용건은 필히 복창하여 메모하고, 이해하기 어려운 점은 납득이 될 때까지 공손히 여쭈어 보고, 착오를 사전에 방지하기 위해 반드시 반복 확인한다.

5 말씨

항상 표준말을 사용하여 경어의 올바른 화법으로 응대하고, 음성의 고저, 크기, 속도, 발음에 유의해야 하며, 고객이 이해하기 어려운 전문용어, 외국어를 사용해서는 안되며 애매한 답변을 해서도 안된다.

6 중계

전언을 의뢰받았을 경우 고객의 성명과 용건을 정확히 메모하여 상대방에게 즉시 전달한다. 자기 담당이 아닌 전화를 받았을 경우 지체하지 말고 즉시 담당자에게 인계한다.

7 통화가 끝날 때

전화를 끊을 때는 상대방이 수화기를 놓는 신호를 확인한 후 조용히 수화기를 놓는다.

(2) 전화 응대시 유의사항

① 시간이 걸리는 용건을 의뢰 또는 질문을 받았을 경우 상대방에게 들리지 않도록 수화기를 막고 상사 또는 동료와 의논한 후 즉시 답변해 드린다.
② 통화시 절대 이 사람 저 사람에게 전화를 돌려서는 안된다.
③ 잘못 걸려온 전화는 상대방이 불쾌하지 않도록 친절한 말씨로 고객의 용건을 해결할 수 있도록 돕는다.

5절 ... 고객 영접 및 환송

고객 영접과 안내는 식음료 부문 지배인(Manager)과 그리트리스(Greetress)등이 담당한다.

영접 담당자는 항상 식음료 업장 입구에서 단정한 자세로 대기하고, 고객이 입장하면 미소 띤 얼굴과 다정한 자세로 접근하여 정중히 고객을 맞이하며, 환송할 때까지 다음과 같은 절차에 의하여 접객 서비스에 임한다.

1 영접

① 미소 띤 얼굴로써 공손한 인사와 아울러 명랑한 인사말로 고객을 맞이한다.

② 예약고객인 경우 사전에 성명, 예약사항을 숙지하여 영접시 성명(◦회장님, ◦사장님 등)을 불러줌으로써 고객으로 하여금 친밀감을 갖도록 하며, 예약에 따른 장소(Room), 테이블 및 모든 준비사항 등을 확인한다.

③ 예약고객이 아닌 경우 먼저 인원수를 물어 본 후 고객이 원하는 장소(Room) 또는 테이블의 가능 여부를 확인하고, 고객이 만족할 수 있는 자리로 최대한 수용하도록 한다. 그렇지 못할 경우 양해를 구하고 가능한 장소(Room) 또는 테이블로 유도한다.

④ 테이블이 없는 경우는 정중히 양해를 구하고 대기실(Waiting Room) 또는 칵테일 코너로 모시고, 사용 가능한 시간을 알려드림과 아울러 대기자 명단(Waiting List)에 기록한 후, 자리가 마련되면 순서에 입각하여 차례대로 좌석을 배정한다.

⑤ 테이블 배정은 식음료 부문 분위기가 좌우되므로 고객의 특성(외국인, 젊은층, 노약자, 지체부자유자, 단체손님, 시선을 주목받을 수 있는 고객 등)을 잘 파악하여 적절한 장소에 유치한다. 예를 들면, 외국인의 경우 식당 중앙이나 다른 고객에게 잘 보이는 곳으로 배정하고, 노약자와 신체가 부자유스러운 고객은 출입이 용이하도록 입구 가까운 쪽으로 모시도록 하며, 젊은 남녀 고객과 혼자 오신 손님은 전망이 좋은 창가 쪽으로 배정하여 조용하고 안정된 분위기를 제공하도록 한다. 또한

단체손님인 경우 식음료업장 분위기가 산만해지고 다른 고객에게 불쾌감을 초래할 우려가 많으므로 구석진 곳 또는 다른 고객에게 방해가 되지 않도록 분리된 장소로 모시도록 하며, 저명인사 및 남의 시선을 주목받을 수 있는 고객은 다른 고객의 이목에 신경이 쓰이지 않는 곳으로 모신다.

⑥ 한쪽 스테이션(Station)으로 고객이 몰리지 않도록 골고루 자리를 배정해야 하고, 합석은 원칙적으로 금한다.

② 안내

① 지정된 장소로 모실 때 손바닥은 펴고 손등이 아래로 오도록 하여 방향을 제시한다(안내 제시에 따른 손모양은 모두 동일하며 절대 손가락으로 가리켜서는 안된다).

② 고객의 통행에 방해되지 않도록 고객 우측 2~3보 전방에서 고객과 보조를 같이 하며 자리로 안내한다. 안내 담당자는 호텔 내의 모든 정보(각종 행사, 연예 공연시간, 각 업장 영업시간, 일반적인 사항 등)를 항상 숙지하여 고객의 문의시 즉시 제공할 수 있도록 만반의 준비를 갖추어야 한다.

③ 착석

① 고객이 자리에 앉기 쉽게 두손으로 의자 등받이를 잡아 가볍게 빼고, 앉으실 때 두 손과 한쪽 무릎을 사용하여 살며시 밀어드린다.

② 착석 순서는 노약자, 어린이, 지체부자유자 또는 여성 순으로 앉도록 돕고, 호스트가 마지막으로 착석하도록 돕는다.

③ 착석이 끝나면 테이블 담당자에게 인계하고 즐거운 시간이 되시기를 바란다는 정중한 인사를 한 후 제 위치로 돌아온다.

의자 밀어드리는 모습

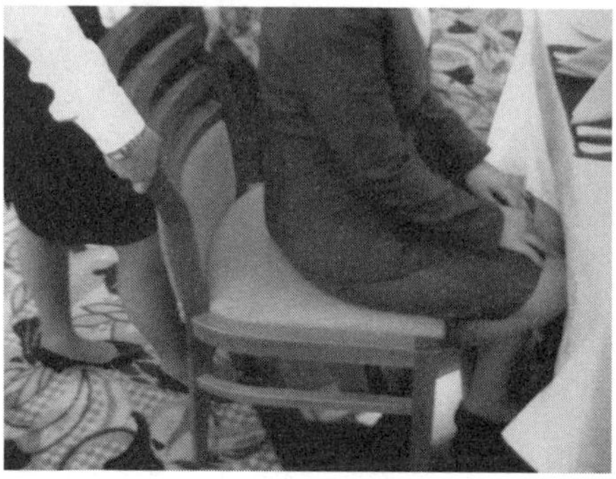

④ 보관

① 보관 요청을 하지 않을 때는 고객의 외투, 모자, 가방, 짐 등을 고객이 편리하도록 테이블 옆 또는 고객의 주위에 놓아 드린다.

② 보관을 원하실 때는 보관표(Tag)를 반드시 본인에게 드리고 보관품을 소중히 관리한다.

③ 나가실 때는 필히 보관표의 번호를 확인 대조하고 다른 보관품과 바뀌지 않도록 돌려 드린다.

⑤ 환송

① 접객 담당자는 고객이 일어날 때 즉시 의자를 빼드리고 테이블 주위에 빠뜨린 물건이 없는지 확인하며, 떠나실 때는 이용해 주신 데 대한 감사를 표시하고, 출구 쪽을 향해 방향을 제시하고 정중히 인사드리며 배웅한다.

② 환송 담당자는 고객 퇴장시 계산을 신속하게 할 수 있도록 계산대로 안내하고, 감사의 인사말과 접객의 평가, 만족도를 확인하고 재방문의 언약을 받도록 한다.

6절 … 주문받는 요령

① 주문의 개념

주문이란 품명, 수량, 모양, 크기 등을 일러주고 제작 의뢰하는 것을 의미하지만, 식음료 업장에서의 주문이란 고객의 기호와 취향에 맞게 판매 가능한 상품을 제공하기 위한 고객과의 계약행위라고 할 수 있다. 따라서 종사원들은 주문 접수에 필요한 충분한 상품지식과 세련된 판매기법을 습득하여 효과적인 상품선전과 적극적인 판매활동을 할 수 있는 자세를 갖추어 항시 고객이 만족한 주문을 할 수 있도록 도와드리며, 고객으로부터 유능한 종사원으로 호평을 받을 수 있도록 연구 · 노력하는 자세를 가져야 한다.

2 판매자의 필수조건

① 고객에게 상품(요리, 음료)을 팔기 전에 자신을 팔아야 한다.
② 항상 미소 띤 얼굴로써 서비스와 친절을 판다는 것을 잊어서는 안된다.
③ 가격을 파는 것이 아니라 가치를 팔아야 한다.
④ 분위기를 함께 팔아야 한다.

3 식음료 주문 순서

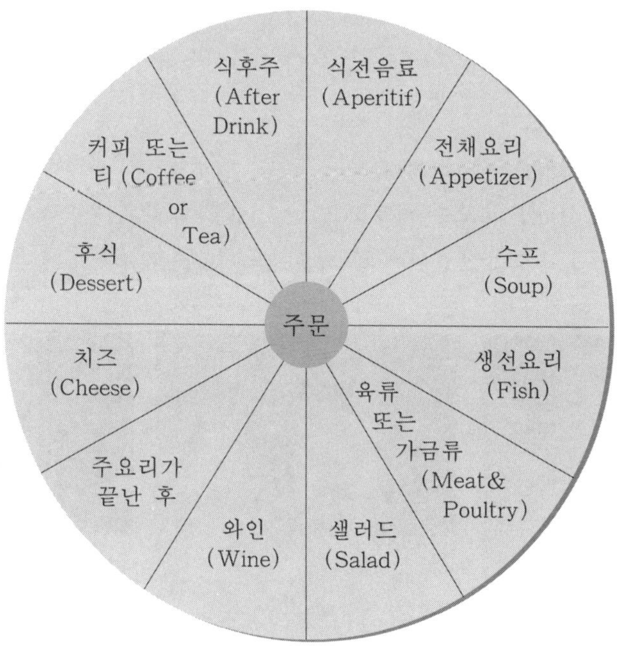

상기 순서는 양식상의 풀 코스(Full Course) 주문을 기준으로 나열한 것이며, 식음료부문의 종류, 메뉴의 종류 및 내용, 고객의 선택 등에 따라 주문 순서와 서비스가 달라진다.

④ 주문받는 요령

① 메뉴는 고객의 우측에서 드리고, 주문받을 때는 고객의 좌측에 위치한다(경우에 따라선 유동적일 때도 있다).

② 항상 메모용지와 볼펜을 지참하여 즉시 주문 내용을 받아 적는다.

③ 주문 기록은 통일된 약자(Abbreviation)로 정확히 기재하며 반드시 복창하여 확인한다.

④ 주문받을 때는 양발을 모으고 양팔은 겨드랑이에 자연스럽게 붙이며, 양손은 주문서와 볼펜을 쥐고 가슴앞으로 하여 허리를 15° 정도 숙이고 고객의 좌측에서 얼굴을 주시하며 공손히 주문 받는다.

⑤ 주문받는 순서는 시계도는 방향으로, 고객인 여자, 남자, 호스테스, 호스트 순으로 받는다(단체고객 또는 인원이 많은 고객일 경우 예외적으로 호스트에게 일괄적으로 주문받는 경우도 있다).

⑥ 고객의 특별한 주문 요청이 있을 경우 주방과 신속히 연락하여 가능 여부를 확인한 후 주문을 결정한다.

⑦ 시간이 오래 걸리는 요리는 주문받을 때 소요시간을 말씀드려야 한다.

⑧ 요리 주문이 끝나면 포도주 목록표(Wine List)를 고객의 우측에서 드린다.

⑨ 포도주는 주로 주문된 주요리에 잘 어울리는 품목으로 권유하여 주문받는다.

메뉴 드릴 때의 자세

메뉴 설명시의 손의 모양

주문받을 때의 자세

⑩ 주요리(Main Dish) 식사가 끝나면 후식 주문과 음료 주문을 받는다.
⑪ 주문이 끝나면 감사의 표시로 정중하게 인사드린 후 물러난다.

5 추천 요령

① 상품 추천을 하기 전에 가능한 한 고객의 유형을 신속히 파악하여 고객으로 하여금 구매의욕을 최대한 유발시킬 수 있도록 자신의 능력을 최대한 발휘해야 한다.
② 고객의 주문 여하에 따라서 그날의 매상이 결정된다는 생각 하에, 사전에 추천하기로 결정한 상품을 집중적이고 효과적으로 설명하여 이윤증대에 기여해야 한다.
③ 고객으로 부터 고가품을 강매하는 인상을 주어서는 안되므로, 항시 고객의 입장과 식음료 부문의 매상을 유념하여 가장 합리적인 주문이 이루어지도록 추천해야 한다.
④ 추천상품은 주로 그날의 특별요리(Daily Special Menu), 새로 입하된 식자재 메뉴, 수익성이 높고 재고가 풍부한 상품, 특별행사 메뉴 등이 주종을 이루며 이런 상품들이 수익증대에 크게 기여한다.
⑤ 단골 고객인 경우 사전에 기호를 암기하여 고객의 기호에 맞는 추천으로 고정 고객과의 호의적인 관계 유지를 돈독히 한다. 또한 고객관리 자료카드(Guest History Card)를 기록 유지하여 고객이 식음료 부문 서비스 이용시 항상 만족한 서비스가 이루어지도록 한다.
⑥ 음료 주문과 추가 주문은 매출증진과 이윤증대에 많은 비중을 차지하므로 적극적인 자세로 추천 · 판매하도록 한다.

6 주문의 확인

① 주문 확인의 필요성은 사전에 문제요인을 예방하기 위해 고객으로부터 주문내용의 확실한 언약을 받기 위함이다.
② 확실한 주문을 받는 것은 고객에게 정확하고 신속하게 상품을 제공할 수 있는 수단이 된다.

③ 항시 종사원들은 고객 주문시 복창을 하면서 주문서에 기재하고, 주문이 끝난 후에는 반복하여 주문 내용을 확인시켜 드린다.

⑦ 주문받을 때의 유의사항

① 종사원은 영업전에 주방과 긴밀한 연락으로 판매품목 중의 품절상품 및 그날의 특별요리(Daily Special)를 숙지하여 주문시에 착오가 없도록 한다.

② 메뉴(Menu)는 식음료 부문의 얼굴이므로 항시 소중하게 깨끗이 취급해야 하며, 고객에게 드리기 전에 메뉴 속의 이상유무를 확인 후 드린다.

③ 메뉴 설명시 고객이 이해하기 힘든 전문 용어를 사용해서는 안된다.

④ 메뉴 설명시 메뉴 설명서에 절대 손가락으로 가리켜서 안되며 손을 펴서 손바닥이 위로 오도록 하여 메뉴 품명을 가리킨다.

⑤ 주문서 작성시 날짜, 식탁번호, 고객수(내 · 외국인 구분), 담당자 고유번호, 요리품명, 수량, 변동가격, 단가, 특별주문 내용 등이 틀리지 않도록 정확히 기록하여 접객 서비스에 실수가 없도록 한다. 또한 요리와 음료는 각기 따로 작성해야 하고 되도록 정정 또는 이중 기입을 해서는 안된다.

⑥ 육류 주문시 굽는 정도, 계란 주문시 익히는 정도, 샐러드 드레싱 종류 등 고객의 기호에 맞게 선택하도록 반드시 물어 보고 주문서에 정확히 기입하여 주방에 건네준다.

⑦ 주문받을 때는 메뉴 구성의 순서대로 주문 받도록 하며, 고객의 특징 또는 번호를 표기함으로써 정확한 서비스를 할 수 있으며 고객에게 호감을 받을 수 있다.

7절 … 식음료부문 서비스의 기본 수칙

식음료부문 서비스 수칙이란 고객에게 물적, 인적 서비스 제공시 고객의 요구사항과 욕구를 최대한 만족시킬 수 있도록 고안된 행동절차에 관한 규칙이며, 접객용어란 위의 규칙과 같이 수반되어 고객을 편안하고 정중히 모시기 위한 진심어린 예의의 표현방법이라 할 수 있으므로, 종사원들은 다음과 같은 수칙을 투철한 직업 의식을 갖고서 이행해야 한다.

① 접객 서비스시의 기본 수칙

① 종사원들은 접객 서비스에 임할 때 반드시 서비스 순서를 염두에 두어 효율적으로 일을 처리해야 한다.

② 서브 순서는 주문받을 때와 동일하게 시계도는 방향으로 여성 먼저, 연령의 노소, 직위고하, 호스테스, 호스트 순으로 행한다.

③ 서비스 시에 종사원들은 주문된 요리의 준비되는 시간, 주방에서 테이블까지 운반할 때 걸리는 시긴 등을 확인하여 고객이 요리를 기다리거나 또는 종사원을 찾는 일이 없도록 신속하게 요리를 서브하여 즐거운 식사가 이루어지도록 해야 한다.

④ 제공된 요리에 빠진 것이 없는지 여부와 고객이 무엇을 요구하려는 기색이 없는가를 확인하기 위해 고객에게 접근하여 "요리는 어떻습니까? 그밖에 더 필요하신 것은 없으십니까?" 라고 정중히 여쭈어 보며, 고객 기호파악 및 요구사항의 신속한 처리로 만족한 식사가 되도록 종사원들은 최선을 다해야 한다.

② 식음료 서비스時의 기본 수칙

상 황	수 칙
식음료 서빙	(1) 식음료 서브시에는 양발의 간격을 25~30cm정도 벌리고 무릎을 구부려 높낮이를 조절한다. (2) 요리를 서브하기 전에 고객의 주문내용에 따라 요리에 맞는 기물로 테이블 세팅을 고친다. (3) 식음료를 서브할 때는 고객의 우측에서 오른손으로 제공하며, 빵과 요리에 따른 소스, 샐러드 드레싱을 제공할 때와 플래터 서비스(Platter Service)시는 고객의 좌측에서 보면서 서브하는 것이 원칙이다. (4) 식음료를 서브할 때는 반드시 "주문하신 ○○ 또는 ○○요리 올려 드리겠습니다. 맛있게 드십시오" 라고 정중히 말씀드린다.

	(5) 식음료를 서브할 때와 치워드릴 때는 트레이(Tray) 또는 접시가 절대로 고객의 머리 위를 스쳐 지나가서는 안된다. (6) 접시를 쥘 때는 절대로 엄지손가락이 접시의 테(Plate Rim) 안쪽으로 들어가지 않도록 쥔다. (7) 무늬나 마크가 들어 있는 접시 또는 그릇은 무늬나 마크가 고객의 정면으로 오도록 하고, 접시를 놓을 때는 테이블 끝에서 약 2cm 정도 안쪽으로 살며시 놓는다. (8) 종사원이 고객의 테이블 앞에서 직접 조리를 해야 하는 요리일 때는 고객의 취향을 여쭈어 본 후 고객의 기호에 맞춘다. (9) 고객이 다 드신 빈 식기(접시, 글라스, 보울 등)를 치워 드릴 때는 오른손으로 손가락을 완전히 편 채 식기를 가리키며 "맛있게 드셨습니까? 물려 드릴까요? 또는 물려도 되겠습니까?"라고 반드시 고객에게 물어 본 후에 치운다. (10) 기물을 다룰 때는 절대 소음이 나지 않도록 취급해야 한다.
음료 서빙	(1) 글라스는 위생상 반드시 1/3 하단 쪽을 손끝으로 가볍게 쥐어야 하며 물 글라스 또는 와인 글라스 우측 아래에 놓는다. (2) 테이블에 글라스를 놓을 때는 절대 소리가 나선 안되며, 놓은 후에는 반드시 고객 앞으로 1cm 정도 살며시 밀어 드리며 "주문하신 ○○입니다. 맛있게 드십시요."라고 말씀드린다(모든 식기는 테이블에 놓을 때 위와 같은 방법으로 해야 한다). (3) 칵테일 서브시에는 반드시 머들러(Muddler)를 글라스에 꽂아서 서브한다. (4) 테이블 클로스를 사용하지 않는 테이블에 음료 글라스를 놓을 때는 반드시 코스터(Coaster) 또는 칵테일 냅킨(Cocktail Napkin)을 깔고 서브한다.
맥주 서빙	(1) 맥주와 맥주 글라스는 반드시 차갑게 깨끗이 보관된 것을 서브한다. (2) 맥주를 따를 때는 넘치지 않게 글라스에 7부 정도 채우고 나머지 3부 정도는 거품이 솟아오르도록 붓는 것이 가장 이상적인 방법이므로 병을 천천히 잘 조절하여 따르도록 한다. (3) 맥주를 따를 때는 맥주병이 글라스에 닿지 않도록 1~2cm 정도 띄워서 따르도록 한다. (4) 글라스에 채우고 남은 맥주병은 상표가 고객 앞으로 향하도록 맥주 글라스 위쪽에 놓는다.
얼음물 (Ice Water) 서빙	(1) 물을 따르기 전에 반드시 물 주전자(Water Pitcher) 표면에 묻어 있는 물방울이 흘러 내리지 않도록 암 타월(Arm Towel)로 닦아내어 테이블이나 고객의 옷에 물방울이 떨어지지 않도록 한다. (2) 물을 따를 때는 고객의 우측에서 오른손으로 물 글라스에 7부 정도 따르며, 고객이 퇴장할 때까지 물을 충분히 보충해 드려 항시 7부 정도 유지하도록 한다. (3) 물을 따를 때 물 주전자가 글라스에 닿지 않도록 2cm 정도 높은 위치에서 따른다. (4) 물을 따를 때는 글라스를 손으로 들고 따라서는 안된다.
	(1) 브레드 카트(Bread Cart)에 담아서 제공할 때는 고객의 좌측에서 보여드리며 어느것으로 드실건지 "빵은 ○○, ○○ 여러 가지가 준비되어 있습니다. 어느 것으로 올려 드릴까요?"라고 공손히 물어 본다.

브레드 앤드버터 (Bread & Butter)	(2) 빵을 집을 때는 위생상 반드시 서빙 기어(Serving Gear) 또는 빵 집기(Bread Tong)를 사용한다. (3) 빵 바구니(Bread Basket)에 담아서 테이블에 놓아 드릴 때는 고객이 쉽게 드실 수 있는 위치에 놓는다. (4) 개인용 버터 보울(Butter Bowl)은 빵 접시(B.B Plate) 위측에 놓고, 버터 디쉬(Butter Dish)에 담아서 제공할 때는 고객이 쉽게 드실 수 있는 위치에 놓는다.
포도주 서빙	(1) 백포도주는 글라스에 2/3정도, 적포도주는 1/2정도 글라스에 채우고 고객이 손수 따라 드시는 일이 없도록 한다(포도주 서브가 끝날 때까지 글라스에 위와 같은 양을 유지해야 한다). (2) 포도주를 따를 때는 테이블 클로스에 포도주 방울이 떨어지지 않도록 조심해서 서브하고, 따르고 난 후 병을 세울 때는 병목을 왼쪽으로 자연스럽게 틀어 올리면서(손목 활용) 세운다. 다음 서브를 위해 병 입구에 맺힌 포도주가 흘러내리지 않도록 암 타월(Arm Towel)로 살짝 닦는다. (3) 포도주를 따를 때 글라스에 와인병이 닿지 않도록 조심해서 서브하고, 글라스를 쥘 때는 밑부분인 스템(Stem) 하단 쪽을 쥐도록 한다.
수프 서빙	(1) 수프 보울(Soup Bowl)에 담아서 서브할 때는 고객의 우측에서 드린다. (2) 수프 튜린(Soup Tureen)에 담아서 서브할 때는 먼저 준비된 빈 수프 보울을 고객의 우측에서 중앙에 놓아 드린 후, 암 타월을 알맞게 접어서 왼손으로 수프 튜린(Soup Tureen) 밑받침을 감싸쥔 후 고객의 좌측에서 수프 보울에 수프 튜린을 가까이 대고 오른손으로 수프 래들(Soup Ladle)를 사용하여 테이블 또는 수프 언더라이너(Soup Underliner)에 흘리지 않도록 조심하면서 수프 보울에 8부 정도 담아 드린다[(요리에 따른 각종 소스, 샐러드, 드레싱, 서브 요령도 위와 동일하며 플래터 서비스(Platter Service)시에는 서빙 기어(Serving Gear)를 사용하여 요리를 서브한다)].
음식 서빙	(1) 반드시 뜨거운 요리는 뜨겁게, 차가운 요리는 차게 서브해야 한다. (2) 뜨거운 요리는 뜨거운 식기에, 차가운 요리는 차가운 식기에 담아서 서브해야 한다. (3) 뜨거운 요리를 서브할 때는 고객에게 대단히 뜨겁다는 말씀을 드려 주의를 환기시켜 드린다. (4) 요리에 따라서 소스의 종류가 많은데, 일반적으로 묽은 소스류는 주요리에 골고루 끼얹어 드리고, 농도가 진한 소스류는 주요리에 끼얹지 말고 주요리 옆, 접시의 빈부분에 덜어 준다. (5) 그외 기본 테이블 소스(겨자, 타바스코, 우스터쉬어 소스, 에이 원 소스, 칠리 소스, 토마토 케첩 등)는 사전에 서비스 스테이션(Service Station) 또는 사이드 테이블(Side Table)에 준비하여 고객이 요구할 때는 즉시 제공토록 하며, 서브하기 전에는 마개를 열어 병입구가 깨끗한지 확인한 후 상표가 고객 앞으로 오도록 하여 고객 우측 가까이 테이블에 놓아 드린다. 또한 파르메잔 치즈, 페퍼 밀(Pepper Mill) 등은 고객의 요구시 요리에 적당량을 뿌려 준다. (6) 생선요리를 서브할 때는 사이드 디쉬(Side Dish)로 프레쉬 웨즈 레몬(Fresh Wedge

	Lemon) 또는 레몬 반조각(Half Lemon)을 같이 제공한다. (7) 생선요리 서브시에는 요리가 머리와 꼬리부분으로 구분할 수 있는 모양(Whole)일 때는 고객의 정면에서 머리는 왼쪽으로 꼬리부분은 오른쪽으로 향하고 배부분이 앞쪽으로 오도록 놓는다. (8) 식사가 끝나기 전에 이쑤시개(Toothpicks) 포장지의 마크가 한쪽으로 일치되도록 홀더(Holder)에 가지런히 담아 테이블에 놓는다.
사이드 디쉬 (Side Dish)	요리에 따라서 같이 서브해야 하는 사이드 디쉬[멜바 토스트(Melba Toast), 크랙커, 갈릭 브레드(Garlic Bread), 안초비, 신선한 레몬, 고객의 특별한 주문 등)는 빵접시(B.B Plate) 위측에 놓아 주고 적당한 시기에 치운다.
핑거보울 (Finger Bowl) 서비스	(1) 고객이 손을 사용해야 하는 뼈나 껍질이 있는 요리 또는 과일(포도, 파파야, 멜론 등)을 서브할 때는 핑거 보울(Finger Bowl)을 같이 제공한다. (2) 핑거 보울에 물을 담을 때는 엄지 손가락 첫째 마디 정도로 미지근한 물을 담도록 하며, 레몬(Sliced Lemon)을 띄운다. (3) 핑거 보울은 미트 포크(Meat Fork) 바로 위쪽에 놓아 드리며, 경우에 따라서 유동적일 때도 있다.
샐러드 서빙	샐러드는 고객의 우측에서 드리며, 샐러드 드레싱(Salad Dressing)은 반드시 고객의 좌측에서 어떤 드레싱으로 드실건지 여쭈어 본 후에 오른손으로 정중히 샐러드 위에 끼얹어 드린다.
빈 접시 제거	(1) 고객이 다 드신 빈 접시를 치울 때는 큰 접시부터 작은 접시 순으로 같은 크기의 접시를 통일해서 빼고, 보울, 글라스 등 작은 식기는 트레이를 사용해서 뺀다. (2) 고객이 남긴 음식과 포크와 나이프를 분리하여 한 접시에 모을 때는 고객에게 보이지 않도록 고객 뒤쪽으로 물러나서, 소음이 나지 않도록 조용히 정리하여 서비스 냅킨(Service Napkin)으로 덮어서 치운다. 또한 정리한 기물은 서비스 스테이션이나 사이드 테이블에 방치해서는 안되며 즉시 세척기(Washer)에 넣어 깨끗이 씻도록 운반한다. (3) 후식을 서브하기 위해서 물 글라스, 와인 글라스를 제외한 불필요한 기물(Salt & Pepper Shaker 등)이 테이블에 남아 있지 않도록 깨끗이 치운다.
테이블 청소	(1) 주요리(Main Dish) 코스가 끝나고 후식이 서브되기 전에 크럼 스위퍼(Crumb Sweeper) 또는 크럼 브러시(Crumb Brush)를 사용하여 테이블 위의 빵부스러기 등을 깨끗이 제거한다. (2) 테이블 위를 크럼잉(Crumbing)해 드리기 전에 고객에게 반드시 양해를 구한 후 방해가 되지 않도록 고객의 좌측에서 조심스럽게 크럼잉한다. (3) 테이블 클로스(Table Cloth)가 소스, 음식찌꺼기 등으로 인해 지저분할 때는 테이블 클로스와 같은 색의 깨끗한 서비스 냅킨(Service Napkin)을 깔아준다.
디저트 서빙	(1) 후식 종류에 따라서 디저트 나이프와 스푼은 고객의 오른쪽에, 디저트 포크는 고객의 왼쪽에 세팅하고, 디저트 포크만 세팅할 때는 고객의 오른쪽에 놓는다. (2) 케이크(Piece Cake) 또는 파이(Piece Pie)를 서브할 때는 모서리 뾰족한 부분이 고객 앞으로 오도록 놓는다.

	(3) 케이크 또는 파이에 아이스크림을 함께 서브할 때는 고객 오른쪽에 디저트 스푼을, 왼쪽에 디저트 포크를 세팅한다.
티 및 커피 서빙	(1) 커피 컵은 항상 커피 컵 워머(Coffee Cup Warmer)에 넣어 사전에 뜨겁게 데워야 하며, 밑받침은 컵이 미끄러지지 않도록 도일리(Doily)를 깔아서 세팅한다. (2) 커피 컵은 고객의 우측에서 손잡이가 오른쪽으로 향하도록 물컵 아래 쪽에 놓아 드리며, 티 스푼은 컵의 앞부분에 손잡이와 평행되게 얹어 놓는다. (3) 깨끗이 준비된 슈가 보울(Sugar Bowl), 크림머(Creamer)의 양이 충분한지 확인한 후 손잡이가 고객쪽으로 향하도록 하여 고객이 쉽게 집을 수 있는 위치에 세팅한다. (4) 온도는 80℃ 정도가 좋으며 컵에 8부 정도 채워 드린다. (5) 고객이 커피를 다 마셔갈 즈음에 더 드실건지 여쭈어 보고, 더 원하실 경우에는 두번째 서비스를 한다. (6) 커피 크림은 항상 냉장고에 보관하여 차갑고 신선한 것을 사용해야 하며, 서브하기 전에는 반드시 이상유무를 확인한다. (7) 아이스 커피(Ice Coffee) 또는 아이스 티(Ice Tea)는 톨 글라스(Tall Glass)에 적당히 얼음(Ice Cube)을 넣고 차게 식힌 커피 또는 티를 글라스에 7부 정도 따른 후 드시기 용이하게 빨대(Straw)와 설당 시럽(Sugar Syrup)을 같이 서브하며, 아이스티에는 반드시 레몬 조각(Sliced Lemon)을 같이 서브한다. (8) 티를 서브할 때는 칵테일 픽(Cocktail Pick)에 끼운 레몬 조각(Sliced Lemon) 2쪽 또는 뜨거운 우유를 준비하여 고객의 기호에 맞게 서브한다. (9) 티 서브 온도는 80℃ 정도가 좋으며, 반드시 티 포트(Tea Pot)를 사용하여 티 백(Tea Bag)을 넣어서 포트 체로 시브하서나, 티 백을 포트에 넣지 않고 서브할 때는 뜨거운 물과 티 백을 따로 서브한다.
재떨이 교환	(1) 재떨이 교체는 고객이 입장하여 퇴장할 때까지 담배 꽁초가 2개 이상 넘지 않도록 깨끗한 재떨이로 교체한다. (2) 재떨이의 마크는 항상 고객의 정면에서 똑바로 보이도록 세팅한다. (3) 재떨이를 교체할 때는 담배재가 테이블 위나 음식에 날리지 않도록 깨끗한 재떨이로 소리나지 않게 가볍게 덮어서 같이 뺀 후, 덮었던 깨끗한 재떨이를 그 자리에 놓는다. (4) 재떨이에는 더러운 자국이나 물기가 있어서는 안되며, 금이 갔거나 흠이 있는 것을 사용하지 않도록 한다. (5) 재떨이를 사용할 때는 반드시 트레이를 사용하여 미끄러져 깨지지 않도록 하고, 소음이 나지 않도록 한다. (6) 사용된 성냥은 세팅시 재사용해서는 안되며, 성냥을 켤 때는 불티가 고객쪽으로 튀지 않도록 성냥개비를 몸쪽으로 향해 그어서견다.
	(1) 계산은 캐셔 데스크(Cashier Desk)에서 이루어지는 것이 원칙이나, 테이블에서 고객이 요구할 때는 계산서(Bill)를 갖다 드린다. (2) 고객에게 계산을 받기 전에 계산서의 기재사항(테이블 번호, 고객수, 금액, 품목 등)을 확인한다.

계산절차 (Billing)	(3) 계산서는 반드시 계산서 홀더(Bill Holder)에 끼우서 보여드리며 영수증과 거스름 돈은 준비된 봉투에 넣어 계산서 트레이(Chit Tray)에 담아 공손히 드린다. (4) 고객이 수표로 지불할 때는 수표 뒷면에 고객의 성함, 연락처 등을 반드시 기재한 후 받도록 한다. (5) 신용카드(Credit Card)로 계산시 불량카드인가의 여부를 확인한 후 카드 청구서에 금액을 기재하여 계산서와 함께 고객의 서명(Sign)을 받는다. 서명 후 카드 청구서 중 고객용 사본(Copy)과 계산서의 영수증을 함께 드린다. (6) 후불로 할 때는 고객의 주민등록증 확인과 명함 등을 받아 지배인에게 보고한다. 후불로 처리할 때는 계산서에 서명을 받고 가격을 말씀드리며 영수증은 주지 않는다. 또한 인포메이션 차지(Information Charge) 용지에 기재사항을 정확히 기입하여 계산서와 같이 캐셔에게 인계한다. (7) 객실 서명(Room Sign)시에는 고객의 객실 키와 객실 번호를 확인하고 이름(Full Name)과 서명을 정확히 받도록 한다. 기재가 끝나면 계산서의 거래명세서를 고객에게 드린다.

③ 접객 용어

말은 마음을 나타내는 수단이므로 얼마나 바르고 정중한 말씨를 쓰는가에 따라서 그 사람의 인물됨이 평가된다. 즉, 똑같은 말이라도 사용여부에 따라서 의미가 달라지므로 항상 올바른 언어를 사용해야 하며, 이러한 언어는 올바른 마음가짐에서 비롯된다. 그러므로 식음료 업장 종사원들은 고객이 편안함과 따뜻함을 느낄 수 있도록 진심어린 마음과 예의바른 자세를 갖추어 가장 품위있는 말씨로 고객을 모셔야 하며, 접객시 사용되는 모든 언어는 잘 다듬어 정확히 표현할 수 있도록 습관화해야 한다.

1 바른 표현법

그렇습니다. ~입니다. ~아닙니다. ~입니까? ~해도 되겠습니까?

2 나쁜 표현법

그렇죠. ~이죠. ~아니죠. ~예요? ~해도 될까요?

3절 ... 고객의 불평 처리법

접객 서비스를 아무리 완벽하게 하려고 해도 손님으로부터의 불평은 있기 마련이다. 왜냐하면 인간은 완벽할 수가 없으며 주관적인 사고를 갖고 있으므로 모든 고객의 욕구가 똑같을 수 없기 때문이다. 따라서 고객으로부터 지적이나 불평이 발생했을 경우, 항상 긍정적인 자세로 고객의 입장에 서서 정확한 원인을 파악하여, 불평에 대한 해결방안을 강구하여 고객에게 호감을 줄 수 있는 만족한 조치가 이루어지도록 신속하게 처리해야 한다. 그럼으로써 회사의 이미지를 향상시키고 신뢰감을 더 높이며, 따라서, 고객으로 하여금 재방문하게 하거나 고정고객으로 유치할 수 있다.

1 불평 처리 요령

① 고객의 불쾌한 감정이 확대되지 않도록 신속히 응대하며, 성실한 태도로 경청하는 인상을 주도록 한다.

② 고객의 불평불만을 들을 때는 참을성 있게 듣도록 하며, 예의바른 자세를 갖추는 것을 잠시도 잊어서는 안된다.

③ 불평사항 또는 지적사항을 메모하는 자세를 보여 준다.

④ 경청하는 동안 원인을 파악 · 분석한다.

⑤ 불평 내용 중 일부가 오해 또는 고객의 착각에서 오는 부당한 것이라고 생각되더라도 말 중간에 변명하거나 고객의 잘못을 지적해서는 안된다.

⑥ 절대로 고객의 불평을 회피하려고 해서는 안되며, 과소평가나 성급하게 해결하려는 인상을 주어서는 안된다.

⑦ 무조건 잘못을 시인하거나 잘못이 없다고 주장해서는 안되며, 고객이 요구하는 바가 무엇인지 신속하게 판단하여 가급적이면 고객의 뜻에 따른다(단, 명백히 종사원의 잘못으로 판단될 경우 충분히 사과를 드린다).

⑧ 다른 고객이 옆자리에 있다는 것을 인식하고, 고객의 언성이 격해지지 않도록 노력하여 해결한다.

⑨ 본인이 해결하기 힘든 사항일 경우 신속히 지배인 또는 상급자에게 사실을 보고하여 조치하도록 한다.

⑩ 고객의 불평은 적극적으로 수용하고 가능한 한 빨리 시정내용을 고객에게 알려드려 불쾌한 감정을 해소시켜 드린다.

⑪ 항상 개인적인 감정 및 입장에 치우쳐서는 안되며, 회사를 대표한다는 공적 입장에서 판단해야 한다.

⑫ 같은 실수 및 불평이 또 다시 발생하지 않도록, 개선되어야 할 문제점을 기록 · 유지하여 종사원의 접객 서비스 향상에 뒷받침 될 수 있도록 한다.

2 페이징 서비스(Paging Service)

페이징 서비스(Paging Service)란 고객간의 만남을 이루게 해 주는 것으로써 식음료 업장에 고객이 찾아와 만나고자 하는 손님을 찾아 달라고 문의할 경우 또는 전화상으로 식음료 업장에 와 계시는 손님과의 통화를 원할 때 페이징 보드(Paging Board)에 찾는 사람의 성명을 정확히 기재하여 빠른 시간내에 유무를 알려 드리며, 컴퓨터화된 페이징 게시판(Computerized Paging Displayer)가 설치된 식음료 업장에서는 찾는 사람의 성명을 정확히 입력시켜 고객과의 만남을 원활히 해결해 주어 고객의 불편한 점을 대행해 주는 접객 업무이다.

① 원래는 페이징 보이(Paging Boy)가 있지만 그리트리스(Greetress)가 이를 수행하며, 단정한 걸음걸이로 고객이 쉽게 볼 수 있도록 페이징 보드(Paging Board)의 손잡이가 가슴 위 높이 정도 위치하는 것이 적당하다.

② 통화를 원하시는 고객이 지루함을 느끼지 않도록 빠른 시간내에 신속하게 확인해 드린다.

③ 단골 고객이나 이름을 알고 있는 손님 또는 지명인사인 경우에는 페이징 보드를 사용하지 말고 직접 알려 안내를 신속히 한다.

3 분실물과 습득물 처리 요령

고객의 분실물은 절대 소홀히 다루어서는 안되며, 반드시 고객에게 신속, 정확하게 전해지도록 종사원들은 최선을 다해야 한다.

① 고객의 분실물 신고가 있을 때는 이를 지배인에게 보고하고 분실 당시의 시간, 장소, 상황 등을 구체적으로 확인한다.

② 분실물이 즉시 발견되지 않을 때는 추후 연락을 취할 수 있도록 고객의 연락처를 받아둔다.

③ 분실물을 발견시 지배인에게 보고하고 고객과 연결이 곧바로 되면 즉시 알려 드리거나 전달되도록 조치하며, 고객과의 연락이 바로 불가능할 때는 당직 지배인실에 연락하여 습득물 신고와 함께 분실물을 당직실에 맡기도록 한다.

④ 습득물은 규정된 장소에 보관해야 하며, 습득한 시간, 장소, 발견자 성명 등을 정확히 기록하여 고객이 찾아갈 경우 이를 확인 대조하여 차후 불미스러운 일이 발생되지 않도록 철저하게 기록을 유지해야 한다.

5

… 호텔이야기

웨스틴조선, 서구문화를 처음 소개한 정통의 변신 vs
신라호텔, 한국미를 자랑하는 순수 토종 브랜드

여행자들의 안식처인 호텔. 웨스틴조선호텔과 신라호텔은 한국을 대표하는 맞수 호텔이다. 시작은 조선호텔이 빨랐다. 일제강점기인 1914년 10월10일치 〈대한매일신보〉를 보면, '진선진미한 조선호테루 낙성-본일부터 개업' 이라고 기록돼 있다. 호텔 터는 고종 황제가 즉위식을 베풀고 천신께 제를 지내던 환구단 자리였다.
당시 조선호텔은 건평 580평에 52개의 객실, 커피숍, 로비라운지, 바, 댄스홀 등을 갖췄다. '수직열차' 로 불린 엘리베이터, 아이스크림, 뷔페, 댄스파티, 서구식 결혼식 등 서구문화를 국내에 선보인 곳이기도 했다. 당시 '임페리얼 수우트' 라 불렸던 201호실엔 일본 왕족이 묵었다. 해방 뒤 이승만 대통령과 김구 선생이 숙소로 쓰기도 했다. 한국전쟁 때엔 북한 인민군이 호텔을 점령해 마오쩌둥과 김일성 초상화를 걸어놓은 적도 있다. 53년부터 미8군 숙소로 쓰였던 조선호텔에선 보브 호프와 마릴린 먼로 등 미국의 유명 연예인들이 위문 공연을 벌였다. 애초 조선총독부 산하 철도국 소유에서 시작한 조선호텔은 해방 뒤 교통부와 한국관광공사를 거쳐 83년 삼성그룹에 인계됐다. 92

년부터 삼성에서 계열 분리한 신세계가 운영하고 있다.

조선호텔은 67년 철거됐다가 3년 만인 70년 현재의 조선호텔로 정식 개관했다. 당시 건설은 현대건설이 맡았는데, 기공식에 정주영 현대그룹 회장이 참석하기도 했다. 새로 지은 호텔은 지하 2층, 지상 18층(최고층은 20층이었으나 실제로는 동양인과 서양인이 싫어하는 4층과 13층이 없었다), 건평 1463평의 500실 규모 호텔이었다. 고층건물이 거의 없던 당시, 조선호텔은 서울 시내에 새로운 스카이라인을 형성했다. 설계에 참여한 정인국 홍익대 교수는 "모든 객실의 창문이 시내 전경을 볼 수 있도록 바깥쪽으로 향하도록 한 것이 자랑거리"라고 말했다.

신라호텔은 박정희 정부의 요청을 받아들여 이병철 삼성그룹 회장이 세웠다. 72년 이 회장은 정부로부터 영빈관을 인수해 국빈이 투숙하고 대규모 국제회의를 열 수 있는 호텔을 건설해달라는 요청을 받는다. 영빈관은 59년 이승만 대통령의 지시로 건축한 외국 귀빈 숙소였으나, 당시 심각한 운영난에 빠져 있었다. 이 회장은 검토 끝에 이듬해 봄 정부의 제의를 받아들이기로 한다. '신라'라는 이름도 가장 민족적인 것이 가장 세계적이라는 취지에서 이 전 회장이 직접 지은 것이다. 나중에 이 회장은 "찬란한 우리 고유문화를 꽃피웠던 신라시대의 우아한 품위와 향기를 재현시켜보고자 호텔신라를 건설하게 됐다"고 회고했다. 하지만 호텔 경영에는 별반 지식이 없었고 자본이 없어 일본에서 기술과 차관을 도입하기로 했다.

공사는 처음부터 난관에 부닥쳤다. 73년 1차 석유파동(오일쇼크)이 일어났다. 배럴당 3달러 수준에 머물던 국제유가가 11달러로 치솟았다. 74~75년 우리나라는 마이너스 성장의 수렁에 빠졌다. 정치 문제까지 불거졌다. 73년 김대중 납치사건으로 한-일 관계는 급속하게 얼어붙는다. 74년에는 박정희 대통령 부인 육영수씨가 피격돼 숨진다. 결국 75년 공사는 일시 중단된다.

이듬해부터 경기가 회복세로 접어들었다. 국제 금융시장 상황도 좋아지기 시작했다. 악화됐던 한-일 관계도 차츰 개선됐다. 중단된 지 1년7개월 만인 76년 11월 다시 공사에 들어갔다. 그땐 한창 중동 붐이 일던 때여서 건설노동자를 찾는 데 애를 먹었다고 한다. 이같은 우여곡절 끝에 신라호텔은 79년 문을 연다. 하지만 또 다른 시련에 부닥친다. 79년 하반기에 닥쳐온 2차 석유파동이었다. 경기가 급속히 냉각됐다. 그해 10·26 사태로 외국인 관광객의 발이 뚝 끊겼다. 위기였다.

조선호텔도 80~90년대 서울에 고층의 특급호텔이 하나둘씩 올라가면서 위기를 맞는다. 송병호 웨스틴조선호텔 상무는 "화려한 것만을 선호하던 당시 인식으로 보면 역사가 오래되고 다른 호텔에 견줘 규모가 작은 것이 약점이었다. 하지만 도심 중심에 있어 은행과 대기업 본사, 공공기관이 포진해 있는 점은 강점이었다"고 말했다. 조선호텔은

'비즈니스맨' 고객에 타깃을 맞추게 된다. 객실부터 연회장까지 비즈니스맨 중심으로 리노베이션했다. 한국 경제가 글로벌화되면서 글로벌 비즈니스맨들이 한국에 대거 몰려들기 시작했다.

개장 초 석유파동을 맞은 신라호텔은 초기 적자에 허덕였다. 신라호텔은 고품격 서비스로 위기에 맞선다. 외국인 비즈니스 고객을 우대했다. 우선 돈이 된다고 해서 무리한 할인으로 단체여행객을 받지 않았다. 성매매 여성의 동반을 금하는 영업 방침도 세웠다. 또 팁을 받지 않는 '노팁' 제도를 만들어 고객들로부터 호응을 받았다.

이병철 회장도 호텔 서비스 강화에 막대한 영향을 끼쳤다. 신라호텔의 새 메뉴가 나올 때마다 집으로 가져다 시식해온 이 회장이 중국 만두를 맛본 뒤 "맛이 없다"고 하자 호텔이 발칵 뒤집혔다. 직원들은 서울 시내 유명 호텔을 돌며 만두 속재료의 비결을 찾느라 진땀을 흘렸다. "회장이 별걸 다 시킨다"며 짜증을 냈던 주방 직원들도 분석 작업을 하며 많은 것을 느꼈다고 한다.

호텔은 MOT(Moments of Truth)로 불리는 '접점 마케팅'을 펼치는 대표적인 곳이다. MOT는 두우사가 소의 급소를 찌르는 순간을 말하는데, '실패가 허용되지 않는 중요한 순간'을 의미한다. 고객이 직원과 만나 서비스를 받는 모든 순간이 여기에 해당된다. MOT는 고객에게 어떠한 인상을 심어주고 고객을 얼마나 만족시키는가가 관건이다. 이는 곧바로 기업 수익과 직결된다.

조선호텔은 '집을 떠난 또 하나의 집'(Home Away From Home) 같은 편안함을 주는 데 초점을 둔다. 대표적인 게 '익스프레스 체크인 서비스'다. 객실을 예약한 고객은 공항에 내리면 호텔 직원의 영접을 받는다. 승용차를 이용하는 경우에는 차 안에 그가 좋아하는 음악, 좋아하는 잡지 등을 갖춰놓는다. 버스나 택시를 타는 고객은 생수, 물수건 등의 서비스를 받는다. 차에서 내리면 또 다른 직원이 고객을 기다리고 있다. 직원이 이미 그를 위한 객실 키를 준비해뒀기 때문에 고객은 체크인하려고 프런트에서 기다릴 필요가 없다. 한국에 처음 오는 고객이나 밤늦게 도착하는 여성 고객에게 인기다.

서울 남산 자락에 자리잡은 신라호텔은 전통적인 한국의 미와 현대적 감각을 지향한다. '세계 속의 한국을 대표하는 종합 호스피탤리티(Hospitality) 기업'이 목표다. 신라호텔은 외국 유명 호텔 체인과는 관계없는 순수 토종 브랜드다. 하지만 〈아시아 머니〉〈유러머니〉〈비즈니스 트래블러〉 등 세계 유수의 호텔 평가 매체들이 하얏트, 힐튼 등 세계적 체인호텔들을 제쳐두고 한국의 최고 호텔로 꼽고 있다. 마이크로소프트(MS)의 빌 게이츠 전 회장, 제너럴일렉트릭(GE)의 잭 웰치 전 회장과 제프리 이멜트 현 회장, 휼렛 패커드(HP)의 칼리 피오리나 전 회장, 소프트뱅크의 손정의 회장 등 세계적 기업의 최고경영자(CEO)들이 단골 고객일 정도다. 장우종 신라호텔 팀장은 "신라호텔은 숙박 식음료 시설이 아닌 고객의 라이프스타일을 제공하는 복합 문화시설로 거듭나려 한다. 차별화된 문화와 감성을 서비스하는 생활문화 기업으로 성장하는 것이 목표"라고 말했다.

정혁준 기자 june@hani.co.kr
자료: 한겨레 2009. 1. 9

PART 06

재무관리와 회계

CHAPTER 11

재무제표분석

재무분석가는 기업의 재무상태를 평가하는 전문가이다. 이 과정에서 재무분석가는 해당기업의 성과를 경쟁기업이나 산업표준의 성과와 비교한다. 재무제표분석은 기업의 미래 방향과 상대적 강점에 유용한 통찰력을 제공할 수 있다.

1절 ... 재무제표 분석의 의의

재무분석은 기업의 강점과 약점을 파악하는데 도움을 준다. 재무분석은 기업이 주주가치의 극대화 목표를 성취하기 위하여 필요한 부채를 상환할 충분한 현금, 적정한 외상매출 회수기간, 효율적인 재고관리정책, 충분한 설비와 재산, 적절한 자본구조를 가지고 있는지를 나타낸다. 재무분석은 또한 계속기업으로서 기업의 생존력을 평가하고 주어진 위험상황에 대해서 만족스러운 이익이 주어지는 지를 결정하는데 사용될 수 있다.

재무분석을 수행할 때 재무분석가는 개선조치를 위해 필요한 시간내에 구체적인 문제영역, 혹은 추가적인 수입창출자산을 구매하기 위해 자금 조달할 수 있는 여력의 대부력(Borrowing Power)을 기업이 가지고 있다는 사실을 발견할지도 모른다. 재무분석의 결과는 재무담당경영자가 주주가치의 최대화 목표와 일치하는 일련의 활동을 계획하고 수행하는 것을 도울수 있는 어떠한 사실과 추세를 나타낼 수 있다.

재무분석은 또한 재무담당 경영자외의 다른 경영자들에 의해 사용될 수 있다. 예를들어, 신용담당경영자는 특정고객에 대해 신용을 확대할 것인가를 결정할 때 그들에 대한 기본적인 재무비율을 점검할 수 있다. 증권분석가는 다양한 증권의 투자가치를 평가하기 위해 재무분석을 사용한다. 은행경영자는 대부하는 것을 결정하기 위해 재무분석의 도구를 사용한다.

재무비율이 도산 같은 재무적인 사건을 예측하기 위해 사용되어 왔다. 노동조합은 사용자의 교섭력을 평가하기 위해 재무비율을 언급한다. 마지막으로 학생들과 기타 사람들은 직무 경력의 기회를 결정하기 위해 사용자에 대해 재무분석을 실시할 수 있다.

2절 ... 재무비율의 해석

재무비율(Financial Ratio)은 기업의 자산과 부채 혹은 외상매출금과 연산 매출액간의 비율같은 기업의 활동에 대해 나타내는 관계이다. 재무분석에서 사용되는 비율에는 여러 가지가 존재한다.

기업마다 다양한 목적과 기대를 가지고 있고 때문에 다양한 관점에서 재무분석을 접근한다. 예를 들어, 공급자와 단기 채권자들은 기업의 유동성과 단기간 현금창출능력에 가장 관심이있다. 기업의 수익과 자산에 대해 장기간의 권리를 가지고 있는 사채 소지자와 우선주 주주는 장기적인 기업의 현금 창출 능력과 다른 투자자가 기업의 현금 흐름에 가지고 있는 청구권에 관심이 있다.

보통주의 주가가 해당 기업의 미래수익과 배당의 금액과 안정성에 좌우되는 관계로 보통주의 주주와 잠재 투자자들은 수익성과 위험의 측정에 관심이 있다. 경영진은 기업의 일일 운영을 수행하고 주어진 위험하에서 경쟁적인 이익률을 확보하는데 책임이 있기 때문에 단기 및 장기관점에서 모든 측면의 재무분석에 관심이 있다.

하나의 재무비율이 모든 분석적 요구를 만족 시킬 수 없다. 따라서 여섯가지 유형의 비율의 사용될 수 있다.

(1) 유동성 비율

이비율은 단기 재무 채무를 변제하는 기업의 능역을 표시한다.

(2) 레버리지 비율

이 비율은 기업이 단기 및 장기 채무를 변제하는 능력을 나타낸다.

(3) 수익성 비율

이 비율은 기업의 경영진이 매출, 자산 및 주주의 투자에 대해 얼마나 효율적으로 이익을 창출하는 능력을 측정한다.

(4) 활동성 비율

이 비율은 기업이 매출을 창출하기 위해 얼마나 효율적으로 자산을 사용하는가를 나타낸다.

(5) 시장가치 비율

이 비율은 자본주의 시장경제에서 기업의 가치인 보통주식의 가격을 중심으로하여 나타낸다.

3절 ... 재무비율의 의미와 계산방법

본절에서는 여러 가지 재무비율들의 계산방법과 각각의 비율이 의미하는 것을 설명한다. 본절에서의 설명을 위하여 하나의 예시자료를 이용하기로 한다.

다음은 소나타 호텔의 비교대차대조표와 비교손익계산서 자료이다.

소나타 호텔(주)	대차대조표	(단위 : 1,000원)
	20XX. 12. 31.	20XY. 12. 31.
(자산)		
현금과 유가증권	₩177,689	₩175,042
매출채권	678,279	740,705
재고자산	1,328,963	1,234,725
선급비용	55,959	46,362
유동자산합계	₩2,240,890	2,196,834
총고정자산	₩1,596,886	1,538,495
감가상각누계액	(856,829)	(791,205)
투자부동산	270,533	205,624
고정자산합계	1,010,590	952,914
자산총계	₩3,251,480	₩3,149,748
(부채)		
매입채무	₩148,427	₩136,793
미지급금	227,141	291,740
단기차입금	448,508	356,511
유동부채합계	₩824,076	₩785,044
장기차입금	630,783	626,460
고정부채합계	₩630,783	₩626,460
부채합계	1,454,859	1,411,504
(자본)		
자본금(500원에 1주)	₩781,986	₩781,883
이익잉여금	1,014,635	956,361
자본합계	1,796,621	1,738,244
부채 · 자본총계	₩3,251,480	₩3,149,748

소나타 호텔(주)	손익계산서	(단위 : 원)
	20XX. 1. 1. ~ 12. 31	20XY. 1. 1. ~ 12. 31
매출액	₩3,992,758	₩3,721,241
매출원가	2,680,298	2,499,965
매출총이익	₩1,312,460	₩1,221,276
판매비와 관리비	801,395	726,959
감가상각비	111,509	113,989
영업이익	₩399,556	₩380,328
이자비용	85,274	69,764

법인세비용차감전순이익	₩314,282	₩310,564
법인세비용	163,708	172,446
배당금	92,300	88,634
당기순이익	₩58,274	₩49,484

1 유동성 비율

만약 기업이 시장에서 계속 생존하여 기업 활동을 계속하기 원한다면, 적시에 청구서에 대한 금액을 지급하기 위하여 충분한 현금을 보유하고 있어야 한다. 이것이 가능한지 조사하는 한가지 방법은 기업의 유동자산과 유동부채사이의 관계를 점검하는 것이다. 유동성 비율은 해당 기업이 미래의 수개월 동안 기업활동을 수행하기 위해 얼마나 충분한 현금을 제공할 수 있는가를 측정한다. 여기에서는 유동비율과 당좌비율만을 설명한다.

(1) 유동비율(Current Ratio)

유동비율은 유동자산을 유동부채로 나누어서 계산되는 비율이다. 유동자산은 현금, 매출채권, 유가증권, 상품 등 1년 이내에 현금화가 가능한 자산을 말하는데, 기업회계기준에 의하면 당좌자산과 재고자산으로 분류된다. 당좌자산은 현금 및 현금등가물, 단기금융상품, 유가증권, 매출채권, 미수금, 미수수익, 선급금, 선급비용 및 기타의 당좌자산을 포함 하고, 재고자산은 상품, 제품, 반제품, 재공품, 원재료, 저장품 및 기타의 재고자산을 포함한다.[1] 20XX년말 소나타 호텔(주)의 유동비율은 아래와 같다. 한편 유동부채는 매입채무나 단기차입금등과 같이 1년이내에 상환하여야 할 부채를 말한다. 기업회계기준에 의하면 유동부채에는 매입채무, 단기차입금, 미지급금, 선수금, 예수금, 미지급비용, 미지급법인세, 미지급배당금, 유동성장기부채, 선수수익, 단기부채성충당금 및 기타의 유동부채가 포함된다.

$$\text{유동비율} = \frac{\text{유동자산}}{\text{유동부채}} = \frac{2,240,890}{824,076} = 2.72\text{배(산업평균} = 2.5\text{배)}$$

1) 자세한 것은 기업회계기준 참조.

(2) 당좌비율

당좌비율(Quick Ratio)은 산성시험비율(Acid Test Ratio)이라고도 하는 데, 유동자산 중에서 재고자산을 뺀 나머지 금액을 유동부채로 나눈 것이다. 원래 당좌자산은 유동자산 중에서 재고자산을 뺀 것으로, 당좌자산에는 선급비용이 포함되지 않는데, 이러한 이유로는 선급비용이 해당 거래처에 당연히 지급해야 할 성질이기 때문이다.

$$당좌비율 = \frac{당좌자산}{유동부채} = \frac{선급비용을\ 뺀\ 유동자산 - 재고자산}{유동부채} = \frac{2,184,931 - 1,328,963}{824,076}$$

$$= 1.03(산업평균 = 1.12)$$

산업의 평균당좌비율은 1.12배이므로 소나타 호텔(주)은 다른 기업에 비하여 당좌비율이 낮은 편이다. 산업평균보다 유동비율이 높고 당좌비율이 낮다는 것은 소나타 호텔(주)의 재고자산이 적절하게 운영되고 있다고 볼 수가 없다.

② 레버리지 비율

레버리지 비율은 기업이 조달한 자본 중에서 타인자본에 의존하고 있는 정도를 나타내는 비율이며, 특히 장기부채의 원리금상환능력을 측정하는 것이다.

기업이 부채(Debt),우선주 혹은 리스같은 외부차입금으로 자산을 구매할 때 재무레버리지를 사용하다고 말해진다. 재무레버리지 비율(Financial Leverage Ratio)은 해당기업이 재무레버리지를 사용하는 정도를 측정하고, 이 비율은 채권자와 주주들에게 관심의 대상이 된다.

레버리지는 기업이 원리금 상환시 당면하는 위험도를 나타내기 때문에 장기 및 단기 채권자들은 기업이 이용하는 레버리지 비율에 대한 관심이 많다. 레버리지 비율이 높은 기업은 도산의 경우 채권자들에게 더 높은 위험을 제공한다.

소유주들은 레버리지가 투자에 대해 들이 기대하는 이익률과 위험정도에 영향을 미치기 때문에 이것에 관심이 있다. 예를 들어, 어떤 기업이 연리 9%로 자금을 빌려, 12%의 연리로 자금을 회수한다면, 이 기업은 3%의 이익을 얻어며 레버리지가 긍정적으로 된다.

대차대조표나 손익계산서의 자료들이 레버리지를 나타내기 위해서 사용될 수 있다.

대차대조표는 일정시점의 레버리지의 정적인 측정치를 제공하고 총부채 금액을 강조하는 반면에, 손익계산서는 동적인 측정치를 제공하며 채무상의 지급이자를 기업의 지급능력에 관련시킨다. 양 접근방법 공히 실무에서 널리 적용된다. 본서에서는 부채비율, 자기자본비율, 이자보상비율만을 취급한다.

(1) 부채비율(Debt to Equity Ratio)

부채비율(Debt to Equity Ratio)은 총자산을 구성하고 있는 자기자본과 타인자본의 비율을 말하는 것으로, 타인자본은 유동부채 · 장기차입금 · 사채 등을 포함하며, 자기자본에는 보통주 · 유보이익 · 자본준비금 등이 포함된다.

$$\text{부채비율} = \frac{\text{총부채}}{\text{총자본}} \times 100 = \frac{1,454,859}{3,251,480} \times 100 = 44.7\%(\text{산업평균} = 30\%)$$

소나타 호텔의 부채비율은 이 산업의 평균비율 30%보다 높은 44.7%로 나타나고 있다.

사채소지자와 기타 장기채권자들은 기업의 부채비율에 관심이 있다. 그들은 낮은 부채비율을 선호하는데, 그 이유로는 낮은 부채비율이 기업청산이나 기타 주요 재무 문제의 경우에 그들에게 더 많은 보호를 제공한다. 부채비율이 증가할 수록 기업의 금융 비용은 증가한다. 부채비율이 너무 높을 때 기업이 불황기에 창출해내는 현금 흐름이 금융비용보다 적을 수 있다. 따라서 기업의 차입금을 증가시킬 필요성이 있을 때 새로운 부채를 끌어드리는 능력은 부채비율의 규모와 부채비율에 의해 암시되는 위험에 관한 투자자의 지각에 의해 결정적으로 영향을 받는다.

(2) 자기자본비율(Net Worth to Total Assets Ratio)

자기자본비율은 총자본중에서 자기자본이 차지하는 비율로서 이 비율이 높을수록 기업의 재무적 안전성이 보장되며, 부채비율과 자기자본비율의 합은 항상 1이므로 서로 역의 관계에 있다.

$$\text{자기자본비율} = \frac{\text{자기자본}}{\text{총자본}} \times 100 = \frac{1,796,621}{3,251,480} \times 100 = 55.3\%(\text{산업평균} = 70\%)$$

(3) 이자보상비율(Times Interest Earned Ratio)

타인자본의 사용에 따른 이자비용은 기업의 이자 및 법인세비용차감전이익(Earnings Before Interset and Taxes : EBIT)에서 지급되는 관계로, 기업이 부채인 이자를 지급할 수 있는 능력은 EBIT가 이자비용의 몇 배가 되느냐로부터 측정할 수 있다. 이자보상비율이 최소한 1.0 이상이어야 정상적인 이자지급이 가능하다. 이 비율은 이자보상비율(Interest Coverage)로 명명되는데, 기업의 재무레버리지를 사용을 측정하기 위하여 손익계산서 자료를 사용한다.

$$\text{이자보상비율} = \frac{\text{세전이익} + \text{이자비용}}{\text{이자비용}} = \frac{399{,}556 + 85{,}274}{85{,}274} = \frac{484{,}830}{85{,}274} = 5.69\text{배(산업평균} = 8\text{배)}$$

소나타 호텔(주)의 이자보상비율이 산업평균보다 훨씬 낮은 이유는 이 회사가 상대적으로 많은 부채를 사용하기 때문이다. 이자보상비율의 분석 결과도 앞의 부채비율과 자기자본비율의 분석결과와 같이 모두 장기지급능력의 문제점을 시사하고 있다.

3 수익성 비율

무엇보다도 기업의 수익성은 특정 기업이 얼마나 효율적으로 투자를 하고 자금조달 의사결정을 하는가를 나타내고 있다. 만약에 특정기업이 투자자에게 적정한 대가(배당금 및 주식가격 평가의 통합)를 제공할 수 없다면 자산을 유지할 수 없을 것이다.

수익성 비율(Profitability Ratio)은 특정 기업의 경영진이 매출, 총자산 그리고 가장 중요하게 주주의 투자에 대한 이익을 효율적으로 창출하고 있는가를 측정한다. 따라서 그의 경제적 이해가 해당 기업의 장기 생존에 관계가 되는 누구나 이 비율에 관심이 있다.

본서에서는 매출액이익률, 자본이익률 및 주당 순이익만 취급하기도 한다.

(1) 매출액이익률(Profit Margin)

매출액수익률은 이익의 종류에 따라 매출액총이익률, 매출액영업이익률, 매출액경상이익률과 매출액순이익률등으로 구분한다. 매출액 총이익율은 매출총이익과 매출액을 비교함으로써 매출원가가 공제된 뒤의 매출의 상대적인 수익성을 측정하여 경영진이 가격 결정과 생산에 관하여 얼마나 효율적으로 의사 결정을 하는가를 나타낸다. 한편 매출액순이익율은 당기순이익과 매출액을 비교함으로써 법인세와 이자를 포함한 모든 비용이 공제된 후의 매출이 얼마나 수익성이 있는가를 측정한다. 이상 각각의 이익률은 그 계산원리가 모두 동일하므로 여기에서는 매출액총이익률과 매출액순이익률의 계산만 예시적으로 제시하기로 한다.

$$\text{매출액총이익률} = \frac{\text{매출총이익}}{\text{매출액}} \times 100 = \frac{1,312,460}{3,992,758} \times 100 = 32.9\%(\text{산업평균} = 13.5\%)$$

$$\text{매출액순이익률} = \frac{\text{당기순이익}}{\text{매출액}} \times 100 = \frac{58,274}{3,992,758} \times 100 = 1.46\%(\text{산업평균} = 5\%)$$

소나타 호텔(주)의 매출액총이익률은 평균보다 높으나, 매출액순이익률은 평균보다 낮음을 알 수 있다. 이것은 소나타 호텔(주)의 판매비와 관리비가 과중하다거나 또는 기타비용의 절감노력이 상대적으로 미흡함을 시사한다.

(2) 자본이익률

자본이익률은 총자본이익률(Return On Total Assets : ROA)과 자기자본이익률(Return On Equity 또는 Return On Net Worth : ROE)로 계산된다. 이 이익률은 기업에 투자된 총자본이 당기순이익을 창출하기 위하여 얼마나 효율적으로 운용되고 있는가를 측정하는 비율로서 투자수익률(Return on Investment : ROI)이라고 불리우기도 한다.

자기자본이익률은 주주가 기업에 투자한 자본에 대해 실현한 수익성의 척도이다. 일반적으로 주식투자자들 사이에서는 자기자본이익률이 널리 사용된다.

여기서 자본액은 기말잔액 또는 기초잔액과 기말잔액의 평균을 이용한다.

$$\text{총자본이익률} = \frac{\text{당기순이익}}{\text{총자본}} \times 100 = \frac{58,274}{3,251,480} \times 100 = 1.79\%(\text{산업평균} = 7\%)$$

$$\text{자기자본이익률} = \frac{\text{당기순이익}}{\text{자기자본}} \times 100 = \frac{58,274}{1,796,621} \times 100 = 3.24\%(\text{산업평균} = 13\%)$$

소나타 호텔(주)의 자본이익률은 산업평균보다 대체로 저조하지만 총자본이익률이 자기자본이익률보다 상대적으로 더 낮은 것은 부채비율이 높다는 사실에 기인한다.

(3) 주당순이익(Earnings Per Share : EPS)

주당순이익은 보통주 1주당 얼마만큼의 순이익이 돌아가는가를 나타내는 수치로서 주식시장에서 널리 활용된다. 주당순이익은 기업의 가치 또는 보통주의 가격을 결정하는데 중요한 자료이다.

$$주당순이익 = \frac{당기순이익}{발행주식수} = \frac{58,274,000}{781,986,000 \div 500} = \frac{58,274}{1,564} = ₩37.26/주$$

④ 활동성 비율

재무관리가 가지는 목표중의 하나는 어떻게 기업의 자원이 다양한 자산 계정에 가장 잘 배분될 수 있는가를 결정하는 것이다. 만약에 적절하게 현금, 매출채권, 재고자산 및 설비의 배합이 성취될 수 있다면, 기업의 자산구조가 매출을 창출하는데 더욱 효과적으로 될 것이다.

활동성 비율(Activity Ratio)은 기업의 자산이 창출해내는 수익에 관련하여 특별한 종류의 자산에 얼마나 많은 금액을 투자했는가를 나타내는 비율이다. 기업의 다양한 자산계정에 대한 활동성비율을 기업표준과 비교함으로써 재무 분석가는 기업이 얼마나 효율적으로 그것의 자원을 배분하고 있는가를 결정할 수 있다.

(1) 재고자산회전율(Inventory Turnover Ratio)

재고자산회전율은 연간매출액을 재고자산으로 나눈 것으로서 이 비율이 높을수록 일정기간동안 적은 재고자산으로 효율적인 매출성과를 달성하였음을 의미한다.

매출원가가 기업의 손익계산서에서 기록되기 때문에 평균 재고자산이 계산되어야만 한다. 이것은 여러 가지 방법으로 계산될 수 있다. 예를 들어, 만약에 특정기업이 매출에서 유의적으로 꾸준히 증가하고 있다면 평균재고자산은 해당년도의 기초재고액과 기말

재고액을 합쳐서 2로 나누면 된다. 만약에 매출이 계절적이거나 변동폭이 심하면 매달 기말재고액을 합하여 12로 나누면 된다.[2] 일부 재무분석가는 재고자산회전율을 단순히 기말재고에 대한 년간 매출액의 비율로 계산한다. 비록 이 비율이 기술적으로 열등하고 일반적으로 실무에서 사용되는 방식보다 다른 결과를 제시하지만 특정기업과 전체 산업을 비교할 때 일관적으로 사용된다면 만족스러운 결과를 초래할 수 있다. 그러나 기업마다 매출원가 산정방식이 다른 경우가 발생하기 때문에 문제가 발생할 수 있다. 만약 특정 기업의 재고자산 회전율이 너무 높으면 이 기업은 특정 품목에서 재고부족이 발생하고 경쟁자에게 매출을 빼앗길 수 있다. 재고자산이 수익성에 연결되기 위해서는 적정한 수준의 재고자산을 유지하여야 한다. 여기에서는 기말잔액을 이용한 회전율을 제시한다.

$$\text{재고자산회전율} = \frac{\text{매출액}}{\text{재고자산}} = \frac{3,992,758}{1,328,963} = 3.0\text{회(산업평균}=3\text{회)}$$

당년도 소나타 호텔(주)의 재고자산회전율은 3.0회로 산업의 평균회전율인 3회와 거의 비슷하다.

한편 재고자산회전율의 평가에 있어서 유의할 사항이 있는데, 그것은 재고자산회전율의 분모와 분자가 다른 기준에 의해 평가되고 있는 점이다. 매출액은 현재가격으로 표시되나 재고자산은 원가로 기록되기 때문에 인플레이션이 심할 경우 비율의 의미가 왜곡될 수 있다. 이러한 문제를 완화하기 위해서 매출원가를 사용하여 회전율을 구하기도 한다.

(2) 매출채권회전율(Receivables Turnover Ratio)

매출액을 외상매출금과 받을어음 등의 매출채권으로 나누어 매출채권의 현금화 속도를 측정하는 비율로서, 이 비율이 높으면 높을수록 매출채권 관리가 효율적으로 되고 있는 것이다.

$$\text{매출채권회전율} = \frac{\text{매출액}}{\text{매출채권잔액}} = \frac{3,992,758}{678,279} = 5.9\text{회(산업평균}=5\text{회)}$$

---

2) 어떤 경우는 연평균재고자산을 $\frac{\text{기초재고액}+\text{매월말재고액}}{13}$ 으로 계산하기도 한다.

한편 매출채권회전율과 같은 목적으로 사용되는 척도로서 매출채권의 발생에서 회수까지 소요되는 평균기간을 나타내는 매출채권 평균회수기간(Receivable Average Collection Period)이 있다. 이 비율은 매출액이 평균적으로 며칠간 매출채권에 묶여있는가를 나타낸다.

$$\text{매출채권회수기간} = \frac{365\text{日}}{\text{매출채권회전율}} = \frac{365\text{日}}{5.9\text{회}} = 62.0\text{일(산업평균}=60\text{일)}$$

평균회수기간은 매출채권회전율의 역수의 개념이므로 회수기간이 짧을수록 유리하다고 볼 수 있으나, 보다 정확한 평가를 위해서는 신용정책이나 판매조건, 목표회수기간 등의 다른 요소들을 동시에 고려해야 한다. 예를들어, 소나타 호텔(주)의 평균회수기간은 경쟁회사들의 평균보다 다소 길지만 그렇다고 해서 매출채권관리를 강화하게 되면 매출에 좋지않은 영향을 미칠 수도 있다.

(3) 총자산회전율(Assets Turnover Ratio)

이 비율은 특정기업이 매출을 창출하기 위하여 총자원을 얼마나 효율적으로 사용하고 있는가를 나티낸다. 이 비율이 높을수록 자산의 효율적인 이용이 이루어지고 있는 것이다.

$$\text{총자산회전율} = \frac{\text{매출액}}{\text{총자산}} = \frac{3{,}992{,}758}{3{,}251{,}480} = 1.23\text{회(산업평균}=1.5\text{회)}$$

현재 소나타 호텔(주)의 총자산회전율은 산업평균에 약간 미달하고 있다.

5 시장가치 비율

증권시장에서의 주식가격은 기업의 수익성, 성장성, 위험 등 모든 요인을 고려하여 결정된 가장 포괄적인 성과측정척도이다. 자본주의 시장경제에서 기업의 가치는 바로 그 기업의 시장가격이다. 기업의 시장가격은 그 기업이 발행한 보통주식의 가격이라고 할 수 있다. 대개의 재무비율이 회계자료를 근거로 계산되는데, 회계자료는 일반적으로 일정 기간의 간격을 두고 작성되기 때문에 기업경영에 관한 정보를 신속히 반영하지 못하는 한계점이 있다. 그러나 효율적 시장에서 결정되는 증권가격은 기업의 과거와 현재의 경영실적 뿐만 아니라 미래의 경영상태에 관한 전망까지도 포함하고 있기 때문에 기업의 실질적 가치를 가장 잘 표현한다고 할 수 있다. 이러한 시장가치 비율은 다음과 같은 것들이 있다.[3)]

(1) 주가이익비율(Price Earnings Ratio : PER)

주가이익비율은 주식가격을 주당이익(PER)으로 나눈 비율로서 증권분석 실무에서 많이 이용되는 개념이다. PER의 결정에는 기업의 미래 성장성, 위험도, 배당성향 등이 작용하는데 PER이 높다는 것은 다른 조건들이 동일하다면 기업의 향후 성장가능성이 평균 이상 이어서 주가가 높음을 의미하기 때문에 PER의 증가는 기업경영에 유리한 증후로 평가된다. 소나타 호텔(주) 20XX년 12월말 현재 주가가 ₩550이라고 하면 소나타 호텔의 현재 PER은 다음과 같다.

$$\text{주가이익비율} = \frac{\text{주식가격}}{\text{주당순이익}} = \frac{550}{37.26} = 14.8\text{배(산업평균}=20\text{배)}$$

소나타 호텔(주)의 PER는 산업평균보다 다소 낮은데 이것은 이 회사의 수익성 비율이나 레버리지비율 등이 다소 불량한 것을 증권시장이 고려하고 있음을 시사해 준다.

(2) 주가 대 장부가치비율(Price-book Vaue Ratio : PBR)

주가 대 장부가치비율은 주식가격과 자기자본의 주당장부가치를 비교하는 비율로서 PER와 유사한 개념이다. 여기에서 주당장부가치(Book Value Per Share : BPS)는 순자산 즉 자기자본을 발행주식수로 나눈 값이다. 기업의 미래수익에 대한 전망이 밝고 기업경영이 효율적일수록 주식의 시장가격과 장부가치와의 차이는 커지므로 PBR이 높아진다.

3) 곽수근 · 김찬홍, 「회계원리」, 신영사, pp.391-393.

$$주당장부가치 = \frac{자기자본}{발행주식수} = \frac{1,796,621,000}{1,564,000} = ₩1,148.73/주$$

$$주가\ 대\ 장부가치비율 = \frac{주식가격}{주당장부가치} = \frac{550}{1,148.73} = 0.48배(산업평균 = 0.5배)$$

⑥ 소나타 호텔(주) 비율분석의 종합평가

지금까지 소나타 호텔(주)의 비율분석 결과를 종합하면, 우선 소나타 호텔(주)의 유동성은 대체로 양호한 수준이어서 단기적으로는 채무지급에 어려움이 없을 것으로 평가된다. 그러나 상대적으로 높은 레버리지비율 때문에 장기채무상환능력이 다소 우려된다. 따라서 소나타 호텔(주)는 추가적인 장기부채조달을 억제하는 것이 바람직하다. 매출액 총이익률은 적정하나 순이익률이 다소 저조한 것은 과도한 부채로 인하여 이자비용이 증대한 결과이다. 자기자본에 대한 수익성 비율도 유사한 문제점을 지적하고 있다. 매출액 증가율은 적정하나 순이익의 성장률은 약간 미흡한 실정이다. 소나타 호텔(주)의 이러한 경영상의 강점과 약점이 증권시장에서 반영된 결과 시장가치비율도 산업평균보다 낮은 것으로 나타났다.

4절 … 재무비율의 추세분석

지금까지의 비율분석은 일정시점을 기준으로 산업평균비율과 비교하여 경영상태를 평가하는 정태적 분석법이었다. 이와 같은 분석은 시간의 흐름에 따른 재무비율의 변동상황을 고려하지 못하는 문제점 때문에 이에 대한 보완으로써 추세분석(Trend Analysis)을 병행하는 것이 좋다. 가령 지금으로서는 적정한 수준으로 판단되는 경영상태가 사실은 최근 몇 년동안 악화되어 가는 과정에 있다는 등의 정보는 경영분석에 유용한 지침을 제시해 준다. 일반적으로 추세분석에서는 5년 또는 10년의 장기간의 추세를 분석하여야 하나, 본절에서는 예시적인 목적으로 2년간의 추세분석만 살펴 본다.

소나타 호텔(주)의 최근 2개년간의 자료만을 이용할 때 계산될 수 있는 주요 재무비율과 산업의 평균비율은 다음과 같다. 단 산업의 평균비율은 20XY년과 20XX년이 동일하다고 가정한다.

소나타 호텔(주)			산업평균	
재무비율	20XY년	20XX년	20XY년	20XX년
〈유동성비율〉				
① 유동비율	2.80배	2.72배	2.5 배	2.5 배
② 당좌비율	1.28배	1.03배	1.12배	1.12배
〈레버리지비율〉				
① 부채비율	44.8%	44.7%	30%	30%
② 작자본비율	55.2%	55.3%	70%	70%
③ 이자보상비율	6.45배	5.69배	8배	8배
〈수익성비율〉				
① 매출액총이익률	32.8%	32.9%	13.5%	13.5%
② 매출액순이익률	1.33%	1.46%	5%	5%
③ 총자본이익률	1.57%	1.79%	7%	7%
④ 자기자본이익률	2.85%	3.24%	13%	13%
〈활동성비율〉				
① 재고자산회전율	3.0회	3.0회	3회	3회
② 매출채권회전율	5.0회	5.9회	5회	5회
③ 총자산회전율	1.18회	1.23회	5회	1.5회

이상의 연도별 재무비율의 비교로부터 소나타 호텔(주)의 유동성, 안전성, 수익성, 활동성에 대해 다음과 같은 평가가 가능하다.

첫째, 유동성은 대체로 문제가 없어 보인다. 산업의 평균과 유사한 비율을 보이고 있다.

둘째, 레버리지비율을 통하여 파악되는 안전성은 산업의 평균에 비하여 약간 뒤짐을 알 수 있다.

셋째, 수익성은 20XX년이 20XY년보다 약간 좋아졌는데, 매출액총이익률은 산업의 평균을 훨씬 상회하고 있으나 순이익률은 산업평균의 1/4정도의 수준에 머물고 있다. 소나타 호텔(주)의 과도한 부채에 따른 이자비용과 비효율적인 판매비와 관리비가 낮은 순이익률을 가져온 것으로 판단된다.

마지막으로 활동성 비율들을 소나타 호텔(주)의 재고자산이나 매출채권의 관리가 양호함을 나타내고 있다.

5절 … 재무비율분석 전제 및 한계

이러한 재무비율 분석의 전제와 한계는 다음과 같다.[4]

① 재무비율분석의 전제

재무제표를 요약하는 다양한 방법 중에서 비율분석이 선호되는 것은 비율분석을 통하여 규모의 치이를 제거할 수 있기 때문이다. 비율분석에서는 기업의 규모를 나타내 주는 분모항목으로 특정 항목을 조정함으로써 기업간 또는 기간별 재무제표의 비교가 가능하게 된다. 그러나 이와 같은 비율분석은 분자항목, 분모항목 간에 엄격한 비례성이 존재한다고 암묵적으로 가정하고 있다. 예를 들면, 매출액이 증감함에 따라 이익이 비례적으로 증감하는 상황에서만 매출액이익률이 비교의 수단으로서 의미를 가질 수 있는 것이다.

또한 많은 경우에 있어서 비율의 분포가 대칭적이며 정규분포를 따른다는 암묵적인 가정에 기초하여 비율을 비교하고 있다. 그러나 한 업종내에 있는 기업들의 특정비율의 분포가 비대칭적인 경우에는 비율의 산업평균이 그 산업의 대표치라고 볼 수 없을 것이다. 따라서 비율분석시에는 분석대상이 되는 비율의 산업에서의 분포적 특성을 파악하여야 한다.

4) Ibid., pp. 395-396.

② 재무비율분석의 한계

재무비율분석이 기업경영실태에 관한 주요 정보를 간편히 얻을 수 있는 방법이고, 구체적인 분석의 예비분석으로 이용될 수 있으며, 규모효과를 통제할 수 있다는 장점이 있는 반면에 다음과 같은 문제점 때문에 결과의 해석에 신중을 기하여야 한다.

① 비율분석은 계량화가 곤란한 사항, 예를 들면 경영자의 능력, 조직의 효율성, 기술개발력 등의 중요 정보를 고려하지 못한다.

② 과거의 회계자료에 근거한 비율분석은 기업의 미래상태를 예측하려는 경영분석의 목적달성에 충분치 않다.

③ 감가상각법이나 재고자산처리법 등 회계처리방법이 상이한 기업간의 비율의 비교는 무의미하다.

④ 표준비율의 선정이 어렵다. 표준비율로써 산업평균을 많이 사용하나, 소속업종의 정확한 분류가 여의치 않을 수 있으며, 산업평균치가 표준이 될 수 있는 지도 의문이다. 특히 영업활동이 다각화되어 있는 기업을 어떤 산업으로 분류해야 하는가는 논란의 여지가 많다.

⑤ 일정시점의 재무상태를 표시하는 대차대조표는 계절적 변동요인을 고려하지 못하므로 분석결과가 왜곡될 수 있다. 예를 들면 6월말이 결산기인 청량음료회사의 재고자산회전율은 과소평가된 것이다.

⑥ 기업의 재무상태를 양호하게 보이도록 꾸미는 재무제표의 분식(Window Dressing) 가능성이 있다. 왜곡된 재무제표를 분석하면 결과도 왜곡될 수밖에 없다. 예를들어 어느 기업이 연말결산 직전에 은행으로부터 장기대출을 받아 현금으로 며칠간 보유하다가 결산 후 조기상환 한다면 이러한 기업의 유동성 비율은 일시적으로 양호하게 판정될 수도 있다.

⑦ 재무비율의 해석에는 주관성이 크게 작용한다. 가령 높은 유동비율은 단기채무상환능력이 뛰어남을 의미하지만, 한편으로는 현금성 자산을 과다보유하는 점에서 부정적인 측면도 있다. 또한 각종 비율의 판정이 서로 엇갈릴 경우 기업의 경영상태에 대한 종합적 판단이 어려운 점도 있다.

이러한 재무비율분석의 문제점은 기업간 또는 기관간 비교가능성을 저해하는 요인이 된다. 그러므로 재무비율분석을 이용할 때 위와 같은 한계점을 고려하여 최종평가를 하여야 할 것이다.

CHAPTER 12

손익분기점 분석

기업에서 발생하는 계획활동의 많은 것들이 예상된 산출수준에 근거하고 있다. 다양한 산출수준에서의 기업의 매출, 비용 및 이익간의 관계 연구는 비용-매출-이익분석(Cost-Volume-Profit)혹은 손익분기점 분석(Breakeven analysis)으로 명명된다.

손익분기점 분석 기법은 광범위 적용되고 있는데, 그 이유로는 이 분석기법이 기업의 손익분기점 산출 수준 이상으로 사용되고 있기 때문이다. 예를 들어, 손익분기점 분석이 새로운 기업과 신제품의 재무수익성을 평가하는데도 사용되고 있으며, 이외에 기업이 (영업) 이익을 실현하기 위해서 달성되어야 할 산출 수준에서의 판매가격, 고정비 및 변동비의 변화 효과를 측정하는 귀중한 분석도구가 될 수 있다.

여기서 고정비용(Fixed Cost)은 기업의 매출량과 관계없이 일정하게 발생하는 비용이며, 변동비용(Variable Cost)은 매출량과 비례하여 발생하는 비용이다. 예를 들어, 고정비용은 건물과 기계의 감가상각비, 임차료, 경영진의 보수 및 기타 유지비용을 포함하고, 변동비용은 직접노무비, 직접재료비 및 판매수수료 등을 포함한다.

손익분기점 분석은 그림을 통하여 혹은 수학적 공식을 통해 도출될 수 있다.

1절 … 도표화 방법

[그림 12-3]은 선형 손익분기점 분석의 한 예를 나타내고 있다. [그림 12-3]에서 비용과 수익은 세로측에, 기록되고 산출은 가로축에 기록되어 있다. 총수익 함수 TR은 기업이 단위 산출당 판매가격 P를 부과한다는 가정하에 각 산출 수준에서 실현될 총수익을 나타낸다. 총비용은 산출수준과 관계없이 발생하는 고정비용 F와 산출단위당 V의 비율도 증가하는 변동 비용의 합계이다. 단위당 P의 판매가격과 V의 변동비가 변하지 않는다는 가정은 총수익과 총 비용 함수가 직선이라는 것을 나타낸다. 그러나 이러한 사실은 [그림 12-3]의 Q_1에서 Q_2까지 적정범위(Relevant Range)내에서만 발생한다.

손익분기점은 [그림 12-3]의 Q_b에서 발생하는데, 이 점에서는 총수익함수와 총비용함수가 만난다. 만약 기업의 산출 수준이 이 점 미만에서 발생하면, 즉 TR〈TC가 되면 손실(Negative EBIT)이 발생한다. 역으로 기업의 산출수준이 손익분기점을 초과하며 발생한다면, 즉 TR〉TC이면 이익(Positive EBIT)이 발생한다.

기업의 손익분기점을 도표화하는 절차는 다음과 같이 세가지 단계를 거친다.

① [그림 12-1]의 총수익 곡선의 도표화

③ [그림 12-2]의 총비용 곡선의 도표화

③ [그림 12-3]의 손익분기점의 도표화

(1) 총수익 곡선의 도표화

[그림 12-1] 총수익 곡선의 도표화

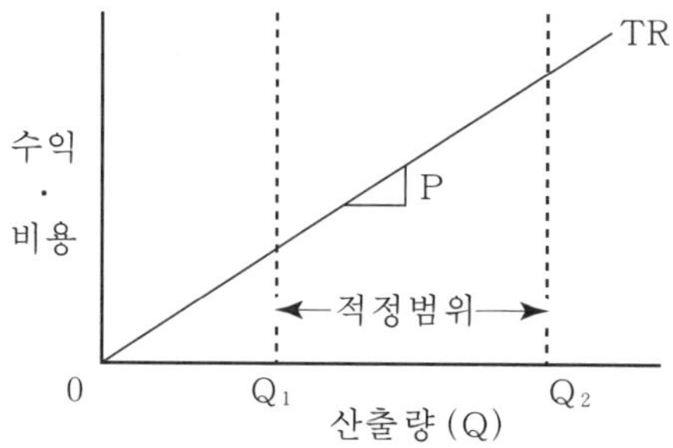

(2) 총비용곡선의 도표화

[그림 12-2] **총비용 곡선의 도표화**

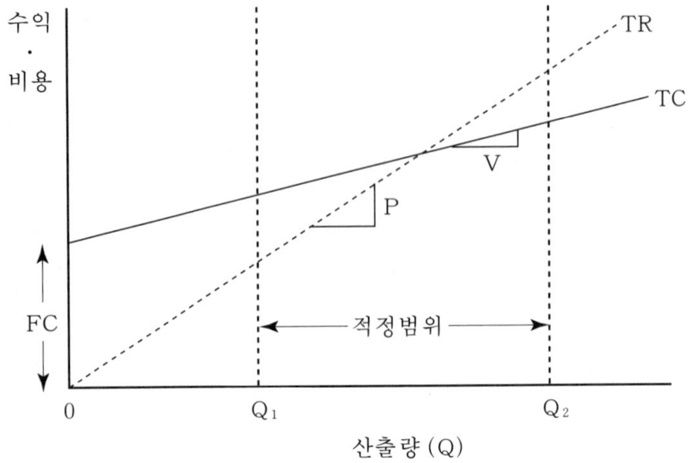

(3) 손익분기점의 도표화

[그림 12-3] **손익분기점의 도표화**

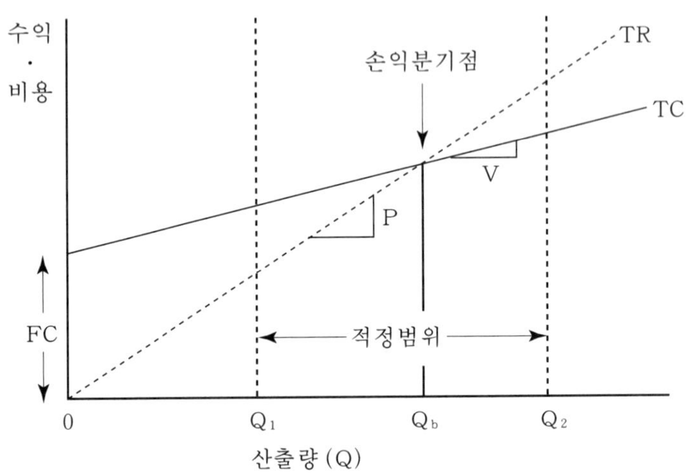

2절 ... 수학적 방법

기업의 손익분기점을 수학적으로 확인하기 위하여 총수익과 총비용을 같게 하여 손익분기점에 대한 방정식을 푸는 것이 필요하다.

총수익은(TR) 단위당 판매가격(P)에다. 산출량(Q)을 곱한 것이기 때문에

$$TR = P \times Q \qquad (12.1)$$

총비용은(TC) 고정비(FC)에다 변동비(VC)를 더한 것인데, 변동비는 단위당 변동비(V)에다. 산출량(Q)을 곱하면 나온다.

$$TC = FC + (V \times Q) \qquad (12.2)$$

총수익(TR)과 총비용(TC)을 같게 하고 Q대신에 Qb를 대체하면

$$\begin{aligned} &(TR = TC) \\ &PQ = FC + (V \times Qb) \qquad (12.3) \\ &PQb = FC + VQb \end{aligned}$$

마지막으로 손익분기점 산출량(Qb)를 (12.4)에서 확인해보면

$$\begin{aligned} &PQb - VQb = FC \\ &(P-V)Qb = FC \qquad (12.4) \\ &Qb = \frac{FC}{P-V} \end{aligned}$$

단위당 판매가격과 단위당 변동비 차이인 'P-V'는 단위당 공헌이익(Contribution Margin per Unit)이라고 불린다. 단위당 공헌이익은 산출 1단위가 고정비 보상과 이익(혹은 영업이익)에 얼마나 공헌 하는가를 측정한다. 따라서 손익분기점 산출량은 고정비를 단위당 공헌이익으로 나눔으로써 계산된다.

3절 ... 매출액의 손익분기점

손익분기점은 매출액으로도 구할 수 있는데, 그러기 위해서는 여러 가지 방법이 있다. 그것들은 첫째, 손익 분기점 산출량을 구해 그것에다 단위당 판매가격을 곱하면 손익분기점 매출액이 계산되며 둘째, 수학적 공식을 통해 바로 손익분기점 매출액을 구할 수 있다. 그러나 실무적으로 혹은 이론적으로 손익분기점의 매출량을 구할 수 없는 경우가 있다. 이러한 경우 앞의 첫 번째 방법은 유용하지 않게 된다. 따라서 매출액으로 표시된 손익분기점을 구하는 식은 다음과 같다.[1]

앞에서 매출량으로 표시된 손익분기점은 다음과 같다.

Q* : 손익분기점의 매출액

$$Q^* = \frac{FC}{P-V}$$

그런데 TR*=P · Q* 이므로

TR* : 손익분기점의 매출액
P : 단위당 판매가격
V : 단위당 변동비
FC : 고정비용

$$TR^* = P \cdot \frac{FC}{P-V} = \frac{FC}{1-\frac{V}{p}}$$

여기서 (1−v/p)를 공헌이익률(Contribution Margin Ratio)이라고 하며, 이는 공헌이익을 단위당 판매가격으로 나눈 것이다. 이것은 일정액을 판매했을 때 그 판매액 중에서 고정비용을 보상하고, 나아가서는 기업의 이익에 공헌하게 되는 부분의 비율을 나타낸다. 즉, 매출액 1원 중에서 기업의 이익으로 귀속되는 부분을 나타내는 것이다.

1) 매출액으로 표시된 손익분기점을 도출하는 또 다른 방식은 본서의 끝에 있는 참고에 기록되어 있다.

예제

엘란트라 호텔의 한 호텔의 어느 기간 동안의 손익계산서상에 다음과 같이 매출액과 비용이 나타나 있을 때의 손익분기점을 구하라.

매 출 액			1,200,000
비 용			
	변동비용	900,000	
	고정비용	400,000	1,300,000
손 실			(100,000)

이 호텔은 10만원의 손실을 보고 있는데 이 회사가 손실을 면하기 위하여 얼마의 매출액을 올려야 하겠는가?

(참고 12-9 식)에 따라서

$$TR^* = \frac{FC}{1-\frac{VC}{TR}} = \frac{400,000}{1-\frac{900,000}{1,200,000}} = 1,600,000(\text{원})$$

160만원의 매출액을 달성해야 손실을 면할 수 있다. 이러한 경우 이 호텔의 손익계산서는 다음과 같다.

매 출 액			1,600,000
비 용			
	변동비용	1,200,000	
	고정비용	400,000	1,600,000
이 익			0

변동비용 1,200,000원은 1,600,000×(900,000/1,200,000)으로 계산된 것으로서, 변동비용이 매출액의 3/4을 차지하고 있다.

4절 ··· 목표이익과 손익분기점

종종 재무분석가는 목표이익을 정해놓고 산출량을 정하는 경우가 있다. 앞의 호텔 회사의 예제에서와 같이 손실을 면한다는 소극적인 계획이 아니라, 보다 적극적으로 투자액의 40%의 이익을 보기 위하여는 어느 정도의 생산과 매출이 필요한지, 또는 5만원의 이익을 얻기 위하여 어느 정도의 매출을 올려야 하는지에 기업가들은 관심을 쏟는다. 이러한 경우에도 손익분기점분석을 이용할 수가 있다. 이러한 목표이익(Target Profit)을 고려한 손익분기점 공식은 다음과 같다.

① 목표이익의 매출량$(Q^{**}) = \dfrac{\text{고정비용} + \text{목표이익}}{\text{공헌이익}}$

② 목표이익의 매출량$(TR^{**}) = \dfrac{\text{고정비용} + \text{목표이익}}{\text{공헌이익률}}$

예제

다음은 한 호텔 호텔의 판매자료이다.

비프 스테이크 가격	₩10,000
비프 스테이크 변동비	₩ 6,000
년간 고정비	₩80,000,000
년간 기대이익	₩60,000,000

$$Q^{**} = \frac{800,000,000 + 60,000,000}{10,000 - 6000} = \frac{140,000,000}{4,000} = 35,000(\text{그릇})$$

$$TR^{**} = \frac{800,000,000 + 60,000,000}{0.4} = ₩350,000,000$$

이와 같이 손익분기점분석은 단순히 이익이 0인 점만을 분석할 수 있는 것이 아니며, 기업에서 바라는 목표이익을 실현할 수 있는 매출수준도 분석할 수 있으므로 미래의 이익계획에 유용하게 이용할 수 있다.

5절 ... 다품목의 손익분기점

지금까지는 기업이 한가지 상품만을 제조 · 판매한다는 가정하에 설명을 하였다. 그러나 대부분의 호텔 기업은 여러 가지 메뉴을 제조 · 판매한다. 이러한 경우에 손익분기점 분석은 어려워진다. 이론적으로는 각 메뉴마다 고정비, 변동비, 매출가격 등을 규명하여 메뉴별로 가격 등을 규명하여, 메뉴별로 손익분기점분석을 하는 것이 바람직하지만, 실제로 각 메뉴에 따른 고정비나 변동비를 일일이 추적하여 배분한다는 것은 매우 어려운 일이다.

그러나 각 제품의 매출액 구성비율이 언제나 일정하다는 가정과 변동비의 배분을 정확히 할 수 있다는 가정하에서는 여러 제품을 생산 · 판매할 때도 손익분기점을 구할 수 있는데, 이는 다음과 같다.

$$TR^* = \frac{FC}{WC} \quad \cdots\cdots (12.5)$$

TR^* : 손익분기섬의 매출액
FC : 총고정비용
WC : 가공공헌이익률

예를 들어서 어느 호텔 호텔이 A, B, C의 세 가지 메뉴를 제조 · 판매하고 있는데, 각 메뉴의 판매단가, 단위당 변동비, 각 제품이 총매출액에서 차지하는 비율이 다음과 같다고 하자.

메뉴	판매단가(원)	단위당 변동비(원)	매출액/총매출액(%)
A	4,000	3,000	20
B	10,000	7,750	40
C	20,000	12,000	40

이 호텔의 총고정비용은 300,000,000원이며 총매출액에서 차지하는 각 제품의 매출액비용이 변하지 않는다고 가정할 때, 다음과 같이 순서로 손익분기점을 계산할 수 있다.

[1] 각 제품의 공헌이익률을 계산한다.

$$A=\frac{4,000-3,000}{4,000}=0.25$$

$$B=\frac{10,000-7,750}{10,000}=0.225$$

$$C=\frac{20,000-12,000}{20,000}=0.4$$

[2] 각 매출액의 비율을 이용하여 가중공헌이익률을 계산한다.

	공헌이익률		매출액비율	
A :	0.25	×	0.2	= 0.05
B :	0.225	×	0.4	= 0.09
C :	0.4	×	0.4	= 0.16
	가중공헌이익률			= 0.30

[3] 손익분기점을 계산한다.

$$TR^*=\frac{FC}{WC}=\frac{300,000,000}{0.3}=1,000,000,000$$

이 호텔에서는 1,000,000,000원이 손익분기점이 되며, 이때의 각 제품의 매출액은 총매출액에서 차지하는 각 제품의 매출액비율에 의해, A제품이 200,000,000원, B제품이 400,000,000원 그리고 C제품이 400,000,000원이 된다. 이때의 A, B, C 제품의 매출량은 각 제품의 매출액을 판매단가로 나누어 각각 50,000 그릇, 40,000 그릇, 20,000 그릇으로 계산된다.

6절 … 손익분기점분석의 가정과 문제점

손익분기점분석은 그 개념이 명료하고 이용이 간편하지만 여러 가지 문제점을 내포하고 있다. 어떤 분석방법을 이용하기 위해서는 그 방법의 문제점이나 한계점을 인식하여야 하는데, 손익분기점분석의 문제점들을 요약하면 다음과 같다.[2)]

첫째, 손익분기점분석의 중요한 가정은, 매출량이나 매출액에 관계없이 단위당 판매가격이 일정하며 단위당 변동비도 일정하다는 점이다. 그러나 실제 기업의 생산 및 매출활동을 보면 매출량은 매출가격에 영향을 주며, 매출량의 증가에 따라 단위당 변동비도 변하게 된다. 어느 정도의 매출량까지는 변동비가 일정할지 모르나, 그 수준 이상이 되면 원자재와 노동력 등의 수요증가와 공급부족 현상 등으로 인하여 단위당 변동비가 높아지게 되는 것이다. 이러한 손익분기점분석의 가정을 현실화하기 위하여 판매가격과 매출량, 비용과 매출량의 관계를 곡선식으로 나타내는 곡선손익분기점분석 또는 비선손익분기점분석(Curvilinear or Nonlinear Break-even Point Analysis)을 사용하는데, 이를 도표로 나타내면 [그림 12-4]와 같다.

[그림 12-4] 곡선 손익분기점

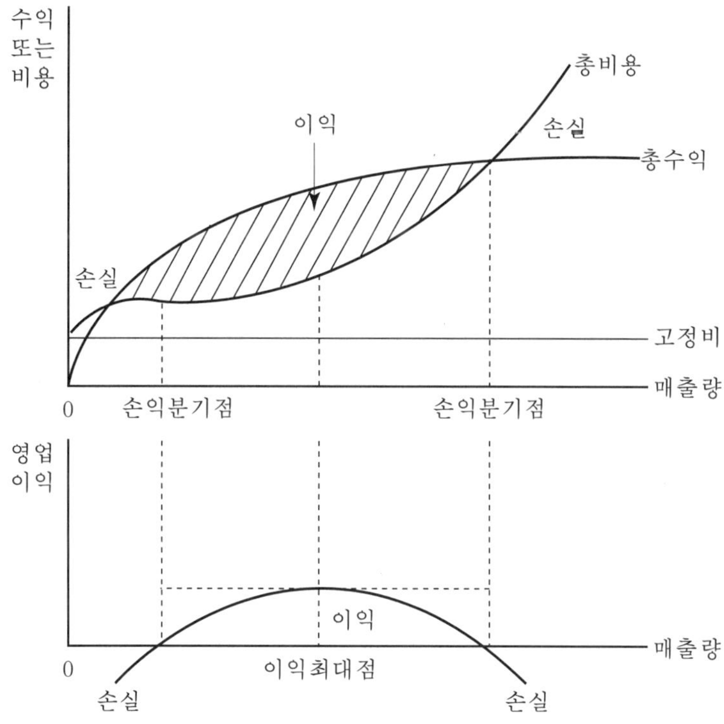

---

2) 박정식, 「현대재무관리」, 다산출판사, 2004, pp.689-691.

[그림 12-4]에서 보는 바와 같이 곡선손익분기점분석에서는 손익분기점이 두 개가 나타나며, 영업이익이 최대가 되는 매출량은 총수익선과 총비용선 사이의 거리가 최대인 곳이다.

둘째, 손익분기점분석에서는 비용을 고정비용과 변동비용으로 구분하여야 하는데, 실제로는 명확한 구분이 어렵다. 어떤 비용은 부분적으로 고정적이고, 부분적으로는 변동적이기 때문에 이것을 고정비 또는 변동비라고 단정하기는 불가능하다. 기본급이 따르는 판매원의 보수가 그 예인데, 이러한 비용은 준변동비(Semivariable Cost)라고 할 수 있다. 또한 고정비가 매출량에 관계없이 일정하다는 가정은 장기적으로 볼 때 수긍할 수 없다. 기업의 기존시설능력에는 한계가 있는 것이므로 어느 정도 이상을 생산하려면 새로이 시설을 확장하여야 하는 것이다. 그러므로 손익분기점분석은 기존시설의 변경 없이 생산할 수 있는 어떤 한계까지만 적용될 수 있다. 이와 같이 손익분기점분석이 적용될 수 있는 매출량 또는 매출액에는 적정범위(Relevant Range)가 있다.

셋째, 한 기업에서 여러 가지 상품을 생산하는 경우에 문제점이 발생한다. 여러 가지 품목을 생산하여 판매하는 경우에 각 상품마다 별도로 손익분기점을 찾아야 하는데, 여러 제품생산에 공동으로 쓰이는 모든 비용을 어떻게 각 상품별로 배분하느냐 하는 점이 문제가 된다. 그러므로 손익분기점분석은 원칙적으로 한 종류의 제품을 생산 · 판매하는 기업의 손익계획에 적합하다.

넷째, 손익분기점분석을 하기 위한 비용 · 매출가격 · 생산량의 관계는 과거의 기업환경에 근거하여 측정된다. 그러나 시간이 경과함에 따라 생산원가나 매출가격 등이 변화하게 되므로 비용 · 매출가격 · 생산량의 관계도 달라진다. 손익분기점분석을 위하여 재무관리자들이 필요로 하는 것은 과거의 비용 · 매출량 · 이익 등이 아니고 이들에 대한 미래의 정보인데, 이러한 요인들은 미래의 불확실성 때문에 정확한 측정이 어렵다.

다섯째, 손익분기점분석은 정태적 분석이어서, 매출액의 변화에 대한 이익의 변화 정도 등을 측정할 수 없다. 기업의 경영에서 손익분기점을 파악하여 두는 것도 중요하나, 기업환경에 따라 매출액이나 기타 비용이 변동할 때, 이익이 어떤 영향을 받는가를 알아보는 것은 더욱 중요하다. 이러한 분석에 쓰이는 것이 영업레버리지 분석이다.

손익분기점분석이 비록 이와 같은 문제점과 한계점을 지니고 있지만 재무관리에 있어서 유용한 분석 및 계획기법임에는 틀림없다.

참 고

손익분기점에서의 매출액을 TR*라고 하고 이때의 변동비용을 VC*라고하면, 다음과 같은 식의 성립된다.

$$TR^* = FC + VC^* \quad \cdots\cdots (12.6)$$

$$VC^* = \frac{VC}{TR} TR^* \text{이며, } \frac{VC^*}{TR^*} = \frac{VC}{TR} \text{이다.}$$

여기서 VC*/TR*=VC/TR가 되는 이유는, 손익분기점상에서 변동비(VC*)가 매출액에서 차지하는 비율이나, 그 외의 점에서 일반적인 변동비가 매출액에서 차지하는 비율이 같기 때문이다. 이것은 단위당 판매가격이 언제나 일정하며 제품단위당 변동비가 일정하기 때문이다.

그러면

$$VC^* = \frac{VC}{TR} TR^* \quad \cdots\cdots (12.7)$$

식(12-7)을 식(12-6)에 대입하면 식(12-8)과 같게 된다.

$$TR^* = FC + \frac{VC}{TR} TR^*$$

$$TR^* = \frac{FC}{1 - \frac{VC}{TR}} \quad \cdots\cdots (12.8)$$

VC/TR는 변동비와 배출액의 비율로서, 단위당 변동비와 단위당 판매가격의 비율과 같다. 즉, V · C=V · Q, TR=P · Q이므로 식(12-9)가 성립된다.

$$TR^* = \frac{FC}{1 - \frac{VC}{TR}} = \frac{FC}{1 - \frac{V \cdot Q}{P \cdot Q}} = \frac{FC}{1 - \frac{V}{P}} \quad \cdots\cdots (12.9)$$

저자약력

하동현

- 동국대학교 상경대학 경영학과 졸업
- 미국 Ohio 대학교 대학원 M.B.A. 졸업(경영학 석사)
- 세종대학교 대학원 경영학과 졸업(경영학 박사)
- 동국대학교 관광대학장
- 동국대학교 관광산업연구소장
- 한국호텔경영학회 부회장
- 한국관광레저학회 부회장
- 현) 동국대학교 경영 · 관광 대학 호텔 · 관광경영학과 교수
  한국관광서비스학회 회장
  대한관광경영학회 회장
  한국관광공사 종사원 면접 · 필기 시험위원
  한국철도공사 용역평가위원

□ 저서 및 논문

- Antecedents and Consequences of Alienation in the Hotel Industry, 호텔경영학회, 2006년 외 다수
- 신호텔경영론, 한올출판사, 2006
- 관광사업론, 대왕사, 2007
- 관광목적 퍼스넬리티에 관한 연구, 대구 · 경북 연구원, 2007

조문식

- 경기대학교 관광경영학과 졸업(관광학 박사)
- 호텔 인센티브 제도에 관한 연구
- 관광사업론 외 다수
- 현) 세명대학교 호텔관광학부 교수

김윤형

- 동국대학교 대학원 호텔경영학과 졸업(경영학 석사)
- 힐튼 호텔 근무
- 대한교원공제회 교육문화회관 근무
- 현) 동국대학교 외래교수

이상태

- 미국 University of Nevada Las Vegas Hotel Adminstration(UNLV) 유학
- 서울 경희대학교 경영대학원 관광경영 석사
- 서울 상명대학교 대학원 경영박사
- 서울웨스틴조선호텔, 서울신라호텔, 인천송도비치호텔(총지배인) 근무
- 호텔경영사(구총지배인), 관광통역안내사(영어), 조리사(양식), 미국AHMA, NRA 자격증 취득
- 현) 제주관광대학 호텔경영과 교수(학과장)

김영호

- 경기대학교 대학원 관광학 박사(관광경영 전공)
- 두산건설(주) 서울호프관광호텔 총지배인
- (주)글로리관광호텔 총지배인
- (주)기도여행사 해외영업팀 이사
- (주)여행생각 영업부 이사
- (사)한국관광산업포럼 이사
- (사)미래사회교육개발원 연구원
- 동북아문화관광연구원 원장
- 호원 HTC컨설팅 이사
- 현) 대한관광경영학회 이사
  한국호텔리조트카지노산학학회 이사
  문화관광연구학회 이사
  국제관광산업학회 이사
  한국유머경영학회 사무국장
  한국음식산업중앙회 전문 서비스 강사
  외식산업경영학회 이사
  당진군청 축제평가위원
  호원대학교 관광대학 서울교육원 학부장

□ 저서

- 국제예절과 고품격 매너
- 관광산업과 서비스 실무
- 호텔객실 서비스
- 최신 관광정보론
- 인터넷 관광정보론
- 국제화 시대의 호텔마케팅
- 최신관광법규
- 관광객행동론

현대 호텔 식음료 경영론

2010년 2월 05일 초판1쇄 인쇄
2010년 2월 10일 초판1쇄 발행

저 자 하동현 · 조문식 · 김윤형 · 이상태 · 김영호
펴낸이 임 순 재
펴낸곳 한올출판사
등록 제11-403호
121-849
주 소 서울특별시 마포구 성산동 133-3 한올빌딩 3층
전 화 (02)376-4298(대표)
팩 스 (02)302-8073
정 가 16,000원

홈페이지 www.hanol.co.kr
e - mail hanol@hanol.co.kr

저자와의
협의하에
인지생략